Aufgaben begreifen und richtig bearbeiten

● **Wissen anwenden und übertragen**

Operator	Was genau musst du tun?	Was dir helfen kann
begründe, weise nach (nachweisen)	Du verwendest Gründe, um eine Aussage überzeugend zu machen. In der Aufgabenstellung findest du deshalb immer eine bestimmte Aussage (These).	**Beispiel:** *Begründe, warum die Fürsten 1356 der Regelung der Königswahl durch die „Goldene Bulle" zustimmten, obwohl viele von ihnen dadurch ihr Recht verloren, den König zu wählen (INFO 1).* **Tipps:** Formuliere den zweiten Teil der Aufgabe als Aussage und den ersten Teil als W-Frage: *Die Fürsten verloren mit der „Goldenen Bulle" ihr Recht, den König zu wählen. Weshalb stimmten sie dennoch 1356 der Regelung zu?* Die Antworten kannst du dann mit *weil* sammeln.
einordnen	Du ordnetest ein Ereignis, die Handlungsweise einer Person, das Thema der Quelle bzw. der Darstellung in einen übergeordneten Zusammenhang ein.	**Tipp:** Stelle dir z. B. dazu folgende Fragen: • Was hat sich in dem betreffenden Zeitraum sonst noch ereignet? • In welchem Zusammenhang ist mir das Ereignis, die Person oder das Thema schon einmal begegnet?
erarbeite, arbeite heraus (herausarbeiten), finde heraus (herausfinden)	Du entnimmst einem Material bestimmte Informationen oder Begriffe und stellst deine Ergebnisse in eigenen Formulierungen sachlich dar.	**Tipp:** Achte besonders auf die Gesamtaussage, weil manchmal wichtige Informationen nicht ausdrücklich, sondern nur indirekt genannt werden! Siehe auch die Hinweise für ▶ *fasse zusammen*.
erkläre, erläutere	Du stellst einen Sachverhalt so dar, dass die Inhalte und Zusammenhänge für einen Leser oder Zuhörer verständlich sind. Gelegentlich musst du dabei auch Gründe anführen (▶ *begründe*).	Manchmal sind Sachverhalte kompliziert. Diese sind ausführlicher zu *erklären*. Das nennen wir dann *erläutern*. **Tipp:** Um die Zusammenhänge zu erklären oder zu erläutern, kannst du kausale Konjunktionen verwenden wie *weil …, deshalb …, daher …, dadurch …*
stelle dar (darstellen), schildere	Du verfasst einen Text über bestimmte historische Sachverhalte und Zusammenhänge. Dafür entnimmst du den Materialien gezielt Informationen.	**Tipp:** In diesem Operator sind eigentlich andere versteckt: 1. Um an die Informationen zu kommen, musst du Materialien ▶ *auswerten*. 2. Um Zusammenhänge darzustellen, musst du teilweise auch ▶ *beschreiben*, ▶ *erklären* und ▶ *beurteilen*.
untersuche	Du wertest Text- und Bildquellen, Karten oder Schaubilder sowie Lehrbuchdarstellungen nach bestimmten Gesichtspunkten (Kriterien) genau aus.	Für eine Untersuchung brauchst du bestimmte Gesichtspunkte. Dies können z. B. Fragen sein, die dir helfen. Du findest solche Fragen in den Methoden-Bausteinen **Schritt für Schritt** im Buch.
werte aus (auswerten)	wie ▶ *erarbeite*, ▶ *arbeite heraus*: Dieser Operator bezieht sich eher auf Materialien / Quellen wie Karten, Schaubilder und Statistiken.	**Tipp:** Beachte die methodischen Hinweise **Schritt für Schritt**.

Inhalt

Mit diesem Geschichtsbuch arbeiten und lernen 6

1 König und Reich: Herrschaft im Mittelalter 8

Orientierung in Raum und Zeit.................................. 10
Ein neues Reich entsteht 12
Ein neuer Kaiser.. 14
Treffpunkt Geschichte: Zeichen der Herrscher......... 16
König oder Papst – wer hat die Macht?..................... 18
König und Adel – wie wird regiert?........................... 20
Könige und Fürsten – wer ist stärker?...................... 22
Der König und seine Wähler 24
Das weiß ich! – Gelerntes sichern 26
Das kann ich! – Gelerntes anwenden....................... 28

2 Leben und Kultur im Mittelalter................... 30

Orientierung in Raum und Zeit.................................. 32
Eine ungleiche Gesellschaft 34
Leben und Arbeiten auf dem Land............................ 36
Die Welt der Klöster.. 38
Die Ritter und die höfische Kultur............................. 40
Treffpunkt Geschichte: Kirchen – Bauwerke zum Lob Gottes 42
Freiheit im Schutz der Mauern 44
Arbeiten und Wirtschaften in der Stadt.................... 46
Jüdisches Leben in der Stadt..................................... 48
Mittelalter in unserer Stadt....................................... 50
Katastrophen fordern heraus 52
Das weiß ich! – Gelerntes sichern 54
Das kann ich! – Gelerntes anwenden....................... 56

3 Neue räumliche und geistige Horizonte......... 58

Orientierung in Raum und Zeit.................................. 60
Nach Jerusalem! – Die Kreuzzüge 62
Kriege und Eroberungen 64
Abendland trifft Morgenland..................................... 66
Die Eroberung Konstantinopels 68
1453 – eine „Wende der Geschichte"?..................... 70

Ein neues Menschenbild 72
Kunst und Architektur der Renaissance 74
Treffpunkt Geschichte: Der Buchdruck mit beweglichen Lettern 76
Ein neues Weltbild entsteht 78
Neue Horizonte – neue Welten 80
Die Fahrten des Kolumbus 82
Entdeckt und erobert 84
Unterworfen und ausgebeutet 86
Die Europäisierung der Welt beginnt 88
Das weiß ich! – Gelerntes sichern 90
Das kann ich! – Gelerntes anwenden 92

4 Wirtschaft und Handel – gestern und heute 94

Orientierung in Raum und Zeit 96
Der Limes – eine unüberwindbare Grenze? 98
Kulturkontakte am Limes 100
China und Europa im europäischen Mittelalter – ein Vergleich 102
Handel und Reisen zwischen China und Europa 104
Welthandel gestern und heute 106
Eine neue Seidenstraße 107
Die Hanse – ein Handelsimperium 108*
Aufstieg und Fall eines Hansekaufmanns 110*
Die Hanse – ein Vorbild? 111*
Ein Unternehmen mit Weltgeltung: die Augsburger Fugger 112*
Reichtum und Sorge um das Seelenheil 115*
Das weiß ich – das kann ich! 116

5 Das konfessionelle Zeitalter 118

Orientierung in Raum und Zeit 120
Die Welt im Umbruch: Kann der Glaube helfen? 122
Ein Mönch gegen Papst und Kaiser 124
Neue Medien – neue Öffentlichkeit 126
Der Bauernkrieg 128
Eine konfessionelle Vielfalt entsteht 130
Der Dreißigjährige Krieg 132
Der Westfälische Friede 134
Treffpunkt Geschichte: Hexenwahn 136
Das weiß ich! – Gelerntes sichern 138
Das kann ich! – Gelerntes anwenden 140

* Laut LehrplanPLUS ist im Unterricht entweder das Handelsnetz der Hanse in Nordeuropa oder der süddeutsche Frühkapitalismus am Beispiel der Fugger zu behandeln.

Inhaltsverzeichnis

6 Absolutismus und Barock 142

Orientierung in Raum und Zeit 144
„Der Staat bin ich!" 146
Versailles – Zentrum des „Sonnenkönigs" 148
Das Porträt eines absoluten Herrschers 150
Formen der Herrschaft im Vergleich 151
Treffpunkt Geschichte: Barocke Parkanlagen erforschen ... 152
Die Wirtschaftspolitik Ludwigs XIV. 154
Die Außenpolitik Ludwigs XIV. 156
Absolutismus in Bayern 158
Treffpunkt Geschichte: Barock in Bayern 160
Das weiß ich! – Gelerntes sichern 162
Das kann ich! – Gelerntes anwenden 164

7 Bauwerke als Ausdruck politischen Denkens .. 166

Orientierung in Raum und Zeit 168
Das antike Theater – ein Ort der Demokratie? ... 170
Die Pfalz in Aachen – ein Ort christlicher und weltlicher Herrschaft ... 172
Die Würzburger Residenz – Palast der fränkischen „Sonnenkönige" ... 174
Der Berliner Reichstag – ein alter Bau mit neuer Bedeutung ... 176
Das weiß ich – das kann ich! 178

Anhang

Grundlegende Daten und Begriffe 180
Arbeitsmethoden für das Fach Geschichte 184
Allgemeine Arbeitstechniken 189
Gewusst wie? Tipps und Anregungen für die Aufgaben ... 193

Sachregister 200
Namensregister 204
Bildnachweis 206

Mit diesem Geschichtsbuch arbeiten und lernen

Das waren Zeiten wird euch durch dieses Schuljahr begleiten. Es ist ein Lern- und Arbeitsbuch. Die folgenden Erklärungen stellen die verschiedenen Teile des Werkes vor. Sie geben an, wie ihr mit dem Buch gut arbeiten und lernen könnt.

Der Auftakt
Am Beginn eines jeden Großkapitels zeigt ein großes Bild, wo oder wie wir der Geschichte begegnen können. Kurze Erläuterungen und erste Aufgaben sollen euch zum Nachfragen und Nachdenken über das Thema und die Zeit anregen.

Orientierung in Raum und Zeit
Auf dieser Doppelseite gibt euch ein kurzer Einführungstext erste Hinweise, wieso es sich lohnt, sich mit dem Thema des Großkapitels zu beschäftigen. Sogenannte Leitfragen am Ende dieses Textes führen in das Thema ein. Wenn ihr das Kapitel bearbeitet habt, seid ihr in der Lage, diese Fragen zu beantworten.
Mit **M** und einer Ziffer sind alle Materialien (Bilder und Texte) gekennzeichnet. Sie vertiefen die Einführung. Eine Karte und eine Zeitleiste zeigen euch, wie die Materialien in Raum und Zeit einzuordnen sind.
Erste Arbeitsvorschläge schließen die Seiten ab. Tipps zur Bearbeitung aller Aufgaben findet ihr vorne im Buch unter *Aufgaben begreifen und richtig bearbeiten*.

Medientipps
Zu dem einen oder anderen Thema haben wir in den Randspalten **Lese-, Karten-, Medien- und Internettipps** angegeben. Wenn ihr die Tipps einsehen wollt, müsst ihr nur unsere Homepage *www.ccbuchner.de* aufrufen und in das Suchfeld oben rechts den **Mediencode** eingeben. Das gilt auch für die **Selbsteinschätzungstests**, mit denen die Großkapitel abgeschlossen werden.

Mit diesem Geschichtsbuch arbeiten und lernen

Teilkapitel

Die Lernbereiche sind in Teilkapitel gegliedert, die in der Regel eine Doppelseite umfassen. Sie enthalten die von uns Schulbuchautoren verfassten **INFOS** und ausgewählte Materialien. Die **INFOS** berücksichtigen alle vom Lehrplan vorgegebenen **Grundlegenden Daten und Begriffe** (GDB). Sie sind am fetten Druck erkennbar. Die GDB des vorhergehenden Jahrgangs sind mit einem * gekennzeichnet. Sonstige Fachbegriffe und Fremdwörter haben wir in den Randspalten oder unter den Texten erklärt.
Auf jeder Doppelseite befindet sich eine Zeitleiste, die euch hilft, die Inhalte zeitlich einzuordnen.
Vielfältige Lern- und Übungsaufgaben unterstützen eure Arbeit. Zu allen mit (H) oder (F) markierten Aufgaben geben wir euch Tipps zur Bearbeitung (**H**elfen) und zur Vertiefung (**F**ordern) im Anhang des Buches.

Schritt für Schritt

Unter dieser Überschrift lernt ihr nach und nach Arbeitsmethoden kennen und anzuwenden, die für das Fach Geschichte wichtig sind.

Treffpunkt Geschichte

Diese Doppelseiten findet ihr in jedem Großkapitel. Hier könnt ihr in Partner- oder Gruppenarbeit Materialien zu einem besonderen Themenbereich bearbeiten.

Das weiß ich – das kann ich!

Zum Schluss haben wir den ganzen Inhalt des Großkapitels knapp zusammengefasst und dazu noch weitere Materialien abgedruckt. Damit könnt ihr die Leitfragen von der Orientierungsseite beantworten, die **Grundlegenden Daten und Begriffe** wiederholen und noch einmal zeigen, wie gut ihr die erlernten Arbeitsmethoden anwenden könnt.

Anhang

Am Ende eures Geschichtsbuches findet ihr die Tipps und Anregungen für die mit (H) oder (F) gekennzeichneten Aufgaben, die Zusammenfassung der Arbeitsmethoden **Schritt für Schritt** sowie alle **Grundlegenden Daten und Begriffe** übersichtlich zusammengestellt.
Sach- und Namensregister helfen euch bei der gezielten Suche nach Informationen. Nutzt sie!

1 König und Reich: Herrschaft im Mittelalter

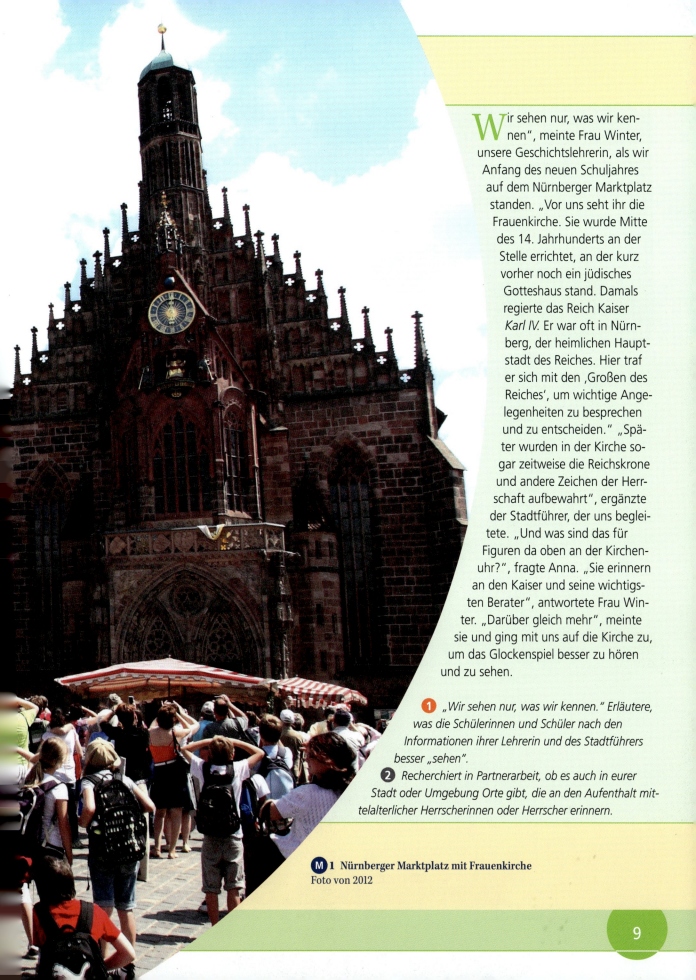

„Wir sehen nur, was wir kennen", meinte Frau Winter, unsere Geschichtslehrerin, als wir Anfang des neuen Schuljahres auf dem Nürnberger Marktplatz standen. „Vor uns seht ihr die Frauenkirche. Sie wurde Mitte des 14. Jahrhunderts an der Stelle errichtet, an der kurz vorher noch ein jüdisches Gotteshaus stand. Damals regierte das Reich Kaiser *Karl IV.* Er war oft in Nürnberg, der heimlichen Hauptstadt des Reiches. Hier traf er sich mit den ‚Großen des Reiches', um wichtige Angelegenheiten zu besprechen und zu entscheiden." „Später wurden in der Kirche sogar zeitweise die Reichskrone und andere Zeichen der Herrschaft aufbewahrt", ergänzte der Stadtführer, der uns begleitete. „Und was sind das für Figuren da oben an der Kirchenuhr?", fragte Anna. „Sie erinnern an den Kaiser und seine wichtigsten Berater", antwortete Frau Winter. „Darüber gleich mehr", meinte sie und ging mit uns auf die Kirche zu, um das Glockenspiel besser zu hören und zu sehen.

❶ „Wir sehen nur, was wir kennen." Erläutere, was die Schülerinnen und Schüler nach den Informationen ihrer Lehrerin und des Stadtführers besser „sehen".
❷ Recherchiert in Partnerarbeit, ob es auch in eurer Stadt oder Umgebung Orte gibt, die an den Aufenthalt mittelalterlicher Herrscherinnen oder Herrscher erinnern.

M 1 Nürnberger Marktplatz mit Frauenkirche
Foto von 2012

Orientierung in Raum und Zeit

M 1 „Männleinlaufen" in Nürnberg
Foto von 2016
Das Glockenspiel der Nürnberger Frauenkirche mit den umlaufenden Figuren erinnert täglich um 12:00 Uhr mittags an das 1356 beschlossene Reichsgesetz, das die Wahl der Könige* durch die sieben **Kurfürsten** sowie deren Rechte und Pflichten festlegte.

Wer soll regieren?

Heute gilt die Bundeskanzlerin oder der Bundeskanzler als die mächtigste Person in unserem Staat. Sie wird von Abgeordneten gewählt, die wiederum für vier Jahre von allen Deutschen über 18 Jahren
5 gewählt werden konnten. Die Kanzlerin bzw. der Kanzler ist zwar das Oberhaupt der Regierung, hat das Amt aber nur auf Zeit.
Noch vor 125 Jahren gab es in Deutschland Könige*, die auf Lebenszeit regierten – und auch heute
10 noch sind viele europäische Staaten Monarchien*. Schon an diesem Beispiel wird deutlich: Es gab und gibt unterschiedliche Herrschaftsverhältnisse. Ihre Ursprünge liegen zum Teil im Mittelalter*. Und obwohl diese Epoche längst zu Ende ist und sich vieles
15 verändert hat, wirkt die Tradition bis heute nach. Es lohnt sich also, sich mit diesen rund tausend Jahren zwischen etwa 500 und 1500 intensiver zu beschäftigen. Mithilfe des folgenden Kapitels kannst du dir dein eigenes Bild von der Monarchie im Mit-
20 telalter machen.

Dieter Brückner

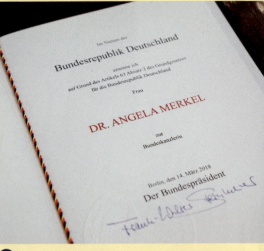

M 2 Ernennungsurkunde der Bundeskanzlerin
Foto vom 14. März 2018
Laut unserer Verfassung*, dem Grundgesetz, hat eine Regierungschefin bzw. ein -chef vor der Übernahme des Amtes folgenden Eid zu leisten: „Ich schwöre, dass ich meine Kraft dem Wohle des deutschen Volkes widmen, seinen Nutzen mehren, Schaden von ihm wenden, das Grundgesetz und die Gesetze des Bundes wahren und verteidigen, meine Pflichten gewissenhaft erfüllen und Gerechtigkeit gegen jedermann üben werde. So wahr mir Gott helfe."

Am Ende des Großkapitels kannst du beurteilen, wie sich die mittelalterlichen von den antiken Herrschaftsverhältnissen unterscheiden, und du kannst folgende Fragen beantworten:
- *Wie und wann entstand ein „Deutsches Reich"?*
- *Wie kamen die Könige und Kaiser in ihre Ämter?*
- *Wie rechtfertigten sie ihre Herrschaftsansprüche?*
- *Wie regierten König und Adel das „Deutsche Reich"?*
- *Wie veränderte sich die Machtverteilung zwischen König und Kirche sowie zwischen König und Adel?*
- *Wodurch unterscheidet sich das mittelalterliche Königtum von dir bekannten Monarchien der Antike*?*

Orientierung in Raum und Zeit

M 3 Europa um 1000

M 4 Der Kaiser verleiht Macht
Bild aus der Heidelberger Handschrift des „Sachsenspiegels", um 1330
Der „Sachsenspiegel" ist ein Rechtsbuch aus dem 13. Jh., das später in unterschiedlich bebilderten Ausgaben erschien.
Der Kaiser* übergibt zwei geistlichen Fürsten, einem Bischof (mit Mitra: Kopfbedeckung der Bischöfe) und einer Klostervorsteherin (Äbtissin; mit Schleier) ein Zepter als Zeichen der ihnen geliehenen Herrschaft (Lehen). Drei weltliche Fürsten (am Kopfreif erkennbar) erhalten Fahnen als Zeichen der ihnen als Lehen auf Zeit überlassenen Rechte und Besitztümer.

1. Beschreibe die Staatenwelt Europas um 1000 (M3). Wozu zählt das heutige Bayern?
2. Wer soll regieren? Tragt in Partnerarbeit zusammen, wie die Athener oder die Römer diese Frage beantwortet hätten. Vergleicht die Antworten, die M1 und M2 auf diese Frage geben.
3. Beschreibe, welchen Eindruck das Bild M4 von der Machtverteilung zwischen Kaiser, Bischöfen und weltlichen Fürsten „vermittelt". Halte deine Antwort schriftlich fest und überprüfe am Ende der Unterrichtseinheit, ob du sie in den folgenden Geschichtsstunden verändern musstest.

1 König und Reich: Herrschaft im Mittelalter

Ein neues Reich entsteht

M 1 Das wurde aus dem Reich Karls des Großen im 10. Jh.

M 2 Die Herzogtümer des Ostfränkischen Reichs im 10. Jh. Ungarische Reiterheere waren Ende des 9. Jhs. in das Reich vorgedrungen. Otto I. drängte sie 955 in der Schlacht auf dem Lechfeld zurück.

INFO 1 Das Kaiserreich zerfällt

Im Januar 814 starb *Karl der Große**. Seine Nachfolger stritten sich über mehrere Generationen hinweg um das Erbe des riesigen Kaiserreiches. Die Folge war dessen Teilung in
5 mehrere Reiche – und das Ende des weströmischen Kaisertums.

Aus den neuen Reichen entstanden später Frankreich, Italien und das „Deutsche Reich".
Im Ostfränkischen Reich mussten sich die Könige* aus
10 der Familie der Karolinger die Macht mit den „Großen des Reiches" teilen: den Herzögen von Sachsen, Bayern, Schwaben und Lothringen. Als die Karolinger immer schwächer wurden, wählten sächsische und fränkische Fürsten 919 den mächtigen Sachsenherzog *Heinrich I.*
15 zum König.

Dieter Brückner

M 3 Die Abtrennung des Ostreiches

Der westfränkische König Karl und der ostfränkische König Heinrich I. treffen sich am 7. November 921 auf einem mitten im Rhein bei Bonn verankerten Schiff. Sie schließen folgenden Vertrag:

„Ich Karl, durch die Hilfe von Gottes Gnaden König der Westfranken, werde künftighin diesem meinem Freunde, dem Ostkönig Heinrich, in der Weise ein Freund sein, wie es ein Freund seinem Freund gegen-
5 über in rechter Weise sein muss, nach meinem Wissen und Können, und zwar unter der Voraussetzung, dass er mir diesen selben Eid leistet und, was er schwört, hält. So wahr mir Gott helfe […]."
König Heinrich hingegen sprach sofort danach dassel-
10 be Versprechen mit einem Eid in denselben Worten, damit dieser Freundschaftsvertrag unverletzlich beachtet würde.
Es folgen die Unterschriften von 11 Bischöfen und 21 Grafen, die den Freundschaftsvertrag „mit ihren Händen eidlich versicherten".

Zitiert nach: Lorenz Weinrich (Hrsg.), Quellen zur deutschen Verfassungs-, Wirtschafts- und Sozialgeschichte bis 1250, Darmstadt 1977, S. 21

INFO 2 Der Aufstieg Ottos I.

Heinrich I. konnte mit Zustimmung der „Großen des Reiches" seinen Sohn Otto zum Nachfolger bestimmen. Otto I. setzte sich gegenüber seinem Konkurrenten durch, kämpfte 955 auf dem Lechfeld erfolgreich ge-
5 gen die Ungarn, vergrößerte das Ostfränkische Reich und richtete an der Ostgrenze, jenseits der Elbe, neue Verteidigungs- und Verwaltungsbezirke ein, sogenannte *Marken*. Hier gründete er auch neue Bischofssitze und verbreitete von dort aus das Christentum*.

Dieter Brückner

Ein neues Reich entsteht

INFO 3 Otto I.: König der Deutschen?

Otto I. nannte sich noch „König der Franken" wie Karl der Große*, meist aber nur König. Erst seit dem 11. Jh. bezeichnen einige Quellen* das Ostfränkische Reich als „Regnum teutonicum" („Deutsches Reich") oder „Regnum teutonicorum" („Reich der Deutschen"). Seit dem 12. Jh. wurde es auch „heilig" genannt. Daraus entstand Ende des 15. Jhs. die Bezeichnung „Heiliges Römisches Reich Deutscher Nation".

Arnold Bühler

M 4 Hoch lebe der neue König!

Über die Krönung Ottos I. zum König im Jahr 936 berichtet der Mönch und Geschichtsschreiber Widukind von Corvey etwa 30 Jahre später in seiner „Sachsengeschichte".

Nachdem nun also der Vater des Vaterlandes und der größte und beste König, Heinrich, entschlafen war, da erkor sich das ganze Volk[1] der Franken und Sachsen dessen Sohn Otto, der schon vorher vom Vater zum König bestimmt worden war, als Gebieter. Und als Ort der allgemeinen Wahl nannte und bestimmte man die Pfalz Aachen[2]. [...]. Und als man dorthin gekommen war, versammelten sich die Herzöge und obersten Grafen mit der übrigen Schar vornehmster Ritter in dem Säulenhof, der mit der Basilika Karls des Großen verbunden ist, setzten den neuen Herrscher auf einen dort aufgestellten Thron, huldigten ihm, gelobten ihm Treue, versprachen ihm Unterstützung gegen alle seine Feinde und machten ihn nach ihrem Brauch zum König.

Danach ging der Erzbischof von Mainz dem gewählten König in der Pfalzkapelle entgegen und sprach:

„Seht, ich bringe euch den von Gott erwählten und einst von dem mächtigen König Heinrich vorgesehenen, jetzt aber von allen Fürsten zum König gemachten Otto. Wenn euch diese Wahl gefällt, zeigt dies an, indem ihr die rechte Hand zum Himmel emporhebt." Da streckte das ganze Volk die Rechte in die Höhe und wünschte unter lautem Rufen dem neuen Herrscher viel Glück.

Widukind von Corvey, Res gestae Saxonicae/Die Sachsengeschichte, übers. und hrsg. von Ekkehart Rotter und Bernd Schneidmüller, Stuttgart 1981, S. 105 ff.

M 5 Thron Kaiser Karls des Großen in Aachen
Foto von 2000

Der Thron steht in der Aachener Pfalzkapelle (siehe S. 173, M3), dort wurden bis zum 16. Jh. über 30 Könige und Königinnen gekrönt.

[1] Als „Volk" werden hier die führenden Männer des Reiches bezeichnet.
[2] Zur Pfalz in Aachen siehe S. 172 f.

Erstelle ein Lernplakat zum Thema:
„Wie konnte Otto I. seine Herrschaft rechtfertigen?" (H)

1. Beschreibe, was aus dem Reich Karls des Großen knapp hundert Jahre nach dessen Tod geworden war (M1 und M2).
2. Erkläre diese Entwicklung mithilfe von INFO 1.
3. Historiker deuten die Vorgänge vom 7. November 921 (M3) als Zeichen dafür, dass im Osten des ehemaligen Karolingerreiches ein eigenständiges Königtum entstanden war. Begründe diese Interpretation mit Zitaten aus der Quelle.
4. Nenne mögliche Gründe für den Ort der Krönung (M4 und M5).
5. Werte den Krönungsbericht (M4) aus. Wer war an der Krönung beteiligt?

814: Tod Karls des Großen • nach 850: Das Karolinger Reich zerfällt in Teilreiche • 919: Im Ostfränkischen Reich wird Heinrich zum König gewählt • 936: Otto I. wird in Aachen zum König gekrönt

1 König und Reich: Herrschaft im Mittelalter

Ein neuer Kaiser

M 1 Ein Kaiser wird gekrönt
Buchmalerei (29,8 x 21,5 cm) aus dem Liuthar-Evangeliar, um 1000

Das Bild gehört zu einer Handschrift, die im Auftrag Kaiser *Ottos III.* auf der Insel Reichenau entstand. Es handelt sich um ein Evangeliar, ein Buch, das die Texte der vier Evangelien („Heilsbotschaften") des Neuen Testaments der Bibel enthält. Dargestellt ist Kaiser Otto III., der Enkel *Ottos des Großen*. Die kauernde Figur, die den Thron trägt, stellt die Erde dar. Die geflügelten Wesen verkörpern die vier Evangelisten: der Stier = *Lukas*, der Engel = *Matthäus*, der Löwe = *Markus* und der Adler = *Johannes*. Außerdem sind zwei gekrönte Herrscher mit Lanzen/Fahnen sowie zwei weltliche und zwei geistliche Würdenträger dargestellt.

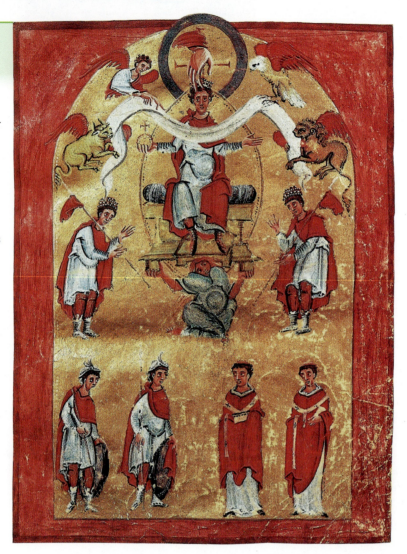

Schritt für Schritt:
Mittelalterliche Buchmalereien verstehen

Illustrierte mittelalterliche Handschriften sagen viel über den damaligen Glauben aus – und über diejenigen, die sie in Auftrag gegeben haben. Die meist von Mönchen oder Nonnen gemalten Bilder benutzen Symbole wie eine Zeichensprache: die himmlische Hand für Gott, die Engel- und Tierfiguren für die Evangelisten usw. Darüber hinaus ist die Anordnung der Figuren nie zufällig.
Folgende Fragen helfen dir, diese besonderen Bilder besser zu verstehen:
- Wer hat die Handschrift in Auftrag gegeben?
- Welche Figur ist die wichtigste im Bild? Woran kannst du das erkennen?
- Welche anderen Figuren erkennst du? Wie sind sie zur Hauptfigur angeordnet?
- Welche Gegenstände sind den Personen zugeordnet?
- Woran erkennst du, dass hier keine wirkliche Handlung abgebildet ist? Was zeigt das Bild dann?

Ein neuer Kaiser

M 2 Die Kaiserkrönung – Zeremonie

Otto I. gelobt am 2. Februar 962 noch vor der Krönung auf der Freitreppe des Petersdomes in Rom:
Im Namen Christi, verspreche ich, Kaiser Otto, gelobe ich und versichere vor dem Angesicht Gottes und des seligen Apostels Petrus, dass ich dieser Heiligen Römischen Kirche in jeder Hinsicht
5 ein Beschützer und Verteidiger sein werde, so wahr mir Gott helfe und nach meinem ganzen Wissen und Können.

Nachdem Otto I. in der Peterskirche wie ein Bischof gesalbt worden ist, setzt der Papst ihm genau an der Stelle, wo die Bischöfe geweiht werden, die Krone mit folgenden Worten aufs Haupt:
Empfange nun das Zeichen der Herrlichkeit [...], und zwar im Namen des Vaters und des Sohnes
10 und des Heiligen Geistes, damit Du nach Vertreibung des Alten Feindes [gemeint ist der Teufel] und aller ansteckenden Laster, gerechte Urteilssprüche und die Gerechtigkeit überhaupt so sehr lieben mögest und so voller Barmherzigkeit zu
15 leben trachtest, dass Du nach Deinem Tod in der Gemeinschaft der Heiligen von unserem Herrn Jesus Christus selbst die Krone des Ewigen Lebens [im Paradies] erlangen kannst!

Zitiert nach: Johannes Laudage, Otto der Große. Eine Biographie, Regensburg ³2012, S. 186

M 3 Über die Kaiserkrönung

Der Historiker Johannes Laudage schreibt dazu:
Als gerechter Richter sollte Otto sein Herrscheramt ausüben. Aber er sollte das im Namen der göttlichen Dreifaltigkeit tun, und dafür wurde ihm die Kaiserkrone verliehen. Diese prachtvolle
5 Insignie wurde somit als Abbild himmlischer Herrlichkeit [...] gedeutet. Es sollte Kraft verleihen, sich gegen den Teufel und alle irdischen Laster zu wappnen und das Kaiseramt mit Gerechtigkeit und Milde zu verwalten. Oberstes Ziel war
10 dabei die Erlangung einer Krone im Himmelreich. Das Kaisertum wurde also wesensmäßig als [...] Abbild der Herrschaft im Himmel verstanden.

Johannes Laudage, a. a. O., S. 191

INFO 1 Anspruch der Päpste

Seit dem 1. Jh. vererbten die römischen Kaiser* wenn möglich ihr Amt. Nachdem das Christentum* 380 zur Staatsreligion erklärt worden war, übernahmen die Kaiser die Führung der Kirche.
5 Während sie in Byzanz diese Funktion auch nach dem Zerfall des Römischen Reiches beibehielten, beanspruchten die Päpste[1] in Rom seit dem 6. Jh. die Oberhoheit über das Christentum.

Klaus Dieter Hein-Mooren

INFO 2 Otto I. erneuert das Kaisertum

Im Jahre 800 hatten der Papst und *Karl der Große** das weströmische Kaisertum erneuert. Rund 160 Jahre später wiederholte sich der Vorgang. Diesmal half **Otto I.**, der König des Ostfränkischen Reiches,
5 dem Papst und der Kirche. Dafür erhielten er und seine Frau *Adelheid* die Kaiserwürde vom Papst. Mit der **Kaiserkrönung von 962** wurde das westliche Kaisertum erneuert. Otto I. und seine zukünftigen Nachfolger bekamen mit dem Kaisertitel eine
10 christlich begründete Vorrangstellung gegenüber allen anderen Königen auf dem Gebiet des Weströmischen Reiches. Als Gegenleistung mussten sie sich verpflichten, den Kirchenstaat, d. h. das Herrschaftsgebiet der Päpste in Italien, zu verteidigen,
15 das Christentum zu schützen und zu verbreiten. Aus dem ostfränkischen (deutschen) Königreich wurde so ein (römisch-deutsches) Kaiserreich – und aus Otto I. wurde *Otto der Große*.

Dieter Brückner

[1] **Papst** (lat. *papa*: Vater): Bischof von Rom; Oberhaupt der römisch-katholischen Kirche und Stellvertreter Christi auf Erden

---

Wie und warum wird das Kaisertum erneuert?

1. Untersuche die Buchmalerei (M1) mithilfe der Methode „Schritt für Schritt" (siehe S. 14).
2. Arbeite heraus, wie die Buchmalerei (M1) das Kaisertum rechtfertigt?
3. Erstelle eine Liste, in der du die Gründe zusammenstellst, die der Papst und Otto I. hatten, das Kaisertum wiederzubeleben (INFO 1 und 2, M2).
4. Kaiser und König: Erläutere den Unterschied (INFO 2, M2 und M3). (F)
5. Otto I. bekam den Beinamen „der Große". Bewerte die Namensergänzung. Berücksichtige dazu auch das vorhergehende Kapitel.

- 800: Karl der Große wird in Rom zum Kaiser gekrönt
- nach 850: Das Karolingerreich zerfällt in Teilreiche
- 936: Otto I. wird in Aachen zum König gekrönt
- 962: Kaiserkrönung Ottos I. und seiner Frau Adelheid

1 Treffpunkt Geschichte

Zeichen der Herrscher

M 1 Die Reichskrone
Die achteckige Krone (Ø 22,2 cm, Gewicht 3,5 kg) wurde wohl für die **Kaiserkrönung Ottos I. um 962** angefertigt und später noch verändert. Sie ist das wichtigste Herrschaftszeichen des Kaisertums und besteht aus acht bogenförmigen Platten und einem Kreuz auf der Stirnplatte. Die Bildplatten zeigen sieben Könige des Alten Testaments und Christus. Über seinem Bild steht: P(ER) ME REGES REGNANT (= „Durch mich herrschen die Könige"). Die acht Platten, im Rechteck angeordnet, galten als Sinnbilder der Vollkommenheit.

INFO 1 Der tiefere Sinn

Im Mittelalter* waren die Menschen davon überzeugt, dass alles Sichtbare einen tieferen Sinn hat. Daher gab es viele Bilder, Symbole und besondere Feiern (Zeremonien). Sie sollten schwer begreifbare
5 Sachverhalte wie Treue, Herrschaft und Gottesgnadentum sichtbar darstellen. So begnügte man sich nicht damit, Verträge und Abmachungen zu schließen, sondern beschwor sie über Reliquien. Das sind Überreste wie Kleidungsstücke, Knochen oder
10 Haare von Christus oder Heiligen, die als Zeichen für die Verbindung mit der Gemeinschaft der Heiligen galten. Schenkungen oder Belehnungen wurden nicht nur in Urkunden schriftlich bestätigt, sondern bildhaft vollzogen, indem der Empfänger
15 bestimmte Gegenstände erhielt.

Klaus Dieter Hein-Mooren

INFO 2 Einsetzung der Könige und Kaiser

Eine der wichtigsten Zeremonien war die Einsetzung der Könige* und Kaiser*. Sie begründete und rechtfertigte deren Herrschaft und fand oft an hohen Kirchenfeiertagen wie Weihnachten, Ostern
5 oder Pfingsten statt. Im Deutschen Reich musste die Einsetzung am richtigen Ort (seit 936 in der Aachener Pfalzkapelle[1]) und vom zuständigen Erzbischof (ab 1028 der Erzbischof von Köln) vollzogen werden. Die Krönungszeremonie bestand aus
10 einer Reihe besonderer Handlungen wie Salbung, Einkleidung mit dem Krönungsmantel, Thronsetzung, Übergabe von Krone und anderen Reichsinsignien[2] sowie Krönungseid und Krönungsmahl. Mit dieser Zeremonie nahm der Herrscher symbo-
15 lisch das Reich in Besitz.

Klaus Dieter Hein-Mooren

[1] Siehe S. 173, M3.
[2] **Reichsinsignien** (von lat. *insignia*: Ehrzeichen): Herrschaftszeichen des Kaisers

962: Kaiserkrönung Ottos des Großen

Zeichen der Herrscher

M 2 Die Krönungszeremonie
Widukind von Corvey berichtet über die Krönung Ottos I. 936 in Aachen (siehe S. 13, M4):
Dann schritt der Erzbischof mit dem König hinter den Altar, auf dem die königlichen Herrschaftszeichen lagen […]. Er nahm von dort das Schwert
5 […] und sprach: „Nimm dieses Schwert, auf dass du alle Feinde Christi verjagst, die Heiden und schlechten Christen, da durch Gottes Willen dir alle Macht im Frankenreich übertragen ist, zum unerschütterlichen Frieden für alle Christen."
Dann nahm er die Spangen, legte ihm den Mantel
10 um und sagte: „Durch die bis auf den Boden herabreichenden Zipfel deines Gewandes seist du daran erinnert, mit welchem Eifer du im Glauben entbrennen und bis zum Tod für die Sicherung des Friedens eintreten sollst." Darauf nahm er
15 Zepter und Stab und sprach: „Durch diese Abzeichen bist du aufgefordert, mit väterlicher Zucht deine Untertanen zu leiten und in erster Linie den Dienern Gottes, den Witwen und Waisen die Hand des
20 Erbarmens zu reichen; und niemals möge dein Haupt ohne das Öl der Barmherzigkeit sein, auf dass du jetzt und in Zukunft mit ewigem Lohn gekrönt werdest." Auf der Stelle wurde er mit dem
25 heiligen Öl gesalbt und mit dem goldenen Diadem[1] gekrönt […].
Widukind von Corvey, Res gestae Saxonicae/ Die Sachsengeschichte, a. a. O., S. 105 ff.

[1] **Diadem**: um die Stirn oder im Haar getragener Reif aus Gold oder Silber mit Edelsteinen

Internettipps:
Informationen über die Reichsinsignien findest du unter **31062-01**.

M 3 Das Reichszepter
Das aus vergoldetem Silber bestehende Zepter (Herrscherstab) entstand in der 1. Hälfte des 14. Jhs.
Der Sechskantstab, der in Eichenblätter ausläuft, die eine Eichel umschließen, ist 61,5 cm lang. Das Zepter symbolisiert die Herrschermacht und Gerechtigkeit.

M 4 Heilige Lanze
Die „Heilige Lanze" stammt aus dem 8./9. Jh. und ist 51,5 cm lang. Sie war jahrhundertelang das wichtigste Herrschaftszeichen der deutschen Könige, da sie Waffe und Reliquienträger war. In die Spitze hatte man einen Nagel eingefügt, von dem man glaubte, dass er vom Kreuz Christi sei.
König Otto I. soll sie bei seinem Sieg gegen die Ungarn 955 auf dem Lechfeld bei Augsburg (siehe S. 12, M2) getragen haben. Angeblich war es der Glanz der Lanze, der den Gegner blendete und den Sieg herbeiführte.

M 5 Das Reichskreuz
Das aus einem Eichenholzkern bestehende und außen mit Goldblechen verkleidete Kreuz hat eine Höhe von 77,5 und eine Breite von 70,8 cm. Es wurde wohl um 1030 in einer westdeutschen Werkstatt gefertigt. Der aus Silber bestehende Kreuzfuß wurde 1352 in Prag hinzugefügt. Kaiser Konrad II. (1024-1039) hat das Kreuz in Auftrag gegeben. Es ist Reliquienbehältnis und Triumphzeichen in einem. Im Querarm des Kreuzes liegt ein Fach für die Heilige Lanze (M4) und im Schaft darunter eine Aussparung, in der ein Stück des Kreuzes Christi aufbewahrt wurde.

Warum sind Herrschaftszeichen wichtig?

1. Arbeitet mithilfe des Krönungsberichtes (M2) heraus, für welche Aufgaben des Königs die genannten Herrschaftszeichen (M1, M3 bis M5) stehen. Fasst die Ergebnisse in einer Tabelle zusammen. Berücksichtigt auch INFO 1 und 2.
2. Die Reichsinsignien (M1, M3 bis M5) heben zwei Bereiche der Königsherrschaft besonders hervor. Nennt sie.
3. Die Reichsinsignien hatten über Jahrhunderte keinen festen Aufbewahrungsort. Erst Anfang des 15. Jhs. kamen sie nach Nürnberg, 1800 brachte man sie nach Wien. Recherchiert auf der Homepage der „Kaiserlichen Schatzkammer Wien", welche Gegenstände zu den Reichsinsignien gehörten, wo sie überall aufbewahrt worden sind und warum sie heute in Wien sind. Fasst das Ergebnis eurer Recherche in einer Übersicht zusammen, präsentiert sie in der Klasse. (H)

1 König und Reich: Herrschaft im Mittelalter

König oder Papst – wer hat die Macht?

M 1 Stab und Ring Amtszeichen eines Bischofs, 11. Jh.
Bei der Einsetzung eines Bischofs in sein Amt (Investitur) werden ihm Stab und Ring überreicht. Mit dem Stab (Hirtenstab) leitet der Bischof seine Gemeinde wie ein Hirte; der Ring symbolisiert seine (geistliche) Ehe mit der Kirche.

Medientipp:
Materialien zum „Gang nach Canossa" findest du unter **31062-02**.

[1] **Konkordat:** seit dem 17. Jh. die Bezeichnung für einen Vertrag zwischen Kirche und Staat

INFO 1 „Freiheit für die Kirche!"

Otto der Große und seine Nachfolger regieren das Reich anfangs vor allem mithilfe von Reichsbischöfen und Reichsäbten. Mithilfe eines „Reichskirchensystems" versuchten sie, ein Gegengewicht zu den mächtigen Herzögen zu schaffen. Um die Organisation der Kirche in Anspruch nehmen zu können, statteten sie Bischofskirchen und Reichsklöster mit viel Grundbesitz aus. Dafür versorgten Bischöfe und Äbte die Könige* und ihre Gefolge auf ihren Reisen und stellten im Kriegsfall auch Ausrüstungen und Krieger bereit.

Die Könige verstanden sich als direkt von Gott eingesetzte Herrscher und Vertreter Christi auf Erden. Nach damaligem Verständnis waren sie damit Geistliche und keine Laien (Nichtgeistliche). Deshalb nahmen sie auch für sich das Recht in Anspruch, Bischöfe und Äbte zu ernennen und einzusetzen (*Investitur*). Diese Abhängigkeit der Reichskirche von den römisch-deutschen Königen bzw. Kaisern wurde von einflussreichen Äbten und Bischöfen bald scharf kritisiert. Ihre Forderung lautete: *Freiheit für die Kirche!*

Dieter Brückner

INFO 2 Über weltliche und geistliche Macht

In der zweiten Hälfte des 11. Jhs. setzte sich Papst *Gregor VII.* mit Nachdruck für eine umfassende Kirchenreform ein. Seiner Meinung nach sollten Priester nicht mehr heiraten und sich nur noch um die Verkündung des Glaubens kümmern. Vor allem sollten die Bischöfe und Äbte überall frei und unabhängig von den weltlichen Herrschern handeln können. Voraussetzung dafür sei, dass nur noch die Päpste, Bischöfe und Äbte in ihre Ämter einsetzen dürften. Diese Forderung führte zu einer Auseinandersetzung zwischen Päpsten und Königen, die Historiker **Investiturstreit** nennen.

Dieter Brückner

INFO 3 Wer darf Bischöfe einsetzen?

Ab 1056 war *Heinrich IV.* römisch-deutscher König. Er konnte und wollte auf die Dienste der Reichsbischöfe und Reichsäbte sowie auf deren Investitur nicht verzichten. Rückhalt fand er bei Bischöfen seines Reiches, die sich keine Vorschriften vom Papst machen lassen wollten. Für sie war der Bischof von Rom ein Kollege und kein Vorgesetzter.

Als Heinrich IV. 1075 in Oberitalien einen Erzbischof einsetzte, protestierte Papst Gregor VII. scharf. Gestärkt durch seine Bischöfe forderte der König den Papst auf, er solle von seinem hohen Ross heruntersteigen und sein Amt niederlegen. Das nahm Gregor VII. nicht hin und verhängte 1076 über Heinrich IV. den *Kirchenbann*: Er schloss damit den König aus der Gemeinschaft der Gläubigen aus und verbot allen Christen, ihm zu dienen. Damit stellte der Papst sein Amt über das des Königs und Kaisers*.

In dem nun folgenden Machtkampf bestritt der Papst dem König das Recht, sich in kirchliche Angelegenheiten einmischen zu dürfen. Heinrich IV. wiederum wollte als von Gott gekröntes Oberhaupt seine geistliche *und* weltliche Macht nicht vom Papst angetastet wissen. Was folgte, ging als „Gang nach Canossa" in die Geschichtsbücher ein.

Dieter Brückner

INFO 4 Späte Lösung

Erst Jahrzehnte später wurde eine Lösung für den Investiturstreit im Reich gefunden. 1122 schlossen Kirche und König in Worms einen Kompromiss: das „Wormser Konkordat"[1]. Darin verzichteten die Könige auf die Bischofsinvestitur. Die Bischöfe aber blieben den Königen für die überlassenen Rechte und Güter zu Treue und Gefolgschaft verpflichtet. Die Könige wiesen damit den Anspruch der Päpste zurück, über ihnen zu stehen. Sie seien allein von Gott auserwählt worden, um für Frieden, Ordnung und Gerechtigkeit zu sorgen. Die Päpste dagegen hätten die Aufgabe, sich um den Glauben zu kümmern.

Dieter Brückner

962: Kaiserkrönung Ottos des Großen   Investiturstreit

König oder Papst – wer hat die Macht?

M 3 Was will der Papst?

In den Unterlagen von Papst Gregor VII. befindet sich eine Schrift vom März 1075, die in 27 Leitsätzen die Stellung des Papstes umreißt. Der Text gilt als „Diktat des Papstes" (lat. Dictatus papae), obwohl nicht sicher ist, ob Gregor VII. ihn verfasst hat. Zu den zentralen Leitsätzen zählen:

2. Dass allein der Papst zu Recht als universal, d. h. die gesamte christliche Welt umfassend, bezeichnet werde.
3. Dass ausschließlich der Papst Bischöfe absetzen oder in den Schoß der Kirche wieder aufnehmen könne [...].
12. Dass es dem Papst erlaubt sei, Kaiser abzusetzen. [...]
18. Dass sein Urteil von niemandem widerrufen werden dürfe und er selbst die Urteile aller widerrufen könne.
19. Dass er selbst von niemandem gerichtet werden dürfe [...]. [...]
22. Dass die römische Kirche niemals geirrt hat und nach dem Zeugnis der Heiligen Schrift auch in Zukunft niemals irren wird [...]. [...]
27. Dass der Papst Untertanen vom Treueid gegenüber sündigen Herrschern lösen kann.

Zitiert nach: Johannes Laudage und Matthias Schrör (Hrsg.), Der Investiturstreit. Quellen und Materialien, Köln ²2006, S. 101 (vereinfacht)

M 2 Investitur eines Bischofs
Relief (ca. 31 x 46 cm) auf der Bronzetür des Domes von Gnesen (Polen), um 1175
Dargestellt ist, wie Adalbert von Prag 982 Bischof wird. Vor ihm sitzt Kaiser Otto III. auf einem Faltthron.

Aus der Urkunde des Papstes für den Kaiser:
Ich, Bischof Calixt, Knecht der Knechte Gottes, gestehe dir, meinem geliebten Sohn Heinrich, von Gottes Gnaden erhabener Kaiser der Römer, zu, dass die Wahlen der Bischöfe und Äbte des deutschen Reiches in deiner Gegenwart stattfinden. Wenn aber unter den Parteien Streit entsteht, sollst du mit dem Rat und Urteil des zuständigen Erzbischofs und der anderen Bischöfe dem einsichtigeren Teil deine Zustimmung und Hilfe gewähren. Der Gewählte aber soll von dir mit dem Zepter die weltlichen Rechte erhalten.

Zitiert nach: Lorenz Weinrich (Hrsg.), Quellen zur deutschen Verfassungs-, Wirtschafts- und Sozialgeschichte bis 1250, Darmstadt 1977, S. 183-185 (gekürzt)

[1] Ring und Krummstab: Siehe S. 18, M1.

M 4 Friede zwischen Reich und Kirche

Am 23. September 1122 treffen sich die Unterhändler des Papstes und Kaiser Heinrich V. vor den Toren der Stadt Worms. Sie schließen Frieden und tauschen Urkunden aus, in denen sie sich gegenseitig ihre Rechte zusicherten („Wormser Konkordat").

Aus der Urkunde des Kaisers für den Papst:
Ich, Heinrich, von Gottes Gnaden erhabener Kaiser der Römer, überlasse Gott, Gottes heiligen Aposteln Petrus und Paulus und der heiligen katholischen Kirche – aus Liebe zu Gott, zur heiligen römischen Kirche und zum Herrn Papst Calixt sowie zum Heil meiner Seele – jede Investitur mit Ring und Stab[1], und ich gestehe zu, dass in allen Kirchen, die in meinem Königreich oder Kaiserreich liegen, Wahlen und freie Weihen stattfinden, die dem Recht der Kirche entsprechen.

Wie verändert sich das Verhältnis von König und Papst?

① Nenne Gründe, warum das „Reichskirchensystem" für die Könige wichtig war (INFO 1).
② Erkläre, warum es zum Konflikt zwischen Papst und König kam (INFO 1, 2 und M3).
③ Untersuche, ob das „Wormser Konkordat" ein Kompromiss ist (INFO 4 und M4).
④ Beschreibe das Relief (M2) und beurteile, ob es das Verhältnis von Bischof und Kaiser vor oder nach dem „Wormser Konkordat" darstellt (INFO 4). Berücksichtige dazu auch M1.
⑤ Beurteile, ob der Begriff „Investiturstreit" den Konflikt zwischen Königtum und Papsttum zutreffend bezeichnet. (H)

1076: Heinrich IV. fordert den Papst auf, sein Amt zu verlassen, der Papst verhängt den Kirchenbann über Heinrich IV.
1077: Heinrich IV. löst sich vom Kirchenbann
1122: Wormser Konkordat: Kompromisslösung für die Investitur der Bischöfe

1 König und Reich: Herrschaft im Mittelalter

König und Adel – wie wird regiert?

Lernaufgabe

M 1 Schwerpunkte der Regierung König Ottos I.

M 2 Der König und seine Helfer
Mitglieder der Hofkapelle waren in der Regel gelehrte Mönche aus dem Adel. Sie berieten die Könige, bereiteten ihre Reisen vor und stellten unter Aufsicht eines Kanzlers Urkunden aus.

INFO 1 Was tut ein König?

Die Könige* waren oberste Heerführer, Gesetzgeber und Richter im Reich. Neben ihrem eigenen Besitz verwalteten sie den Reichsbesitz: Grund und Boden, Bodenschätze und Rechte, die dem Reich
5 gehörten und die Grundlagen der Macht bildeten. Anfangs durften nur sie Pfalzen[1], Burgen, Märkte und Zollstätten errichten, Städte gründen und Münzen prägen. Zu ihren Pflichten gehörte es, das Reich vor Feinden zu schützen und zu vergrößern,
10 für Frieden und Recht im Innern zu sorgen und mithilfe der Kirche den Glauben zu verbreiten.
Dieter Brückner

[1] Pfalz: Siehe dazu S. 172.

INFO 2 Ständig unterwegs

Eine Hauptstadt mit Regierungssitz und Verwaltung, wie sie die römischen Kaiser* hatten, gab es nicht. Die mittelalterlichen Herrscher zogen samt Familie und
5 Gefolge – oft über 100 Personen – von Ort zu Ort, um ihre Rechte und Pflichten persönlich wahrzunehmen. Da sie aber nicht überall gleichzeitig sein konnten, ließen sie sich durch den angestammten
10 und ernannten Adel des jeweiligen Gebietes vertreten. Aus den vornehmen und einflussreichen Adelsfamilien beriefen die Könige auch die Grafen. Sie sprachen in ihrem Namen Recht, verfolgten Straftäter und überwachten beschlossene Maßnah-
15 men. Standen aber Entscheidungen an, die das gesamte Reich betrafen, luden die Könige die „Großen des Reiches" zu Hof- oder Reichstagen ein. Gemeinsam mit den Herzögen, Bischöfen, Grafen und sonstigen mächtigen Adligen wurde dann beispiels-
20 weise über Abgaben (Steuern), Rechtsstreitigkeiten oder Kriegszüge beraten – und entschieden.
Dieter Brückner

20   Adel   Lehnswesen

König und Adel – wie wird regiert?

INFO 3 Grundlage der Macht: das Lehnswesen

Die Grundlagen mittelalterlicher Herrschaft waren Grundbesitz und persönliche Beziehungen. Über den Grundbesitz des Reiches konnten die Könige verfügen. Um den Adel an sich zu binden, verliehen die Könige ihm als Gegenleistung Lehen (lat. *feudum, feodum, beneficium*) auf Zeit aus dem Besitz des Reiches. Das konnten Ländereien mit den darauf lebenden Menschen und Tieren sein oder *Regalien*, d.h. Rechte, die nur dem König vorbehalten waren und hohe Einkünfte brachten, wie z.B. das Recht, Märkte zu betreiben, Erze abzubauen und Münzen zu prägen. Bei der Vergabe von Lehen schworen sich Lehnsgeber und Lehnsnehmer (*Vasall*) gegenseitig Treue und Schutz. Brach ein Vasall den Eid, indem er beispielsweise den König im Krieg nicht unterstützte oder sich gar mit dessen Feinden verbündete, konnte das Lehen zurückgefordert werden. Verletzte der Lehnsgeber seine Pflichten, musste der Vasall keine Gefolgschaft mehr leisten. Nicht nur die Könige vergaben Lehen. Das **Lehnswesen** galt für den gesamten Adel.

Im Laufe der Zeit betrachteten die Lehnsnehmer die auf Zeit überlassenen Lehen als ihr Eigentum und gaben sie an ihre Erben weiter. Die Folge war: Der Reichsbesitz wurde allmählich immer kleiner und die Macht der Herzöge, Bischöfe, Grafen und sonstigen Adligen immer größer.

Dieter Brückner

M 3 Ein Lehen wird vergeben

Bild aus der Heidelberger Handschrift des „Sachsenspiegels", um 1330 (Ausschnitt) Zum „Sachsenspiegel": siehe S. 11, M4. Zur Abbildung: Ein Mann (Vasall) kniet bittend vor einem Lehnsherrn (mit Wappenschild und Lehnsfahne) und sagt: „Herr, ich begehre von Euch [...] ein Gut zu Lehen, und biete Euch dafür meine Mannschaft [= meine Gefolgschaft, meinen Waffendienst] an." Der Lehnsherr legt seine Hände um die des Vasallen und nimmt damit die Bitte an. Mit dieser Geste gewährt er ihm zugleich Treue und Schutz.

M 4 Lehnswesen

Das Schaubild stellt die Verhältnisse vereinfacht dar. Ein Vasall konnte beispielsweise mehrere Lehen von verschiedenen Herren haben und Lehen konnten auch von Kronvasallen zu Kronvasallen vergeben werden. Grundsätzlich gab es Lehnsbeziehungen aber nur unter Freien.

Bereitet eine Diskussion in der Klasse vor zu der Frage: „Waren die mächtigen Adeligen Helfer oder Konkurrenten der Könige?" (H)

1. Untersucht die Karte M1. Was sagt die Karte über die Schwerpunkte der Herrschaft Ottos I. aus? Was bedeutete das für die übrigen Gebiete? (H)
2. Nennt Gründe, warum die Könige mit ihrem Gefolge ständig unterwegs waren (INFO 1 und 2).
3. „Die Könige regierten nicht allein." Erläutert die Aussage (INFO 2 und M2). (H)
4. Erklärt das Lehnswesen mithilfe von M3 und M4. Inwiefern war es eine „Grundlage der Macht". Berücksichtigt dazu auch INFO 3.
5. Gestaltet aus M3 in Kleingruppen ein Rollenspiel. Verfasst dazu geeignete Dialoge. (F)
6. Diskutiert die eingangs gestellte Frage mithilfe der in den vorangegangenen Arbeitsvorschlägen erzielten Ergebnisse. Formuliert ein zusammenfassendes Ergebnis. (H)

---

ab 8. Jh.: Fränkische Könige vergeben Land als Lehen an Gefolgsleute	Weltliche und geistliche Fürsten ahmen die Lehnsvergabe nach	10./11. Jh.: Vasallen setzen die Erblichkeit ihrer Lehen durch		12. Jh.: Alle Herzogtümer und Grafschaften sind Lehen des Königs	Bildung selbstständiger Territorien
700	800	900	1000	1100	1200	1300	1400

1 König und Reich: Herrschaft im Mittelalter

Könige und Fürsten – wer ist stärker?

M 1 Herzog Heinrich der Löwe und seine Frau Mathilde von England
Die Buchmalerei (34, 2 x 25,5 cm) befindet sich in einer kostbaren Handschrift, die Heinrich der Löwe und seine Frau Mathilde von England um 1185/88 anfertigen ließen und der Braunschweiger Stiftskirche schenkten.
Heinrich der Löwe war einer der mächtigsten Fürsten des 12. Jhs. aus der Familie der Welfen. Als Herzog von Sachsen und Bayern schwächte er alle dortigen Adligen, indem er ihre Lehen einzog und auf ihren Rat verzichtete. Als er sogar ein Hilfegesuch des Kaisers Friedrich I. (Barbarossa) ausschlug, klagten die übrigen Fürsten ihn an und hielten zusammen mit dem Kaiser Gericht über ihn. Heinrich wurde 1179 abgesetzt, verlor seine Reichslehen und zog mit seiner Frau Mathilde für einige Jahre nach England zu seinen königlichen Schwiegereltern. 1185 kehrte er mit seiner Familie zurück. Zur unteren Zeile: Rechts und links von Heinrich dem Löwen und Mathilde stehen deren Vorfahren.

[1] Politik: Bemühungen von Personen, rechtliche, wirtschaftliche, soziale, kulturelle und auswärtige Ziele für den Staat durchzusetzen

INFO 1 Alle gegen einen?

Herzöge, Grafen und Bischöfe erhielten ihre Lehen in der Regel direkt vom König* und wurden daher Fürsten genannt. Nicht alle Fürsten wollten aber einen starken Herrscher über sich haben. Daher
5 bestanden sie auf ihrem Recht der Königswahl. Sie begründeten das damit, dass die „Großen des Reiches" „von alters her" die Könige gewählt hätten. Die Monarchen* waren damit abhängig vom mächtigen Adel. Mehrfach setzten mächtige Her-
10 zöge Könige ab, wenn sie mit deren Herrschaft unzufrieden waren. So machten die Fürsten deutlich, dass sie im Reich mitbestimmen wollten und konnten. Starb ein König ohne männlichen Nachfolger, wählten sie oft einen Monarchen ohne Rückhalt
15 im Reich, damit er ihnen ihre Macht nicht streitig machen konnte. Nicht immer durfte ein gewählter König sich also darauf verlassen, dass die Fürsten des Reiches ihn im Notfall unterstützten, obwohl sie als Vasallen dazu verpflichtet waren.
Dieter Brückner

INFO 2 Fürsten werden Landesherren

Seit dem 13. Jh. vergrößerten die Fürsten ihre Macht Schritt für Schritt auf Kosten des Königs und anderer Grundherren. Sie erweiterten ihre Herrschaftsgebiete durch Heirat, Tausch, Kauf und
5 Krieg, behandelten die Lehen des Königs als Privatbesitz und vererbten sie. Einige Könige duldeten oder förderten den Machtzuwachs der Fürsten, wenn sie von ihnen Hilfe oder Zugeständnisse brauchten (z. B. um deren Zustimmung für die
10 Nachfolge ihres Sohnes zu erhalten). Manche Könige verkauften sogar Reichsrechte, wenn sie Geld brauchten.
Auf diese Weise erhielten Herzöge, Bischöfe und Grafen Rechte, die eigentlich nur den Königen vor-
15 behalten waren. Schließlich konnten sie in ihren Herrschaftsgebieten (*Territorien*) selbst Burgen bauen, Städte und Märkte gründen, Zölle erheben, eigene Münzen prägen, Gesetze erlassen und Recht sprechen. Als Landesherren wurden sie zu
20 „ungekrönten Königen" mit nahezu uneingeschränkter Gewalt über ihre Untertanen.
Die Folge war, dass das Reich allmählich in Territorialstaaten zerfiel, über die die Könige und Kaiser* nur noch eine lockere Oberhoheit hatten. Diese Ter-
25 ritorialisierung legte den Grundstein dafür, dass in unserem Staat noch heute die Bundesländer großen Einfluss auf die Politik[1] der Bundesregierung haben.
Dieter Brückner

Könige und Fürsten – wer ist stärker?

M 2 Rechte zugunsten der Fürsten

Aus dem „Gesetz zugunsten der Fürsten" (lat. Statutum in favorem principum) Kaiser Friedrichs II. vom Mai 1232:

1. Keine neue Stadt oder Burg darf auf geistlichem Gebiet weder von Uns noch von sonst jemandem unter irgendeinem Vorwande errichtet werden.
2. Neue Märkte dürfen die alten nicht beeinträchtigen.
3. Niemand darf zum Besuch eines Marktes gezwungen werden.
4. Alte Straßen dürfen nur mit der Einwilligung der auf sie Angewiesenen verlegt werden. [...]
6. Jeder Fürst soll seine Freiheiten, Gerichtsbarkeiten, Grafschaften und Centen[1] [...], ob sie nun frei in seiner Hand oder zu Lehen gegeben sind, nach der bewährten Gewohnheit seines Landes unangefochten genießen.
7. Die Centgrafen[2] haben ihre Gerichtsbarkeit vom Landesherrn oder dem von ihm Belehnten zu empfangen. [...]
17. Wir werden in keinem Lande eines Fürsten Geld schlagen lassen, wodurch die Münze dieses Fürsten an Wert verliert. [...]
19. In Unseren Städten hat der Ankläger dem Angeklagten an dessen Gericht zu folgen, außer der Angeklagte, der fürstlicher Untertan ist, wird in der Stadt aufgegriffen; in diesem Falle muss er sich in ihr verantworten.

Zitiert nach: Wilfried Hartmann (Hrsg.), Frühes und hohes Mittelalter 750 - 1250. Deutsche Geschichte in Quellen und Darstellung, Bd. 1, Stuttgart 1995, S. 405 f. (übers. von Johannes Bühler; vereinfacht)

---
[1] **Cent**: niederes Gericht
[2] **Centgraf**: Vorsitzender der Centen

M 3 Das Reich zur Zeit der Staufer, um 1200

Stärken oder schwächen die Fürsten das Reich?

1. Beschreibe, wie der Herzog sich und seine Frau darstellen ließ (M1). Ⓗ
2. Erkläre, wie sich die Machtverhältnisse zwischen König und Fürsten durch das Gesetz (M2) veränderten.
3. Schreibt in Gruppen einen Lexikonartikel zum Begriff „Territorialisierung" (INFO 1 und 2). Benutzt dazu die Begriffe „Mittelalter", „Adel", „König", „Landesherr" und „Oberhoheit". Ⓗ
4. „Ein Reich – aber keine Einheit!" Erläutere diese Aussage mithilfe der Karte (M3) und INFO 2. Ⓗ
5. „Wollen wir einen starken oder einen schwachen König?" – Führt ein Streitgespräch zwischen den Fürsten (INFO 1 und 2). Ⓗ
6. Vergleiche in Form einer Tabelle die Herrschaft der römisch-deutschen Könige mit einer Monarchie der Antike. Ⓗ

- 962: Otto I. wird zum Kaiser gekrönt; Anfänge des römisch-deutschen Reiches
- 11. bis 14. Jh. Territorialisierung des Reiches
- 1232: „Gesetz zugunsten der Fürsten" Kaiser Friedrichs II.

1 König und Reich: Herrschaft im Mittelalter

Der König und seine Wähler

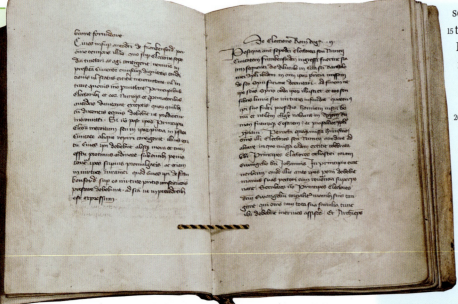

M 1 Die Goldene Bulle
Ausfertigung des Gesetzes von 1356 für die Stadt Frankfurt am Main, um 1400
Im Mittelalter* war es ein Vorrecht der Kaiser* und Päpste, besonders wichtige Urkunden mit einer Siegelkapsel, genannt „Bulle", aus Gold zu versehen. Zur Befestigung der Siegel dienten Seidenfäden. Durch Verknotung der Fäden außerhalb der Kapsel sollte ein Abstreifen des Siegels bzw. ein Austauschen der Urkunde verhindert werden.

M 2 Ein König kommt ins Amt
1356 legen Kaiser Karl IV. und die Kurfürsten in Nürnberg die Wahlordnung der Könige fest. Das Gesetz erhält später die Bezeichnung „Goldene Bulle" (siehe M1) und bleibt bis 1806 gültig.

Nachdem die Kurfürsten in die Stadt Frankfurt eingezogen sind, sollen sie sogleich bei Anbruch des folgenden Tages in vollzähliger Anwesenheit die Messe […] singen lassen, damit der Heilige
5 Geist ihre Herzen erleuchte und ihren Verstand mit dem Licht seiner Kraft erfülle, auf dass es ihnen gelinge, mit seinem Beistand einen gerechten, redlichen und tüchtigen Mann zum römischen König und künftigen Kaiser zu wählen zum
10 Heil der Christenheit.
Wenn nun diese Messe zu Ende ist, sollen alle Kurfürsten an den Altar herantreten, um folgenden Eid in der Landessprache zu leisten: „Ich schwöre auf diese hier gegenwär-
15 tig vor mir liegenden heiligen Evangelien Gottes, dass ich gemäß der Treue, zu der ich gegen Gott und das Heilige Römische Reich verpflichtet bin, nach all
20 meinem Verstand und meiner Einsicht mit Gottes Beistand der Christenheit ein weltliches Oberhaupt wählen will, das heißt einen römischen König
25 und künftigen Kaiser, der dazu geeignet ist, und dass ich meine Wahlentscheidung ablegen werde ohne alle Verabredung, Belohnung, Entgelt oder Ver-
30 sprechen – so wahr mir Gott helfe und alle Heiligen."
Wenn nun die Kurfürsten oder ihre Gesandten diesen Eid geleistet haben, sollen sie zur Wahl schreiten und fortan die Stadt Frankfurt nicht
35 verlassen, bevor die Mehrzahl von ihnen der Christenheit ein weltliches Oberhaupt gewählt hat […]. Falls sie dies jedoch binnen dreißig Tagen noch nicht getan hätten, sollen sie von da an nur Brot und
40 Wasser genießen […]. Nachdem aber sie gewählt haben, muss die Wahl so geachtet werden, als wenn sie von allen ohne Gegenstimme einhellig vollzogen wäre […].
Wer so zum römischen König gewählt worden ist,
45 soll sogleich nach vollzogener Wahl, bevor er in irgendwelchen anderen Angelegenheiten oder Geschäften aus Vollmacht des Heiligen Reiches seine Tätigkeit beginnt, den geistlichen und weltlichen Kurfürsten alle ihre Privilegien, Rechte,
50 Freiheiten und Vergünstigungen, alten Gewohnheiten und auch Würden und alles, was sie vom Reich bis zum Tag seiner Wahl empfangen und besessen haben, ohne Verzug und Widerspruch durch seine Siegel bestätigen und bekräftigen.

Zitiert nach: Die Goldene Bulle, nach König Wenzels Prachthandschrift, mit der dt. Übersetzung von Konrad Müller und einem Nachwort von Ferdinand Seibt, Dortmund ³1989, S. 108 ff. (vereinfacht)

Adel   Kurfürsten

Der König und seine Wähler

INFO 1 Ein Problem …

Während in Frankreich und England die Königswürde in der Regel vererbt wurde, wurden im römisch-deutschen Reich die Könige* gewählt.[1] Aber nicht immer konnten sich die „Großen des Reiches" auf einen Kandidaten einigen, denn die Mehrheit entschied nicht automatisch. Die mächtigen Fürsten beanspruchten vielmehr, dass ihre Stimmen größeres Gewicht haben müssten als die des nicht so einflussreichen **Adels**. Die Auseinandersetzungen über das Wahlrecht führten immer wieder zu Doppelwahlen oder zur Wahl von Gegenkönigen. Kriege, der Tod oder der Rücktritt eines Gewählten entschieden dann oft die Nachfolge.

Dieter Brückner

INFO 2 … und seine Lösung

Im Laufe des 13. Jhs. zeichnete sich eine Lösung ab: Nicht mehr alle Vornehmen des Reiches sollten den König wählen, sondern nur noch einige – am Ende waren es sieben – sogenannte **Kurfürsten** (mittelhochdeutsch „kür": *Wahl*). Im Jahr 1356 wurde dies in einem Reichsgesetz schriftlich festgelegt, das später als „Goldene Bulle" bezeichnet wurde. Die Wahl musste „binnen Jahr und Tag" nach dem Tod eines Königs stattfinden. Gewählt war, wer bei der Wahl die meisten Stimmen der Kurfürsten erhielt. Darüber hinaus konnte der gewählte König ohne Krönung durch den Papst den Titel eines Kaisers führen. Damit ihre Zahl gleich blieb, durften die Kurfürstentümer nicht mehr geteilt werden. Die drei rheinischen Erzbischöfe gaben sie an ihre gewählten Nachfolger weiter und die vier weltlichen Kurfürsten mussten Besitz und Stimmrecht an ihre ältesten Söhne vererben.

Das Königswahlrecht machte die Kurfürsten zu den höchsten Würdenträgern nach dem Monarchen. Sie verstanden sich als die „Säulen des Reiches". Der römisch-deutsche König und Kaiser war nicht der alleinige Gebieter über das Königreich, sondern dessen Oberhaupt und Verwalter.

Dieter Brückner

M 3 Der Kaiser und die Kurfürsten
Kolorierter Holzschnitt (14 x 29,6 cm), 2. Hälfte des 16. Jhs.
Von links nach rechts: Die drei geistlichen Kurfürsten – der Erzbischof von Trier, der Erzbischof von Köln und der Erzbischof von Mainz. In der Mitte sitzt der Kaiser mit den Herrschaftszeichen. Rechts von ihm stehen die weltlichen Kurfürsten, der König von Böhmen, der Pfalzgraf bei Rhein, der Herzog von Sachsen und der Markgraf von Brandenburg. Zu Füßen der Fürsten befinden sich ihre Wappen. Das Wappenbild des Kaisers zeigt einen Adler mit zwei voneinander abgewandten Köpfen. Der Doppeladler war das Symbol des Reiches bis zu dessen Auflösung 1806.[2]

[1] Siehe dazu nochmals S. 13, M4.
[2] Das „Männleinlaufen" in der Nürnberger Frauenkirche bezieht sich auf die Kurfürsten und die „Goldene Bulle" (siehe S. 10, M1).

Erkläre in einem Kurzvortrag, für welches Problem die „Goldene Bulle" die Lösung darstellte. (H)

1. *Stelle den Ablauf der Königswahl in einer Tabelle dar (M2).* (H)
2. *Erläutere, wozu der Eid die Kurfürsten verpflichtete und wozu Wähler und Gewählter unmittelbar nach der Wahl verpflichtet waren (M2).*
3. *Fasse mit eigenen Worten zusammen, nach welchen Grundsätzen der deutsche König ab dem Jahr 1356 in sein Amt kam (M2). Was sollten die Regeln verhindern?*
4. *Der Holzschnitt M3 kann als bildliche Darstellung des letzten Abschnitts von INFO 2 bezeichnet werden. Erläutere die Aussage.*
5. *Erkläre in einem Kurzreferat, für welches „Problem" die „Goldene Bulle" die „Lösung" darstellte und wie sie es löste (INFO 1 und 2).* (H)

- 800: Karl der Große wird in Rom zum Kaiser des Weströmischen Reiches gekrönt
- 936: Otto I. wird in Aachen von den „Großen des Reiches" zum König gewählt
- 962: Otto I. und Adelheid erhalten in Rom die Kaiserwürde
- 1356: Die „Goldene Bulle" legt die Wahl der römisch-deutschen Könige und Kaiser fest

Das weiß ich! – Gelerntes sichern

M 1 Otto I.
Undatierte Comicfigur von Simon Schwartz

Auf einen Blick: Herrschaft im Mittelalter

Das „Deutsche Reich" entstand im 10. Jh. in der Osthälfte des Reiches *Karls des Großen**. Karls Nachfolger hatten sich jahrzehntelang um dessen Erbe gestritten. Dies führte zur Teilung des Reiches. Im Ostteil konnten sich die schwachen Könige* aus der Familie der Karolinger nicht mehr gegen die immer stärker werdenden Herzöge durchsetzen. Am Beginn des 10. Jhs. wählten die Herzöge keinen Karolinger mehr, sondern mit *Heinrich I.* einen aus ihrem Kreis zum König. Der westfränkische König erkannte förmlich an, dass damit ein neues, unabhängiges Königreich entstanden war. In diesem Reich bildeten sich schon seit der Regierungszeit von Heinrichs Sohn *Otto I.* typische Herrschaftsstrukturen, d. h. typische Machtverhältnisse und Herrschaftsweisen heraus, die während des gesamten Mittelalters* in ihren Grundzügen erhalten blieben.

• Auch wenn ein König einen Sohn hatte, wurde dieser nicht automatisch sein Nachfolger: Jeder König musste von den Fürsten gewählt werden, unter denen die besonders mächtigen und vornehmen besonderes Gewicht hatten. Dieses Gewohnheitsrecht wurde 1356 im Reichsgesetz, der sogenannten „Goldenen Bulle", bestätigt und präzisiert: Der König wurde innerhalb eines Jahres von der Mehrheit der sieben **Kurfürsten** gewählt.

• Seit der **Kaiserkrönung Ottos I. 962** war der König des Ostfränkischen oder „Deutschen Reiches" auch Kaiser* auf dem Gebiet des ehemaligen Weströmischen Reiches. Damit war er nicht nur Beschützer der Reichskirche, sondern er erhob auch den Anspruch, über allen anderen europäischen Herrschern zu stehen.

• Gerechtfertigt wurde die Herrschaft des Königs (und Kaisers) nicht nur durch Geburt und Wahl, sondern durch die Vorstellung, dass die Monarchie* die von Gott gewollte Regierungsform sei und der König seine Macht daher im Auftrag Gottes ausübte. Im 10. und 11. Jh. galt der König als von Gott direkt eingesetzter Stellvertreter Gottes und nach damaligem Verständnis als Geistlicher. Im **Investiturstreit** setzten die Päpste nicht nur durch, dass der König keine Bischöfe, Äbte oder gar Päpste in ihr Amt einsetzen durfte. Seit diesem Machtkampf war der König kein Geistlicher mehr, er verlor die Kontrolle über die Reichskirche und das Papsttum wurde gegenüber dem König- und Kaisertum gestärkt. Geistliche und weltliche Macht begannen sich voneinander zu trennen.

• Das „Deutsche Reich" hatte keine Hauptstadt. Um es regieren und kontrollieren zu können, zog der Herrscher einerseits mit seinem Gefolge ständig umher (Reisekönigtum). Andererseits beauftragte er Herzöge, Grafen, Markgrafen und Bischöfe in den einzelnen Reichsgebieten, die Herrschaft dort in seinem Namen auszuüben. Sie alle zählten zum hohen **Adel**. Zur Belohnung erhielten die Adligen dafür Grundbesitz, Rechte und Einnahmen des Reiches vom König: sogenannte Lehen. Dafür waren sie es ihm schuldig, in zu beraten und ihn treu zu unterstützen.

• Dieses **Lehnswesen** wurde aber auch die Grundlage für den Aufstieg mächtiger Adliger. Sie behandelten die ihnen eigentlich auf Zeit übertragenen Lehen wie ihren Besitz und schufen große zusammenhängende Herrschaftsgebiete, sogenannte Territorien, in denen sie als Landesherren wie „ungekrönte Könige" eine beinahe unumschränkte Herrschaft ausübten. Die Folge war die Territorialisierung: Der König und Kaiser war zwar nach wie vor Oberhaupt des Reiches, aber der größte Teil des Reiches und damit die Mehrzahl seiner Bewohner lebte unter der Herrschaft mächtiger Fürsten.

• Insgesamt verlor der König und Kaiser im Laufe des Mittelalters Macht und Befugnisse an die Kirche und an den Adel. Trotzdem konnte sich niemand vorstellen, dass das Reich keinen König an seiner Spitze mehr haben könnte.

Dieter Brückner

Das weiß ich! – Gelerntes sichern

M 2 Kaiser, König und Adel – richtig oder falsch?

- *Die mittelalterlichen Könige des römisch-deutschen Reiches regierten von einer Hauptstadt aus.*
- *Kaiser und Könige waren im Mittelalter gleich.*
- *Die Päpste waren mächtiger als die Kaiser.*
- *Die Territorialisierung stärkte die Kaiser.*
- *Die Kurfürsten berieten den König.*
- *Das „Deutsche Reich" entstand im westlichen Teil des ehemaligen Karolingerreiches.*
- *Im Investiturstreit ging es um mehr als um das Recht, Bischöfe einsetzen zu dürfen.*
- *Lehen waren Geschenke des Königs an den Adel.*

M 3 Das Reich Ottos des Großen um 973

---

① Entwirf für den Comic (M1) eine Sprechblase, in der Otto I. seine besondere Stellung als König und Kaiser erklärt und rechtfertigt.

② Entscheide, ob die Behauptungen in M2 richtig sind, und schreibe die richtigen bzw. verbesserten Lösungen in dein Heft.

③ Zeichne einen Zeitstrahl, auf dem du folgende Ereignisse und Entwicklungen einträgst: 962 Kaiserkrönung Ottos des Großen, Investiturstreit und „Goldene Bulle".

④ Diskutiert in der Klasse, wo und wie ihr auf dem Zeitstrahl die „Territorialisierung des Deutschen Reiches" eintragen würdet. Bezieht dazu alle hierzu gehörenden Information aus dem Lernbereich „König und Reich: Herrschaft im Mittelalter" mit ein.

⑤ Beschreibe die Veränderungen der Grenzen in der Mitte Europas im Mittelalter anhand von M3 und den Karten auf S. 11, 12 und 23.

Das kann ich! – Gelerntes anwenden

M 1 Kaiser Heinrich II. und Kunigunde
Buchmalerei (oberer Abschnitt) aus einer Handschrift von der Insel Reichenau, die zwischen 1007 und 1014 entstanden ist
Das wertvolle Buch war für den Gottesdienst gedacht und enthält Abschnitte der Evangelien (Perikopen). Es war ein Geschenk Kaiser Heinrichs II. und seiner Frau Kunigunde an den Bamberger Dom und befindet sich heute in der Bayerischen Staatsbibliothek in München.
In der Bildmitte sitzt Christus auf dem Thron als „König der Könige". Rechts und links von ihm stehen Heinrich II. und Kunigunde. Hinter ihnen befinden sich die Apostel Petrus (zu erkennen am Schlüssel) und Paulus, die Schutzherren der Kirche.
Die lateinischen Zeilen über dem Herrscherpaar lauten übertragen: „Tut, was gerecht, erfasst stets, was ehrenvoll ist. Das Nützliche möge sich einfinden in dem, was Gesetzes Rat verlangt."

M 2 Gott verleiht Papst und Kaiser die Macht
Bild aus der Dresdener Handschrift des „Sachsenspiegels", um 1360 (Ausschnitt)
Christus verleiht dem Papst (links) und dem Kaiser (rechts) je ein gleiches Schwert.

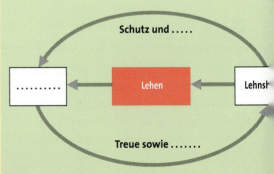

M 3 Wie funktioniert das Lehnswesen?

Antike		
1000 v. Chr.	500 v. Chr.	Christi Geburt

Das kann ich! – Gelerntes anwenden

M 4 Herrschaftsverhältnisse auf dem Gebiet des heutigen Bayern, um 1500

Nach der Absetzung *Heinrichs des Löwen* (siehe S. 22, M1) im Jahr 1180 übergab Kaiser *Friedrich I. Barbarossa* seinem treuen Gefolgsmann *Otto von Wittelsbach* das Herzogtum Bayern als **Lehen**. Er und seine Nachkommen regierten Bayern als Herzöge, später als **Kurfürsten** und Könige bis 1918. Das Herzogtum Bayern bestand aus Ober- und Niederbayern und Teilen der Oberpfalz. Der größte Teil der Oberpfalz und kleinere Gebiete an der Donau standen unter der Herrschaft der pfälzischen Wittelsbacher, die als Pfalzgrafen bei Rhein von Heidelberg und auch von Neuburg an der Donau aus regierten. Die schwäbischen und fränkischen Landesteile sind erst im 19. Jh. zu Bayern gekommen.

Zur Selbsteinschätzung: Einen Test, mit dem du überprüfen kannst, was du kannst und was du noch üben solltest, findest du unter **31062-03**.

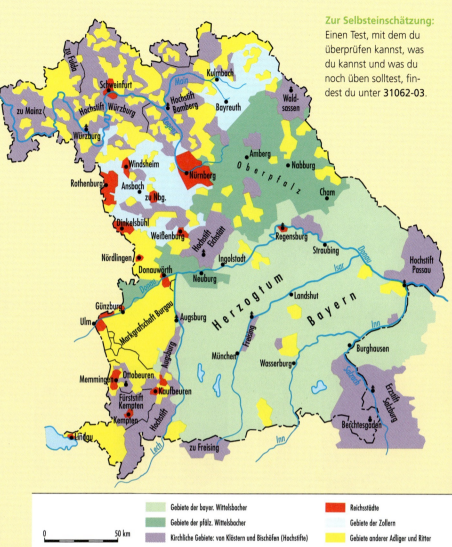

M 5 Wappen der bayerischen Herzöge, seit Mitte des 14. Jhs.

Von den Grafen von Bogen übernahmen die Wittelsbacher die weiß-blauen Rauten. Der goldene Löwe mit roter Krone im schwarzen Feld ist seit dem 13. Jh. das Symbol der Wittelsbacher als Pfalzgrafen bei Rhein.

---

① Beschreibe und deute die Buchmalerei M1. Berücksichtige die Methode „Schritt für Schritt: Mittelalterliche Buchmalereien verstehen" (siehe S. 14) und erstelle eine Gliederung für einen Kurzvortrag.

② Deute die Buchmalerei M2. Zeige dabei, welche Folgen des Investiturstreites der Maler darstellen will.

③ Wandle das Schaubild M3 in eine PowerPoint-Folie um. Ergänze die Lücken. Animiere die Folie anschließend so, dass du mit ihrer Hilfe erklären kannst, wie das Lehnswesen funktionierte.

④ Zeige an der Karte M4, dass man das Herzogtum Bayern um 1500 als Territorialstaat bezeichnen kann. Erkläre, warum dieser Begriff für die Verhältnisse im Bereich der heutigen Regierungsbezirke Unter-, Mittel- und Oberfranken sowie in Schwaben nicht richtig ist.

⑤ „Wir sehen nur, was wir kennen." Stelle zusammen, mit welchen in diesem Kapitel erworbenen Kenntnissen du die Erläuterungen der Stadtführerin und der Lehrkraft über die Nürnberger Frauenkirche ergänzen kannst (siehe S. 9).

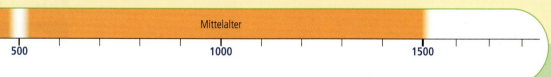

2
Leben und Kultur im Mittelalter

RITTER, BARDEN, BEUTELSCHNEIDER

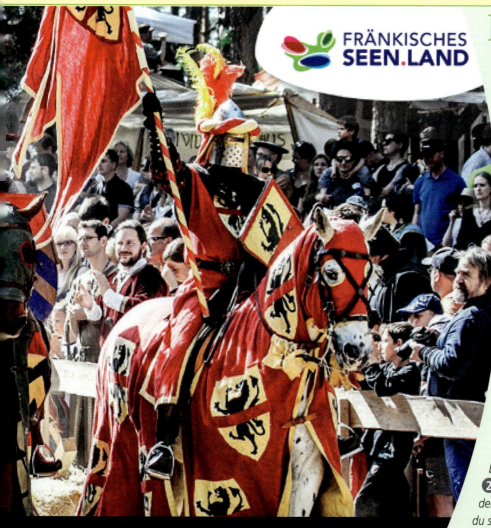

In jedem Sommer finden an vielen Orten in Deutschland Ritterspiele oder Mittelaltermärkte statt. Menschen kleiden sich wie im Mittelalter, als Ritter oder Gaukler, vornehme Dame oder einfache Magd, als Bauer, Handwerker, Kaufmann oder Mönch … Sie arbeiten, kämpfen, kochen, musizieren wie sie meinen, dass vor 800 Jahren gearbeitet, gekämpft, gekocht oder musiziert worden wäre, und probieren so für wenige Tage das aus, was sie für mittelalterliches Leben halten. Warum tun sie das? Warum begeistern sich so viele Menschen für das Mittelalter?

❶ Sucht gemeinsam Erklärungen dafür, weshalb sich heute Menschen für das Mittelalter begeistern.
❷ Recherchiere die Begriffe „Barden" und „Beutelschneider", wenn du sie noch nicht kennst.
❸ Stellt in einer Tabelle zusammen:
• Was wisst ihr schon über Leben und Kultur im Mittelalter?
• Was würde euch am Mittelalter besonders interessieren?

M 1 Mittelalterfest in Hilpoltstein
Plakat von 2018

2 Orientierung in Raum und Zeit

M 1 Die Wartburg
Foto von 2016
Die Wartburg bei Eisenach in Thüringen wird erstmals 1080 in schriftlichen Quellen* erwähnt. Um 1200 wurde sie zu einem Anziehungspunkt für Künstler und zur Hauptstätte der deutschen Dichtung. Ihr Erscheinungsbild hat sich im 19. Jh. durch Umbauten stark verändert. Seit 1999 zählt die Wartburg zum Welterbe.

Mittelalter „live"?

Das Plakat vom Mittelalterfest (siehe S. 30-31) zeigt zahlreiche Zuschauer: Alle Altersstufen sind vertreten. Männer und Frauen, Jungen und Mädchen drängen sich, um „das Leben im Mittelalter" möglichst hautnah und sozusagen „live" zu erleben.
Doch lebten die Menschen im Mittelalter* tatsächlich so, wie es solche Veranstaltungen präsentieren? Und gab es überhaupt „das" Leben im Mittelalter? Deuten nicht schon alleine die Gebäude, in denen die Menschen lebten, an, dass sich ihr Alltag deutlich unterschied? Es lohnt sich also, genauer hinzusehen.

Dieter Brückner

Am Ende des folgenden Großkapitels wirst du grundlegende Merkmale des Lebens der Menschen dieser Zeit und ihrer kulturellen Leistungen kennengelernt haben und diese Fragen beantworten können:

- Warum gliedert sich die mittelalterliche Gesellschaft in „Stände" und was hieß das für die Menschen?
- Welche Bedeutung haben Klöster im Mittelalter?
- Wodurch unterschied sich das Leben auf dem Dorf von dem in der Stadt grundlegend?
- Wie erwirtschafteten die Menschen auf dem Land und in der Stadt ihren Lebensunterhalt?
- Was ist „höfische Kultur"? Und warum sprechen Historiker von einer „kulturellen Blüte um 1200"?
- Woran kann man in einer Altstadt heute noch erkennen, was das Leben der Stadtbürger damals geprägt hat?
- Wie reagierten die Menschen auf Katastrophen wie z. B. Seuchen?

Orientierung in Raum und Zeit

M 2 Kloster St. Emmeram in Regensburg
Foto von 2016
Das Bild zeigt den Kreuzgang des im 8. Jh. gegründeten Benediktinerklosters.

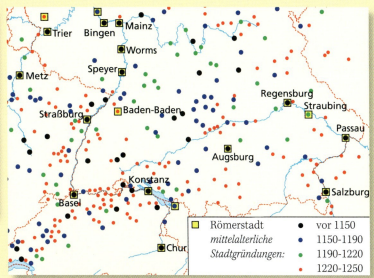

M 4 Stadtentwicklung in Süddeutschland

M 3 Mittelalterliches Bauernhaus
Foto aus dem Fränkischen Freilandmuseum in Bad Winsheim, 2017
Dieses Fachwerkhaus mit Wandfüllungen aus Flechtwerk und Lehm wurde Mitte des 14. Jhs. gebaut. Es zählt zu den ältesten Bauernhäusern Deutschlands und hat eine Grundfläche von etwa 15 x 13 m. Vieh- und Pferdestall waren im Wohnhaus untergebracht. Vor dem Haus sind ein geflochtener Zaun und ein Ziehbrunnen zu sehen. Mit der langen Stange holte man den Wassereimer nach oben.

M 5 Altes Rathaus in Bamberg
Foto von 2008
Das Alte Rathaus wurde im 14. Jh. errichtet und 1461 bis 1467 umgestaltet.

1. Nenne die mittelalterlichen Lebensbereiche, die die Fotos M1 bis M3 und M5 ansprechen. Notiere in Stichworten, was du über sie bereits weißt. Dabei helfen dir W-Fragen wie z. B. Wer?, Was?, Wo? …
2. Fasse die Hauptaussagen der Karte M4 knapp zusammen.
3. Habt ihr eine Burg, ein Kloster, ein Freilandmuseum oder eine Stadt mit einem mittelalterlichen Stadtkern besichtigt? Erzählt, was euch besonders in Erinnerung geblieben ist.

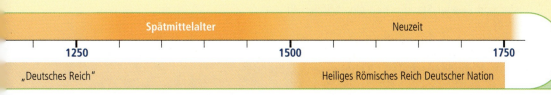

2 Leben und Kultur im Mittelalter

Eine ungleiche Gesellschaft

M 1 Christus teilt den drei Ständen ihre Aufgaben zu
Holzschnitt (20 x 14,5 cm) von Hans Hesse aus einem astrologischen Buch, Heidelberg 1488
Das Bild zeigt den auf einem Regenbogen, dem Symbol der Verbindung zwischen Himmel und Erde, thronenden Weltenrichter Christus. Links von ihm der Papst mit einem weiteren Geistlichen, rechts der Kaiser* und ein Fürst und in der unteren Mitte zwei Bauern. Die Beschriftungen lauten übertragen: „Du bete demütig!" „Du schütze!" „Und du arbeite!"

Geschichte erzählt:
Die Erzählung „Hochmut kommt vor dem Fall" findest du unter **31062-04**.

Videotipp:
Ein Erklärvideo zur Ständegesellschaft findest du unter **31062-05**.

INFO 1 Wieso „drei Stände"?

Im Mittelalter* galt nicht der Grundsatz „gleiches Recht für jeden". Und das wurde in der Lehre von den drei **Ständen** religiös gerechtfertigt. Danach hatte Gott die Bevölkerung in drei Gruppen geteilt
5 und ihnen ihren Rang in der Gesellschaft sowie besondere Aufgaben zugewiesen: in den vom Papst geführten Klerus, d. h. die Geistlichkeit (Bischöfe, Äbte, Priester, Mönche und Nonnen), den vom König* angeführten **Adel** und das arbeitende Volk
10 (Bauern).
Beten und Beschützen galten als wichtiger und daher vornehmer als die mühsame Handarbeit. Somit hatten Klerus und Adel Privilegien (Vorrechte) vor dem Dritten Stand. Geistliche beteten für alle und
15 wurden von Abgaben befreit. Adlige kämpften für die Fürsten und beschützten das Volk. Sie erhielten oder vergaben Lehen, durften Waffen tragen und zur Jagd gehen. Hohe Geistliche wie Bischöfe und andere mächtige Adlige wurden zu Hof- oder
20 Reichstagen eingeladen und konnten bei wichtigen Beschlüssen mitberaten und abstimmen. Die vornehmsten unter ihnen wählten im Reich den König. Erster und Zweiter Stand waren eine Minderheit: etwa zwei bis vier Prozent der Bevölkerung. Klerus
25 und Adel grenzten sich von der Masse ab. Heiraten zwischen Angehörigen des Adels und des einfachen Volkes waren so gut wie undenkbar, in der Regel sogar verboten. Das blieb noch Jahrhunderte so, obwohl sich der Dritte Stand mit der zuneh-
30 menden Bedeutung der Städte im 12./13. Jh. veränderte und nun aus Bauern und Bürgern bestand.

Dieter Brückner

M 2 Ein jeder Stand braucht den anderen
In einer Geschichte der Bischöfe von Cambrai aus dem 11. Jh. heißt es:

[Bischof Gerhard I.] legte dar, dass das Menschengeschlecht von Anfang an in drei Gruppen eingeteilt worden ist, in die Beter, die Landbebauer, die Krieger; und dafür, dass jeder von diesen
5 die beiden anderen zur Rechten wie zur Linken unterstützt, gab er einleuchtende Beweise. Während das Streben der Beter, frei von weltlichen Geschäften, auf Gott gerichtet ist, hat es den Kriegern zu danken, dass es sich den heiligen
10 Dingen in Sicherheit widmen kann, und den Bauern, dass es durch deren Arbeit mit leiblicher Nahrung versorgt wird.
In gleicher Weise werden die Bauern durch die Fürbitte der Beter zu Gott erhoben und durch die
15 Waffen der Krieger verteidigt.
Ebenso werden die Krieger ihrerseits unterstützt, indem sie von den Erträgen der Felder ihre Verpflegung erhalten und durch die Besteuerung der Waren zu ihrem Sold kommen, und indem das
20 heilige Gebet der Frommen, welche sie schützen, die Gewalttaten ihrer Waffen sühnt, wie schon gesagt worden ist.

Zitiert nach: Siegfried Epperlein, Bäuerliches Leben im Mittelalter, Köln 2003, S. 247

Adel   Grundherrschaft   Lehnswesen   Stände

Eine ungleiche Gesellschaft

INFO 2 Herrschaft über Land und Leute

Im Hochmittelalter lebten rund 90 Prozent der Menschen auf dem Land. Und hier galt: Nur wer Land besaß, war wirklich frei. **Lehnswesen**[1] und **Grundherrschaft** bestimmten die Lebensbedingungen auf dem Lande, da Adel und Klerus die größten Grundbesitzer waren. Der weitaus größte Teil der Landbevölkerung arbeitete für diese Grundherren als „hörige Bauern". Sie mussten Pacht oder Miete zahlen und Frondienste[2] leisten. Welche, wann und wie viel bestimmte der Grundherr.

Je nach Zeit und Gegend war der Grundherr auch Richter über seine Hörigen und ihre Familien. Diese durften ohne seine Zustimmung weder heiraten noch sein Land verlassen. In diesem Fall waren sie seine Leibeigenen. Und wenn der Grundherr das Land als Lehen vergab, verkaufte, vererbte oder verlor, gehörten die Leibeigenen mit ihren Familien dem neuen Besitzer.

Dieter Brückner

---

[1] **Lehnswesen**: Lies dazu nochmals S. 21, INFO 3.
[2] **Frondienst**: Dienst für den Grundherrn. Das mittelhochdeutsche Wort *frô* heißt „Herr". Aus *frôwe* = „Herrin" ist das Wort „Frau" entstanden. Zu den Frondiensten zählten zum Beispiel die festgelegten Tage, an denen der Bauer für seinen Grundherrn bestimmte Erntearbeiten oder Fuhrdienste leisten musste.

M 3 Abgaben und Dienste

Das Verzeichnis des Herrenhofes des Klosters Staffelsee bei Murnau zählt Anfang des 9. Jhs. für die 19 Hofstellen auf:

Jeder ihrer Inhaber gibt jährlich ein Ferkel, fünf Hühner, zehn Eier, mästet vier herrschaftliche Jungschweine, pflügt ein halbes Ackerwerk, front wöchentlich drei Tage, läuft Botendienst, stellt ein Vorspannpferd [...]. Sein Weib fertigt ein Hemd und einen Chorrock[1], braut Malz und backt Brot.

Zitiert nach: Günther Franz (Hrsg.), Quellen zur Geschichte des deutschen Bauernstandes im Mittelalter, Darmstadt 1967, S. 71 (vereinfacht)

---

[1] **Chorrock**: Kleidungsstück des Priester für den Gottesdienst

M 4 Grundherrschaft

Die adlige Grundherrschaft bestand meist aus einem Haupthof, mehreren Nebenhöfen sowie den Höfen der Hörigen. Könige, Herzöge und Grafen sowie Kirchen und Klöster besaßen viele und oft weit voneinander entfernt liegende Höfe.

Wie prägen die Stände die mittelalterliche Gesellschaft?

1. Benenne die drei Stände, in die die mittelalterliche Gesellschaft gegliedert war, sowie deren Aufgaben und Rechte (INFO 1 und M2) und trage die Ergebnisse in eine Tabelle ein.

2. Arbeite heraus, welche der in INFO 1 enthaltenen Auskünfte zur Ständegesellschaft der Holzschnitt M1 bildlich darstellt. (H)

3. Erkläre, warum Beten und Kämpfen bzw. Beschützen im Mittelalter als wichtiger eingeschätzt wurden als Handarbeit. Diskutiert diese Haltung aus heutiger Sicht.

4. Auf die Frage, warum Hildegard von Bingen (1098-1179) nur Frauen aus adligem Geschlecht in ihr Kloster aufnimmt, antwortet sie: „Es würde sonst eine böse Sittenverwilderung einreißen, wenn der höhere Stand zum niedrigen herabgewürdigt und dieser zum höheren aufsteigen würde. Denn Gott hat dem Volk auf Erden Unterschiede gesetzt." In Artikel 3 unseres Grundgesetzes steht: „Niemand darf wegen seines Geschlechtes [...], seiner Heimat und Herkunft, seines Glaubens [...] benachteiligt oder bevorzugt werden." Vergleiche beide Auffassungen und erläutere sie.

5. „Grundherrschaft ist Herrschaft über Land und Leute." Erkläre diese Definition mithilfe von INFO 2, M3 und M4 in einem Kurzvortrag in der Klasse.

2 Leben und Kultur im Mittelalter

Leben und Arbeiten auf dem Land

M 1 Blick in ein Bauernhaus
Die Rekonstruktionszeichnung zeigt, wie ein Bauernhaus um 1300 von innen ausgesehen haben kann. Die Wände der Bauernhäuser bestanden aus Holz und lehmverputztem Flechtwerk (siehe auch S. 33, M3).

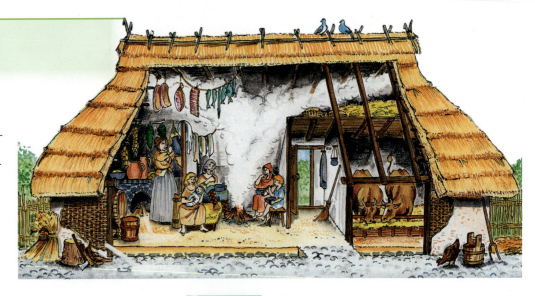

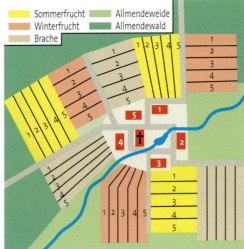

M 2 Die Dreifelderwirtschaft
Das Feld war in Gewanne (Feldstücke) für Sommergetreide, Wintergetreide und Brache (unbestelltes Land) eingeteilt. Darin besaß jeder Bauer einen oder mehrere Flurstreifen; sie grenzten unmittelbar aneinander und konnten nur in Zusammenarbeit mit dem Nachbarn bebaut werden. Daraus ergab sich der Flurzwang: Alle Bauern eines Gewannes mussten die gleiche Frucht anbauen. Die Allmende (mittelhochdeutsch: das Allgemeine) war das gemeinsame Eigentum an Wald, Weide, Ackerland und Teichen. Dort durften die Dorfbewohner ihr Vieh weiden lassen, Bau- und Brennholz schlagen, Eicheln und Bucheckern für die Schweinemast sammeln oder fischen.

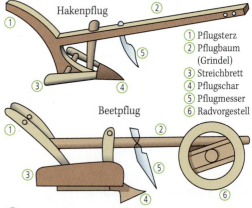

M 3 Fortschritte in der Pflugtechnik
Im 11. Jh. löste der Beetflug (Räderflug) den Hakenpflug ab. Die entscheidende Neuerung ist die geschwungene Pflugschar aus Eisen.

INFO 1 Ein hartes Leben
In Mitteleuropa gab es im frühen Mittelalter* noch riesige Laubwälder, ausgedehnte Sümpfe und Moore. In dieser Wildnis lagen einzelne Bauernhöfe, Gutshöfe, Klöster, Dörfer und wenige Städte. Fast alle Menschen lebten auf dem Lande und von der Landwirtschaft. Ihre Arbeit war hart. Trotz aller Mühe waren die Ernten oft nicht ergiebig. Vorräte gab es keine. Dürrezeiten, zu nasse Sommer, in denen das Getreide faulte, oder Viehseuchen bedeuteten Hunger und Teuerung.

Dieter Brückner

Medientipp:
Einen Film über das bäuerliche Leben im Mittelalter findest du unter **31062-06**.

Lesetipp:
Günther Bentele, Leben im Mittelalter – Der Kesselflicker und die Rache der Bauern, Würzburg 2010

Leben und Arbeiten auf dem Land

M 4 Bockwindmühle
Buchmalerei aus der Werkstatt des flämischen Künstlers Jean de Grise, Mitte des 14. Jhs.
Der Mühlenbau geht auf römische und arabische Vorbilder zurück. In Mitteleuropa nutzt man die Windkraft seit dem 12. Jh. Zur Funktion: Der kastenförmige Aufbau saß auf einem dicken Eichenstamm (Bock) und konnte in den Wind gedreht werden.

INFO 2 Die landwirtschaftlichen Erträge wachsen

Seit dem 11. Jh. veränderte sich die Landarbeit. Der Feldbau wurde auf die Dreifelderwirtschaft umgestellt, die zwei Ernten im Jahr ermöglichte. Den Boden düngte man nun mit Mist, Laub oder kalkhaltigem Mergel. Der neue Beetpflug ließ sich leichter führen und konnte den Boden besser wenden. So konnte die Saat besser aufgehen. Anstelle von Kühen und Ochsen wurden häufiger Pferde vor Pflug und Wagen gespannt. Hufeisen schützten die Pferde vor Verletzungen und machten sie trittsicherer. Die Zugkraft der Tiere wurde auf das Drei- bis Vierfache durch das Kummet erhöht, das die Zuglast auf Brust und Schulter der Pferde oder Ochsen verteilte. Eggen, Sensen und Dreschflegel kamen zum Einsatz. Wind- und Wassermühlen wurden zum Mahlen des Getreides und zum Trockenlegen feuchter Böden errichtet. Dies alles sowie eine Klimaerwärmung trugen dazu bei, dass die Erträge sich verdoppelten, teilweise sogar verdreifachten – und die Bevölkerung wachsen konnte.

Dieter Brückner

INFO 3 Tief greifende Veränderungen

Die Grundherren waren daran interessiert, immer mehr Land fruchtbar zu machen. Sie ließen Wälder roden, Sümpfe trockenlegen und fruchtbares Schwemmland an den Küsten eindeichen. In ihrem Auftrag wurden neue Dörfer planmäßig angelegt. Um Menschen für den Landesausbau zu gewinnen, gewährten die Grundherren den Hörigen niedrigere Abgaben und erließen manche Frondienste[1]. Sie genehmigten auch mehr Eheschließungen als früher. In manchen Gegenden gestanden die Grundherren den Dorfgemeinschaften eine Selbstverwaltung zu. Die Bauern bestimmten den Zeitplan für die Bewirtschaftung der Felder und verwalteten die Allmende[2] selbst. Sie sorgten für Wege und Brücken, achteten auf die Einhaltung des Dorffriedens, nahmen Verbrecher fest und lieferten sie dem Gerichtsherrn aus.

Dieter Brückner

M 5 Bevölkerungsentwicklung in Europa
Die Zahlen beruhen auf Schätzungen.

im Jahre 300:	16,8 Mio.
im Jahre 600:	11,9 Mio.
im Jahre 1000:	23,7 Mio.
im Jahre 1340:	53,9 Mio.

Nach: Josiah C. Russel, Artikel „Bevölkerung", in: Lexikon des Mittelalters, Bd. 2, München / Zürich 1983, Sp. 14

[1] **Frondienst**: Siehe S. 35, INFO 2, Anm. 2.
[2] **Allmende**: Siehe S. 36, M2.

Wie lebt und wirtschaftet die Landbevölkerung?

1. Beschreibe, wie die Menschen in dem Bauernhaus lebten (M1).
2. Stelle die Lebensverhältnisse auf dem Lande in einer Mindmap dar (M1 und INFO 1). (H)
3. Erläutere, wie die Dreifelderwirtschaft funktioniert (M2).
4. Fasse die Fortschritte in der Landwirtschaft und deren Folgen zusammen (M2 bis M4 und INFO 2).
5. Wandle M5 in ein Diagramm um. Welche Darstellungsform ist anschaulicher, welche genauer? Berichte! (H)
6. Erkläre die Bevölkerungsentwicklung (M5) mit deinem historischen Wissen und mithilfe von INFO 2 und 3.
7. Vergleiche die damaligen Lebensverhältnisse auf dem Lande mit heute und beurteile sie.

Die Welt der Klöster

M 1 Kloster Sankt Gallen
Holzmodell nach dem St. Galler Klosterplan, 2013
Der St. Galler Klosterplan gilt als die früheste Darstellung eines Klosterbezirkes und entstand zwischen 819 und 826 im Kloster Reichenau.

① Klosterkirche
② Schule
③ Haus des Abtes
④ Bibliothek/Schreibstube (Skriptorium)
⑤ Apotheke
⑥ Hospital
⑦ Gebäude für Novizen (angehende Mönche)
⑧ Friedhof
⑨ Gemüse- und Kräutergarten
⑩ Schlafsaal
⑪ Kreuzgang
⑫ Speisesaal
⑬ Küche
⑭ Lager
⑮ Scheune
⑯ Werkstätten
⑰ Mühlen
⑱ Ställe
⑲ Gesinde
⑳ Gästehaus/Pilgerhaus
㉑ Brauerei/Bäckerei

M 2 Tagesablauf im Kloster (vereinfacht)
Glockenschläge riefen die Nonnen und Mönche täglich zur Andacht und zum Gebet. Bis zur Einführung der mechanischen Uhren im 15./16. Jh. wurden Tag und Nacht in zwölf gleich lange Abschnitte (Stunden) eingeteilt. Im Sommer waren daher die Tagstunden und im Winter die Nachtstunden länger.
Vigil: Gebet in der Nacht (von lat. *vigilare:* wachen)
Laudes: „Lob Gottes am Morgen" (von lat. *laus:* Lob)
Prim: Gebet zur 1. Stunde des Tages (von lat. *primus:* der erste)
Terz: Gebet zur 3. Stunde des Tages (von lat. *tertia:* die dritte)
Sext: Gebet zur 6. Stunde des Tages (von lat. *sexta:* die sechste)
Non: Gebet zur 9. Stunde des Tages (von lat. *non:* der neunte)
Vesper: Gebet am Abend (von lat. *vespera:* Abend)
Komplet: letzte Gebetsstunde am Abend

M 3 Vorschriften
Auszüge aus der von Benedikt von Nursia nach 529 verfassten Klosterregel:

Sich selbst verleugnen, um Christus nachzufolgen. Den Leib züchtigen, der Sinneslust nicht nachgeben, das Fasten lieben. Arme erquicken, Nackte bekleiden, Kranke besuchen, Tote begra-
5 ben, in der Trübsal zu Hilfe eilen, Trauernde trösten. Mit dem Treiben der Welt brechen [...]. Böses nicht mit Bösem vergelten. Kein Unrecht tun, das zugefügte Unrecht aber mit Geduld ertragen. Die Feinde lieben. [...] Nicht stolz sein, nicht der
10 Trunksucht ergeben sein, nicht ein Vielfresser sein, nicht schlafsüchtig sein, nicht träge sein. [...] Vor der Hölle zittern. Nach dem ewigen Leben mit der ganzen Hingabe seines Herzens sich sehnen. [...] Seinen Mund vor böser und verderb-
15 licher Rede bewahren. Vieles Reden nicht lieben [...]. Den Eigenwillen hassen. Den Befehlen des Abtes in allem gehorchen [...]. Gehorsam ohne Zögern ist der vorzüglichste Grad der Demut. [...] Müßiggang ist ein Feind der Seele. Deshalb müs-
20 sen sich die Brüder zu bestimmten Zeiten der Handarbeit und zu bestimmten Zeiten wiederum der Lesung göttlicher Dinge widmen.

Zitiert nach: Hans Urs von Balthasar, Die großen Ordensregeln, Einsiedeln ⁸2010, S. 197 ff. (Auszüge)

Die Welt der Klöster

INFO 1 Gemeinsam für Gott leben

Schon im frühen Mittelalter* gab es fromme Männer und Frauen, die ihr Leben ganz Gott widmen wollten. Diese Mönche und Nonnen gingen „aus der Welt" und lebten in **Klöstern** (lat. *claustrum*: abgeschlossener Bereich), die in der Regel der **Adel** gegründet hatte. Dabei verzichteten sie auf jeden persönlichen Besitz, blieben unverheiratet und beteten und arbeiteten unter der Leitung eines Abtes (lat. *abbas*: Vater) oder einer Äbtissin. Ihnen mussten sie gehorchen.

Anfangs hatte jedes Kloster eine eigene Ordnung. Anfang des 9. Jhs. übernahmen die Klöster die Regel des heiligen *Benedikt von Nursia* aus dem 6. Jh. Alle Mönche in der Westhälfte Europas wurden damit „Benediktiner" und alle Nonnen „Benediktinerinnen". Später entstanden weitere Orden (lat. *ordo*: Ordnung), die sich an diesem Vorbild orientierten.

Arnold Bühler

INFO 2 Beten und arbeiten

„Bete und arbeite" (lat. *ora et labora*) wurde zum Leitsatz der Benediktiner. Ihr Tagesablauf im Kloster war in feste Zeiten für Gebet und Arbeit eingeteilt. Sie arbeiteten auf den Feldern, in den Weinbergen, den Ställen und Werkstätten der Klöster für ihren Lebensunterhalt. Denn sie wollten unabhängig sein. Mönche und Nonnen waren aber auch Grundherren, für die Hörige den klösterlichen Grundbesitz bewirtschafteten.

Auch die geistige Arbeit war für Mönche und Nonnen Dienst für Gott. Zu einem Kloster gehörten deshalb in der Regel auch Schule, Bibliothek und Schreibstube (lat. *Skriptorium*). In den Männerklöstern wurden Jungen, in den Frauenklöstern Mädchen auf das Leben im Kloster oder bei Hofe vorbereitet. Sie lernten nicht nur Gebete und Psalmen[1], sondern auch Latein, Rhetorik[2], Mathematik, Astronomie sowie Musik (Notenlehre).

In den Skriptorien wurden einfache und prächtige Handschriften für den Gottesdienst erstellt. Dort wurden auch Texte der antiken Gelehrten abgeschrieben. Die meisten Werke der Griechen und Römer sind uns heute nur erhalten, weil Mönche und Nonnen sie überliefert haben.

Arnold Bühler

INFO 3 Reich für die Armen

Die wichtigste Aufgabe der Mönche und Nonnen blieb das Gebet, die Zwiesprache mit Gott und den Heiligen. Sie beteten für alle Christen, vor allem aber für diejenigen, die ihrem Kloster besonders nahe standen. Adlige vermachten den Klöstern viel Land, damit die Mönche und Nonnen für ihr Seelenheil beten und an ihrer Stelle barmherzige Werke tun. Die Klöster versorgten die Armen und Kranken der Umgebung mit Nahrung und Pflege. Manche gaben so viel, dass ihre Mönche und Nonnen selbst kaum überleben konnten, andere wurden so reich, dass sie im Überfluss lebten.

Arnold Bühler

Medientipps:
Eine Dokumentation und Internettipps über Klöster findest du unter **31062-07**.

[1] **Psalmen**: Lieder im Alten Testament der Bibel
[2] **Rhetorik**: die Kunst der Rede

M 4 Vorarbeiten für eine Handschrift
Initiale (Anfangsbuchstabe) aus einer Bibel, um 1255
Ein Mönch markiert hier die Aufteilung einer Seite mit Lineal und Messer. Geschrieben und gemalt wurde auf Pergament: enthaarte und geglättete Tierhäute. Für eine Bibel wurden beispielsweise die Häute von etwa 200 Schafen benötigt. Das war ein Vermögen.

Was leisten die Klöster für die Kultur im Mittelalter?

1. Erklärt euch gegenseitig den Begriff „Kloster" (INFO 1).
2. Große Klöster waren so etwas wie eine kleine Stadt. Erläutere diese Behauptung (M1 und INFO 2 und 3).
3. Arbeite aus dem Tagesablauf (M2) und der Regel (M3) die Eigenschaften und Charakterzüge heraus, die Mönche bzw. Nonnen haben sollten.
4. Beurteile die Aussage: Klöster waren wichtige Stützpunkte der Kultur im Mittelalter (M2 bis M4, INFO 2 und 3). (F)
5. Informiere dich, ob es in deiner Region ein Kloster gibt und ob und in welcher Weise es noch Aufgaben wie ein mittelalterliches Kloster erfüllt. Berichte in der Klasse.

• 6. Jh.: Benedikt von Nursia gründet auf dem Monte Cassino in Süditalien ein Kloster
• Anfang des 9. Jhs.: Die Regel Benedikts von Nursia wird in allen Klöstern des Fränkischen Reiches eingeführt

2 Leben und Kultur im Mittelalter

Die Ritter und die höfische Kultur

M 1 Burg Prunn
Foto von 2016
Die Burg liegt südwestlich von Regensburg. Ihre ältesten Teile stammen aus der Zeit um 1200.

Medientipps:
Einen virtuellen Rundgang durch die Burg Prunn, eine Dokumentation über den Burgenbau und eine Übersicht der Burgen in Bayern findest du unter **31062-08**.

INFO 1 Ein neuer Adel entsteht

Das **Mittelalter*** war nicht friedlich und die Fürsten brauchten Krieger, die sich Ausrüstung und Pferd leisten konnten. Sie griffen dabei oft auf die nichtadligen Verwalter ihrer Güter zurück: die *Ministerialen*. Ihnen überließen sie für die Kriegsdienste Burgen und Land als Lehen[1]. Die erfolgreichen Ministerialen behielten die **Lehen**, vererbten sie an ihre Nachkommen, bauten selbst Burgen und zählten bald als Ritter zum niederen **Adel**.

Die Kluft zwischen dem hohen Adel (Könige, Herzöge, Grafen usw.) und den Rittern war sehr groß. Gemeinsame Vorstellungen versuchten, die Unterschiede zu überbrücken. Das lässt sich an dem Begriff „Ritter" verdeutlichen. Bis zum 11. Jh. bezeichnete er alle „bewaffneten Reiter". Ein Jahrhundert später war aus „Ritter" die Bezeichnung für alle Adligen, denen in einer feierlichen Zeremonie ein Schwert überreicht worden war. Damit hatte der Ausdruck „Ritter" eine erweiterte Bedeutung bekommen, die in den Wörtern „ritterlich" und „höflich" bis heute fortlebt. Ritterlich waren nun alle Adligen, die ein christliches Leben führten, sich tadellos kleideten und gut benahmen. Gemeinsam grenzte sich der Adel durch höfische Lebens- und Umgangsformen vom Ersten und Dritten Stand ab: von den Geistlichen und von den Bauern.

Die Wirklichkeit vieler Ritter sah anders aus. Sie wohnten beengt, mussten ihre Felder selbst bestellen, Kühe melken und die Ernte einholen. Kam es zum Krieg, führten sie ihn oft brutal. Als im späten Mittelalter Handfeuerwaffen und Geschütze aufkamen, waren sie als Kämpfer nicht mehr zeitgemäß. Viele Ritter verarmten und zogen in die Städte.
Arnold Bühler

INFO 2 Blüte der höfischen Kultur

Unter dem Adelsgeschlecht der **Staufer**[2] erreichte die höfische Kultur **um 1200** ihre **kulturelle Blüte**. Viele Dichter und Musiker zogen an die Höfe des hohen Adels. In ihren Dichtungen und Gesängen – beispielsweise im „Nibelungenlied" – verherrlichten sie die Helden der Vergangenheit und die ritterlichen Tugenden ihrer Gastgeber und Förderer. In Minneliedern (*Minne:* mittelhochdeutsches Wort für Liebe) und höfischen Romanen setzten Dichter wie *Walther von der Vogelweide* und *Wolfram von Eschenbach* dem idealen Ritter und seinem Verhalten in der Liebe und im Dienst für Gott literarische Denkmäler.

Zur höfischen Kultur zählen auch Turniere. Das waren Einzel- und Gruppenwettkämpfe zu Pferde mit Waffen. Die Aussicht auf den Sieg und die Belohnung (Rüstung und Pferd des Gegners plus Preisgeld) war für viele Ritter Anreiz genug, Gesundheit und Leben zu riskieren.
Klaus Dieter Hein-Mooren

Medientipp:
Einen Beitrag über den Minnedienst findest du unter **31062-09**.

M 2 Ritterdienst ist auch Minnedienst
Buchmalerei aus der Großen Heidelberger Liederhandschrift (Codex Manesse), um 1314

In der höfischen Liebe (Minne) verehrte ein Ritter eine höher gestellte, meist verheiratete Adlige. Ihr widmete er Lieder und Gedichte, für sie zog er ins Turnier. Eine wirkliche Liebesbeziehung durfte aber nicht daraus werden, da der Ritter ihr nicht ebenbürtig war.

[1] Zum Lehnswesen und zur Grundherrschaft siehe S. 21 und 35.
[2] **Staufer:** schwäbisches Adelsgeschlecht, das von 1138 bis 1254 die deutschen Kaiser und Könige stellte

um 1200: kulturelle Blüte zur Zeit der Staufer   Adel   Lehnswesen

Die Ritter und die höfische Kultur

M 3 Ritterliche Pflichten
In dem um 1200 entstandenen Versroman „Tristan" von Gottfried von Straßburg wird der zum Ritter geschlagene Tristan wie folgt belehrt:
„Sieh, Tristan, mein Neffe", sagte er, „jetzt, da dein Schwert gesegnet ist und du Ritter geworden bist, denke nach über ritterliche Werte und über dich und wer du bist. Deine Abkunft und Würde halte
5 dir vor Augen. Sei bescheiden und aufrichtig, wahrhaftig und wohlerzogen. Sei gütig zu den Elenden und stolz zu den Mächtigen. Pflege und verbessere deine äußere Erscheinung. Ehre und liebe alle Frauen. Sei freigebig und verlässlich,
10 und arbeite immer daran."

Gottfried von Straßburg, Tristan, nach dem Text von Friedrich Ranke neu herausgegeben und übersetzt von Rüdiger Krohn, Stuttgart ²1981, S. 307 f.

M 4 Das Mainzer Hoffest
Als ein Höhepunkt der Stauferzeit gilt das Mainzer Hoffest von 1184, zu dem Kaiser Friedrich I. (Barbarossa) geladen hat. Der Geschichtsschreiber Giselbert von Mons berichtet:

Aus dem ganzen Reich diesseits der Alpen kamen die Fürsten zu diesem Hoftag zusammen. Erzbischöfe, Bischöfe, Äbte, Herzöge, Markgrafen, Pfalzgrafen sowie andere Grafen, Edelleute und
5 Ministerialen, nach glaubwürdiger Schätzung insgesamt 70 000[1], dazu noch Kleriker und sonstige Leute verschiedenen Standes. […]
Am Pfingstmontag wurden […] die Söhne des Kaisers Friedrich, König Heinrich und Herzog
10 Friedrich, zu neuen Rittern geweiht. Zu ihrer Ehre machten sie […] und die anderen Edelleute Rittern, Gefangenen, Kreuzfahrern, den Spielleuten, Gauklern und Gauklerinnen reiche Geschenke, nämlich Pferde, kostbare Kleider, Gold und Silber.
15 […] Am Montag und Dienstag nach dem Morgenmahl eröffneten die Kaisersöhne das Turnier, an dem nach Schätzung 20 000 und mehr Ritter teilnahmen. Die Ritter erfreuten sich daran, Schilde, Lanzen und Fahnen zu schwingen und sich im
20 Reiterkampf ohne Stechen zu messen. In diesem Turnier machte der Herr Kaiser Friedrich […] die beste Figur von allen.

Zitiert nach: Arnold Bühler, Herrschaft im Mittelalter, Stuttgart 2013, S. 116 - 118 (gekürzt und vereinfacht)

M 5 Keine Ideale mehr
Ein unbekannter Dichter schreibt um 1330/40 in oder bei Bamberg:
Die Ritter kennen keine Treue mehr, darauf kann
5 man sich verlassen. Was sie heute fest versprechen, das brechen sie morgen sogleich. Sie sind Richter über arme Bauern, die sie schützen und schirmen[2] sollten.
10 Vor langer Zeit gab es wirklich gute Ritter. Die konnten im Kampf und Spiel so handeln, wie es gut und angemessen war. Große Tapferkeit ließen sie erkennen […]. Sie waren tugendhaft und freimütig; Gott schenkte ihnen Ehre und Besitz, weil
15 sie ernsthaft nach ritterlicher Tugend strebten […]. Um ritterliche Tugend kümmern sie sich heute wenig. Sie sitzen mit ihren Weibern zusammen und verschleudern wertvollen Besitz. […] Wenn man von Raub und Wucher absieht, könn-
20 ten sie vielleicht noch gute Ritter sein.

Wolfgang Bührer, Der Kleine Renner …, in: Historischer Verein Bamberg, 105. Bericht, Bamberg 1969, S. 171

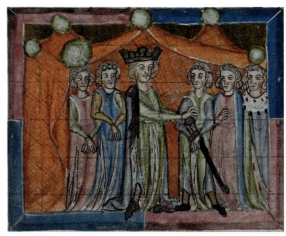

M 6 Mainzer Hoffest von 1184
Buchmalerei aus der Sächsischen Weltchronik, um 1325

Medientipp:
Einen Beitrag über Ritter findest du unter 31062-10.

[1] Die Zahl ist gewiss übertrieben.
[2] **schirmen**: vor Unheil bewahren

Wie prägt die höfische Kultur die mittelalterliche Gesellschaft?

1. Informiere dich über die Burg Prunn (M1). Nutze dazu den Medientipp. (H)
2. Beschreibe die Vor- und Nachteile, die der virtuelle Rundgang durch die Burg im Vergleich zum Foto M1 oder zu einem Modell hat.
3. Stelle in Form einer Mindmap dar, welche Eigenschaften von einem Ritter erwartet wurden (INFO 1, M2 und M3). (H)
4. Der Ritter verhält sich beim Minnedienst wie ein Vasall (M2). Beschreibe und erkläre seine Haltung. Siehe dazu auch S. 21, M3.
5. Verfasse einen Bericht oder eine Reportage über das Mainzer Hoffest (M4). Erläutere in dem Zusammenhang die höfische Kultur der Stauferzeit (M2, M4, M6 und INFO 2).
6. Beurteile den Unterschied zwischen dem Idealbild eines Ritters und der Wirklichkeit des Rittertums (INFO 1, 2 und M5).

1138 bis 1254: römisch-deutsche Könige und Kaiser aus dem Adelsgeschlecht der Staufer • 1155: Der Staufer Friedrich I. (Barbarossa) wird Kaiser • 1184: Mainzer Hoffest

2 Treffpunkt Geschichte

Kirchen – Bauwerke zum Lob Gottes

M 1 Der Dom zu Speyer – Idealtyp einer romanischen Kirche
Foto, um 1990
Ansicht von Osten. Das um 1030 begonnene und 1061 geweihte Gotteshaus ist 134 Meter lang und der größte romanische Kirchenbau in Deutschland. In der Krypta (Unterkirche) wurden mehrere mittelalterliche Könige und Königinnen beigesetzt.

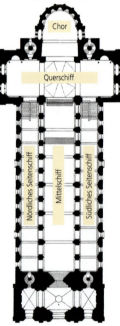

M 2 Grundriss des Doms zu Speyer
Grundform einer romanischen Basilika ist das Kreuz aus Mittelschiff, Querschiff und Chor. Das Mittelschiff ist doppelt so breit und doppelt so hoch wie ein Seitenschiff.

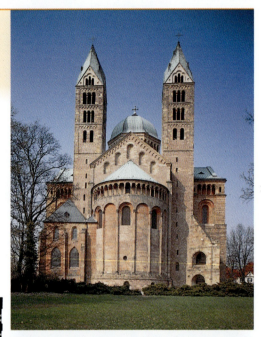

M 3 Mittelschiff des Kölner Doms
Undatiertes Foto
Der Bau wurde 1248 begonnen und der Altarraum (Chor) 1322 eingeweiht. 1561 wurden die Bauarbeiten wegen Geldmangels für weitere rund 300 Jahre eingestellt. Erst 1880 konnte das 144 Meter lange fünfschiffige Gotteshaus mit den 158 Meter hohen Türmen fertig gestellt werden.

INFO 1 Runde Bögen: Romanik

Bis ins 13. Jh. hatten die Kirchen wie Burgen wuchtige Mauern und kleine Fenster. Die Menschen stellten sich Gott wie einen strengen Lehnsherrn vor, dem sie zu Treue und Dienst verpflichtet waren. Im Innern der Kirchen waren die mächtigen Säulen mit runden Bögen verbunden. Rundbögen zierten auch die Fenster und Portale (Eingangstüren). Weil diese Bauformen an die römische Architektur der Antike* erinnert, wird sie „romanisch" genannt und die Zeit, in der so gebaut wurde, *Romanik*.
Arnold Bühler

INFO 2 Spitze Bögen: Gotik

Ab dem 12. Jh. setzte sich zuerst in Frankreich, dann überall in Europa ein neuer Baustil durch: die *Gotik*. Die Baumeister achteten jetzt darauf, dass mehr Licht in den Kirchenraum einfallen konnte. Sie wollten zeigen, dass Gott die Quelle des Lichtes ist – und in der hell erstrahlenden Kirche das Wirken Gottes sichtbar machen. Deshalb mussten die Wände leichter und „durchlässiger" werden. Statt dicker Säulen baute man schlanke Bündelpfeiler und Außenwände mit vielen hohen Fenstern. Spitze Bögen über den Fenstern und im Deckengewölbe ließen den ganzen Kirchenraum zum Himmel streben. Durch bunte Glasfenster flutete farbiges Licht herein. Oft war die Decke blau und mit goldenen Sternen ausgemalt. So fühlten sich die Menschen in den gotischen Kirchen wie unter einem Himmelszelt.
Arnold Bühler

INFO 3 Ein Bau, zwei Stile

Oftmals wurde eine romanische Kirche im späten Mittelalter* als unmodern empfunden. Sie wurde dann mit moderneren, gotischen Formen umgebaut oder erweitert. Der Umbau begann in der Regel im Osten, dem Hauptteil der Kirche, wo der Altar steht. An den neuen gotischen Bauabschnitt schloss sich dann im Westen der ältere romanische Teil an. In manchen Fällen gingen die Baumeister auch umgekehrt vor.
Arnold Bühler

Kirchen – Bauwerke zum Lob Gottes

M 4 Glaube und Architektur

Papst Nikolaus V. hat noch Mitte des 15. Jhs. festgehalten:

Die Menge des Volkes aber versteht nichts von Büchern und ermangelt jeder gelehrten Bildung. Dem Volk muss deshalb mit großartigen Schauspielen imponiert werden, denn sonst wird sein
5 auf schwankenden und schwachen Fundamenten gegründeter Glaube endlich ganz hinschwinden. Durch großartige Gebäude nämlich, die in gewissem Maß dauernde, eigenhändige Werke Gottes zu sein scheinen, kann die Überzeugung des Vol-
10 kes gestärkt werden, und erfährt die Versicherung der Gelehrten Bestätigung.

Zitiert nach: Vita Nikolaus V. von Gianozzo Manotti; zitiert nach: Margaret Aston (Hrsg.), Panorama der Renaissance, Berlin 1996, S. 15

M 5 Besser als in Wirklichkeit?

Mit dem folgenden Text wird für eine Internetseite geworben, die einen virtuellen Rundgang im Kölner Dom (M3) ermöglicht.

Ein Kirchenerlebnis für Zuhause
Der Kölner Dom, das sind etwa 160 000 Tonnen an Steinen, Glas, Metall [...]. Der Kölner Dom, das können allerdings auch lediglich digitale Informa-
5 tionen sein, die rein gar nichts wiegen. Dann nämlich, wenn der Kölner Dom virtuell ist, nicht real. Und virtuell lässt sich der Kölner Dom ebenso intensiv erfahren, wie in echt. Das Virtual-Reality-Projekt „Der Kölner Dom in 360 Grad" [...]
10 macht dies möglich. Man kann den Dom besuchen, in drei Dimensionen durch die gotische Kathedrale wandeln, ganz vom heimischen Wohnzimmer. [...]
Das virtuelle Erlebnis bietet fast noch mehr [...]:
15 man entdeckt geheimnisvolle Ecken in den meist unzugänglichen Kapellen und Nebenräumen [...] oder macht einen Abstecher in die Werkstatt der Bildhauer. Außerdem begibt man sich virtuell auf Zeitreise, [...] hat den unfertigen Dom im Mittel-
20 alter vor Augen.
Die volle Packung Virtual-Reality bekommt man allerdings nur mit spezieller Virtual-Reality-Brille – dann erst bewegt man sich nach vorne, nach hinten, rechts, links, oben und unten durch den
25 Dom, ohne auch nur einen einzigen Schritt gehen zu müssen. Doch auch ohne Brille eröffnen sich dem Webnutzer die Besonderheiten der gotischen Kathedrale, denn viele spannende Orte – wie die geheimnisvollen Ecken - im Inneren sind
30 mit einer 360-Grad-Kamera festgehalten.

Zitiert nach: www.koeln.de/koeln/koelner-dom-laesst-sich-virtuell-in-360-grad-und-3d-erkunden_1051890.html (Zugriff: 13. 05. 2019)

M 6 „Kölner Dom virtuell"

Screenshot vom 14.05.2019

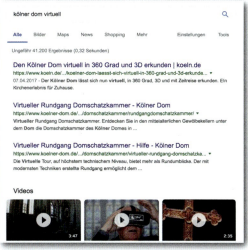

Tipp:
Für viele Kirchen und Dome gibt es virtuelle „Besichtigungen". Um sie zu finden reicht es, den Namen der Kirche und den Zusatz „virtuell" oder „digital" in eine übliche Suchmaschine einzugeben.

Inwiefern sind Romanik und Gotik besondere kulturelle Leistungen der Menschen des Hochmittelalters – und was kann ein virtueller Rundgang zur Beantwortung der Frage leisten?

① Stellt in einer Tabelle die Merkmale des romanischen und des gotischen Baustils zusammen (M1 bis M3, INFO 1 und 2). Achtet auf Mauern, Säulen, Fenster, Portale und Türme.

② Erläutert den Zusammenhang von Glaube und Architektur (INFO 1, 2 und M4).

③ Untersucht Kirchen in eurer Umgebung. Stellt fest, ob sie im Mittelalter oder später gebaut wurden. Auch neuzeitliche Kirchen ahmen manchmal mittelalterliche Bauformen nach. Man spricht dann vom „neuromanischen" oder „neugotischen" Stil. Beschreibt die Stilmerkmale der untersuchten Kirchen.

④ Erstellt auf der Grundlage eurer Untersuchungen eine Präsentation und begründet darin, weshalb die Bauwerke aus Romanik und Gotik „besondere kulturelle Leistungen der Menschen im Hochmittelalter" darstellen. Ⓕ

⑤ Arbeite heraus, welche Vorteile eines virtuellen Rundgangs der Text (M5) verspricht.

⑥ Schaut euch einen virtuellen Rundgang einer mittelalterlichen Kirche an und diskutiert anschließend folgende Behauptungen:
   a) Virtuell lässt sich ein Bauwerk ebenso intensiv erfahren wie in echt.
   b) Eindrucksvoller als ein virtueller Rundgang ist das Original!

10. bis 13. Jh.: Romanik, ab dem 12 Jh.: Gotik

2 Leben und Kultur im Mittelalter

Freiheit im Schutz der Mauern

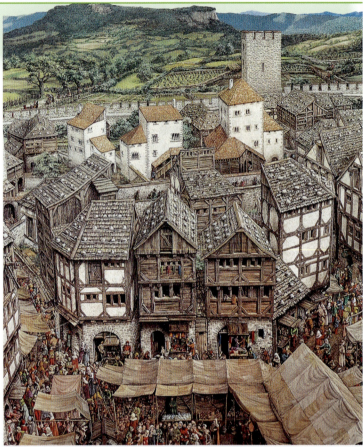

M 1 Ansicht einer Stadt des 13. Jhs. Rekonstruktionszeichnung von Jörg Müller, um 1985

Erst im 13. Jh. begann man mit dem Bau von Wasserrinnen für den Unrat. Seit dem 14. Jh. wurden einzelne Straßen mit Steinen gepflastert. Eine geregelte Abfallbeseitigung gab es oft erst ab dem 15. Jh.

Medientipps:
Einen virtuellen Rundgang durch eine mittelalterlich Stadt und die Dokumentation „Städte im Mittelalter" findest du unter **31062-11**.

INFO 1 „Stadtluft macht frei"

Könige*, Fürsten, Grafen und Bischöfe gründeten in ihren Herrschaftsgebieten Städte. Um dort Kaufleute und Handwerker anzusiedeln, gewährten sie ihnen besondere Vorteile und Rechte. Sie durften
5 dort z. B. Märkte abhalten, Zölle erheben, Münzen prägen und Stadtmauern errichten. Hinzuziehende Landbewohner wurden unter bestimmten Bedingungen von Frondiensten¹ gegenüber ihren früheren Grundherren befreit. Der spätere Ausspruch
10 „Stadtluft macht frei" umschreibt diesen Rechtsgrundsatz. Im Laufe der Zeit erhielten die **Bürger** von den Stadtherren auch Mitbestimmungsrechte im Stadtrat und bei der Wahl der Bürgermeister. In den Städten galten damit nicht mehr nur die Rech-
15 te der Landesherren, sondern auch die Gesetze der Stadtherren: das **Stadtrecht**.

Dieter Brückner

INFO 2 Frei, aber nicht gleich

Alle, die in der Stadt lebten, waren frei von den Einschränkungen der **Grundherrschaft**, aber sie waren nicht gleich. Die Einwohner unterschieden sich je nach Besitz und Ansehen erheblich. Noch
5 wichtiger aber war: Bürger war nur, wer Haus- und Grundbesitz in der Stadt hatte oder über ein bestimmtes Vermögen verfügte. Nur sie hatten politisches Mitspracherecht. Alle anderen, und das waren häufig mehr als die Hälfte, waren nur Einwoh-
10 ner der Stadt. Angehörige der „unehrlichen" Berufe wie Gaukler, Schausteller, Hausierer, Henker oder Totengräber hatten gar keine Rechte; sie konnten jederzeit ausgewiesen werden.

Dieter Brückner

INFO 3 Mehr Freiheiten und Rechte

Um in ihren Städten selbstständiger handeln zu können, forderten vor allem reiche Bürger (*Patrizier*) immer mehr Freiheiten und Rechte von ihren Stadtherren. Oft kauften sie ihnen diese ab. Manch-
5 mal erstritten sie sie auch mit Gewalt.

Am weitesten ging die Selbstverwaltung in den Königsstädten: den *Reichsstädten*. Sie hatten keinen Herrn über sich als den König und Kaiser*, der sich aber so gut wie nie in ihre Angelegenheiten ein-
10 mischte. Die „Regierung" dieser Reichsstädte bildete ein gewählter „Innerer Rat". Er vertrat ihre Bürger auf den Reichstagen, erließ die Gesetze für das Zusammenleben und sprach Recht.

Dieter Brückner

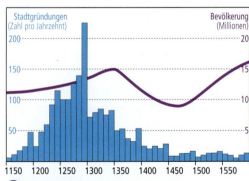

M 2 Städtegründungen und Bevölkerungswachstum in Mitteleuropa

¹ **Frondienst:** Siehe S. 35, INFO 2, Anm. 2.

Bürger Ghetto Grundherrschaft Stadtrecht

Freiheit im Schutz der Mauern

M 3 Konrad gründet Freiburg

Herzog Konrad von Zähringen gewährt Kaufleuten 1120 ohne Absprache mit dem König folgende Rechte:

Nachdem angesehene Geschäftsleute von überall her zusammengerufen worden waren, habe ich angeordnet, diesen Marktort […] auszubauen. Daher habe ich jedem Kaufmann für den Hausbau ein Grundstück zugeteilt und angeordnet, dass mir und meinen Nachkommen von jedem Grundstück ein Schilling[1] gängiger Währung als Zins jährlich am Fest des heiligen Martin zu zahlen ist. […]

Ich verspreche also allen, die meinen Marktort aufsuchen, im Bereich meiner Macht und Herrschaft Frieden und sichere Reise. Wenn einer von ihnen in diesem Raum ausgeplündert wird und mir den Räuber namhaft macht, werde ich das Entwendete zurückgeben lassen oder den Schaden selbst bezahlen. […] Alle, die Besitz am Marktort haben, sollen ohne Verbot Wiesen, Flüsse, Weiden und Wälder nutzen dürfen. – Allen Geschäftsleuten erlasse ich den Marktzoll. – Ich werde meinen Bürgern niemals ohne Wahl einen anderen Vertreter des Stadtherrn und einen anderen Priester vorsetzen, sondern wen immer sie dazu wählen, werden sie von mir bestätigt bekommen. […] Jede Frau soll dem Mann in der Erbfolge gleichgestellt sein und umgekehrt. – Auch darf jeder, der an diesen Ort kommt, hier frei wohnen, wenn er nicht jemandes Knecht ist und den Namen seines Herrn zugibt. Dann kann der Herr den Knecht in der Stadt belassen oder nach Wunsch wegführen.

Wenn aber der Knecht den Herrn verleugnet, soll der Herr mit sieben Nächstverwandten vor dem Herzog beschwören, dass es sein Knecht ist; dann kann er ihn haben. Wenn einer aber über Jahr und Tag ohne solche Hemmung geblieben ist, soll er sich fortan sicherer Freiheit erfreuen.

Zitiert nach: Arno Borst, Lebensformen im Mittelalter, Frankfurt am Main – Berlin 1973, S. 396 f. (vereinfacht)

[1] **Schilling**: Währung; ein Schilling war kein hoher Betrag, sondern mehr eine symbolische Zahlung.

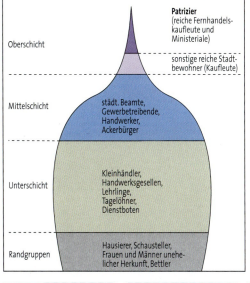

M 4 Bewohner einer mittelalterlichen Stadt

Was ein Schaubild leisten kann, zeigt dieses Beispiel. Es informiert auf einen Blick darüber, wer in der mittelalterlichen Stadt lebte und welche Anteile die jeweiligen Gruppen/Schichten an der Bevölkerung insgesamt hatten. Aber es ist ungenau. So fehlen in dieser Grafik Juden, Geistliche und Mitglieder der Orden. In einigen Städten war aber im 15. Jh. etwa jeder zehnte Bewohner Geistlicher.

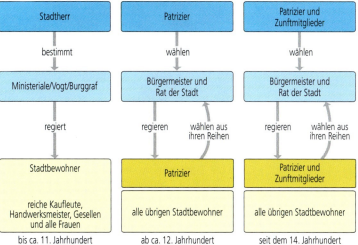

M 5 Städtische Regierungen im Wandel

Nicht überall regierten seit dem 14. Jh. – wie die Grafik zeigt – vornehme Kaufleute (Patrizier) und wohlhabende Handwerksmeister (Zunftmitglieder) gemeinsam. In wenigen Städten wie Augsburg konnten die Zünfte auch weitgehend allein regieren.

Warum und wie macht „Stadtluft frei"?

1. Beschreibe die Entwicklung der Städtegründungen (M2). Berücksichtige INFO 1 und 2 sowie die Karte M4 auf S. 33.
2. Nenne die Rechte und Vergünstigungen, die der Herzog den Kaufleuten gewährte (M3), und erkläre, was er sich davon versprach.
3. Erläutert in Gruppenarbeit die Schaubilder M4 und M5. Was sagen sie über die Zusammensetzung der Stadtbewohner und über den Wandel ihrer politischen Rechte aus? Berücksichtigt auch INFO 3. Verfasst dazu nach dem Vorbild des Buches INFO-Texte. (H)
4. Nimm Stellung zu dem Rechtspruch „Stadtluft macht frei" aus Sicht eines besitzlosen Handwerksgesellen (INFO 2 und M4).

2 Leben und Kultur im Mittelalter

Arbeiten und Wirtschaften in der Stadt

M 1 Rathaus und Marktplatz von Rothenburg o. d. Tauber
Altarbild in der St.-Jakobs-Kirche, 1466 (Ausschnitt)
Bemerkenswert sind hier die am Rathaus angebauten Läden. Im Erdgeschoss befanden sich weitere Geschäfte und das Waffenlager (Zeughaus). In Kriegszeiten erhielten hier die Bürger die Waffen zur Verteidigung der Stadt. Im Obergeschoss befanden sich die Räume des Stadtrates und ein großer Festsaal, im Kellergeschoss die Gefängnisse.

INFO 1 Markt, Handwerk und Handel

Neben der Freiheit von der **Grundherrschaft** hatte die Stadt zwei weitere Hauptkennzeichen, die sie vom Dorf unterschieden: Ihre Einwohner lebten in der Regel nicht von der Landwirtschaft, sondern
5 von Handwerk und Handel. Und in jeder Stadt gab es einen Markt. Auf den Wochenmärkten boten die Bauern und Händler Nahrungsmittel sowie Güter aus der Umgebung zum Kauf an. Zu den großen jährlichen Messen brachten Kaufleute seltene
10 Waren aus weiter entfernten Gegenden der Welt hierher. Auf den Märkten und Messen erfuhr man auch Neues aus Nah und Fern.
Dieter Brückner

INFO 2 Gemeinsam sind wir stark

Die Kaufleute schlossen sich in *Gilden*, die Handwerker in *Zünften* zusammen, um ihre Interessen gegenüber der Konkurrenz fremder Städte, aber auch gegenüber dem Rat der eigenen Stadt besser
5 vertreten zu können. Gilden und Zünfte stellten auch die Männer für die Verteidigung der Stadt und die Feuerwehr, sie spendeten Geld für die Kirchen und feierten gemeinsame Feste. Schließlich unterstützten sie erkrankte und verarmte Mit-
10 glieder sowie deren Witwen und Waisen.
Wie die Gilden achteten die Zünfte auf die Preise für die Waren und kontrollierten deren Qualität. Wer schlecht arbeitete, dem wurde „das Handwerk gelegt": Er musste seinen Betrieb schließen.
15 Die Zunft überwachte auch die Lehrlinge: Nur wer eine vier- bis zwölfjährige Ausbildung hinter sich brachte, konnte Geselle werden und später vielleicht Meister. Aber nur Handwerksmeister durften Zunftmitglieder sein. Der Zunftzwang begrenzte
20 die Zahl der Betriebe und verhinderte ortsfremde Konkurrenz. Er nahm vielen Gesellen aber auch die Möglichkeit, sich selbstständig zu machen und so in die Bürgerschaft aufzusteigen.
Frauen waren im Handwerk selten vertreten. Sie
25 durften aber Zunftbetriebe nach dem Tod ihrer Männer weiterführen. Außerdem gab es sogar eigene Zünfte, z. B. für Garn- und Seidenmacherinnen.
Klaus Dieter Hein-Mooren

Arbeiten und Wirtschaften in der Stadt

M 2 Aus der Nürnberger Handwerksmeister-Liste von 1363

Der Rat der Stadt Nürnberg ließ seit 1363 „Meisterbücher" führen. Das hier wiedergegebene Verzeichnis ist nicht vollständig. Es fehlen Berufsgruppen, die sicher auch in der rund 20 000 Einwohner zählenden Stadt ansässig waren, z. B.: Brauer, Seidennäher, Drechsler, Leinenweber, Maurer, Verputzer und Anstreicher.

Schneider	76	Zirkelschmiede, Werkzeugmacher, Schleifer	9	Glaser	11
Mantelschneider	30	Hufschmiede	22	Maler	6
Plattner (Harnischmacher)	12	Pfannenschmiede	5	Tuchwalker	28
Eisenhandschuhmacher	21	Kesselschmiede	8	Hut- und Putzmacher	20
Kettenhemdmacher	4	Schuster	81	Tuchweber	10
Nadelmacher und Drahtzieher	22	Flickschuster	37	Sattelmacher	17
Messingschmiede, Zinngießer	33	Goldschmiede	16	Fischer	20
Fassmacher (Büttner, Böttcher)	34	Geldwechsler, Münzmeister	17	Seildreher	10
Wagenmacher	20	Messermacher	17	Steinmetzen	9
Schreiner	10	Klingenschmiede	8	Zimmerleute	16
Spengler (Flaschner)	15	Kannengießer	14	Hafner (Steingutmacher)	11
Helmschmiede	6	Taschenmacher	22	Spiegel- und Glasmacher und Rosenkranzhersteller	23
Schlosser	24	Handschuhmacher	12		
Zaumzeug- und Sporenmacher	19	Müller	12	Weißgerber	35
Verfertiger eiserner Bänder	12	Bäcker	75	Ledergerber	60
Nagelschmiede	6	Schwertfeger (Waffenbearbeiter)	7	Metzger	71
Pfeil- und Bolzenschmiede	17	Kürschner	57	Färber	57

Nach: Die Chroniken der fränkischen Städte, Nürnberg 2, Leipzig 1864, S. 507 (vereinfacht)

M 3 Weber am Trittwebstuhl Zeichnung (29 x 20 cm) aus dem Hausbuch der Mendel'schen Zwölfbrüderstiftung, Nürnberg, um 1425

M 4 Hafnerin an der Töpferscheibe Bild auf einer Spielkarte, um 1425 Hafner: Siehe M2, 3. Spalte.

Lesetipps:
- Günther Bentele, Der Meister und der Aufstand der Zünfte. Leben im Mittelalter, Würzburg 2011
- Dietlof Reiche, Der Bleisiegelfälscher, Weinheim: E-Book 2010

Wie wird in der mittelalterlichen Stadt gearbeitet und gewirtschaftet?

① Zähle Berufe aus der Nürnberger Handwerksmeister-Liste auf, die es noch heute gibt (M2). Informiere dich über einige der ausgestorbenen Berufe.

② Nenne die Rohstoffe, die auf den Abbildungen M3 und M4 verarbeitet werden.

③ „Der Marktplatz war neben Kirche und Rathaus der wichtigste Ort der mittelalterlichen Stadt." Erläutere diese Aussage (M1 und INFO 1).

④ Erkläre die heutige Bedeutung der Redewendungen „es geht zünftig zu" und „jemandem ins Handwerk pfuschen". Informiere dich über ihre Herkunft.

⑤ Erläutere die Aufgaben und die Bedeutung von Gilden und Zünften (INFO 2).

⑥ Stelle zusammenfassend in einem Text dar, wodurch sich das Arbeiten und Wirtschaften in der mittelalterlichen Stadt vom Leben auf dem Land unterschied (INFO 1, M2 sowie S. 36 f.). Ⓗ

- Ausbreitung der Städte durch ein starkes Bevölkerungswachstum
- Im Heiligen Römischen Reich gibt es ca. 50 Städte
- Immer mehr Städte werden gegründet
- Im Heiligen Römischen Reich gibt es ca. 3 000 Städte

900 — 1000 — 1100 — 1200 — 1300 — 1400 — 1500 — 1600

2 Leben und Kultur im Mittelalter

Jüdisches Leben in der Stadt

M 1 Kaiser Heinrich VII. und die Juden
Buchmalerei aus dem „Codex Balduini Trevirensis", um 1320-1340
Heinrich VII. bestätigte 1312 den Juden, nach ihrem Recht, dem Gesetz des Moses, in seinem Herrschaftsgebiet leben zu dürfen. Hier überreicht ein Jude dem Kaiser eine Schriftrolle mit hebräischen Schriftzeichen.

[1] **Weiler**: dörfliche Siedlung
[2] **Synagoge**: Gotteshaus, Versammlungsort und Schule einer jüdischen Gemeinde. Grundsätzlich kann jeder Raum zur Synagoge werden, wenn in ihm die Thora aufbewahrt wird – eine Rolle mit dem hebräischen Text der fünf Bücher Mose aus dem Alten Testament der Bibel.

M 2 Zur Kenntnis
1090 erklärt Kaiser Heinrich IV.:
Allen Bischöfen, Äbten, Herzögen, Grafen und allen, die den Gesetzen unseres Reiches unterworfen sind, sei bekannt, dass einige Juden [...] mit ihren Glaubensgenossen in Speyer vor uns getreten sind und gebeten haben, dass wir sie mit ihren Kindern [...] unter unseren Schutz nehmen und sie darin halten.
Dass wir dies getan haben, sollen alle unsere Getreuen zur Kenntnis nehmen. Auch sollen sie die freie Erlaubnis haben, ihre Güter mit wem auch immer es ihnen beliebt in gerechtem Handel auszutauschen und sich frei und unbehelligt in den Grenzen unseres Reiches zu bewegen, ihren Handel und Warenaustausch zu betreiben, zu kaufen und zu verkaufen, und niemand soll von ihnen einen Zoll eintreiben oder irgendeine öffentliche oder private Abgabe von ihnen fordern. [...]
Niemand soll es wagen, ihre Söhne oder Töchter gegen ihren Willen zu taufen, und wenn jemand sie zur Taufe gezwungen hat, sei es, dass sie heimlich geraubt wurden, oder es sei, dass sie mit Gewalt entführt wurden, soll er zwölf Pfund [Gold] an die Schatzkammer des Königs oder des Bischofs zahlen.
Zitiert nach: Julius H. Schoeps/Hiltrud Wallenborn (Hrsg.), Juden in Europa, a. a. O., S. 121f.

M 3 Gipfel des Wohlwollens
Eine der bedeutendsten jüdischen Gemeinden im Deutschen Reich gibt es in Speyer. Der Bischof der Stadt schreibt am 13. September 1084:
Als ich [...] den Weiler[1] Speyer zu einer Stadt gemacht habe, habe ich geglaubt, die Ehre unseres Ortes um ein Vielfaches zu vergrößern, wenn ich hier auch Juden ansammelte. [...] Wachen, Verteidigungen und Befestigungen müssen sie nur innerhalb ihres Wohnbezirks verrichten, die Verteidigungen jedoch gemeinsam mit den Bediensteten. Ammen und gemietete Knechte können sie von den Unsrigen haben. [...] Kurz, ich habe ihnen als Gipfel meines Wohlwollens ein Gesetz verliehen, das besser ist, als es das jüdische Volk in irgendeiner anderen Stadt des deutschen Reiches besitzt.
Zitiert nach: Julius H. Schoeps / Hiltrud Wallenborn (Hrsg.), Juden in Europa. Ihre Geschichte in Quellen, Bd. 1: Von den Anfängen bis zum späten Mittelalter, Darmstadt 2001, S. 120

INFO 1 Friedliches Zusammenleben
Im frühen *Mittelalter** lebten Juden und Christen meist friedlich in den Städten zusammen. Die Juden waren eine Minderheit und standen seit *Karl dem Großen** unter dem Schutz des Königs und des Kaisers. Auch den Stadtherren und Bürgern waren sie willkommen, da sie zum wirtschaftlichen Aufschwung der Städte beitrugen. Als Fernhändler betrieben sie Handel weit über die Grenzen des Reiches hinaus – teilweise bis nach Nordafrika, Arabien und Indien. Manche Juden verliehen Geld, was Christen lange Zeit verboten war. Vor allem aber arbeiteten sie als Dolmetscher, Ärzte, Händler und Handwerker.
In den Städten wohnten die Juden in einem eigenen, nicht abgeschlossen Wohnbereich unweit von der Kirche – meist in der Judengasse. Dort pflegten sie ihre Kultur und ihren Glauben. Gottesdienste feiern sie in Synagogen[2] auf Hebräisch. Religiöser und rechtlicher Vorsteher der Gemeinde ist ein *Rabbiner*. Den Alltag bestimmte ein Sammlung von Gesetzestexten und Verhaltensregeln: der *Talmud*.
Arnold Bühler

Ghetto

Jüdisches Leben in der Stadt

M 4 Gegen die Regellosigkeit
1215 wird auf einer Kirchenversammlung (Konzil) in Rom beschlossen:

In einigen Provinzen unterscheidet bereits die Kleidung Juden und Sarazenen[1] von den Christen, aber in anderen gibt es eine solche Verwirrung, dass sie [Juden und Sarazenen] nicht durch unterschiedliche Kleidung erkennbar sind. Daher kommt es zuweilen vor, dass Christen versehentlich mit jüdischen oder sarazenischen Frauen und umgekehrt Juden und Sarazenen mit christlichen Frauen Verkehr haben. Damit also niemand für die Exzesse eines derart verdammenswerten Verkehrs einen Irrtum oder sonst eine Ausrede geltend machen kann, ordnen wir an, dass sie [Juden und Sarazenen] beiderlei Geschlechts in jeder christlichen Provinz stets in der Öffentlichkeit durch unterschiedliche Kleidung von anderen Völkern unterschieden werden müssen, zumal ihnen dies durch Mose vorgeschrieben ist.

Zitiert nach: Heiko A. Oberman u. a. (Hrsg.), Kirchen- und Theologiegeschichte in Quellen, Bd. 2: Mittelalter, Neukirchen-Vluyn ⁶2008, S. 151

INFO 2 Das Zusammenleben endet

Mit der wachsenden Volksfrömmigkeit im 11. Jh. änderte sich die Lage der jüdischen Mitbewohner. Sie wurden immer öfter als „Feinde Christi" dargestellt. Religiöse Fanatiker forderten sie zu Beginn des Ersten Kreuzzuges[2] 1096 auf, sich taufen zu lassen, plünderten und zerstörten ihre Häuser, vertrieben und töteten sie. Ihre Schutzherren protestierten, konnten die jüdische Bevölkerung aber letztlich nicht schützen. Im Laufe der Zeit entzogen Christen den Juden immer häufiger Rechte. Sie durften keine Grundstücke und Häuser mehr erwerben und weder als Kaufleute oder Händler noch als Handwerker arbeiten.

In Krisen wie der Pest[3] lösten Gerüchte über angebliche Brunnenvergiftungen oder Gräueltaten immer wieder Verfolgungen der jüdischen Minderheit aus. Seit dem 15. Jh. musste die jüdische Gemeinschaft in manchen Städten im **Ghetto** leben – in einem durch Mauern und Tore abgetrennten Wohnviertel.

Klaus Dieter Hein-Mooren

M 5 Ecclesia und Synagoga.
Sandsteinfiguren vom Bamberger Dom, um 1225/30 (Nachbildungen)
Die linke Figur (Höhe 1,92 m) verkörpert die Kirche (Ecclesia) des Neuen Testaments.
Daneben steht die Synagoga (Höhe 1,83 m); sie steht für das Judentum des Alten Testaments.

Medientipps:
Weitere Informationen über Juden im Mittelalter sowie über die Darstellung des Judentums an und in Kirchen findest du unter **31062-12**.

[1] **Sarazenen**: Muslime
[2] Zu den Kreuzzügen siehe S. 64 ff.
[3] Zur Pest lies die S. 52 f.

Wie veränderte sich das Zusammenleben von Juden und Christen im Mittelalter?

1. Beschreibe M1 und erkläre die Bedeutung der dargestellten Szene für Juden und Christen. Berücksichtige auch INFO 1.
2. Arbeite aus den Quellen M2 und M3 Informationen über das Zusammenleben von Juden und Christen heraus.
3. Erkläre, warum der Konzilsbeschluss (M4) auch ein Beleg ist für das Zusammenleben zwischen Christen, Juden und Muslimen.
4. Nenne Ursachen für Judenfeindlichkeit unter den Christen (INFO 2 und M5).
5. Auch heute gibt es Stadtviertel, die als „Ghetto" bezeichnet werden. Erläutere die unterschiedlichen Bedeutungen der „Ghettos".

- ab dem 8. Jh.: Judenschutzgesetze
- 1096: Erste große Übergriffe gegen die jüdische Bevölkerung im Zusammenhang mit den Kreuzzügen
- Mitte des 14. Jhs.: Ausschreitungen gegen Juden im Zusammenhang mit der Pest
- 16. Jh.: Einrichtung von Ghettos

2 Leben und Kultur im Mittelalter

Mittelalter in unserer Stadt

Lernaufgabe

M 1 Nördlingen
Luftaufnahme von 2016

M 2 Rathaus von Nördlingen
Foto von 2008
Die ältesten Teile des Rathauses sind aus dem 14. Jh., die jüngsten aus dem 17. Jh.

INFO Städte sind historische Quellen*

Viele unserer Städte sind im Mittelalter* entstanden. Die Spuren aus dieser Zeit kann man oft noch heute entdecken.

- Auf den Stadtplänen zeigt der Verlauf der Straßen, ob die Stadt allmählich gewachsen ist oder ob sie – oder ein Teil von ihr – planmäßig gegründet wurde.
- Oft kann man aus der Vogelschau auch erkennen, wenn eine Stadt erweitert wurde.
- Straßennamen sagen uns, wer dort früher gewohnt und gearbeitet hat, welche wichtigen Gebäude oder Orte der Stadt dort standen oder noch stehen.
- Der Verlauf der Stadtmauern gibt die Größe und Form der mittelalterlichen Stadt an. Und auch wenn die Mauern längst verschwunden sind, können wir sie in Straßenzügen und an Straßennamen erschließen und nachvollziehen. Manchmal signalisiert auch ein auffälliger Grüngürtel, dass hier einst eine Stadtmauer emporragte.
- Kirchen im romanischen oder gotischen Stil lassen Rückschlüsse darauf zu, wann sie entstanden sein könnten (*siehe dazu S. 42 f.*).
- Plätze oder besonders breite Straßen im Stadtzentrum sind häufig Orte, an denen Markt gehalten wurde.
- Rathäuser präsentieren sich durch ihre Größe als besonders wichtig für die Stadt.
- Burgen oder Straßennamen, die auf sie verweisen, sind Belege für die Anwesenheit eines Stadtherrn.

Dieter Brückner

Mittelalter in unserer Stadt

M 3 St. Georgs-Kirche von Nördlingen
Foto von 2008
Die Kirche von 1427 bis 1505 errichtet.

M 4 Stadtmauer von Nördlingen
Foto von 2015
Die Stadtmauer wurde im 14. Jh. errichtet.

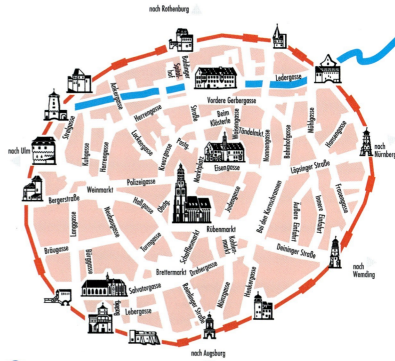

M 5 Stadtplan von Nördlingen
Die Stadt ging aus einem Königshof hervor, der 898 dem Bischof von Regensburg geschenkt worden war. Von 1215 bis 1803 war Nördlingen Freie Reichsstadt. Sie unterstand damit direkt dem Kaiser*. Aus dem Mittelalter erhalten sind der Mauerring mit 16 Türmen, fünf Toren und Wehrgängen.

Was verrät unsere Stadt über das Mittelalter?
Erarbeitet dazu PowerPoint-Präsentationen. Bildet drei Gruppen, wählt eine Stadt aus eurer Umgebung mit mittelalterlichen Wurzeln aus und wendet die Hinweise (INFO) sowie die Arbeitsvorschläge 1 bis 7 an auf: a) Stadtplan, b) Straßennamen und c) Gebäude. Fasst zuletzt zusammen, was ihr in eurer Gruppe erarbeitet habt. Stellt euch die Ergebnisse gegenseitig vor. (H)

1. Beschreibt mithilfe von M1 und M5 die Anlage der Stadt. Welche Gebäude liegen im Zentrum? Wo wurde die Stadt erweitert?
2. In Nördlingen trafen sich mehrere Handelsstraßen (M5). Erklärt, welche Bedeutung dies für Handwerk und Handel hatte.
3. In einer mittelalterlichen Stadt gab es häufig nicht nur einen einzigen Marktplatz. Wertet M5 aus. Welche Märkte könnt ihr entdecken? Erläutert ihre Namen.
4. Zählt die Straßennamen auf, die darauf hinweisen, welche Handwerker in der Stadt gearbeitet haben, und erklärt, warum ganze Straßen nach einem Handwerk bezeichnet wurden (M5).
5. Judengasse, Waisengasse, Münzgasse, Henkersgasse, Nonnengasse, Beim Klösterle: Erläutert, was die in M5 angeführten Straßennamen aussagen.
6. Erläutert die Funktion der Stadtmauer (M4). Berücksichtigt dazu S. 44, INFO 1.
7. Bestimmt den Baustil der Kirche (M3). Begründe deine Zuordnung. Berücksichtige die Informationen auf S. 42 f.

2 Leben und Kultur im Mittelalter

Katastrophen fordern heraus

Lernaufgabe

M 1 Beulenpest
Buchmalerei aus der Toggenburg-Bibel, um 1411
Seeleute hatten Mitte des 14. Jhs. die Pest aus Asien nach Europa eingeschleppt. Die Ursachen waren damals noch unbekannt. Einige Gelehrten gingen von giftigen Ausdünstungen des Bodens, andere von ungünstigen Planetenkonstellationen aus. Heute wissen wir, dass die Krankheitserreger der Pest entweder wie Schnupfen und Grippe durch Tröpfcheninfektionen oder durch Rattenflöhe verbreitet wurden.

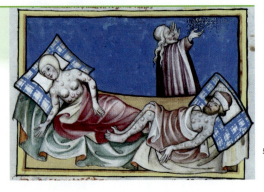

M 2 Katastrophenmeldungen
Johannes Turmair aus Abensberg, genannt Aventinus, berichtet in seiner „Baierischen Chronik", die er zwischen 1519 und 1533 verfasst hat, über die 1330er-Jahre:
Es kamen auch zu dieser Zeit viele Heuschrecken und flogen in den Lüften daher von Aufgang der Sonne entgegen den Niedergang. Wo sie hinkamen, da fraßen sie Heu, Gras, Laub, Getreide alles
5 ab [...]. So sie nichts mehr zu essen und alles verderbt hätten, hoben sie sich zu Morgen frühe mit der Sonne auf und flogen weiter [...]. Und diese Plage währte drei Jahre nacheinander.
Auf die Heuschreckenplage und deren Folgen reagiert auch die Bevölkerung an vielen Orten Bayerns mit einer Verfolgungswelle; die „Windberger Notizen" melden:
In den Jahren tausend, dreimal 10 und 8, dazu 300
10 ward das jüdische Volk dazumal ermordet, während durch die Länder viele Heuschrecken flogen.
Zitiert nach: Werner Schäfer, Straubing im 14. Jahrhundert, München 2012, S. 59 und 62

M 3 Bevölkerung in Europa

in Millionen (Schätzungen)	1340	1440
Iberische Halbinsel	9	7
Frankreich	19	12
Italien	9,3	7,5
Britische Inseln	5	3
Deutsches Reich und Skandinavien	11,6	7,5
Insgesamt	53,9	37,0

Nach: Josiah C. Russel, Artikel „Bevölkerung", in: Lexikon des Mittelalters, Bd. 2, München – Zürich 193, Sp. 14

M 4 Reaktionen auf die Pest
Tilemann Elhen von Wolfhagen, ein Notar, berichtet in der nach 1378 entstandenen Chronik der Stadt Limburg:
Als man 1349 Jahre schrieb, kam ein großes Sterben in die deutschen Lande, das das erste große Sterben genannt wurde. Man starb an einer Drüsenkrankheit. Der, den es traf, starb im Allgemei-
5 nen am dritten Tage. Es starben in den großen Städten Mainz und Köln fast jeden Tag etwa hundert Menschen, und in kleinen Städten wie Limburg täglich etwa zwanzig bis dreißig. Das dauerte in einigen Städten und Ländern mehr als Drei-
10 viertel des Jahres. So starben in Limburg mehr als zweitausendvierhundert Menschen, die Kinder nicht mitgerechnet.
Als das Volk den großen Jammer des Sterbens auf dem Erdreich sah, fielen die Leute allgemein
15 in eine große Reue für ihre Sünden und suchten Buße. [...]
In den Städten und im Lande sammelten sich die Männer in großen Gruppen, und es machten sich immer etwa hundert oder zweihundert oder drei-
20 hundert als Geißler[1] auf. Ihr Leben war so, dass sie in Gruppen dreißig Tage von einer Stadt zur anderen zogen und dabei wie in der Kirche Kreuze und Fahnen sowie Kerzen und Fackeln mitführten. [...]
25 [Im folgenden Jahr], als das Sterben aufhörte, wurden die Juden überall in diesen deutschen Landen erschlagen und verbrannt. Das geschah durch die Fürsten, Grafen, Herren und Städte. Nur der Herzog von Österreich schützte seine
30 Juden. Man warf den Juden vor, sie hätten den Christen Gift gegeben, und daher seien so viele gestorben.
Zitiert nach: Hiram Kümper / Michaela Pastors, Mittelalter, Schwalbach/Ts. 2008, S. 117 (übertragen von Karl Reuss)

[1] Geißler: Männer und Frauen, die sich öffentlich mit einer Geißel (Peitsche) schlugen, um auf diese Weise Buße für ihre begangenen Sünden zu tun

Katastrophen fordern heraus

INFO 1 — Eine Plage nach der anderen

Die Menschen litten im späten Mittelalter* nicht nur unter Kriegen. Lange kalte Winter und regenreiche Sommer, Heuschreckenplagen und Erdbeben führten Anfang des 14. Jhs. in ganz Europa zu Missernten und Hungersnöten. Eine der größten Katastrophen der europäischen Geschichte war die Pest. Sie wütete besonders grausam zwischen 1347 und 1351. Von ihr waren alle gesellschaftlichen Schichten betroffen. Besonders hoch waren die Verluste unter der ärmeren Bevölkerung, die in den Dörfern und Städten in unhygienischen Verhältnissen lebte. Die Zahl der Toten war in den Ländern und Städten unterschiedlich.

Dieter Brückner

INFO 2 — Reaktionen

Die Menschen konnten sich die Ursachen der Plagen, insbesondere der Pestepidemien nicht erklären. Viele verstanden sie als Strafe Gottes für ihre Sünden und versuchten sich durch besonders strenge Bußübungen von den Sünden zu befreien und Gott gnädig zu stimmen. Hierzu gehörten die sogenannten Geißler, die sich selbst mit Ruten und Geißeln schlugen. Sie wollten für ihre Sünden büßen, indem sie „nachlitten", was Christus vor seiner Kreuzigung erlitten hatte.

Andere suchten Sündenböcke und Schuldige und fanden sie insbesondere in den Juden. Ohne es beweisen zu können, behaupteten sie, die Juden hätten die Pest durch die Vergiftung von Brunnen und Quellen verursacht. Dabei waren die Morde und Vertreibungen oft wirtschaftlich motiviert. Jüdischer Besitz konnte so neu verteilt und Schulden aus der Welt geschaffen werden.

Um Schutz vor Krieg, Naturkatastrophen und Seuchen zu finden, zogen immer mehr Menschen vom Land hinter die schützenden Mauern der Städte. Dort waren sie willkommen, da nach der Pest Arbeitskräfte fehlten. Ganze Dörfer und Landstriche wurden aufgegeben bzw. nicht mehr landwirtschaftlich genutzt und „fielen wüst". Bis zum Ende des 15. Jhs. lag der Anteil dieser Wüstungen im „Deutschen Reich" bei etwa 25 Prozent, in einigen Regionen sogar bei 50 Prozent.

Dieter Brückner

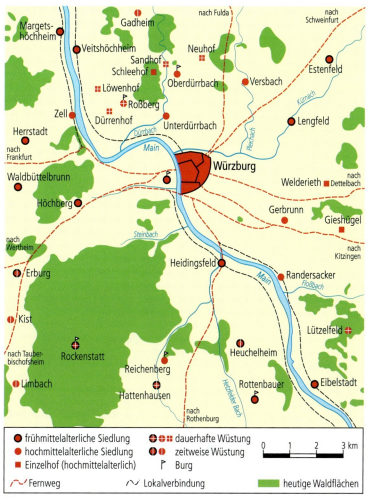

M 5 Wüstungen um Würzburg im späten Mittelalter

Medientipp:
Zur Pest in Europa siehe **31062-13**.

Lesetipp:
Harald Parigger, Sebastian und der Wettlauf mit dem Schwarzen Tod – Die Pest überfällt Europa, Würzburg 2008

Erarbeitet ein Schaubild, das die Folgen der Katastrophen und die Reaktionen der Menschen darauf übersichtlich darstellt. **(H)**

1 Arbeitet heraus, wie die Menschen sich die Plagen und Katastrophen erklärten (M1, M2, INFO 1 und 2). Vergleiche mit unserer Gegenwart.

2 Beschreibt, auf welche Weise die Menschen auf die Katastrophen reagierten, und beurteilt die verschiedenen Reaktionen (INFO 2, M4 und M5).

3 Stellt die Bevölkerungsentwicklung (M3) grafisch dar. Erklärt euer Vorgehen. **(H)**

4 Erläutert die Informationen der Karte (M5) mithilfe von M3 und INFO 2.

1347 - 1351: Höhepunkt der Pestwelle sowie der Judenverfolgungen

Das weiß ich! – Gelerntes sichern

Auf einen Blick: Leben und Kultur im Mittelalter

Die mittelalterliche Gesellschaft gliederte sich in drei **Stände**: die Geistlichkeit, den **Adel** und den Dritten Stand, dem Bauern und die **Bürger** der Städte angehörten. Diese Ordnung wurde als von Gott gewollt und daher unveränderlich dargestellt. Jeder kam durch Geburt in seinen Stand, Geistliche durch ihre Weihe. Die Stände hatten unterschiedliche Rechte. Jeder Stand erhielt oder erwirtschaftete seinen Lebensunterhalt auf eine andere Art und entwickelte seine eigene Lebensweise.

Frei war nur, wer Grundbesitz hatte. Grundlage für die Macht von König*, Adel und Kirche war großer Grundbesitz. Das Land bewirtschafteten unfreie Hörige, die ihren Grundherren Abgaben und (Fron-)Dienste leisten mussten. Die Grundherren waren zugleich Gerichtsherren ihrer Hörigen. Diese umfassende „Herrschaft über Land und Leute" nennt man **Grundherrschaft**.

Die große Mehrheit lebte auf dem Land. Ihr Alltag war geprägt von schwerer Arbeit und abhängig vom Wetter und von den Jahreszeiten. Durch technische Neuerungen und durch die Dreifelderwirtschaft stiegen die Erträge. Um die Landbevölkerung dafür zu gewinnen, neues Land fruchtbar zu machen, verringerten manche Grundherren die Abgaben und Frondienste und gestanden den Bauern in neu gegründeten Dörfern größere Selbstverwaltung zu.

In einem **Kloster** lebten Mönche und Nonnen in persönlicher Armut, Ehelosigkeit und Gehorsam. Sie widmeten sich dem Gebet und der Arbeit sowie dem Dienst für die Armen. Sie pflegten die lateinische Sprache und boten künftigen Mönchen und Nonnen, aber auch Kindern adliger Familien eine Art Schulbildung. In ihren Schreibstuben und Bibliotheken pflegten sie die Schreibkunst und überlieferten die Schriften antiker Autoren.

Aus Kämpfern zu Pferd im Dienst des Königs und hoher Adliger wurden die Ritter. Sie verwalteten ihren Besitz von ihren Burgen aus. Auch wenn ihre Wirklichkeit oft ganz anders aussah, traten sie als Kämpfer für den Glauben, für das Gute und für die Schwachen auf. An den Höfen des Königs und des hohen Adels wurden bei Festen und Turnieren „ritterliche" und „höfische = höfliche" Lebensart und Umgangsformen gezeigt. Ritterliche Ideale wurden auch in den Ritterromanen der Zeit und in Gedichten verherrlicht. Die Zeugnisse des höfischen Lebens zur Zeit der Könige und Kaiser* aus der Familie der Staufer (ca. 1150 bis 1250), die Literatur, aber auch die erhaltenen Bauwerke im Stil der Romanik und Gotik lassen uns von einer **kulturellen Blüte zur Zeit der Staufer um 1200** sprechen.

Könige, Fürsten und Bischöfe gründeten als Stadtherren zahlreiche Städte. Das hier geltende **Stadtrecht** garantierte den Bürgern besondere Privilegien wie z. B. das Markt- und Zollrecht. Die reichen und angesehenen Bürger erhielten das Recht, Ratsherren und Bürgermeister zu wählen und die Stadt selbst zu verwalten. Erst im 14./15. Jh. erkämpften sich in einigen Städten auch die Handwerksmeister ein Recht zur Mitbestimmung.

Ihren Lebensunterhalt erwarben die Stadtbürger überwiegend durch Handwerk und Handel. Daher gehörte der Marktplatz neben Kirche, Rathaus und Stadtmauer zu den typischen Kennzeichen einer mittelalterlichen Stadt, die man oft auch noch heute sehen kann.

Seit den Kreuzzügen änderte sich das Zusammenleben zwischen Juden und Christen. Seit Anfang des 16. Jhs. zwang man die jüdische Gemeinschaft in manchen Städten, im **Ghetto** zu leben, in einem durch Tore und Mauern abgetrennten Wohnviertel.

Dieter Brückner

Das weiß ich! – Gelerntes sichern

M 1 Das Drei-Stände-Modell
Holzschnitt von 1488
Der Text zum Bild lautet: „Hier steht unser Seligmacher und spricht zum Papst: Du sollst beten zum Kaiser / Du sollst beschirmen. Und zum Bauern/ Du sollst arbeiten".

M 3 Redensarten
- jemanden anspornen
- mit offenem Visier kämpfen
- sich aufs hohe Ross setzen
- für jemanden eine Lanze brechen
- jemanden in Harnisch bringen

M 4 Der „Bamberger Reiter"
Standbild aus Sandstein, um 1225
Die Skulptur steht auf einem Sockel erhöht am Nordpfeiler des Ostchores im Bamberger Dom. Sie ist so ausgerichtet, als würde der Reiter durch das Nordportal, das „Fürstenportal", in die Kirche einreiten. Ursprünglich war die Figur farbig: das Pferd weiß mit dunklen Flecken (ein Apfel- oder Grauschimmel), der Mantel des Reiters überwiegend orangerot, Krone, Mantelsäume und Zaumzeug vergoldet.

M 2 Wichtige Klöster des westlichen Mönchtums bis zum 10. Jh.

① Erläutere den Holzschnitt M1. Benutze dabei die Begriffe „Adel", „Stände" und „Lehnswesen".

② „Klöster waren Stützpunkte der Kultur im Mittelalter." Begründe diese Aussage. Berücksichtige dabei ein Kloster, das auf der Karte M2 verzeichnet ist. Stelle Kurzinformationen über das Kloster zusammen.

③ Erläutere, aus welcher Lebenswelt die Redensarten (M3) stammen. Was bedeuten sie heute?

④ Beschreibe den Reiter und das Pferd genau (M4). Achte besonders auf Körperhaltung und Gesichtsausdruck. Welche Wirkung geht von dem Standbild insgesamt aus?

⑤ Das Standbild (M4) wurde als „Idealbild der höfischen Kultur und des Rittertums" bezeichnet. Diskutiert, ob ihr dem zustimmt.

2 Das kann ich! – Gelerntes anwenden

M 1 Bauern liefern ihre Abgaben ab
Holzschnitt aus einem 1479 in Augsburg gedruckten Buch

M 3 Übergabe der Stadtregierung an die Zünfte
Kolorierte Federzeichnung (33,4 x 26,2 cm) von Jörg Breu dem Jüngeren aus dem „Zunftehrenbuch der Fugger" von Clemens Jäger, Augsburg 1545 (Ausschnitt)
Gezeigt wird die Übergabe des Stadtbuches, des Siegels und der Schlüssel zu Stadtglocke und Archiv, die auf einem Kissen in der Mitte des Raumes liegen.

	Landbevölkerung	Stadtbevölkerung
Lebensraum mit typischen Kennzeichen		
Erwerb des Lebensunterhaltes / Wirtschaftsweise		
rechtliche Stellung		
Möglichkeiten der Mitbestimmung		
(weitere Gesichtspunkte für einen Vergleich)		

M 2 Land- und Stadtbevölkerung – ein Vergleich

1 Beschreibe M1 und erläutere, wem die Bauern weshalb etwas geben. Verwende dabei die Begriffe „Grundherrschaft" und „Lehnswesen".

2 Ein Bauer kommt in die Stadt. Er will wissen, was der Satz „Stadtluft macht frei" für ihn bedeutet. Erkläre es ihm. Stelle dabei die wichtigsten Bevölkerungsgruppen vor und berichte über Vor- und Nachteile der Gilden und Zünfte.

3 Übertrage die Tabelle (M2) in dein Heft und stelle die Lebens- und Wirtschaftsweise der Land- und der Stadtbevölkerung einander gegenüber. Beziehe M3 und die Grundlegenden Begriffe „Grundherrschaft", „Stadtrecht" und „Ghetto" in deine Arbeit ein. Fasse anschließend die aus deiner Sicht wichtigsten Unterschiede zwischen dem Leben auf dem Land und in der Stadt kurz zusammen. Stelle deine Arbeit in der Klasse zur Diskussion.

Das kann ich! – Gelerntes anwenden

M 4 Marienkapelle und Markt in Würzburg
Foto von 2007
Wo sich heute der Marktplatz erstreckt, befanden sich bis zum Jahr 1349 Häuser jüdischer Stadtbewohner. An der Stelle der Kirche stand ihre Synagoge[1]. Während der Pest wurden im Reich an die 300 jüdische Gemeinden vernichtet. Wie in Würzburg setzte man z. B. auch in Bamberg, Nürnberg (siehe S. 8 / 9, M1), München, Landshut und Passau an die Stelle der Synagogen Kirchen.

[1] **Synagoge**: Siehe S. 48, Anm. 1.

M 5 Spielleute und Akrobaten
Englische Buchmalerei, 1330 - 1340
Musik, Tanz und Akrobatik bereicherten das höfische Leben.

M 6 Was fasziniert uns heute am Mittelalter?
Thomas Martin Buck, Professor für Geschichte und ihre Vermittlung, gibt 2009 diese Antwort:
Das Mittelalter bedient […] den modernen Traum einer zwar fremden, aber doch einfachen, klaren, ursprünglichen, überschaubaren und verständlichen Welt in der Hightech-Gesellschaft.
Thomas Martin Buck, Das Mittelalter zwischen Vorstellung und Wirklichkeit, in: Ders. / Nicolai Brauch (Hrsg.), Das Mittelalter zwischen Vorstellung und Wirklichkeit, Münster 2011, S. 53

Zur Selbsteinschätzung:
Einen Test, mit dem du überprüfen kannst, was du kannst und was du noch üben solltest, findest du unter **31062-14**.

---

4 Wähle einen der in der Bildlegende (M4) genannten Orte aus und recherchiere, was die Kirchenbauten mit einer Seuche und mit der Geschichte der Juden in dieser Stadt zu tun haben. Verfasse aus den Ergebnissen deiner Nachforschungen einen Bericht über die Ereignisse.

5 „Die Begeisterung für das Mittelalter ist nicht gleichbedeutend mit dem Wunsch, in dieser Vergangenheit zu leben." Diskutiert diese Aussage. Berücksichtigt M4 bis M6. Hat sich deine Vorstellung vom Leben im Mittelalter durch die Beschäftigung mit diesem Thema verändert? Begründe deine Antwort.

6 Stellt in der Klasse zusammen, was ihr jemandem antworten könnt, der sagt: „Ich besuche einen Mittelaltermarkt oder ein Ritterturnier (siehe S. 30-31, M1), da ich einmal erleben möchte, wie das Leben im Mittelalter war."

3 Neue räumliche und geistige Horizonte

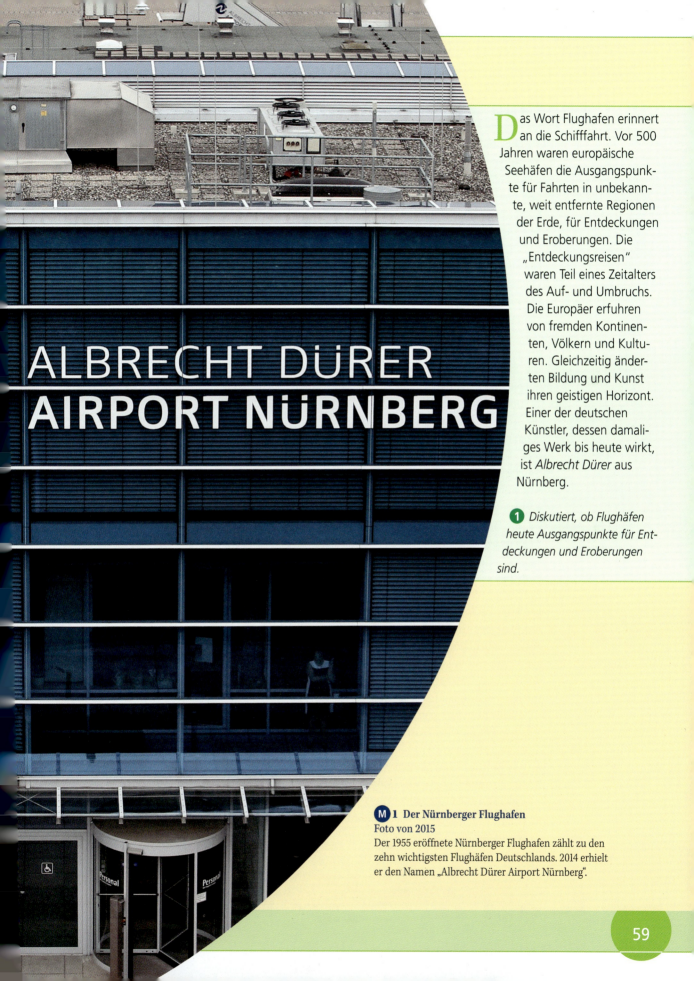

Das Wort Flughafen erinnert an die Schifffahrt. Vor 500 Jahren waren europäische Seehäfen die Ausgangspunkte für Fahrten in unbekannte, weit entfernte Regionen der Erde, für Entdeckungen und Eroberungen. Die „Entdeckungsreisen" waren Teil eines Zeitalters des Auf- und Umbruchs. Die Europäer erfuhren von fremden Kontinenten, Völkern und Kulturen. Gleichzeitig änderten Bildung und Kunst ihren geistigen Horizont. Einer der deutschen Künstler, dessen damaliges Werk bis heute wirkt, ist *Albrecht Dürer* aus Nürnberg.

1 *Diskutiert, ob Flughäfen heute Ausgangspunkte für Entdeckungen und Eroberungen sind.*

M 1 Der Nürnberger Flughafen
Foto von 2015
Der 1955 eröffnete Nürnberger Flughafen zählt zu den zehn wichtigsten Flughäfen Deutschlands. 2014 erhielt er den Namen „Albrecht Dürer Airport Nürnberg".

3 Orientierung in Raum und Zeit

Eine neue Epoche

Noch heute bewundern wir die Seefahrer, die im 15. und 16. Jh. neue räumliche Horizonte erschlossen haben. Wir staunen aber auch über die geistigen Erkenntnisse, die bahnbrechenden Erfindungen wie den Buchdruck und die großartigen Kunstwerke, die im 14./15. Jh. gemacht wurden. Damals ging für die Europäer das Mittelalter* zu Ende und eine neue Epoche begann: die **Neuzeit**.

Wann die Entwicklung begann, ist schwer festzulegen. Einen ersten Beitrag dazu lieferten die Kulturkontakte und -konflikte mit der muslimischen Welt sowie die Kriegszüge in den Nahen Osten zwischen dem 11. und 13. Jh.

Die **Eroberung Konstantinopels 1453** durch die Osmanen stellte für das christliche Abendland einen Wendepunkt der Geschichte dar. Mit der „Entdeckung" und Eroberung Amerikas und der Ausweitung des Handels auf Asien begann dazu ein Prozess, den wir als „Europäisierung der Welt" bezeichnen.

Wolfgang Hofmann

Was trieb die Menschen damals an? Was waren ihre Ziele? Welche damaligen räumlichen und geistigen Veränderungen wirken bis heute fort? Am Ende des Großkapitels kannst du erkennen, wie die Begegnung von Völkern und Kulturen sowie Kunst und Wissenschaft den Alltag und das Weltbild vieler Menschen veränderte. Du kannst somit Antworten auf folgende Fragen geben:

- *Welche Auswirkungen hat die Begegnung zwischen Christen und Muslimen damals und wie ist sie zu bewerten?*
- *Wie sieht das neue Menschenbild der Renaissance aus und welche Erfindungen verändern das Leben der Menschen?*
- *Wie wirkten sich die „Entdeckungen" und Eroberungen der Europäer weltweit aus?*

M 1 „Behaim-Globus"
Entwurf Martin Behaim; Herstellung unter Beteiligung mehrerer Nürnberger Handwerker, 1492-1494, Ergänzung von 1510
Der in portugiesischen Diensten stehende Nürnberger Geograf und Forscher Martin Behaim (1459 - 1507) ließ diesen Globus (Ø 51 cm) anfertigen. Die Oberfläche enthält über 110 Miniaturen, rund 2000 Orts- und Gebietsnamen und zahlreiche Texte. Sie zeigt das europäische Weltbild vor der „Entdeckung" Amerikas. Der Globus befindet sich heute im Germanischen Nationalmuseum in Nürnberg.

Orientierung in Raum und Zeit

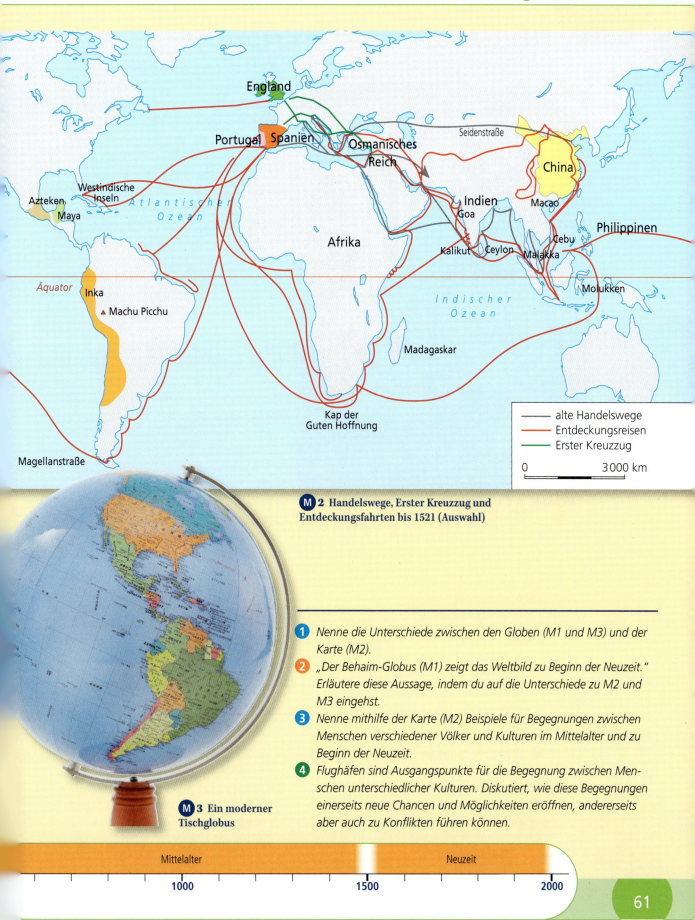

M 2 Handelswege, Erster Kreuzzug und Entdeckungsfahrten bis 1521 (Auswahl)

M 3 Ein moderner Tischglobus

1. Nenne die Unterschiede zwischen den Globen (M1 und M3) und der Karte (M2).
2. „Der Behaim-Globus (M1) zeigt das Weltbild zu Beginn der Neuzeit." Erläutere diese Aussage, indem du auf die Unterschiede zu M2 und M3 eingehst.
3. Nenne mithilfe der Karte (M2) Beispiele für Begegnungen zwischen Menschen verschiedener Völker und Kulturen im Mittelalter und zu Beginn der Neuzeit.
4. Flughäfen sind Ausgangspunkte für die Begegnung zwischen Menschen unterschiedlicher Kulturen. Diskutiert, wie diese Begegnungen einerseits neue Chancen und Möglichkeiten eröffnen, andererseits aber auch zu Konflikten führen können.

3 Neue räumliche und geistige Horizonte

Nach Jerusalem! – Die Kreuzzüge

M 1 Papst Urban II. ruft 1095 zum Kreuzzug auf
Kolorierter Holschnitt aus einer in Augsburg 1482 gedruckten Kreuzzugschronik
Auf dem Spruchband in der Mitte des Bildes steht „Deus lo vult!" („Gott will es!").
Am 27. November 1095 sollen sich viele Hundert Zuschauer auf einem Feld vor der Stadt versammelt haben, um die Predigt des Papstes zu hören. Über die Teilnahme eines Königs – wie der Holzschnitt vermuten lässt – ist nichts bekannt.

M 2 „Christus aber befiehlt es"
Der Kreuzzugsaufruf Papst Urbans II. vom 27. November 1095 ist in verschieden Quellen überliefert. In den um 1100 von einem unbekannten Autor verfassten „Taten der Franken" (Gesta Francorum) lautet er:

Es ist notwendig, über alles geliebte Brüder, dass Ihr Euren Mitbrüdern im Orient unverzüglich zu Hilfe eilt. Wie den meisten von Euch schon mitgeteilt wurde, haben die Türken und Araber […]
5 die Länder der Christen besetzt und erobert, wobei sie viele Menschen umbrachten, Kirchen zerstörten und das Königreich verwüsteten. Jedenfalls, wenn Ihr sie noch eine Weile gewähren lasst, werden sie die Gläubigen Gottes noch viel weiter
10 überrennen. Darum ermahne ich Euch flehentlich, d. h. nicht ich, sondern der Herr; den Anwesenden sage ich es, den Abwesenden lasse ich es sagen; Christus aber befiehlt es. Allen aber, die dorthin gehen und dabei sei es auf dem Marsch
15 oder sei es im Kampf den Tod riskieren, wird die sofortige Vergebung ihrer Sünden zuteilwerden; dies sichere ich allen zu, die gehen werden, da ich von Gott mit dieser Gabe ausgestattet bin. Oh, welche Schande, wenn eine Menschenart, so ver-
20 abscheuungswürdig, so verkommen, dem Teufel untertan, das Volk des allmächtigen Gottes, das mit dem Glauben beschenkt ist, in dieser Weise überwältigt! Oh, wie viele Sünden werden Euch vom Herrn selbst angerechnet werden, wenn Ihr
25 ihnen nicht helft! Nun sollen Soldaten Christi werden, die gerade noch Räuber waren; jetzt sollen rechtmäßig die gegen Barbaren kämpfen, die einst gegen Brüder und Blutsverwandte stritten.

Zitiert nach: Gisbert Gemein und Joachim Cornelissen, Kreuzzüge und Kreuzzugsgedanke in Mittelalter und Gegenwart, München 1992, S. 44. (übersetzt von Gisbert Gemein)

Lesetipp:
Harald Parigger, Das Zeitalter der Kreuzzüge. Gottfried von Bouillon und die Schlacht um Jerusalem, Würzburg 2010

Kriege, die Gott will?

1. Beschreibe den Holzschnitt (M1). Wie wird der Aufruf (M2) gedeutet? Berücksichtige die Informationen der Bildlegende.
2. Nenne die in M2 angeführten Merkmale der Franken und des im Gegensatz dazu dargestellten anderen Volkes. Wie werden ihre Religionen dargestellt?
3. Untersucht in Partnerarbeit den Aufruf (M2) mithilfe der Methode „Schritt für Schritt: Textquellen verstehen …" (S. 184). Stellt eure Ergebnisse in einer Präsentation vor. (H)

Nach Jerusalem! – Die Kreuzzüge

INFO **Was ist ein Kreuzzug?**

Muslime eroberten im 11. Jh. Syrien und Palästina. Sie nahmen auch Jerusalem ein. 1071 besiegten sie die Byzantiner und verdrängten sie aus Kleinasien. Alte Pilgerwege nach Jerusalem
5 wurden unterbrochen und unbewaffnete Wallfahrer[1] überfallen.

In seiner Not bat der byzantinische Kaiser den Papst in Rom um militärische Hilfe.
Urban II. rief daraufhin im November 1095 auf
10 einer großen Kirchenversammlung im französischen Clermont-Ferrand zur bewaffneten Wallfahrt nach Jerusalem auf. Christen aller **Stände** sollten die Stadt, in der Christus am Kreuz gestorben war, von den Feinden des christlichen
15 Glaubens, wie sie vom Papst bezeichnet wurden, befreien. Als Belohnung versprach der Papst allen Teilnehmern einen *Ablass* – einen Nachlass der Strafen für ihre Sünden. Viele folgten dem Aufruf des Papstes. Sie hefteten
20 sich als Zeichen ihres Versprechens Kreuze aus Stoff auf ihre Kleidung. Der erste **Kreuzzug** begann. Es folgten weitere. Und seit Ende des 12. Jhs. wurden alle von den Päpsten ausgerufenen Kriege gegen alle tatsächlichen und
25 möglichen Feinde des Glaubens und der römisch-katholischen Kirche als Kreuzzüge bezeichnet.

Wolfgang Hofmann

---

[1] **Wallfahrer:** Menschen, die aus religiösen Gründen zu einem heiligen Ort „wallen" (fahren, ziehen)

---

④ *Die Jerusalemkarte (M3) zeigt die Kreuzzüge aus europäischer Sicht. Erläutere diese Aussage. Berücksichtige die Entstehungszeit der Karte und die dargestellten Orte (siehe Bildlegende) sowie den Unterschied zu einem modernen Stadtplan.* Ⓗ

⑤ *In jüngster Zeit wurden Kriege gegen Diktaturen oder der Kampf gegen Terroranschläge als „Kreuzzüge" bezeichnet. Sucht entsprechende Beispiele. Handelt es sich dabei um „Glaubenskriege"? Diskutiert die aktuelle Verwendung des Begriffs.*

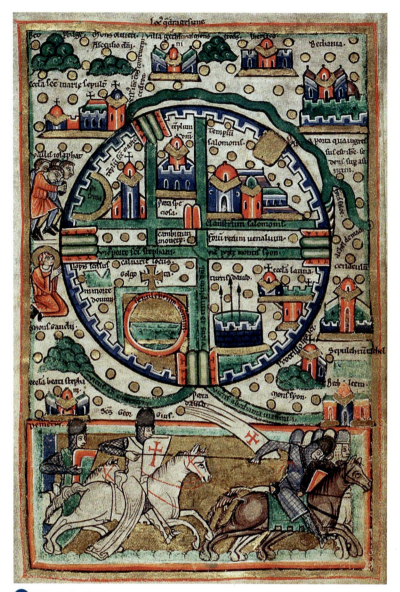

M 3 Jerusalemkarte
Französische Buchmalerei (25,5 x 16,5 cm), um 1170/80
Ziel der Kreuzfahrer war Jerusalem, der Ort der Kreuzigung und Auferstehung Christi. Auf der Karte ist Osten oben.
Im Kreis, der die Stadtmauer Jerusalems darstellt, sind Pilgerstätten und Orte abgebildet, die bei der Eroberung der Stadt durch die Kreuzritter (siehe unten) eine Rolle spielten. Innerhalb des Kreises: Oben mittig der Felsendom auf dem Tempelberg, das islamische Hauptheiligtum der Stadt, darüber die Klagemauer (*templum salomonis*) der Juden, unten links Golgatha, die Hinrichtungsstätte Christi, und die Grabeskirche.

---

7. Jh.: Ausbreitung des Islam beginnt
1071: Muslime besiegen Byzantiner in der Schlacht von Manzikert
seit 1090: Byzanz bemüht sich beim Papst um Hilfe gegen die Muslime
1095: Papst ruft zum Kreuzzug auf

3 Neue räumliche und geistige Horizonte

Kriege und Eroberungen

M 1 Erster Kreuzzug (1096 - 1099)
Die Karte nennt die vier Anführer des Ersten Kreuzzuges. Es gab viele weitere Kreuzzüge. Die Anzahl ist umstritten. Gezählt werden in der Regel nur die von Königen* und Fürsten angeführten sieben Kreuzzüge von 1096 bis 1270.

Kartentipp:
Eine Karte mit den sieben großen Kreuzzügen findest du unter **31062-15**.

Medientipps:
Mehr über die Kreuzzüge findest du unter **31062-16**.

INFO 1 Der Erste Kreuzzug

Bischöfe, Priester und Wanderprediger verbreiteten den Aufruf des Papstes von 1095. Religiöser Eifer und der versprochene Ablass[1] veranlassten zahlreiche Christen, ihm zu folgen. Ein Jahr später zogen etwa 90 000 Menschen, darunter Ritter ebenso wie Besitzlose, aus ganz Westeuropa in den Orient. Ein Drittel der Teilnehmer soll unbewaffnet gewesen sein.

Während des Zuges kam es im Rheinland (u. a. in Mainz, Worms und Speyer), in Frankreich und Böhmen zu grausamen Übergriffen gegen Juden. Sie wurden als Feinde Christi verschrien, ausgeraubt, zur Taufe gezwungen oder umgebracht. Einige Judengemeinden wurden vollständig vernichtet.

Nur etwa 20 000 Kreuzzugteilnehmer erreichten im Juni 1099 Jerusalem. Sie belagerten die Stadt fünf Wochen, erstürmten und plünderten sie und richteten ein Blutbad unter Muslimen, Juden und orientalischen Christen an. Aus der Wallfahrt war ein Eroberungskrieg geworden.

Wolfgang Hofmann

---
[1] **Ablass**: Nachlass von Strafen für Sünden, wodurch der Aufenthalt im Fegefeuer (siehe S. 122, Anm. 2) verkürzt wird

INFO 2 Eine Geschichte mit Folgen

In den eroberten Gebieten wurden vier Kreuzfahrerstaaten gegründet: das Königreich Jerusalem, das Fürstentum Antiochia und die Grafschaften Edessa und Tripolis. Dort ließen sich bis Ende des 12. Jhs. etwa 100 000 Christen nieder, eine Minderheit gegenüber den Muslimen. Knapp 100 Jahre später konnten die Muslime unter Sultan[2] *Saladin* Jerusalem zurückzuerobern. Obwohl Christen unter den muslimischen Herrschern ihre Wallfahrtsorte besuchen durften, riefen die Päpste zu weiteren Kreuzzügen auf. Dabei ging es nicht nur um den Islam*. Die See- und Wirtschaftsmacht Venedig überredete die Kreuzritter 1202 dazu, Konstantinopel zu plündern. Der Überfall der Kreuzfahrer schwächte Byzanz dauerhaft. 1291 wurde die letzte Festung der Kreuzfahrerstaaten von islamischen Heeren erobert. Die Herrschaft der „Kreuzfahrer" war nach rund 200 Jahren vorbei.

Nicht vorbei war der Kreuzzugsgedanke. Mit dem Segen der Päpste gingen die christlichen Herrscher noch in den folgenden Jahrhunderten mit Gewalt gegen Muslime und Juden (z. B. auf der Iberischen Halbinsel) oder gegen Abweichler vom römischkatholischen Glauben (*Häretiker*) vor. Zugleich weckten die Berichte von den Reichtümern der islamischen Welt das Verlangen der Westeuropäer, ihren Glauben, ihren Handel und ihre Herrschaft in ferne Länder auszudehnen.

Während die Kreuzzüge in der christlichen Überlieferung von Anfang an eine große Bedeutung bekamen, interessierten sich die Muslime lange Zeit kaum für sie, auch nicht für die aus ihrer Sicht kulturell unterlegenen Westeuropäer.

Wolfgang Hofmann

---
[2] **Sultan**: islamischer Herrschertitel

Kriege und Eroberungen

M 2 Ein Kreuzzugsteilnehmer
In den kurz nach der Eroberung Jerusalems verfassten „Taten der Franken"[1] heißt es:
Am Freitag aber griffen wir in aller Frühe die Stadt von allen Seiten an, aber wir konnten ihr keinen Schaden zufügen, und wir waren alle darüber erstaunt und in gro-
5 ßer Furcht. Als aber die Stunde kam, da unser Herr Jesus Christus es nicht verschmähte, für uns am Holz des Kreuzes zu leiden, kämpften unsere Ritter [...] mit vermehrter Kraft auf dem Belage-
10 rungsturm. [...]
Alsbald flohen alle Verteidiger der Stadt über die Mauern und durch die Stadt, und die Unseren setzten ihnen sofort nach, sie tötend und verstümmelnd, bis zum
15 Tempel Salomos; dort fand ein so großes Morden statt, dass die Unseren mit ihren Füßen bis zu den Knöcheln in Blut wateten. [...]
Alsbald liefen sie [die Kreuzzugsteilnehmer] durch die ganze Stadt und brachten Gold und Sil-
20 ber, Pferde und Maultiere und ganze Häuser mit allen Gütern an sich. Danach aber kamen alle Unsrigen jubelnd und vor übergroßer Freude weinend zum Grab unseres Erlösers Jesus, um zu beten, und kamen so ihm gegenüber ihrer eigent-
25 lichen [Pilger-]Pflicht nach.
Zitiert nach: Peter Thorau, Die Kreuzzüge, München ⁴2012, S. 9f.

M 3 Ein arabischer Geschichtsschreiber
Der arabische Geschichtsschreiber Ibn al-Atir schreibt etwa 100 Jahre nach dem Fall Jerusalems:
Die Franken[1] nahmen Jerusalem am Freitag, den 15. Juli 1099. Die Einwohner wurden ans Schwert geliefert, und die Franken blieben eine Woche in der Stadt, während der sie die Einwohner morde-
5 ten. Eine Gruppe von diesen suchte Schutz in Davids Bethaus[2], verschanzte sich dort und leistete einige Tage Widerstand. Nachdem die Franken ihnen das Leben zugesichert hatten, ergaben sie sich; die Franken hielten den Vertrag, und sie zo-
10 gen des Nachts in Richtung Askalon und setzten sich dort fest. In der al-Aqsa Moschee[3] dagegen töteten sie siebzigtausend Muslime[4], unter ihnen viele Imame[5], Religionsgelehrte, Fromme und Asketen, die ihr Land verlassen hatten, um in
15 frommer Zurückgezogenheit an diesem heiligen Ort zu leben. Aus dem Felsendom[6] raubten die Franken mehr als vierzig Silberleuchter [...] und andere unermessliche Beute. [...] Die Flüchtlinge erreichten Bagdad [...]. Am Freitag kamen sie in
20 die Hauptmoschee und flehten um Hilfe; sie waren in Tränen und rührten zu Tränen bei der Erzählung, was die Muslime in dieser erhabenen heiligen Stadt erlitten hatten: die Männer getötet, Frauen und Kinder gefangen, alle Habe geplün-
25 dert. Wegen der Schwere des Unglücks, das sie erduldet hatten, brachen sie sogar das Fasten. [...] Die verschiedenen muslimischen Fürsten lagen untereinander im Streit [...], so konnten die Franken das Land besetzen.
Zitiert nach: Francesco Gabrieli, Die Kreuzzüge aus arabischer Sicht, übersetzt von Barbara von Kaltenborn-Stachau Palombini und Lutz Richter-Bernburg, München ²1976, S. 49f. (vereinfacht)

M 4 Ein Hebelwurfgeschütz im Einsatz
Französische Buchmalerei, um 1240

[1] **Franken**: Gemeint sind die Westeuropäer.
[2] Festung im Westen der Stadt
[3] Moschee auf dem Tempelberg
[4] Die tatsächliche Zahl der Opfer war viel geringer.
[5] **Imam**: Vorbeter
[6] Der **Felsendom** steht auf dem Tempelberg im südöstlichen Teil Jerusalems und zählt zu den Hauptheiligtümern der Muslime. Von dem Felsen aus ist nach dem Glauben der Muslime Mohammed zum Himmel aufgestiegen.

Welche Folgen und Auswirkungen haben die Kreuzzüge?

1 Benenne die Teilnehmer des Ersten Kreuzzuges und beschreibe dessen Verlauf (M1 und INFO 1).

2 Vergleiche die Quellen M2 und M3 und beschreibe M4. Arbeite heraus, wie die Einnahme Jerusalems jeweils dargestellt und bewertet wird. Präsentiere dein Arbeitsergebnis in einem Kurzvortrag. (H)

1095: Aufruf des Papstes zum Kreuzzug • 1096: Judenverfolgungen; Beginn des Ersten Kreuzzuges • 1099: Eroberung Jerusalems durch die Kreuzfahrer; Errichtung von Kreuzfahrerstaaten • 1187: Rückeroberung Jerusalems durch die Muslime • 1291: Rückeroberung Akkons durch die Muslime

3 Neue räumliche und geistige Horizonte

Abendland trifft Morgenland

Lernaufgabe

M 1 Ein Christ und ein Muslim beim Schachspiel
Spanische Buchmalerei, um 1283 (Ausschnitt)

Das Bild stammt aus dem „Buch der Spiele von König Alfons des Weisen", einer Sammlung von Regeln für Brettspiele, die der König von Kastilien in Auftrag gab. Das Schachspiel ist wohl in Indien entstanden. Von da an gelangte es nach Persien (Iran), das im 7. Jh. von den Arabern erobert wurde. Über die Araber kam das Spiel dann im 10. Jh. nach Europa. Seinen persischen Namen Schach (*shah*: König) hat es bis heute beibehalten.

[1] Die arabischen Zahlzeichen 0 bis 9 lösten allmählich die römischen Zahlen ab, da sie einfacher zu schreiben waren und mit ihnen besser gerechnet werden konnte.

INFO 1 Kreuzzüge und Handel

Schon vor den **Kreuzzügen** waren Kaufleute aus Venedig, Genua und anderen italienischen Seestädten in den Orient gefahren, um Gewürze und Luxusgüter zu kaufen. Während der Kreuzzüge und nach Gründung der Kreuzfahrerstaaten wurde der Handel zwischen Christen und Muslimen sogar größer. Die italienischen Kaufleute verdienten auch am Transport der Pilger und Kreuzfahrer in die Kreuzfahrerstaaten.

Klaus Dieter Hein-Mooren

INFO 2 Kulturkontakte

In den Kreuzfahrerstaaten begegneten sich Christen und Muslime. In der Regel lebten Muslime und Christen aber nebeneinander. Nur wenige Christen lernten Arabisch und kaum ein Muslim die Sprachen der Besatzer. Die Eliten bewunderten sich gegenseitig wegen ihres religiösen Eifers und ihrer Kampfkraft. Es kam aber durchaus vor, dass muslimische und christliche Aristokraten gemeinsam auf die Jagd gingen oder Schach spielten. Möglicherweise übernahmen die Muslime von den Eroberern Anregungen zum Bau ihrer Festungsanlagen und Hebelwurfgeschütze. An den Kunstwerken des jeweils anderen waren auf beiden Seiten nur wenige interessiert.

Klaus Dieter Hein-Mooren

INFO 3 Von Arabern lernen

Intensiver war der kulturelle Austausch im heutigen Spanien (*al-Andalus*), auf Sizilien und in Süditalien. Dort lebten Christen, Muslime und Juden seit dem 8./9. Jh. zusammen. In diesen von Muslimen eroberten Gebieten übersetzten und kommentierten Araber – oft mit jüdischer Unterstützung – altgriechische, persische und indische Texte. Ohne sie wären viele antike Werke verloren gegangen. Seit dem Ende des 10. Jhs. zog es christliche Gelehrte nach al-Andalus, um dort naturwissenschaftliche, mathematische, medizinische und philosophische Studien zu betreiben und arabische Werke ins Lateinische zu übersetzen. Von den Arabern übernahmen die Westeuropäer z. B. das Rechnen mit Ziffern[1] und mit Buchstaben (*Algebra*) sowie das Wissen über die Sterne und Planeten, den Kreislauf des Blutes im menschlichen Körper und über die Heilwirkung vieler Pflanzen. Auch das heutige Zahlensystem haben die Europäer von den Arabern, die es selbst einst von den Indern erlernt hatten.

Klaus Dieter Hein-Mooren

INFO 4 Koran- und Bibelübersetzungen

Der Koran, die Glaubensgrundlage des Islam*, wurde erstmals 1134 ins Lateinische übersetzt. Dies geschah allerdings einzig aus dem Wunsch heraus, seine Lehren zu widerlegen. Eine vollständige Bibelübersetzung für muslimische Gelehrte gab es nicht. Nur Teile des Alten und Neuen Testaments waren bis dahin von Arabern aus dem Griechischen übertragen worden. Das Alte Testament war schon im 10. Jh. für Arabisch sprechende Juden übersetzt worden.

Klaus Dieter Hein-Mooren

Abendland trifft Morgenland

M 2 Keine „Abendländer" mehr

Der Geistliche Fulcher von Chartres nimmt an dem Ersten Kreuzzug teil und bleibt in Palästina; er schreibt:

Wir, die wir vorher Abendländer waren, sind nun Orientalen, wer ein Römer oder Franke war, ist hier ein Galiläer oder Palästinenser geworden [...]. Schon haben wir die Orte unserer Geburt vergessen [...]. Andere [Christen] sind verheiratet, nicht nur mit Frauen aus der früheren Heimat, sondern auch mit Syrerinnen und Armenierinnen, ja selbst mit Musliminnen, jedoch selbstverständlich nur mit getauften.

Zitiert nach: Nikolas Jaspert, Die Kreuzzüge, Darmstadt ⁶2013, S. 97

M 4 Eine arabische Weltkarte

Kopie einer Karte (Ø 23 cm) des arabischen Gelehrten al-Idrisi von 1456

Vorlage dieser Karte war eine 350 x 150 cm große, auf einer Silberplatte gravierte Weltkarte, die al-Idrisi im Jahre 1154 für den König Roger II. von Sizilien in Palermo angefertigt hatte, die aber verloren ging. Die Karte ist gesüdet und durch Breitengrade in Zonen geteilt. Der heiße Süden (oben) und der kalte Norden (unten) sind nach antiker Überlieferung unbewohnt.

M 5 Arabisches im deutschen Wortschatz

Folgende Wörter unserer Sprache stammen aus dem Arabischen oder – durch die Araber vermittelt – aus dem Persischen und Indischen:

Algebra, Alkohol, Aprikose, Benzin, Chemie, Drogerie, Ingwer, Jacke, Kaffee, Karaffe, Kümmel, Lack, Laute, Limonade, Matratze, Muskat, Orange, Rose, Safran, Sandale, Schal, Sirup, Sofa, Spinat, Tabak, Ziffer, Zimt, Zucker.

Nach: Nabil Osman (Hrsg.), Kleines Lexikon deutscher Wörter arabischer Herkunft, München ⁸2010

M 3 Eine christliche Weltkarte

Nachträglich koloriertes Kartenschema (Ø 6,5 cm) aus einem gedruckten Buch von 1472

Die Vorlage der Karte stammt aus dem 7. Jh. und war Grundlage der mittelalterlichen Beschreibung der Erde (Kartografie). Sie ist nach dem T-O-Schema (*terra* und *oceanus*) gegliedert. Ein Ozean (*Mare – Oceanum*) umfließt die gesamte Erde, die aus drei Weltteilen besteht. Das große Mittelmeer (*Mare magnum sive mediteraneum*) trennt die Kontinente. Sie sind den drei biblischen Söhnen Noahs zugeordnet: Asien (*Sem*), Europa (*Japhet*) und Afrika (*Cham*).

Zur Ausrichtung der Karte: Oben liegt das Morgenland (*Oriens*) und unten das Abendland (*Occidens*), links der Norden (*Septemtrio*) und rechts der Mittag (*Meridies*).

Haben Christen und Muslime voneinander gelernt?
Bildet mehrere Gruppen, die zur Klärung dieser Frage mithilfe der INFO-Texte sowie der Text- und Bildquellen Antworten erarbeiten. Stellt eure Argumente einander vor und formuliert abschließend Antworten auf die am Anfang gestellte Frage.

1. Beschreibt die Kontakte zwischen Christen und Muslimen a) im Morgenland (M1, INFO 1 und 2), b) im Abendland (INFO 3 und 4). Präsentiert euch eure Ergebnisse gegenseitig.
2. Ordnet die Lehnwörter (M5) bestimmten Sachbereichen wie Wissenschaft, Früchte, Gewürze usw. zu. (H)
3. Vergleicht, inwieweit sich Abend- und Morgenländer durch den Kulturkontakt verändert haben (M2). Überprüft die Überschrift der Textquelle.
4. Untersucht die Karten M3 und M4. Stellt in einer Übersicht die Unterschiede dar (Lage der Kontinente, Himmelsrichtungen, Meere und Küsten).

| 7. Jh.: Ausbreitung des Islam beginnt | seit dem 8./9. Jh.: Christen, Muslime und Juden leben in al-Andalus, auf Sizilien und in Süditalien zusammen | 11. bis 13. Jh.: kaum christlich-muslimische Kulturkontakte in den Kreuzfahrerstaaten |

3 Neue räumliche und geistige Horizonte

Die Eroberung Konstantinopels

M 1 Das belagerte Konstantinopel im Jahre 1453
Französische Buchmalerei, um 455 (Ausschnitt)

M 2 Über Mehmed II.
Ein Lehrer Mehmeds II. macht seinen Schüler mit einem dem Propheten Mohammed zugeschriebenen Ausspruch bekannt.
Wahrlich, Konstantinopel wird erobert. Wie vortrefflich ist der Befehlshaber [= Kaiser] von Konstantinopel. Aber um wie viel vortrefflicher ist das Heer, das Konstantinopel erobert.
Zitiert nach: https://de.wikipedia.org/wiki/Mehmed_II. CC-by-sa-3.0 (Zugriff: 23.10.2018)

INFO Mehmed der Eroberer
Seit dem Ende des 13. Jhs. dehnte sich im Südosten des Byzantinischen Reiches das von Sultan[1] *Osman I.* errichtete Osmanische Reich Stück für Stück aus.[2]
5 1451 folgte *Mehmed* (= Mohammed) *II.* im Alter von 19 Jahren seinem Vater als Sultan des Osmanischen Reiches nach. Sofort setzte er alles daran, **Konstantinopel**, die Hauptstadt des Byzantinischen Reiches, zu erobern. Schon am 29. Mai **1453**
10 zogen seine Truppen siegreich dort ein. Aus Sultan Mehmed II. wurde *Fetih*: „Mehmed der Eroberer". Er verstand sich als Nachfolger der byzantinischen Kaiser und machte Konstantinopel zum Zentrum des Osmanischen Reiches.
Dieter Brückner

[1] **Sultan**: islamischer Herrschertitel
[2] Siehe die Karte auf S. 70.

M 3 Vorbereitungen
Der osmanische Geschichtsschreiber Aschikpaschazade schreibt um 1484:
Sie [die Osmanen] waren schon einige Zeit mit den Vorbereitungen für die Eroberung der Stadt beschäftigt. Als alles bereit war und der Sommer kam, sagte Sultan Mehmed: „Wir werden diesen
5 Sommer in Istanbul[1] verbringen.
Sie kamen und lagerten an den Stadtmauern von Istanbul. Vom Land und mit Schiffen vom Meer umzingelten sie die Stadt völlig. 400 Schiffe kamen auf dem Wasser und 70 Schiffe wurden ober-
10 halb Galata[2] übers trockene Land gezogen. Die Soldaten standen bereit und entrollten ihre Fahnen. Am Fuß der Mauern gingen sie ins Meer und schlugen eine Brücke über das Wasser. Sie griffen an.
Zitiert nach: Bernard Lewis (Hrsg.), Der Islam von den Anfängen bis zur Eroberung von Konstantinopel. Aus dem Englischen übersetzt von Hartmut Fähndrich, Bd. 1, Zürich – München 1981, S. 215 - 217 (vereinfacht)

[1] **Istanbul**: Türken und Griechen nannten die Stadt Konstantinopel umgangssprachlich „Istanbul" oder „Stambul". Der Name leitet sich vom griechischen Ruf „Eis tin polin!" („In die Stadt!") ab. Offiziell wurde die Stadt erst in den 1920er-Jahren in Istanbul umbenannt.
[2] **Galata**: Stadtteil auf der europäischen Seite Istanbuls

Die Eroberung Konstantinopels

M 4 Ein Grieche über das Geschehen

Der griechische Historiker Kritobulos von Imbros ist ein Zeitgenosse des osmanischen Herrschers Mehmed II. Er schreibt in seinem zwischen 1465 und 1467 entstandenen Geschichtswerk:

Er [Mehmed II.] sah aber auch die große Zahl der Umgekommenen, die Verlassenheit der Häuser und die völlige Zerstörung und Vernichtung der Stadt. Und jäh überkam ihn Mitleid und nicht ge-
5 ringe Reue wegen ihrer Zerstörung und Plünderung, und er vergoss Tränen, seufzte laut und schmerzlich und rief: „Welch eine Stadt haben wir der Plünderung und Verwüstung ausgeliefert?" [...]
10 Vor allem aber kümmerte er [Mehmed II.] sich um die Besiedlung der Stadt und bemühte sich darum, sie ganz mit Einwohnern zu füllen, so, wie sie es auch früher gewesen war. Zu diesem Zweck sammelte er alle möglichen Leute überall
15 in seinem Reich, sowohl in Asien wie in Europa, und siedelte sie mit größtmöglicher Sorgfalt und Eile in die Stadt um, und zwar nahm er sie auch aus allen anderen Völkerschaften, vor allem aber aus der der Christen.[1]

Kritobulos von Imbros, Mehmet II. erobert Konstantinopel [...]. Das Geschichtswerk des Kritobulos von Imbros, übersetzt, eingeleitet und erklärt von Diether Roderich Reinsch, Graz 1986, S. 127 und 157 f.

M 5 Ein Osmane über die Eroberung

Der osmanische Geschichtsschreiber Aschikpaschazade (siehe M3) schreibt:

Der Kampf dauerte fünfzig Tage lang. Tag und Nacht. Dann ordnet der Sultan die Plünderung an. Am einundfünfzigsten Tag, einem Dienstag, wurde die Burg erobert. Es gab reichlich Beute
5 und Raub. Man fand Gold, Silber, Juwelen und feine Stoffe, stapelte sie auf dem Lagermarkt und begann mit ihrem Verkauf. Man versklavte die Stadtbevölkerung und tötete ihren Kaiser, und die Soldaten umarmten ihre hübschen Mädchen.
10 [...] Um es kurz zu machen, am ersten Freitag nach der Eroberung sprach man das Gemeinschaftsgebet in der Hagia Sophia und das islamische Bittgebet erfolgte im Namen von Sultan Mehmed [...].

M 6 Hagia Sophia
Foto von 2012

Die im 6. Jh. errichtete Sophienkirche war bis 1453 das bedeutendste Bauwerk der byzantinischen Kunst und die Krönungskirche der oströmischen Kaiser (siehe aus S. 92, M1).

15 Nachdem Sultan Mehmed Istanbul erobert hatte, sandte er Boten in alle seine Länder, die verkünden sollten: „Wer will, möge kommen und Besitzer von Häusern, Weingärten und Gärten in Istanbul werden." Und man versorgte all, die
20 kamen, damit. Doch das reichte nicht zur Neubevölkerung der Stadt. Darum gab nun der Sultan Befehl, man möge aus jeder Provinz Familien, arme und reiche, schicken. [...] Diese Neuankömmlinge erhielten auch Häuser, und diesmal
25 begann die Stadt zu blühen.[2]

Zitiert nach: Bernard Lewis (Hrsg.), Der Islam von den Anfängen bis zur Eroberung von Konstantinopel, a. a. O., S. 215 - 217 (vereinfacht)

[1] Siehe Anm. 2.
[2] Nach Schätzungen lebten um 1478 etwa 75 000 Menschen in Istanbul, davon 58 % Muslime, 30 % Christen und 10 % Juden. Ende des 16. Jhs. hatte Istanbul etwa 600 000 Einwohner.

Welche Motive gibt es für die Muslime, Konstantinopel zu erobern?

① Nenne Gründe, warum Mehmed II. Konstantinopel erobern wollte (INFO, M1 und M3). Ziehe dazu auch die Karte auf S. 70 heran.
② Beschreibe, wie Mehmed II. die Eroberung Konstantinopels plant und vorbereitet (INFO, M2 und M3).
③ Vergleiche den Fall Konstantinopels mit der Eroberung Jerusalems durch die Kreuzfahrer. Siehe dazu nochmals S. 65.
④ Erläutere, welche Bedeutung die Quellen M4 und M5 den Auswirkungen der Eroberung beimessen. Beachte auch M6. (H)

• 1299: Sultan Osman I. gründet das Osmanische Reich
1453: Belagerung und Eroberung Konstantinopels; • Wiederaufbau der Stadt (Istanbul)

3 Neue räumliche und geistige Horizonte

1453 – eine „Wende der Geschichte"?

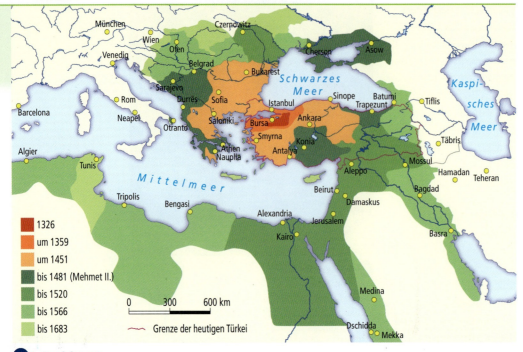

M 1 Ausdehnung des Osmanischen Reiches

Legende:
- 1326
- um 1359
- um 1451
- bis 1481 (Mehmet II.)
- bis 1520
- bis 1566
- bis 1683
- Grenze der heutigen Türkei

INFO Das christliche Europa reagiert

Die **Eroberung Konstantinopels 1453** wurde im christlichen Abendland als zunehende Bedrohung empfunden. Gegen die muslimische Gefahr forderte der Papst den Zusammenschluss des christlichen Europa – ohne Erfolg. Venedig und die anderen italienischen Stadtrepubliken brauchten ein gutes Verhältnis zum Osmanischen Reich, um ihren Handel mit dem Orient zu sichern. Die französischen Könige* unterstützten sogar die Osmanen auf dem Balkan, um die Macht der *Habsburger*[1] zu schwächen. Nur das katholische Spanien setzte Ende des 15. Jhs. alles daran, die Muslime zu vertreiben. 1492 wiesen die spanischen Könige außerdem alle Juden aus dem Land, die sich nicht zum Christentum* bekehren lassen wollten.

Die Osmanen nutzten die Uneinigkeit der christlichen Staaten: Während die Spanier und Portugiesen mit Gewalt in Südamerika Kolonien errichteten[2], eroberten die Türken 1526 große Teile Ungarns und belagerten 1529 erstmals Wien. Bis ins 18. Jh. flackerten immer wieder „Türkenkriege" auf.

Klaus Dieter Hein-Mooren

[1] **Habsburger**: bedeutendes Fürstengeschlecht, das im 15./16. Jh. über große Gebiete in Spanien, den Niederlanden und Süd- und Osteuropa regierte. Seit 1440 stammten alle Könige des Heiligen Römischen Reiches Deutscher Nation aus dieser Familie.

[2] Dazu mehr auf S. 84 f.

M 2 „Wenn wir nicht helfen ..."
Enea Silvio Piccolomini, ein hoher Mitarbeiter des römisch-deutschen Kaisers, der 1458 Papst wird, sagt am 15. Oktober 1454 auf dem Frankfurter Reichstag:

Niemals zuvor hat die Christengemeinschaft größere Schmach erlitten als jetzt. Denn in früheren Zeiten wurden wir in Asien und Afrika, das heißt auf fremdem Gebiet, verwundet. Nun aber sind wir in Europa, das heißt im Vaterland, im eigenen Haus, an unserem Sitz erschüttert und niedergemetzelt worden. Und obwohl jemand sagen mag, die Türken seien doch schon vor vielen Jahren von Kleinasien nach Griechenland übergesetzt [...]; so haben wir doch niemals eine Stadt oder einen Ort in Europa verloren, der Konstantinopel vergleichbar wäre. [...] Und dieser so vorteilhafte, so nützliche, so notwendige Ort, ging dem Erretter Christus verloren [...] und wurde Beute dem Verführer Mohammed, – während wir schwiegen, um nicht zu sagen: schliefen. [...] Groß ist die Macht der Türken in Europa und in Asien. [...] Wenn Ungarn besiegt oder zur Bundesgenossenschaft mit den Türken gezwungen wird, dann werden weder Italien noch Deutschland sicher sein und der Rhein wird die Franzosen nicht mehr sichern. [...] Kämpfen müsst ihr Fürsten allemal, wenn ihr frei sein, wenn ihr das Leben eines Christen weiter führen wollt.

Zitiert nach: Johannes Helmrath, Enea Silvio Piccolomini (Pius II.) – Ein Humanist als Vater des Europagedankens?, in: Rüdiger Hohls u. a. (Hrsg.), Europa und die Europäer [...], Wiesbaden 2005, S. 367 f. (vereinfacht)

1453 – eine „Wende der Geschichte"?

M 3 Eine Wende der Geschichte?

Der britische Historiker Steven Runciman schreibt 1966 über die Eroberung Konstantinopels:

Es fällt leicht, die Meinung zu vertreten, dass im großen Zug der Geschichte dem Jahr 1453 nur sehr geringe Bedeutung zukommt. Das Byzantinische Kaiserreich war bereits zum Untergang verurteilt. Geschrumpft, unterbevölkert und verarmt wie es war, musste es zwangsläufig zugrunde gehen, sobald die Türken sich entschlossen, einzurücken, um ihm den Todesstoß zu versetzen. [...] Nichtsdestoweniger bezeichnet der 29. Mai 1453 einen Wendepunkt der Geschichte. Er bezeichnet das Ende einer Geschichte, der Geschichte der byzantinischen Zivilisation. Elfhundert Jahre lang hatte am Bosporus eine Stadt gestanden, in welcher geistige Leistung bewundert und das gelehrte Wissen und die Schriften der klassischen Vergangenheit studiert und bewahrt worden waren. Ohne die Hilfe byzantinischer Schreiber und Erläuterer wüssten wir heute wenig von der Literatur des antiken Griechenland. [...] Schließlich war Konstantinopel zudem eine große, kosmopolitische[1] Weltstadt gewesen, in der zugleich mit dem Warenaustausch ein freier, ungehinderter Ideenaustausch stattgefunden hatte. [...] Dies alles war jetzt zu Ende. Das neue Herrenvolk missbilligte und behinderte Wissen und Bildung unter seinen christlichen Untertanen.

Steven Runciman, Die Eroberung von Konstantinopel 1453. Aus den Englischen von Peter de Mendelsohn, München ⁷2012, S. 197f.

[1] **kosmopolitisch**: weltoffen

M 4 Von Konstantinopel zu Istanbul

Der afghanisch-amerikanische Schriftsteller und Geschichtslehrer Tamim Ansary schreibt in einem 2010 auf Deutsch veröffentlichten Buch:

Mehmet erlaubte seinen Soldaten, die Stadt drei Tage lang zu plündern, aber keine Minute länger. Er wollte sie nicht zerstören, denn er wollte die Hauptstadt seines eigenen Reiches hierher verlegen. [...] Zum Zeitpunkt der Eroberung hatte Konstantinopel lediglich 70 000 Einwohner. Um seine neue Hauptstadt zu besiedeln, verabschiedete Mehmet zahlreiche Fördermaßnahmen, senkte Steuern und verschenkte Grundstücke. Außerdem hielt sich Mehmet an die klassischen islamischen Prinzipien der Eroberung: Nichtmuslime genossen Religionsfreiheit, sie durften ihre Grundstücke und Besitztümer behalten und mussten die Dschizya[1] bezahlen. Daher kamen Menschen aller Religionen und Völker in die Stadt und verwandelten Istanbul in den Mikrokosmos eines Reiches, das vor Vielfalt nur so strotzte.

Tamim Ansary, Die unbekannte Mitte der Welt. Globalgeschichte aus islamischer Sicht. Aus dem Englischen von Jürgen Neubauer, Frankfurt – New York 2010, S. 180-183 (stark gekürzt)

[1] **Dschizya**: Kopfsteuer

Schritt für Schritt:
Perspektiven erkennen

Darstellungen von Ereignissen und Personen können voneinander abweichen oder sich sogar widersprechen. Die Frage ist, wie geht man damit um? Neben der bereits vorgestellten Methode *„Schritt für Schritt: Textquellen verstehen, einordnen und deuten"* (siehe S. 184) helfen folgende Fragen und Tipps:
- Von wem stammt der Text? An wen richtet er sich?
- Schreibe die Wörter heraus, die du nicht verstehst. Kläre sie mithilfe eines Nachschlagewerkes oder des Internets.
- Was wird erwähnt und was weggelassen?
- Nimmt der Autor Wertungen vor?

War 1453 eine „Wende der Geschichte"?

1. Nenne den Zweck der Rede Piccolominis (M2).
2. Fasse Piccolominis Argumente zusammen und nimm Stellung dazu (M2). Berücksichtige dabei M1 und INFO.
3. Untersucht in Partnerarbeit die Darstellungen M3 und M4. Weist die europäisch-christliche und die orientalisch-islamische Sichtweise der Autoren nach.
4. Vergleicht in Gruppenarbeit die Bewertungen der Eroberung (M3 und M4). Fasst eure Ergebnisse in einer Tabelle zusammen.
5. Diskutiert die Möglichkeiten des Zusammenlebens von Muslimen und Christen nach der Eroberung Konstantinopels (M4).

1453: Belagerung und Eroberung Konstantinopels; Wiederaufbau der Stadt (Istanbul)
1521: Erste Wiener Türkenbelagerung
1526: Schlacht bei Mohacs; große Teile Ungarns werden osmanisch
1529: Erste Belagerung Wiens durch die Türken

3 Neue räumliche und geistige Horizonte

Ein neues Menschenbild

M 1 Die Erschaffung Adams
Deckenmalerei in der Sixtinischen Kapelle in Rom von Michelangelo, 1508-1512 (Ausschnitt)
Vor Michelangelo hatte kein Maler gewagt, diesen Augenblick der biblischen Schöpfungsgeschichte so zu gestalten.

INFO 1 Vorbild Antike

In Venedig, Florenz und Rom interessierten sich seit Mitte des 14. Jhs. Politiker, Gelehrte, Dichter und Vertreter der Kirche besonders für die untergegangene Macht und Kultur des Römischen Reiches.
5 Aus Schriften der Antike* entwickelten sie humanistische Studien (lat. *studia humanitatis*). Sie bedeuten so viel wie: „Fähigkeiten, die jeder braucht, um sich zum wirklichen Menschen auszubilden." Wer diese Qualifikationen erwarb, wurde *Humanist*
10 (lat. *humanus*: menschlich; engl. *human*: Mensch) genannt. Die humanistische Bildung brachte ein neues Menschenbild hervor. Mit ihr begann die Kultur der **Renaissance** (franz. „Wiedergeburt"). Sie löste das mittelalterliche Weltbild allmählich ab.
15 Und noch heute bezeichnen wir Gymnasien, an denen Latein und Griechisch gelernt werden, als humanistisch.
Wolfgang Hofmann

INFO 2 Ein neues Bild vom Menschen

Einige Gelehrte, Schriftsteller und Künstler stellten sogar die bestehende Weltordnung infrage. Für sie war das Leben der Menschen nicht mehr allein durch göttliche Fügung vorherbestimmt. Sie mach-
5 ten das Individuum, den einzelnen Menschen, zum Mittelpunkt der von Gott geschaffenen Welt. Jeder Mensch war für sein Tun und Handeln verantwortlich – für sein Glück und sein Leid. Man war davon überzeugt, dass die Menschen alles könnten, wenn
10 sie nur wollten. Im Vertrauen auf ihre eigenen Beobachtungen und Erfahrungen wurde das überlieferte Wissen kritisch hinterfragt.
Wolfgang Hofmann

M 2 „Über das Elend menschlichen Daseins"

Kardinal Lothar von Segni, der spätere Papst Innozenz III., zeichnet in seiner um 1195 verfassten Schrift „Über das Elend menschlichen Daseins" folgendes mittelalterliche Menschenbild:
Aus Erde geschaffen, in Schuld empfangen, zur Strafe geboren, tut der Mensch Böses, was er nicht soll, Verwerfliches, was sich nicht ziemt, Nutzloses, was sich nicht lohnt, wird er Nahrung
5 für das Feuer, Köder für den Wurm, ein Haufen Dreck. [...] Geschaffen ist der Mensch aus Staub, aus Lehm, aus Asche, und was nichtswürdiger ist: aus ekelerregendem Samen. [...] Geboren ist er für die Qual, für die Furcht, für den Schmerz, und
10 was noch elender ist: für den Tod.
Zitiert nach: Arnold Bühler, Imago Mundi. Bilder aus der Vorstellungswelt des Mittelalters, in: Geschichte in Wissenschaft und Unterricht 41 (1990), H 1, S. 485

Medientipp:
Zum Menschenbild der Renaissance siehe **31062-17**.

Lesetipp:
Antony Mason, Die Renaissance, Nürnberg 2006

Ein neues Menschenbild

M 3 Was wäre die Welt ohne sie?
Der Gesandte und Geschichtsschreiber Gianozzo Manetti schreibt 1452:

Die Welt ist wohl von Gott geschaffen, aber der Mensch hat sie verwandelt und verbessert. Denn alles, was uns umgibt, ist unser eigenes Werk, das Werk des Menschen; alle Wohnstätten, alle
5 Schlösser, alle Gebäude auf der ganzen Welt […]. Von uns sind die Gemälde, die Skulpturen; von uns kommen der Handel, die Wissenschaften und philosophischen Systeme. Von uns kommen alle Erfindungen und alle Arten von Sprachen und
10 Literaturen.

Zitiert nach: John R. Hale, Fürsten, Künstler, Humanisten, Reinbek 1973, S. 26 (übersetzt von Maria Poelchau)

M 4 „Ich will, dass Du …"
Der französische Schriftsteller, Geistliche und Arzt François Rabelais gibt in einem zwischen 1532 und 1564 entstandenen Roman folgenden Brief eines Vaters an seinen Sohn wieder:

Ich bin der Ansicht und ich will, dass Du die Sprachen gründlich lernst: zunächst die griechische […], zweitens die lateinische, sodann die hebräische wegen der Heiligen Schriften, sowie die chal-
5 däische und arabische aus demselben Grund. […]. Von den Artes liberales[1] […] habe ich Dir schon einen kleinen Vorgeschmack gegeben, als Du noch klein warst, so fünf, sechs Jahre alt; lerne das übrige und beherrsche alle Gesetze der Astro-
10 nomie; gib Dich nicht ab mit astrologischer Wahrsagung und den Lulliuskünsten[2], es ist nur Unfug und eitle Torheit.
Ich will, dass Du die schönen Texte aus dem bürgerlichen Recht auswendig kennst und sie mir
15 abgleichst mit der Philosophie.
Und was das Wissen um die Phänomene der Natur angeht, so möchte ich, dass Du Dich mit Eifer daran begibst, sodass es kein Meer, keinen Fluss und keinen Bach gibt, von denen Du nicht weißt,
20 welche Fische darin sind; alle Vögel des Himmels, alle Bäume, alles Strauch- und Buschwerk, alle Kräuter der Erde, alle in den unermesslichen Tiefen der Erde verborgenen Metalle, alle Edelsteine des gesamten Orients und des Südens musst Du
25 kennen.

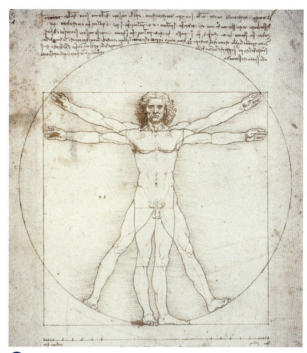

M 5 Menschlicher Körper in Kreis und Quadrat
Skizze (34,4 x 24,5 cm) von Leonardo da Vinci, um 1485 - 1490 (Ausschnitt)

Kreis und Quadrat gelten seit der Antike als Grundformen der Harmonie, sie bestimmen die Größenverhältnisse (Proportionen) des menschlichen Körpers. Den Text auf dem Blatt schrieb der Linkshänder Leonardo in Spiegelschrift.

Durchforsche aufmerksam die Schriften der griechischen, arabischen und lateinischen Mediziner […]. Verwende einige Stunden am Tag auf die aufmerksame Lektüre der Heiligen Schrift […].

François Rabelais, Gargantua. Pantagruel. Aus dem Französischen übersetzt und kommentiert von Wolf Steinsieck, Stuttgart 2013, S. 293 f.

[1] **Artes liberales** (die „freien Künste"): ein in der Antike entstandener Fächerkanon von Grammatik, Rhetorik, Dialektik (Logik) und Arithmetik, Astronomie, Geometrie und Musik

[2] **Lulliuskünste**: Gemeint ist die Alchemie, deren Erfindung man dem französischen Gelehrten Ramon Llull (1232 - 1316) unterstellte.

Wie zeigt sich das neue Menschenbild der Renaissance?

① Beschreibe, wie Michelangelo Gott und den Menschen abbildet. Was ist an seiner Darstellung im Vergleich zur der mittelalterlichen Buchmalerei auf S. 28, M1 ganz anders?

② Fasse die Inhalte von M2 und M3 zusammen und erläutere mithilfe von INFO 1 und 2, wie sich das Menschenbild verändert hat.

③ Prüfe das Bildungsprogramm (M4). Inwiefern wird der Sohn ein Humanist? Beachte dazu auch INFO 1.

④ Diskutiert, inwiefern die Skizze (M5) die Arbeit eines Humanisten ist.

⑤ Noch heute verstehen sich viele Menschen als „Humanisten". Erläutere warum. (F)

3 Neue räumliche und geistige Horizonte

Kunst und Architektur der Renaissance

M 1 David
Statue von Michelangelo, 1501 - 1504
Die 5,17 m hohe und fast sechs Tonnen schwere Marmorfigur war ursprünglich für eine Kirchenfassade gedacht. Sie fand dann aber ihren Platz vor dem Regierungsgebäude von Florenz. Das Original befindet sich heute in einem Museum. Mit dem biblischen Hirtenjungen David, der mit seiner Steinschleuder gegen den riesigen Goliath kämpfte, erinnerte man die mächtigen Fürsten an die Stärke und Kampfbereitschaft der kleinen städtischen Führungsschicht.

Medientipp:
Meisterwerke der Renaissance siehe **31062-18**.

INFO 1 Neue Kunst- und Bauwerke
Auch Maler, Bildhauer und Baumeister beschäftigten sich intensiv mit Kunst- und Bauwerken sowie Schriften der Antike*. Sie ahmten aber ihre Vorbilder nicht einfach nach, sondern ließen sich von ihnen für Neues anregen. Auftraggeber waren jetzt nicht mehr nur die Könige*, Päpste und sonstigen Fürsten, sondern auch Stadtregierungen oder reiche Privatleute. Sie wetteiferten miteinander, Förderer der Künste (*Mäzene*) zu werden. Wer als Künstler das Glück hatte, gefördert zu werden, kam zu hohem Ansehen. Maler, Bildhauer und Baumeister galten nun nicht mehr als Handwerker, sondern als kreative und geniale Menschen. Einer der berühmtesten italienischen Künstler der **Renaissance** war *Leonardo da Vinci*. Er dichtete und musizierte, forschte und experimentierte, malte und entwarf Statuen, Gebäude sowie Befestigungsanlagen.[1]

Die Kunst der Renaissance breitete sich von Italien über ganz Europa aus. In den deutschen Gebieten setzte sie sich erst Ende des 15. Jhs. durch. Ihren Einfluss auf die Architektur kann man noch heute an vielen Gebäuden erkennen.
Wolfgang Hofmann

[1] Zu Leonardo da Vinci siehe S. 73, M5 und S. 78.

M 2 Das Augsburger Rathaus mit Perlachturm
Undatiertes Foto
Der Rat der Reichsstadt Augsburg beauftragte im Jahr 1614 den Baumeister Elias Holl mit der Errichtung eines neuen Rathauses. Nach Abriss des alten Rathauses konnten 1620 die ersten Bürgermeisterwahlen im Neubau stattfinden. Mit dem Doppeladler im Giebel kennzeichnete sich Augsburg als Freie Reichsstadt; er war ursprünglich aus vergoldeter Bronze.

Was ist neu an den Kunst- und Bauwerken der Renaissance?

1. *Beschreibe die Statue (M1). Inwiefern ist sie ein Werk der Renaissance (INFO 1)? Beachte den Begleittext.*

Kunst und Architektur der Renaissance

INFO 2 **Albrecht Dürer – mehr als ein Maler**

Der fortschrittlichste Künstler der Renaissance nördlich der Alpen war *Albrecht Dürer* (1471-1528) aus Nürnberg. Kaiser*, Fürsten und reiche **Bürger** haben sich von ihm malen lassen. Seine vielen Holzschnitte und Kupferstiche, die in hoher Auflage gedruckt wurden, machten ihn in ganz Europa bekannt – und reich. Sein Monogramm war sein Markenzeichen.

Dürer war aber mehr als ein großartiger Maler. Er verfasste auch Studien zur Malkunst, zur Geometrie und über den Körperbau des Menschen. Nach seinen Entwürfen wurden die Befestigungsanlagen in Nürnberg und Ulm konstruiert. Damit entsprach Dürer dem Ideal der Humanisten, des vielseitig begabten und tätigen Menschen.

Wolfgang Hofmann

M 3 „Nur mit viel Mühe und Arbeit"
Dürer schreibt um 1500:

Ohne Messen und Wissen über die richtigen Maße (Proportionen) kann kein gutes Bild gemacht werden. Ein gutes Bild entsteht nur mit viel Mühe und Arbeit. Denn es geht nicht, ohne dass man genau überlegt, was man tut. Denn die Umrisse dessen, was man in einem Bild darstellen will, können weder mit Zirkel noch mit Lineal richtig gezogen werden. Deshalb ist es notwendig herauszufinden, welche Abmessungen das haben muss, was man abbilden will, damit es der Natur genau entspricht. Denn erst mithilfe der richtigen Maße (Proportionen) entsteht Kunst.

Zitiert nach: Albrecht Dürer, Schriften und Briefe, hrsg. von Ernst Ullmann, Leipzig 1978, S. 179 (übertragen von Dieter Brückner / Wolfgang Hofmann)

M 5 „Selbstbildnis im Pelzrock"
Ölgemälde (67 x 49 cm) von Albrecht Dürer, 1500
Die lateinische Inschrift auf der rechten Seite des Bildes – hier kaum lesbar – lautet übertragen:
„So malte ich, Albrecht Dürer aus Nürnberg, mich selbst mit meinen eigenen Farben im Alter von 28 Jahren."

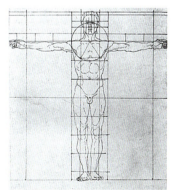

M 4 Proportionsfigur im Netz
Federzeichnung von Albrecht Dürer aus einem Skizzenbuch, 1508

2 Erläutere anhand des Augsburger Rathauses (M2), welches Wissen und welche Fähigkeiten Renaissance-Baumeister besitzen mussten (INFO 1).

3 Recherchiere im Internet nach Renaissance-Bauwerken in Bayern. Präsentiere die Beispiele auf einem Plakat. (H)

4 Diskutiert, inwiefern Dürers Selbst- und Kunstverständnis Ausdruck eines neuen Menschenbildes ist (INFO 2, M3 bis M5 sowie S. 72).

5 Noch heute werden die Werke von Renaissance-Künstlern wie Michelangelo, Leonardo da Vinci und Dürer bewundert. Diskutiert mögliche Gründe dafür.

3 Treffpunkt Geschichte

Der Buchdruck mit beweglichen Lettern

M 1 Gutenberg-Presse
Nachbau der Presse aus dem Gutenberg-Museum in Mainz
Auf solchen Pressen wurden zwischen 1452 und 1455 die ersten Bibeln gedruckt.

[1] **Ablassbriefe**: Formulare für den Erwerb von Ablässen, siehe S. 64 und 122, INFO 2

INFO 1 Bücher sind gefragt

Der Bedarf an Schriften nahm mit der **Renaissance** ständig zu, auch wenn um 1500 erst etwa ein Viertel der Männer und Frauen in den großen Städten lesen konnte. Die Fürsten, Bischöfe und
5 Stadtverwaltungen benötigten immer mehr Schriften für ihre Gesetze und Verordnungen und die Universitäten neue Lehrbücher und Grammatiken. Handschriftenhändler und Lohnschreiber konnten die Nachfrage kaum noch befriedigen. Das mag
10 den in Mainz geborenen *Johannes Gensfleisch*, genannt *Gutenberg*, angetrieben haben, nach neuen Wegen zu suchen, Schriften anders als bisher herzustellen. Ob er die alte chinesische Drucktechnik kannte, wissen wir nicht. Aber eine Erfin-
15 dung des Fernen Ostens nutzte er auf jeden Fall: das Papier. Es war im 13. Jh. aus China über den Orient nach Europa gekommen.
Klaus Dieter Hein-Mooren

INFO 2 Gutenbergs Erfindung

Um 1450 erfand Gutenberg nach zahllosen Versuchen das Drucken mit beweglichen Metallbuchstaben (*Lettern*) in Mainz. Das erste mit dieser Technik gedruckte Werk war die Bibel. Es
5 dauerte drei Jahre, bis die ersten 180 Bände um 1454/55 fertig waren. Die Kosten waren gewaltig: Dafür hätte Gutenberg mehrere Häuser kaufen können! Großen Gewinn brachten die ersten gedruckten Bibeln wohl nicht. Bald zeig-
10 te sich aber, dass man mit dem Druck von Ablassbriefen[1], Schulbüchern (Grammatiken), Kalendern und Schriften Geld verdienen konnte.
Klaus Dieter Hein-Mooren

M 2 Herstellung der beweglichen Lettern

Lesetipp:
Andreas Venske, Gutenberg und das Geheimnis der Schwarzen Kunst, Würzburg 2008

Internettipp:
Die Homepage des Gutenberg-Museums (www.gutenberg.de) liefert rund um das Thema Buchdruck viele Infos.

Renaissance

Der Buchdruck mit beweglichen Lettern

M 3 „Wie bekommt man das so hin?"
In einem Jugendbuch lässt Wiebke von Thadden einen Gesellen beschreiben, wie Buchstaben hergestellt werden:

„Wenn man solche Lettern herstellen will, die beim Drucken Buchstaben ergeben sollen", begann der Geselle, „dann schreibt man als Erstes den Buchstaben – oder bes-
5 ser das ganze Alphabet – in der Schriftart, in der man es haben möchte, sauber auf ein Blatt Pergament. Dann paust man jeden Buchstaben einzeln seitenverkehrt auf eine Platte aus hartem Metall und schneidet die
10 Buchstaben als kleine Stempel aus ihr heraus. Diese Stempel nennt man Patrizen. Die seitenverkehrte Patrize eines Buchstabens schlägt man in eine Form aus weicherem Metall und erhält so eine Vertiefung,
15 eine seitenrichtige Matrize. Und diese Matrize legt man als Verschluss unten in eine Handgießform und gießt sie mit einer Legierung aus Blei und anderen Metallen aus. Damit erhält man eine seitenverkehrte Let-
20 ter […] und die druckt dir dann einen seitenrichtigen Buchstaben aus. Du musst dir einmal vorstellen, dass man aus einer einzigen Patrize unzählig viele gleiche Matrizen und aus einer einzigen Matrize unzählig viele gleiche Lettern
25 herstellen kann. Mit einer Letter lassen sich dann wieder unzählig viele Buchstaben drucken. Das ist das Geheimnis unserer Druckerkunst, die man auch die Schwarze Kunst nennt – und nicht nur wegen der Druckerschwärze, mit der wir die Let-
30 tern einfärben."

Wiebke von Thadden, Thomas und die Schwarze Kunst. Ein Roman aus der Frühzeit des Buchdrucks, Hamburg ²1997, S. 49 f.

M 5 „Die Kunst der Künste"
Der Mönch Werner Rolevinck lobt 1488 den Buchdruck „als Kunst der Künste":

Dank der Schnelligkeit, mit der sie gehandhabt wird, ist sie ein begehrenswerter Schatz an Weisheit und Wissen, nach dem sich alle Menschen aus natürlichem Trieb sehnen, der gewisserma-
5 ßen aus tiefem, finsterem Versteck hervorspringt und diese Welt, die im Argen liegt, gleichermaßen bereichert und erleuchtet. Die ungeheure Menge von Büchern, die einst in Athen oder Paris oder an anderen gelehrten Stätten oder in geistlichen
10 Bibliotheken nur ganz wenigen Gelehrten offenstand, breitet sich dank dieser Kunst nun überall aus, in jedem Stamm und Volk, in jeder Nation und Sprache, sodass wir jenes Wort wahrhaftig erfüllt sehen, das im ersten Kapitel der „Sprüche"[1]
15 geschrieben steht: „Die Weisheit predigt draußen und lässt ihre Stimme auf den Straßen erschallen."

Zitiert nach: Michael Giesecke, Der Buchdruck in der frühen Neuzeit. Eine historische Fallstudie über die Durchsetzung neuer Informationstechnologien, Frankfurt a. M. ⁴2006, S. 147

M 4 Seite einer Gutenberg-Bibel, um 1454 (Ausschnitt)

Verzierungen und Anfangsbuchstaben fügten Illustratoren von Hand ein. Die zweibändige Gutenberg-Bibel hat 1 282 Seiten. Um die ersten 180 Exemplare zu drucken, brauchten vier bis sechs Setzer mindestens 210 Tage. Der Druck von mehr als 230 000 Seiten dauerte bei drei Pressen und sechs Druckern etwa weitere 214 Tage. Hinzu kam der Zeitbedarf für die mit der Hand eingefügten Verzierungen und die Einbände. Zum Vergleich: Ein Schreiber benötigte für eine Bibelabschrift zwischen zwölf und 36 Monate. Der Verkaufspreis der Bibel belief sich auf sechs Gulden, das waren etwa sechs Monatsgehälter eines Handwerksgesellen.

Medientipp:
Eine digitalisierte Ausgabe einer Gutenberg-Bibel findest du unter **31062-19**.

[1] **Sprüche**: Hier sind die Weisheitssprüche Salomos aus dem Alten Testament der Bibel gemeint.

Wie funktioniert Buchdruck, welche Wirkung hat er?

1. Stellt euch vor, ihr wollt wie Gutenberg eine Druckerei betreiben. Fasst in Gruppenarbeit die Voraussetzungen, Werkstoffe und Fertigkeiten in einer Tabelle zusammen (INFO 1 und 2 sowie M1 bis M4).
2. Erläutere den Ausdruck „Schwarze Kunst" für das Druckerhandwerk (M3).
3. Beurteile Rolevincks Aussage über den Buchdruck (M5). Welche Vorteile sieht er? Welche Nachteile nennt er nicht? Lies dazu nochmals INFO 1 und 2 genau.

3 Neue räumliche und geistige Horizonte

Ein neues Weltbild entsteht

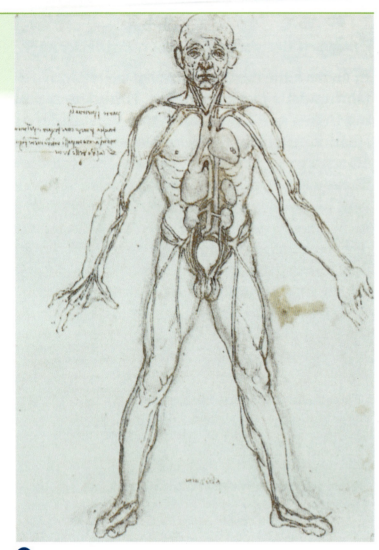

M 1 Figur mit Herz, Lunge und Hauptschlagader
Zeichnung von Leonardo da Vinci, um 1490

Medientipp:
Über das Universalgenie Leonardo da Vinci siehe **31062-20**.

Lesetipp:
Luca Novelli, Leonardo da Vinci, der Zeichner der Zukunft, Würzburg 2007

INFO 1 Die Natur beobachten

An den Universitäten des Mittelalters* bestimmte die Kirche, wer unterrichten durfte und was gelehrt wurde. Die Studenten schrieben oft nur alte Texte ab und kommentierten sie. Für alle Studien
5 war die Vereinbarkeit von Glaube und Erkenntnis geboten. Das änderte sich allmählich während der **Renaissance**.
Ein Beispiel dafür ist die Arbeitsweise des italienischen Universalgelehrten und Künstlers *Leonardo*
10 *da Vinci* (1452-1519). Er studierte die Natur. Für ihn war nur sicher, was er selbst durch Untersuchungen und Experimente beobachtet, beschrieben, erforscht und ausprobiert hatte. Dazu sezierte er Leichen, führte Versuche zum Verhalten des
15 Lichts in der Luft durch oder probierte mechanische Eigenschaften aus. Seine über 7 000 Skizzen und Zeichnungen zeigen schon vieles, was erst Jahrhunderte später verwirklicht werden sollte: zum Beispiel Pläne für Unterseeboote, Flugappara-
20 te oder Fallschirme. Leonardos Arbeitsweise bereitete der modernen Naturwissenschaft den Weg.
Wolfgang Hofmann

M 2 „Und dies ist die wahre Regel …"
Leonardo da Vinci beschreibt, wie er zu seinen Erkenntnissen gelangt:
Viele werden meinen, mich mit Recht tadeln zu dürfen, indem sie anführen, dass meine Beweise der Autorität einiger Männer widersprechen, die vor dem unerfahrenen Urteil jener in hohem An-
5 sehen stehen, und dabei nicht überlegen, dass meine Behauptungen aus der einfachen und reinen Erfahrung fließen, welche die wahre Lehrerin ist. […] Und dies ist die wahre Regel, wonach die Erforscher der natürlichen Wirkungen vorzuge-
10 hen haben, denn obwohl die Natur mit dem Gesetz beginnt und in der Wirkung endet, so sind wir gezwungen, entgegengesetzt vorzugehen, das heißt […] von der Erfahrung auszugehen, um das Gesetz zu ergründen. […]
15 Bevor du diesen Fall zu einer allgemeinen Regel machst, erprobe zwei- oder dreimal, indem du beobachtest, ob die Versuche dieselben Wirkungen hervorbringen.

Leonardo da Vinci, Philosophische Tagebücher. Italienisch und Deutsch. Zusammengestellt, übersetzt […] und herausgegeben von Giuseppe Zamboni, Hamburg 1958, S. 13, 31 und 33

Ein neues Weltbild entsteht

INFO 2 Ein neues Weltbild

„Die Erde aber ruht auf ewig."
Das Zitat stammt aus dem Alten Testament der Bibel. Es galt als absolute Wahrheit bis ins 16. Jh. und darüber hinaus. Die christlichen
5 Gelehrten waren fest davon überzeugt, dass die Erde der Mittelpunkt im Weltall sei. Daran zweifelte *Nikolaus Kopernikus* (1473-1543). Er hatte mathematische, juristische und medizinische Studien betrie-
10 ben und war Mitarbeiter des Bischofs von Ermland im heutigen Polen geworden. In seiner Freizeit beschäftigte er sich vor allem mit Astronomie und Mathematik. Auf der Grundlage eigener Beobachtungen und Berechnungen sowie
15 aus dem Studium antiker Autoren erkannte er, dass die Planeten sich um die Sonne (griech. *helios*) bewegen. Er verwarf das geozentrische (*geo*: Erde) Weltbild und veröffentlichte nach langem Zögern seine Erkenntnisse in der
20 Schrift „*De revolutionibus Orbium Coelestrum*" („Über die Umläufe der Himmelskreise der Himmelskörper"). Sie erschien 1543 in Nürnberg, fand wenig Aufmerksamkeit und wurde trotzdem 1616 auf den kirchli-
25 chen Index gesetzt: das Verzeichnis der verbotenen Bücher.
Wolfgang Hofmann

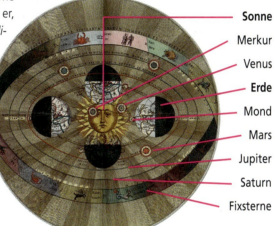

M 3 Das geozentrische Weltbild
Kolorierter Holzschnitt, 1495

M 4 Das heliozentrische Planetensystem des Kopernikus
Kupferstich aus dem „Himmelsaltas" von Cellarius, 1660
„Helios" ist das griechische Wort für Sonne. Kopernikus ging von drei Bewegungen aus:
1. Die Erde dreht sich täglich einmal um ihre Achse.
2. Sie bewegt sich einmal im Jahr um die Sonne.
3. Die Planeten bewegen sich auf Kreisen um die Sonne.

M 5 Die Erde steht nicht still

Zwischen 1502 und 1514 verfasst der Astronom Nikolaus Kopernikus eine Abhandlung, die nur in wenigen Abschriften unter Gelehrten kursiert. Darin stellt er u. a. folgende Behauptung auf:
Alles, was infolge von Bewegung am Himmel erscheint, rührt nicht von dorther, sondern liegt in der Erde. Die Erde also ist es, die sich [...] dreht, wohingegen der feste, oberste Himmel unbeweg-
5 lich bleibt.
Erst 1543, kurz vor seinem Tode, erscheint Kopernikus' Werk „Über die Umläufe der Himmelskreise der Himmelskörper" (De revolutionibus Orbium Coelestium) in Nürnberg. In dem Buch begründet er, warum die Erde sich um die Sonne bewegt. In dem Zusammenhang schreibt er:
Inmitten alles dessen aber thront die Sonne. Wer denn wollte in diesem schönsten Heiligtum diese Leuchte an einen anderen, besseren Ort setzen als den, von wo aus sie das Ganze gleichzeitig
10 erhellen kann? Zumal doch bestimmte Leute sie durchaus zutreffend „Lampe der Welt" [...] nennen. [...] So wirklich, wie auf einem königlichen Thron sitzend, lenkt die Sonne die um sie herum tätige Sternfamilie.

Nicolaus Copernicus, Das neue Weltbild. Drei Texte [...] Übersetzt, herausgegeben und mit einer Einleitung und Anmerkungen versehen von Hans Günter Zekl, Hamburg 1990, S. 7 und 137

Wie und warum entsteht ein neues Weltbild?

1. Erläutere, warum Leonardos Arbeitsweise der modernen Naturwissenschaft den Weg bereitete (INFO 1, M1 und M2). (F)
2. Erkläre die unterschiedlichen Weltbilder (M3 und M4).
3. Erläutere, warum die Kirche das heliozentrische Weltbild bekämpfte (INFO 2 und M5).

- um 1350: Die Renaissance beginnt in Italien
- 1452-1519: Leonardo da Vinci
- 1473-1543: Nikolaus Kopernikus

1350 — 1400 — 1450 — 1500 — 1550

3 Neue räumliche und geistige Horizonte

Neue Horizonte – neue Welten

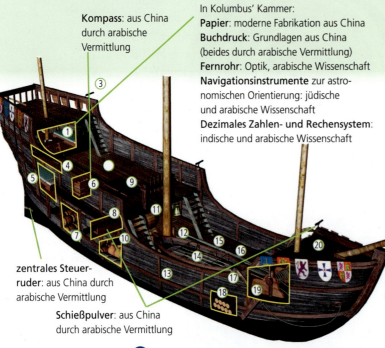

Kompass: aus China durch arabische Vermittlung

In Kolumbus' Kammer:
Papier: moderne Fabrikation aus China
Buchdruck: Grundlagen aus China (beides durch arabische Vermittlung)
Fernrohr: Optik, arabische Wissenschaft
Navigationsinstrumente zur astronomischen Orientierung: jüdische und arabische Wissenschaft
Dezimales Zahlen- und Rechensystem: indische und arabische Wissenschaft

① Kolumbus' Kammer
② Achterdeck
③ Drehbasse
④ Ruderpinne
⑤ Offizierskoje
⑥ Kompass
⑦ Trinkwasser und Lebensmittel
⑧ Geschütz
⑨ Luke
⑩ Laderaum
⑪ Trinkwasserfass
⑫ Pumpen
⑬ Löschbords
⑭ Beiboot
⑮ Hauptdeck
⑯ Riemen und Rundhölzer für die Segel
⑰ Anker
⑱ Brennholzvorräte
⑲ Schiffswinde
⑳ Vorderaufbau

zentrales Steuerruder: aus China durch arabische Vermittlung

Schießpulver: aus China durch arabische Vermittlung

M 1 Aufbau und Ausrüstung der „Santa Maria"
Rekonstruktionszeichnung von 2005
Das Flaggschiff des Entdeckungsreisenden Kolumbus war rund 24 m lang und etwa 8 m breit.

INFO 1 Warum nach Asien?

Seit dem frühen Mittelalter* zogen christliche und muslimische Händler über Land und Meer nach Indien, China und Japan. Sie handelten mit Perlen, Edelsteinen, Gold und Silber, mit Porzellan und Sei-
5 denstoffen sowie Weihrauch und Gewürzen.
Nach den **Kreuzzügen** suchten christliche Händler verstärkt nach neuen Seewegen in den Fernen Osten, da die muslimischen Kaufleute nach der **Eroberung Konstantinopels 1453** die Handels-
10 wege nach Asien kontrollierten. Zu den wirtschaftlichen Motiven kamen religiöse: Christliche Herrscher wollten den Einfluss des Islam* zurückdrängen und ihren Glauben weiter verbreiten.
Wolfgang Hofmann

INFO 2 Entdecker und ihre Reisen

Portugal und Spanien wetteiferten darum, als erste einen Seeweg nach Indien zu finden. Der Portugiese *Bartolomeu Diaz* segelte 1488 entlang der Küsten bis zur Südspitze Afrikas und fand
5 damit einen Weg in den Indischen Ozean.
Um bei dem „Wettlauf nach Indien" vorn zu liegen, unterstützten die Könige Spaniens nach langem Zögern 1492 den aus Genua stammenden Seefahrer *Christoph Kolumbus*. Er segelte auf dem
10 Atlantik nach Westen, um den Seeweg nach Indien zu finden. Kolumbus entdeckte 1492 nicht Indien, sondern landete – wie sich erst später herausstellte – in Amerika.[1]
Dem aus Florenz stammenden *Amerigo Vespucci*
15 waren die Reisen von Kolumbus bekannt. Er selbst erkundete um 1499 unter spanischer und portugiesischer Flagge die Ostküste Südamerikas.
Der Portugiese *Vasco da Gama* umsegelte 1498 Afrika. Er gelangte so auf dem kürzesten Seeweg
20 nach Indien. Sein Landsmann *Ferdinand Magellan* versuchte 1519 im Auftrag der spanischen Krone erneut, auf dem westlichen Seeweg nach Indien zu kommen. Er starb 1521 im Kampf gegen die Bewohner der Philippinen-Insel Mactan. Von 265
25 Männern, mit denen er die Reise begonnen hatte, kehrten nach drei Jahren nur etwa 30 zurück. Sie hatten erstmals die Welt umsegelt.
Nicht nur Portugal und Spanien unternahmen Entdeckungsfahrten. Der unter englischer Flagge se-
30 gelnde Italiener *Giovanni Caboto* hatte schon 1497 die Küste Nordamerikas gefunden.
Wolfgang Hofmann

---
[1] Zu den Fahrten des Kolumbus siehe das folgende Kapitel.

1453: Eroberung Konstantinopels   1492: „Entdeckung" Amerikas durch Kolumbus   Kreuzzug

Neue Horizonte – neue Welten

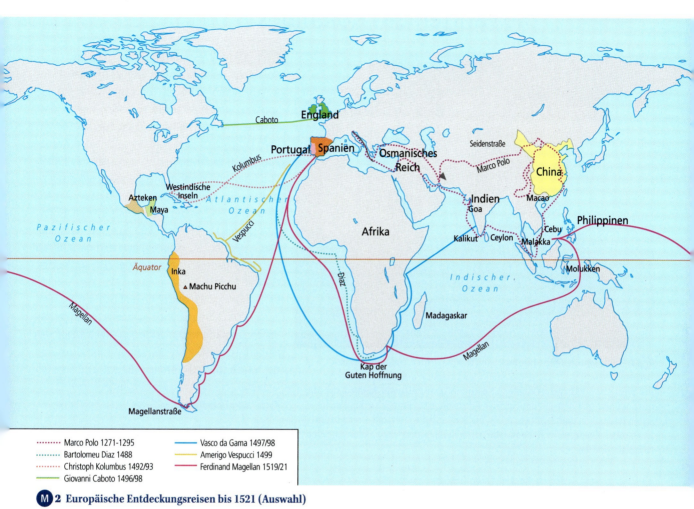

M 2 Europäische Entdeckungsreisen bis 1521 (Auswahl)

······· Marco Polo 1271-1295
······· Bartolomeu Diaz 1488
······· Christoph Kolumbus 1492/93
─── Giovanni Caboto 1496/98
─── Vasco da Gama 1497/98
─── Amerigo Vespucci 1499
─── Ferdinand Magellan 1519/21

INFO 3 „Für Gott die Seelen, das Land dem König"

Schon nach den ersten „Entdeckungen" hatte es Streit zwischen Spanien und Portugal gegeben. Der Papst wurde zum Schiedsrichter. Er teilte 1494 die noch zu entdeckenden Länder im westlichen Ozean in einen spanischen und einen portugiesischen Bereich auf. Sein Grundsatz lautete: „Für Gott die Seelen, das Land dem König." Die übrigen europäischen Seefahrerstaaten erkannten den Vertrag nicht an. Das führte im 16./17. Jh. zu zahlreichen Seekriegen.

Wolfgang Hofmann

Lesetipps:
- Karin Finan, Große Entdecker. Ihre Reisen und Abenteuer, Nürnberg 2016
- Stephen Biesty u. a., Große Entdecker. Wagemutige Reisen von der Tiefsee bis ins All, Hildesheim 2011

Kartentipp:
Eine animierte Karte von Kolumbus' erster Reise findest du unter **31062-21**.

Entdeckungsfahrten: Wer? Wann? Wohin?

1. Die christliche Seefahrt profitierte vom Wissen anderer Kulturen. Nenne Beispiele mithilfe von M1.
2. Fasse die Motive zusammen, die zu den Entdeckungsfahrten der Europäer führten (INFO 1).
3. Erstelle mithilfe der Karte M2 und von INFO 2 eine chronologische Übersicht der wichtigsten Entdeckungsreisen. (H)
4. Begründe, warum man von einem „Wettlauf der Entdecker" spricht (INFO 1 und 2).
5. Prüfe folgende Aussage: Mit den „Entdeckungen" änderte sich das christliche Weltbild und es kamen neue Konflikte hinzu. Berücksichtige INFO 3.

1453: Eroberung Konstantinopels • 1492: „Entdeckung" Amerikas durch Kolumbus

3 Neue räumliche und geistige Horizonte

Die Fahrten des Kolumbus

M 1 Nachbauten der Kolumbus-Schiffe Niña, Pinta und Santa Maria
Foto von 1990

Am 3. August 1492 begann Christoph Kolumbus seine Reise von Spanien aus. Mit über hundert Männern auf drei Schiffen führte die erste Etappe zu den Kanarischen Inseln. Von dort segelte man Anfang September weiter und erreichte am 12. Oktober eine Insel der Bahamas. Ihr gab Kolumbus den Namen „San Salvador" („Heiliger Erlöser").

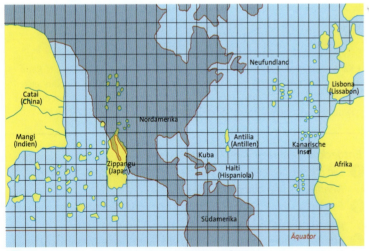

M 2 Rekonstruktion einer Karte des Italieners Paolo Toscanelli von 1474
Die Karte des Arztes und Kartografen Paolo dal Pozzo Toscanelli ging von einer kugelförmigen Gestalt der Erde aus und war Kolumbus bekannt. Toscanelli schätzte die Entfernung zwischen den Kanarischen Inseln und Japan (Zippangu) auf 3 000 Seemeilen (1 Seemeile = 1,852 km) und Kolumbus ging nur von 2 400 Seemeilen aus. Die wirkliche Distanz beträgt aber über 10 000 Seemeilen. Zum Vergleich wurde hier die tatsächliche Verteilung der Landmassen grau eingezeichnet.

INFO 1 Im Westen den Osten gesucht

Kolumbus wollte über den westlichen Seeweg ins östliche Asien gelangen. Die katholischen Könige Spaniens unterstützten erst spät seine vagen Pläne. Er hatte ihnen versprochen, nicht nur den Seeweg
5 nach Indien zu finden, sondern auch einen **Kreuzzug** gegen die Muslime bzw. den Islam* zu führen und Asiaten zum christlichen Glauben bekehren zu wollen.

Kolumbus und seine Mannschaft hatten Glück,
10 dass sie am 12. Oktober **1492** eine Insel der Bahamas erreichten. Sie meinten, in Indien gelandet zu sein, und nannten die Bewohner der entdeckten Gebiete *Indios*.

Im Frühjahr 1493 kehrte Kolumbus nach Spanien
15 zurück. Das Königspaar bereitete ihm einen prunkvollen Empfang und machte ihn – wie zuvor vereinbart – zum Generalgouverneur und Vizekönig der für die spanische Krone in Besitz genommenen Gebiete.

Klaus Dieter Hein-Mooren

INFO 2 Kolumbus und die „Neue Welt"

Schon im September 1493 fuhr Kolumbus mit einer Flotte von 17 Schiffen erneut über den Atlantik. Auf dieser und den folgenden zwei Fahrten trat Kolumbus als Eroberer auf. Auf seiner letzten
5 Reise (1502 - 1504) entdeckte er die Küste Mittelamerikas. Das Festland von Südamerika betrat er nie. 1506 starb Kolumbus im Alter von etwa 55 Jahren. Bis zuletzt hatte er geglaubt, den westlichen Seeweg nach Indien gefunden zu haben. Erst
10 später erkannte der Italiener *Amerigo Vespucci*, dass Kolumbus einen neuen Erdteil gefunden hatte. Nach ihm wurde der Doppelkontinent „Amerika" genannt.

Übrigens: „Entdeckt" hat Kolumbus Amerika
15 nicht. Schon um 1000 waren Wikinger in Nordamerika gelandet. Doch ihre „Entdeckung" war im Gegensatz zu der von Kolumbus folgenlos geblieben. Für manche europäische Historiker setzt die **Neuzeit** daher mit der **„Entdeckung" Amerikas**
20 **durch Kolumbus** ein.

Klaus Dieter Hein-Mooren

1492: „Entdeckung" Amerikas durch Kolumbus   Kreuzzug   Neuzeit

Die Fahrten des Kolumbus

M 3 Nachrichten aus der Neuen Welt

Unmittelbar nach seiner ersten Reise sendet Kolumbus einen Brief an den spanischen Hof, in dem er die Ergebnisse seiner Expedition schildert. Er wird im April 1493 veröffentlicht und findet in ganz Europa große Verbreitung.

Dreiunddreißig Tage nachdem ich [...] ausgelaufen war, erreichte ich das Indische Meer und fand dort mehrere Inseln, auf denen unzählige Menschen leben. Von allen diesen Inseln habe ich im Namen unseres durchlauchtigsten Königs nach feierlicher Verlautbarung und dem Hissen der Fahne Besitz ergriffen, ohne dass mir irgendjemand widersprochen hätte. [...]
Auf dieser und allen anderen Inseln, die ich gesehen habe oder von denen ich Kenntnis besitze, laufen die Bewohner beiderlei Geschlechts nackt wie am Tage ihrer Geburt umher. [...]
Die Menschen hier kennen keinen Götzendienst. Im Gegenteil, sie glauben fest, dass alle Kraft und Macht, ja dass alles Gute im Himmel liege, und dass auch ich zusammen mit unseren Schiffen und Seeleuten von dort herabgestiegen sei. [...]
Sofort nach meiner Ankunft in jenem Meer nahm ich gleich von der ersten Insel einige Inder unter Einsatz von Gewalt mit uns. Diese sollten von uns lernen und gleichzeitig auch uns von allem unterrichten, was sie selbst über diese Breiten wussten. Und mein Plan verlief nach Wunsch. [...] Diese Menschen [...] glauben immer noch, ich sei vom Himmel herabgestiegen [...]. Und diese waren auch die ersten, die überall, wo wir an Land gingen, verkündeten, was dann mit lauten Rufen von Mund zu Mund ging: „Kommt, kommt und sehet die Menschen des Himmels!" Und so legten Frauen wie Männer, Kinder wie Erwachsene, Junge wie Alte ihre anfängliche Furcht ab und drängten sich, uns zu sehen. [...]
Auf all diesen Inseln finden sich weder Unterschiede im Aussehen der Menschen, noch in Gebräuchen und Sprache. Im Gegenteil, alle verstehen einander.[1] Dieser Umstand ist für das Ziel [...] von größtem Nutzen, nämlich für die Bekehrung der Inselbewohner zum Christentum. [...]
Um schließlich in wenigen Worten Erfolg und Nutzen unseres Aufbruchs und unserer schnellen Rückkehr zusammenzufassen, will ich Folgendes versprechen: Ich werde unseren unbesiegbarsten Königlichen Hoheiten [...] so viel Gold verschaffen, wie sie benötigen, außerdem so viele Gewürze, so viel Baumwolle [...], so viele heidnische Sklaven, wie Ihren Majestäten zu verlangen gefallen wird [...].

Christoph Kolumbus, Der erste Brief aus der Neuen Welt, hrsg. und übers. von Robert Wallisch, Lateinisch / Deutsch, Stuttgart 2000, S. 13, 19, 23, 25, 27, 31 und 33

[1] Das war ein Irrtum, den Kolumbus später korrigierte.

Medientipp:
Einen Beitrag über die „Entdeckung" Amerikas siehe unter **31062-22**.

M 4 „Kolumbus, als er in India erstlich angekommen ..."
Kolorierter Kupferstich von 1594 (Ausschnitt)
Die Illustration stammt aus einem von dem Frankfurter Verleger Theodor de Bry herausgegebenen Reisebericht. Sie ist ein Fantasiebild, das sich der Kupferstecher nach der Lektüre der Reiseberichte gemacht hat.

Wie kommt Kolumbus in die „Neue Welt" und wie begegnet er den Menschen dort?

1 Nenne Kolumbus' Motive und Absichten (INFO 1).

2 Untersuche die Karte M2. Von welchen Voraussetzungen ging Kolumbus aus? Was wäre die Folge für die Seefahrer gewesen, wenn sie die tatsächliche Entfernung zwischen Europa und Japan ohne Zwischenstopp hätten zurücklegen müssen?

3 Beschreibe M4. Welche Ereignisse werden dargestellt? (H)

4 Untersucht in Gruppenarbeit den Bericht (M3). (H)
  a) Wie beschreibt Kolumbus die Begegnung mit den Fremden?
  b) Welche Absichten verfolgt Kolumbus mit seinem Bericht?
  c) Welches Vorgehen im Umgang mit Fremden wird deutlich?
  d) Beurteile mithilfe deiner Untersuchungsergebnisse M4.

Die Fahrten des Kolumbus
- Erste Reise: 3.8.1492 bis 15.3.1493
- Zweite Reise: 25.9.1493 bis 11.6.1496
- Dritte Reise: 30.5.1498 bis 25.11.1500
- Vierte Reise: 9.5.1502 bis 7.11.1504

3 Neue räumliche und geistige Horizonte

Entdeckt und erobert

M 1 Die „Sonnenpyramide" in Teotihuacán
Foto von 2015
Die voraztekische Anlage entstand im 1. und 2. Jh. und befindet sich rund 40 km von Mexiko-Stadt.

Kartentipp:
Eine animierte Karte zur Errichtung des spanischen Kolonialreiches findest du unter **31062-23**.

[1] Konquistadoren: Bezeichnung für die spanischen Eroberer

INFO 1 Die indianischen Hochkulturen

Die Europäer trafen in Mittelamerika auf *Azteken* und *Maya* und in Südamerika auf *Inka*. Drei von zahlreichen Hochkulturen Alt-Amerikas. An der Spitze der einheimischen (*indigenen*) Bevölkerung standen Herrscher, die wie Götter verehrt wurden. Die Azteken lebten in Städten mit gepflasterten Straßen, prächtigen Tempeln und prunkvollen Palästen. Sie führten Kriege untereinander, kannten Formen von Sklaverei und brachten der Sonne Menschenopfer. Die erhalten gebliebenen Kunstwerke aus Keramik, Textilien, Gold und Silber sind Zeugnisse ihrer besonderen Kultur.
Klaus Dieter Hein-Mooren

INFO 2 Von der „Entdeckung" zur Eroberung

Auf die „Entdeckung" folgte die Eroberung. Sie begann mit Kolumbus. Es folgten Anführer von Expeditionen wie der spanische Adlige *Hernán Cortés*. Diese Konquistadoren[1] achteten die altamerikanischen Völker nicht, sondern suchten nur Gold und Silber. Innerhalb von knapp 15 Jahren wurden die einheimischen (indigenen) Völker unterworfen. Die Europäer siegten zum einen, weil sie mit ihren Pferden, Bluthunden, modernen Waffen und Rüstungen den Einheimischen überlegen waren, und zum andern, weil sie sich mit List und Gewalt in deren Machtkämpfe einmischten. Verheerend wirkten sich außerdem die aus Europa eingeschleppten Krankheiten wie Pocken, Masern und Grippe aus, da den Indios die Abwehrkräfte gegen diese ansteckenden Krankheiten fehlten.
Klaus Dieter Hein-Mooren

INFO 3 Ein Kolonialreich entsteht

Den Eroberern folgten Siedler aus Spanien und Portugal. Mit ihnen kamen Missionare und Priester. Die Einwanderer (Migranten*) gründeten Städte, von denen aus das Land beherrscht wurde. Für die eroberten Gebiete wurde 1524 in Spanien ein *Indienrat* gegründet. Er beaufsichtigte Gerichte, Verwaltung, Truppen, Finanzen und Kirchen der Kolonien. Die Gebiete galten als Teilreiche der spanischen Krone, waren aber politisch und wirtschaftlich Kolonien: abhängige Besitzungen. Die Teilreiche teilte man in Provinzen ein, die wiederum in Vizekönigreiche (Neu-Spanien und Peru) zusammengefasst wurden. Hauptzweck der Verwaltung war, der spanischen Krone Einkünfte aus dem Land zu sichern. Portugal ging ähnlich vor.
Klaus Dieter Hein-Mooren

M 2 Die Kathedrale von Mexiko-Stadt
Foto von 2005
Auf dem Boden eines aztekischen Tempels wurde Mitte des 16. Jhs. mit dem Bau der Kathedrale begonnen. Sie wurde erst im 19. Jh. fertig und ist die größte und älteste Kirche Lateinamerikas. Kein Bereich der Erde ist so katholisch wie die spanisch- und portugiesischsprachigen Länder Amerikas. Mittlerweile leben dort doppelt so viele Katholiken wie in Europa.

1492: „Entdeckung" Amerikas durch Kolumbus

Entdeckt und erobert

M 3 Das Land wird erobert
Bartolomé de Las Casas (siehe INFO 2, S. 87) berichtet über die Unterwerfung Hispaniolas durch die Spanier nach 1493:

Die Insel Hispaniola[1] war […] die erste, auf der die Christen einfielen, und dort begannen sie mit dem großen Metzeln und Morden unter diesen Leuten, und so wurde sie von ihnen zuerst zerstört und entvölkert. Und dort fingen die Christen an, den Indios ihre Frauen und Kinder zu entreißen, um sich ihrer zu bedienen und sie zu missbrauchen, ihnen auch die Speisen wegzuessen, die sie mit ihrer Mühe und Arbeit gewonnen hatten. […] Fortan suchten die Indios nach einer Möglichkeit, wie sie die Christen aus dem Lande vertreiben könnten. […] Die Christen [aber] mit ihren Pferden, Schwertern und Lanzen verübten Metzeleien und unerhörte Grausamkeiten an ihnen. Sie […] verschonten nicht einmal Kinder oder Greise, Schwangere oder Wöchnerinnen. Ihnen allen schlitzten sie den Bauch auf und zerstückelten sie, als fielen sie über ein paar Lämmer her.

Bartolomé de Las Casas, Kurzgefasster Bericht von der Verwüstung der Westindischen Länder, hrsg. von Michael Sievernich, übers. von Ulrich Kunzmann, Frankfurt a. M. ³2005, S. 20 f.

[1] **Hispaniola** („die Spanische"): Im Westen dieser Insel liegt heute die Dominikanische Republik und im Osten die Republik Haiti.

M 4 Bevölkerungsentwicklung in einigen Gebieten

	1492	1570
in Millionen (Schätzungen)		
Mexiko	12,00	3,72
Peru	9,00	1,29
Kolumbien	3,28	0,98
Zentralamerika	2,93	0,44
Bolivien	2,85	0,57
Chile	1,10	0,44

Nach: Walther Bernecker u. a. (Hrsg.), Handbuch der Geschichte Lateinamerikas, Bd. 1, Stuttgart 1994, S. 318

M 6 Gier nach Gold
Aus einem aztekischen Bericht von 1518:

Sie [die Azteken] schenkten den Göttern [den Spaniern] goldene Banner und Fahnen aus Quetzalfedern[2] und goldene Halsketten. Als sie das Gold in ihren Händen hatten, brach Lachen aus den Gesichtern der Spanier hervor, ihre Augen funkelten vor Vergnügen, sie waren entzückt. Wie Affen griffen sie nach dem Gold und befingerten es, sie waren hingerissen vor Freude, auch ihre Herzen waren angesteckt von den Strahlen des Goldes.
Nur nach Gold hungerten und dürsteten sie, es ist wahr! Sie schwollen an vor Gier und Verlangen nach Gold. Gefräßig wurden sie in ihrem Hunger nach Gold, sie wühlten wie hungrige Schweine nach Gold.

Zitiert nach: Miguel León-Portilla / Renate Heuer (Hrsg.), Rückkehr der Götter. Die Aufzeichnungen der Azteken über den Untergang ihres Reiches, Frankfurt a. M. 1986, S. 43

M 5 Altamerikanischer Brustschmuck
Das Schmuckstück (Höhe 17 cm, Breite 18,5 cm) ist aus Gold, stammt aus Kolumbien und wurde zwischen 400 bis 1000 n. Chr. angefertigt. Von den Goldarbeiten der altamerikanischen Kulturen ist wenig erhalten geblieben, da die Eroberer sie fast alle einschmelzen ließen.

Medientipps:
Beiträge über die altamerikanischen Kulturen siehe unter **31062-24**.

[2] **Quetzalfedern**: die Schwanzfedern des Vogels Quetzal. Sie waren bei den Azteken als Schmuck sehr geschätzt und in erster Linie Herrschern vorbehalten.

Welche Folgen hat die „Entdeckung" Amerikas?

1. Informiert euch in Partnerarbeit über den Machu Picchu und die altamerikanische Kultur (M1 und M2). Erstellt dazu eine PowerPoint-Präsentation. (H)
2. Beschreibe das Vorgehen der Spanier und beurteile es (M3 und M6).
3. Beschreibe und erläutere die Entwicklung der Bevölkerungszahlen (INFO 2, M3 und M4).
4. „Bis heute sind in Lateinamerika die Folgen der Kolonialzeit zu sehen und zu hören." Erläutere die Aussage. Beachte auch M5. (H)

---

nach 1500: Die Portugiesen nehmen das heutige Brasilien in Besitz • 1519 bis 1535: Die Spanier erobern das Reich der Azteken und Inka

1450 — 1500 — 1550

3 Neue räumliche und geistige Horizonte

Unterworfen und ausgebeutet

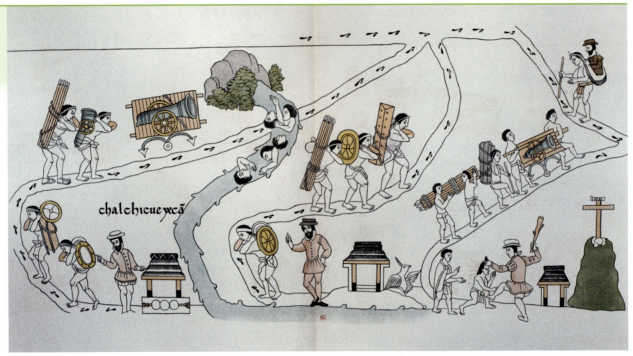

M 1 Hernán Cortez auf dem Weg nach Tenochtitlán
Farblithografie von 1892 nach der mexikanischen Bilderhandschrift „Lienzo de Tlaxcala" aus der Mitte des 16. Jhs. (Ausschnitt)
Im Jahr 1519 zog der spanische Eroberer Hernán Cortez mit etwa 400 Leuten von Veracrux („Wahres Kreuz") am Golf von Mexiko los, um die aztekische Hauptstadt Tenochtitlán (heute Mexiko-Stadt), deren Einwohnerzahl damals etwa 200.000 Menschen betragen haben dürfte, zu erobern. Dazu verbündeten die Spanier sich mit mexikanischen Völkern wie den Tlaxcalteken, von denen die Azteken die meisten ihre Menschenopfer raubten. Sie unterstützten die Spanier mit tausenden Kriegern bei der Eroberung Tenochtitlán und trugen die Hauptlast der Kriegsführung. Der Name Chalchicyica auf dem Bild bezieht sich möglicherweise auf eine Kampfhandlung am Lago de Chalco, einem See in der Nähe der aztekischen Hauptstadt.

INFO 1 Ausbeutung und Sklaverei

Die Siedler aus Europa übernahmen das Land und sahen sich als überlegene Herren. Sie zerstörten die Heiligtümer und zwangen die Einheimischen, in den Gold- und Silberbergwerken oder auf Plantagen[1] zu arbeiten. Viele Indios überlebten die Ar-
5 beitsbedingungen nicht. Als mehr Arbeitskräfte gebraucht wurden, holte man Sklaven aus Afrika. Unternehmen aus allen europäischen Ländern beteiligten sich an dem Sklavenhandel. Bis 1700 wurden allein von den Portugiesen 610 000 Afrikaner
10 nach Brasilien gebracht.
Klaus Dieter Hein-Mooren

[1] **Plantagen**: hier landwirtschaftliche Großbetriebe in den Kolonien, auf denen z. B. Zuckerrohr oder Baumwolle mithilfe von Sklaven angebaut wurden
[2] Ein **Golddukat** entsprach etwa einem Gulden; ein Nürnberger Handwerksgeselle verdiente damals zwischen 15 und 20 Gulden im Jahr.

M 2 Vollmacht des Kaisers
Karl V., deutscher Kaiser und spanischer König, gibt im Jahr 1528 der Kaufmannsfamilie Welser aus Augsburg folgende Vollmacht:

Wir geben euch Erlaubnis, dass ihr oder wer eure Vollmacht hätte, 4 000 Sklaven aus Afrika, davon wenigstens ein Drittel weiblichen Geschlechts, nach den genannten Karibikinseln und dem Fest-
5 land bringen und dort verteilen könnt, gemäß der dafür euch ausgestellten Verordnung, wobei wir die Bedingung stellen, dass die angegebene Zahl von Sklaven innerhalb von vier Jahren ab Datum dieses Vertrages hinüberzubringen ist. [Dafür]
10 habt ihr uns 20 000 Golddukaten[2] zu zahlen. Wir erteilen euch die Lizenz, um die Afrikaner von diesen unseren Reichen oder vom Königreich Portugal und dessen Inseln und Ländern auf Schiffen unserer Untertanen oder des Königs von
15 Portugal zu transportieren. [...] Ihr seid verpflichtet, auf den genannten Inseln oder dem Festland die Sklaven zum Preis von 55 Dukaten für jeden und nicht für mehr zu verkaufen.

Zitiert nach: Richard Konetzke, Lateinamerika seit 1492, Stuttgart 1976, S. 31

Unterworfen und ausgebeutet

INFO 2 „Sind Indios keine Menschen?"

Nur wenige Europäer setzten sich für die Einheimischen ein. Einer von ihnen war der spanische Theologe und Missionar *Bartolomé de Las Casas* (1484-1566). Er protestierte in Briefen an den spanischen König gegen die Unterdrückung, Ausbeutung und Ermordung der Indios. 1518 hatte Las Casas allerdings auch empfohlen, Afrikaner nach Amerika zu holen. Er bereute es bitter.

Klaus Dieter Hein-Mooren

M 3 „Sagt, mit welchem Recht ..."

Bartolomé de Las Casas gibt in seinem Werk eine Predigt wieder, die ein Ordensbruder am 21. Dezember 1511 in der Kathedrale von Santo Domingo gehalten hat; darin heißt es:

Sagt, mit welchem Recht und mit welcher Gerechtigkeit haltet ihr diese Indios in solch grausamer und entsetzlicher Knechtschaft? [...] Wie bedrückt und plagt ihr sie, ohne ihnen Essen zu geben oder sie in ihren Krankheiten zu pflegen, die sie sich durch die übermäßigen Arbeiten zuziehen, die ihr ihnen auferlegt, und durch eure Schuld sterben sie, oder besser gesagt, ihr tötet sie, um täglich mehr Gold herauszupressen und zu gewinnen? Und wie sorgt ihr für jemanden, der sie in der christlichen Lehre unterweist, damit sie ihren Gott und Schöpfer erkennen, getauft werden, die Messe hören, die Sonn- und Feiertage in Ehren halten? Sind sie etwa keine Menschen? Haben sie keine vernunftbegabten Seelen? Seid ihr nicht verpflichtet, sie wie euch selbst zu lieben? Versteht ihr das nicht? Fühlt ihr das nicht?

Zitiert nach: Bartolomé de Las Casas, Geschichte Westindiens, in: Ders., Werkauswahl, Bd. 2: Historische und ethnographische Schriften, hrsg. von Marino Delgado, Paderborn 1995, S. 226 (übersetzt von Ulrich Kunzmann)

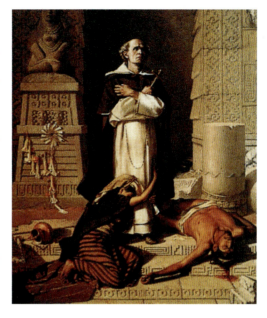

M 4 Pater Bartolomé de Las Casas vor einem zerstörten Aztekentempel
Ölgemälde von Félix Parra aus Mexiko, 1875

M 5 „Denn das ist die natürliche Ordnung"

Der spanische Theologe und Rechtsgelehrte Juan Ginés de Sepúlveda begründet um 1545 das Vorgehen der Spanier gegen die Indios so:

Da die Indianer ihrer Natur nach Sklaven, Barbaren, rohe und grausame Gestalten sind, lehnen sie die Herrschaft der Klugen, Mächtigen und Vortrefflichen ab, anstatt sie zu ihrem eigenen Besten zuzulassen, wie es einer natürlichen Gerechtigkeit entspricht.
Denn der Körper muss der Seele, die Begierde der Vernunft, die rohen Tiere dem Menschen, das heißt also das Unvollkommene dem Vollkommenen, das Schlechte dem Besseren unterworfen sein. Denn das ist die natürliche Ordnung.

Zitiert nach: Richard Konetzke, Lateinamerika seit 1492, Stuttgart 1976, S. 8

Lesetipp:
Urs Fiechtner/Sergio Vesely, Erwachen in der neuen Welt. Die Geschichte von Bartolomé de las Casas, Osnabrück 2006

Wie wird aus Eroberung Ausbeutung?

1. Beschreibe das Verhalten der Spanier gegenüber den Tlaxcalteken auf dem Bild (M1).
2. Erkläre mithilfe von M2, wie der europäische Sklavenhandel funktionierte.
3. Arbeite die unterschiedlichen spanischen Positionen heraus (M3 und M5). Nimm dazu Stellung. Berücksichtige INFO 1 und 2. (H)
4. Beschreibe und deute das Gemälde (M4). Berücksichtige INFO 2 und M3. (H)

---

nach 1500: Die Portugiesen nehmen das heutige Brasilien in Besitz
1519 bis 1535: Die Spanier erobern das Reich der Azteken und Inka

3 Neue räumliche und geistige Horizonte

Die Europäisierung der Welt beginnt

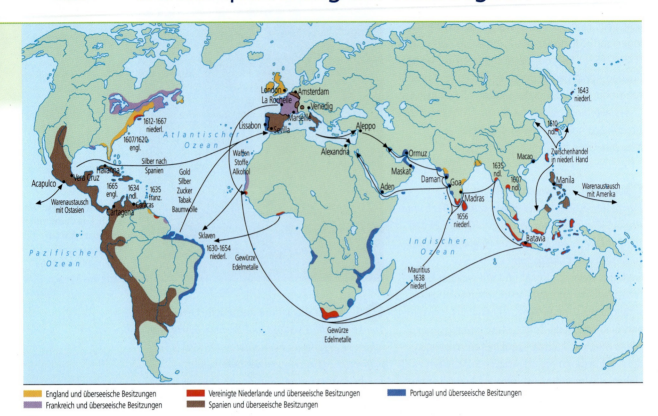

- England und überseeische Besitzungen
- Vereinigte Niederlande und überseeische Besitzungen
- Portugal und überseeische Besitzungen
- Frankreich und überseeische Besitzungen
- Spanien und überseeische Besitzungen

M 1 Europäische Kolonialreiche und Hauptwege des Kolonialhandels im 16./17. Jh.

INFO 1 Die Europäer in Ostasien

Mit den von *Vasco da Gama* und *Ferdinand Magellan* entdeckten Seewegen nach Ostasien[1] stand vor allem der Zugang zum asiatischen Gewürzmarkt offen. Entlang der Handelsrouten errichteten Spanier und Portugiesen zahlreiche Handelsstützpunkte. 1565 kolonisierten die Spanier die Philippinen. Auf die Südeuropäer folgten nach 1600 die Niederländer, dann kamen Franzosen und Engländer. Sie alle brachten mit Gewalt und durch Verhandlungen einzelne Hafenstädte und Regionen in ihren Besitz. Eine umfangreiche Kolonisierung wie in Südamerika blieb aber aus.

Klaus Dieter Hein-Mooren

INFO 2 Eine Europäisierung der Welt?

Bis um 1500 war Asien der weltweit führende Wirtschaftsraum. Das änderte sich im 16./17. Jh. Europa wurde zur Drehscheibe des Welthandels. Die Zahl der Fahrten zwischen den Kontinenten, die Erschließung neuer Gebiete sowie der Umfang der Handelsgüter nahmen zu. Plantagenprodukte und Luxuswaren wie Pfeffer, Zucker, Kaffee, Tee oder Tabak wurden in Europa zu Massenartikeln. Asien war dagegen an der Einfuhr europäischer Waren wenig interessiert.

Die europäische Expansion war ein wirtschaftlicher sowie ein politischer und kultureller Prozess. Die Europäer regierten ihre Stützpunkte und Kolonien nach dem Vorbild ihrer Heimat. Sie beuteten die Kolonien aus und verbreiteten ihren Glauben, ihre Sprachen, ihr technisches und künstlerisches Wissen sowie ihre Architektur. Zugleich wirkten die fremden Kulturen langfristig auf die Europäer zurück. Die Expansion nach Übersee veränderte ihre Nahrung, ihre Lebensgewohnheiten und ihr Weltbild.

Klaus Dieter Hein-Mooren

Wie wirkt sich die Europäisierung der Welt aus?

① Untersuche die Karte M1. (H)

[1] Siehe S. 81, M2.

Die Europäisierung der Welt beginnt

M 2 Heutiger interkontinentaler Pflanzenaustausch
Die Karte zeigt nur eine Auswahl der betreffenden Pflanzen.

M 3 Pflanzenaustausch
Der Historiker Reinhard Wendt schreibt über den botanischen Austausch:

Die Vernetzung der Kontinente führte zu einem erstaunlich raschen botanischen Austausch zwischen klimatisch verwandten Regionen unter kolonialer Kontrolle. [...] Eine Reihe überseeischer
5 Feldfrüchte, Gemüsearten und Obstsorten konnte auch in Europa heimisch gemacht werden: Kartoffeln oder Mais etwa, Tomaten oder verschiedene Bohnensorten, Kürbisse oder der Apfel aus China, die Apfelsine (*Citrus sinensis*), die por-
10 tugiesische Händler in Südostasien kennengelernt hatten. Allerdings dauerte es in der Regel mindestens bis ins 18. Jahrhundert, bevor sich die eingeführten Ernährungsprodukte einen festen Platz in europäischen Nahrungsgewohnheiten
15 erobern konnten. [...]

Reinhard Wendt, Seit 1492: Begegnung der Kulturen, in: Anette Völker-Rasor (Hrsg.), Frühe Neuzeit, München 2000, S. 84 (bearbeitet)

M 4 Über die „Europäisierung der Erde"
Der Historiker Horst Gründer schreibt dazu:

Eine Folge der europäischen Expansion war das Ausgreifen europäischer Handelsinteressen auf die übrige Welt. Auch die Migration* europäischer Siedler [...] gehört zu den Auswirkungen.
5 „Europäisierung der Erde" meint ferner die Ausbreitung europäischer Sprachen, Institutionen, Technologien und Produktionsweisen über Europa hinaus. Die Erfindung des Buchdrucks mit beweglichen Lettern Mitte des 15. Jahrhunderts
10 bereitete den Weg zur weltweiten Informationsgesellschaft. Auf diese Weise sind wiederum europäische Rechts- und Staatsvorstellungen [...] bekannt geworden. [...] Andere Kontinente und fremde Kulturen haben ihrerseits auf Europa zu-
15 rückgewirkt, angefangen von veränderten Ernährungsgewohnheiten [...] bis hin zu Vermischungen religiöser und kultureller Vorstellungen.

Horst Gründer, Eine Geschichte der europäischen Expansion. Von Entdeckern und Eroberern zum Kolonialismus, Mannheim 2003, S. 9 (bearbeitet)

---

2 Nenne die beiden größten Kolonialreiche des 16./17. Jahrhunderts (M1).

3 Beschreibe den „atlantischen Dreieckshandel" aus der Sicht der betroffenen Kontinente (M1). Ⓗ

4 Bestimme die Pflanzen, die in Europa heimisch gemacht wurden (M2 und M3).

5 Einige der in M2 genannten Früchte werden heute von „Fair-Trade-Organisationen" gehandelt. Nenne Beispiele und informiere dich über die Gründe für diese Form des Handels.

6 Verfasse einen Artikel für die Schülerzeitung zum Thema „Die Europäisierung der Erde und der Kolonialhandel". Berücksichtige die Ergebnisse aus Aufgabe 5 sowie INFO 2 und M4.

1450	1500		1550	
	nach 1500: Die Portugiesen nehmen das heutige Brasilien in Besitz		1519 bis 1535: Die Spanier erobern das Reich der Azteken und Inka	ab 1565: Europäer kolonisieren Ostasien

3 Das weiß ich! – Gelerntes sichern

Auf einen Blick: Neue räumliche und geistige Horizonte

Die Eroberung der Heiligen Stätten in Palästina durch die Muslime veranlasste die Päpste, **Kreuzzüge** auszurufen. Nach dem Ersten Kreuzzug errichteten Fürsten in Palästina sogenannte Kreuzfahrerstaaten. Sie mussten Ende des 13. Jhs. wieder aufgegeben werden. In den Kreuzfahrerstaaten begegneten sich Christen und Muslime. Die wachsenden Handelsbeziehungen trugen zu Kulturkontakten bei. Darüber hinaus fanden vor allem auf der Iberischen Halbinsel und in Süditalien intensive Kulturkontakte zwischen Christen, Muslimen und Juden statt. Einen Wendepunkt der Beziehungen zwischen Christen und Muslimen stellte die **Eroberung Konstantinopels 1453** durch die Osmanen dar. Seitdem galt Europa als von den Muslimen bedroht.

Von Italien ging Mitte des 14. Jhs. eine kulturelle Bewegung aus, die wir **Renaissance** nennen. Die Kunst und Architektur der Antike* wurde wiederentdeckt. Gelehrte lernten von antiken Vorbildern und verbreiteten ihr Wissen. Man nannte sie Humanisten. Das Welt- und Menschenbild änderte sich. Experiment und Beobachtung wurden Maßstäbe des Wissens – nicht mehr der Glaube.

Weil Waren aus dem Orient und Asien in Europa sehr begehrt waren, ihr Transport über Land aber unsicher und teuer war, suchten die am Mittelmeer gelegenen Länder nach neuen Seewegen in den Fernen Osten. Außerdem wollten die christlichen Herrscher den muslimischen Einfluss zurückdrängen und missionieren. Mit diesen Zielen segelte **Kolumbus** auf dem Atlantik nach Westen. Er „entdeckte" **1492 Amerika**.

In Süd- und Mittelamerika wurden aus Entdeckern Eroberer. Sie zerstörten die alten Kulturen der Inka, Maya und Azteken und zwangen den Indios ihre Lebensweise und Religion auf. Die Europäer hatten nicht nur den Weg nach Amerika entdeckt, sondern auch Afrika umrundet und die ganze Welt umsegelt. Im 16./17. Jh. weiteten sie ihren Einfluss auf Asien, Afrika und Amerika aus und trugen so zu einer Europäisierung der Welt bei.

Angesichts der neuen räumlichen und geistigen Horizonte prägten Ende des 15. Jhs. humanistische Gelehrte den Begriff Mittelalter*. Sie kennzeichneten damit die 1000 Jahre zwischen dem Ende der Antike und ihrer Wiederentdeckung als eine Art „Zwischenzeit". Ihre eigene Epoche erklärten sie zur **Neuzeit**.

Wolfgang Hofmann

M 1 „Wanderer am Weltenrand"
Nachträglich kolorierter Holzstich (10,0 x 11,9 cm) eines unbekannten Künstlers, 1888
Das Bild erschien als Illustration in dem Kapitel „Die Form des Himmels" des Buches „Die Atmosphäre. Populäre Meteorologie" des französischen Astronomen Camille Flammarions.

Antike

1000 v. Chr.   500 v. Chr.   Christi Geburt

Das weiß ich! – Gelerntes sichern

M 2 Maurischer und christlicher Lautenspieler
Buchmalerei aus einer galicisch-portugiesischen Liedersammlung, 13. Jh.

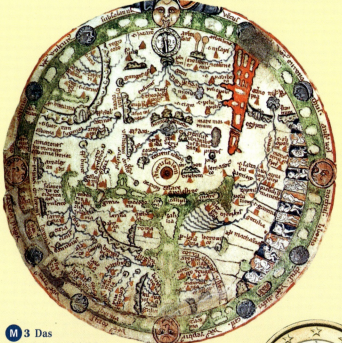

M 3 Das christliche Weltbild
Londoner Psalter-Karte, um 1260 (Ausschnitt)
Die Karte ist nicht genordet, sondern geostet (siehe S. 67, M3).

M 4 Weshalb?
Als König Balduin I. von Jerusalem im Frühjahr 1101 die Küstenstadt Caesarea in Kleinasien belagert, fragt ein muslimischer Gesandter:
Meine Herren, die ihr Lehrer des christlichen Gesetzes seid, weshalb befehlt ihr euren Leuten, uns zu töten und uns unser Land wegzunehmen, wenn doch in eurem Gesetz geschrieben steht,
5 dass keiner einen anderen töte, der die Gestalt eures Gottes hat, oder sein Gut wegnehme. Und wenn wahr ist, dass dies in eurem Gesetz steht, haben wir nicht die Gestalt eures Gottes? Also handelt gemäß eurem Gesetz!
Zitiert nach: Rudolf Hiestand, „Gott will es!" Will Gott es wirklich? Die Kreuzzugsidee in der Kritik ihrer Zeit, Stuttgart – Berlin – Köln 1998, S. 18

M 6 Stimmt – stimmt nicht
- *Die Kreuzzüge förderten den Kulturkontakt.*
- *Die italienischen Städte waren Ausgangspunkt für ein neues Denken.*
- *Kolumbus war Portugiese.*
- *Spanier und Indios lebten friedlich miteinander.*
- *Die Europäisierung der Welt begann mit der „Entdeckung" Amerikas.*

M 5 Ein-Euro-Münze aus Italien von 2009

---

1. Beschreibe, was der „Wanderer am Weltenrand" (M1) Neues erkennen oder entdecken will. Erkläre anschließend, warum manche Betrachter dieses Bild als Illustration für die Wende vom Mittelalter zur Neuzeit interpretieren.
2. Begründe, weshalb die Abbildung M2 für einen gelungenen Kulturkontakt steht.
3. Bestimme den Mittelpunkt der Karte (M3). Erkläre das zugrundeliegende Weltbild und erläutere, wodurch es sich bis zum Beginn der Neuzeit veränderte.
4. Deute die Frage des muslimischen Gesandten (M4). Worauf macht sie aufmerksam?
5. Erläutere, auf welche Epoche sich das Münzbild (M5) bezieht.
6. Einige Aussagen in M6 sind nicht korrekt. Überprüfe sie.

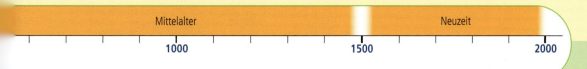

3 Das kann ich! – Gelerntes anwenden

M 1 Die Hagia Sophia in Istanbul
Foto von 2005
Mehmed II. hatte 1453 aus der byzantinischen Sophienkirche eine Moschee, die Hagia Sophia, gemacht (siehe S. 69, M6).

M 2 Die Hagia Sophia – Teil des Welterbes
Die UNESCO ist eine Organisation der Vereinten Nationen (UNO). Sie setzt sich für die internationale Zusammenarbeit in Bildung, Wissenschaft und Kultur ein und verleiht Orten von außergewöhnlichem universellen Wert den Welterbetitel. 1985 werden die historischen Bereiche Istanbuls ausgezeichnet. In der Erklärung heißt es:
Mit seiner besonderen Lage am Bosporus zwischen Europa und Asien, dem Schwarzen Meer und dem Mittelmeer verbindet man Istanbul in seiner mehr als 2 000-jährigen Geschichte mit Po-
5 litik, Religion und Kunst. Die historischen Bereiche der Stadt, darunter die Hagia Sophia aus dem 6. Jh., gehören zum Weltkulturerbe der Vereinten Nationen.
Nach: http://whc.unesco.org/en/list/356 (Zugriff: 15.09.2017)

M 3 Die Hagia Sophia – heute Museum, morgen Moschee?
In einem Online-Beitrag schreibt der Journalist Kersten Knipp am 25. Juni 2017:
Fast 500 Jahre diente das Gebäude [...] frommen Muslimen als Gebetsstätte. Im Jahre 1935 ließ es Mustafa Kemal „Atatürk", der Gründer der türkischen Republik, in ein Museum umwandeln. [...]
5 Stark für die Wiedernutzung der Hagia Sophia als Moschee macht sich seit Jahren auch die Anatolische Jugendvereinigung. Deren Istanbuler Chef Ali Ugur Bulut hatte dem Nachrichtenmagazin „Der Spiegel" bereits im Juni 2014 ein entspre-
10 chendes Interview gegeben. Der Bau, erklärte er, sei nicht nur ein Wahrzeichen von Istanbul, sondern auch „ein Symbol der islamischen Eroberung von Konstantinopel im Jahr 1453. Ich sehe es als unsere Aufgabe, dieses islamische Erbe zu
15 schützen und weiterzugeben. Die Hagia Sophia muss wieder eine Moschee werden!"
Zitiert nach: www.dw.com/de/die-hagia-sophia-heute-museum-morgen-moschee/a-39407877 (Zugriff: 13.09.2017)

Antike

1000 v. Chr.   500 v. Chr.   Christi Geburt

Das kann ich! – Gelerntes anwenden

M 4 Zum Kolumbus-Tag
George Bush, der 41. Präsident der Vereinigten Staaten von Amerika, erklärt am 10. Oktober 1991:
Wir feiern jedes Jahr am Kolumbus-Tag all das, was dieser meisterliche Seemann für unsere Nation bedeutet. Für viele Generationen verkörperte Kolumbus den Forscher- und Entdeckergeist –
5 und den Anfang von Amerika. [...] Am Kolumbus-Tag feiern wir [...] auch die Geschichte unserer Nation. Die Begegnung von Kulturen, die Christoph Kolumbus ermöglichte, markierte den Beginn eines neuen Kapitels in der Geschichte. Der
10 darauf folgende Austausch von Wissen, Waren und Ideen zwischen der Alten und der Neuen Welt führte zur Entwicklung zweier Kontinente und zur Geburt einer Nation, die für Freiheit und Möglichkeiten steht.

Zitiert nach: www.presidency.ucsb.edu/ws/index.php?pid =20090#axzz1W3UfK4O5 (Zugriff: 24.08.2017; übersetzt von Ulrich Mücke)

M 6 Sturz des Kolumbus-Denkmals in Venezuela
Foto vom 12. Oktober 2004
2004 wurde die 100 Jahre alte Kolumbus-Statue am Kolumbus-Tag von Aktivisten gestürzt. 2015 weihte die Regierung Venezuelas anlässlich des Kolumbus-Tages eine neue Statue ein. Sie zeigt den Widerstandskämpfer Guaicaipuro (um 1530-1568). Er hatte gemeinsam mit anderen gegen die Spanier gekämpft.

M 5 Kolumbus und die Folgen
Der Berliner Historiker Alexander Demandt geht 2000 auf die Folgen der „Entdeckung" Amerikas ein und schreibt:
Kaum eine Tat hatte so viel Unheil zur Folge wie die des Kolumbus. Vor die traurige Aufgabe gestellt, die acht oder zehn größten Verbrechen der Menschheit zu benennen, müsste man drei den
5 seemächtigen Europäern in Amerika zurechnen. Die Brutalität, mit der die Konquistadoren[1] gegen die Indios in Mittelamerika vorgegangen sind, gehört zu den empörendsten Untaten der Vergangenheit: Abertausende abgeschlachtet, verstüm-
10 melt, gefoltert, lebendig verbrannt. [...]
Die zweite Untat ist die anschließende Einfuhr afrikanischer Sklaven [...].
Das dritte Großverbrechen ist die Verringerung und Unterdrückung der nordamerikanischen
15 Indianer durch die weißen Siedler. [...]
All diese Schandtaten soll man weder beschönigen noch verschweigen, aber soll man darum wünschen, Amerika hätte niemals entdeckt werden dürfen? Die [Eroberer] sind mit den Einhei-
20 mischen nicht wesentlich anders verfahren als diese mit ihresgleichen umgegangen sind, und haben mit der Christianisierung wie allenthalben auch einen humanitären Fortschritt gebracht, nicht nur durch ihre [sozialen] Einrichtungen,
25 sondern vor allem durch die Abstellung der Menschenopfer.

Alexander Demandt, Sternstunden der Geschichte, München ²2004, S. 171 f. (vereinfacht)

[1] **Konquistadoren**: Bezeichnung für die spanischen Eroberer

Zur Selbsteinschätzung:
Einen Test, mit dem du überprüfen kannst, was du kannst und was du noch üben solltest, findest du unter **31062-25**.

---

1. Nenne mithilfe von M2 und M3 die Argumente, die für die Hagia Sophia als Moschee oder als Museum sprechen. Verfasse anschließend eine Stellungnahme, in der du auf unterschiedliche Argumente eingehst. Bemühe dich um eine ausgewogene Darstellung.
2. In zahlreichen Staaten wird noch heute jährlich am 12. Oktober an Kolumbus erinnert. Sucht im Internet nach Beispielen und führt anschließend eine Pro- und Kontra-Diskussion, ob es noch angemessen ist, an den „Entdecker" zu erinnern. Berücksichtigt dabei M4 bis M6. (H)
3. In dem US-Bundesstaat Ohio gibt es einen internationalen Verkehrsflughafen mit dem Namen „Port Columbus", in Bayern den „Albrecht Dürer Airport Nürnberg". Beurteile die Namensgebung der beiden Flughäfen aufgrund deiner Beschäftigung mit dem Kapitel.

4 Wirtschaft und Handel – gestern und heute

Seit 1991 segeln auf der Nord- und Ostsee Nachbauten der Bremer Hansekogge aus dem 14. Jh. Sie wirken gegenüber den heutigen Containerschiffen, die bis zu 400 m lang sind und zigtausende Container aufnehmen können, winzig. Die Container des Mittelalters waren Fässer. Heute werden Großraumbehälter benutzt. Sie können mit Rohstoffen und Gütern aller Art in großen Mengen (z. B. 10 000 Jeans) beladen werden. Wie früher die Fässer können sie auf Schiffen, Zügen und Lastwagen überall hin transportiert werden. Ohne Containerschifffahrt ist der weltweite Handel heute nicht denkbar. Dabei hat der Welthandel im 15. Jh. mit Schiffen begonnen, die nicht viel größer waren als die „Ubena von Bremen".

1 *Recherchiere im Internet die Größe der gängigsten Container für die Schifffahrt. Vergleiche ihr Fassungsvermögen mit dem der Kogge (M1).*

M 1 Die „Ubena von Bremen" im Containerhafen
Foto aus Bremerhaven von Wolfhardt Scheer, 2014
Die „Ubena von Bremen" ist der Nachbau einer Kogge aus dem 14. Jh. Sie ist 23,3 m lang, 7,6 m breit, hat einen Laderaum von 160 m³ und kann 90 t (= 90 000 kg) aufnehmen.

4 Orientierung in Raum und Zeit

M 1 Bananenplantage in Indien
Foto von 2013
Bananen kommen ursprünglich aus Südostasien. Mitte des 16. Jhs. brachten Seefahrer sie nach Südamerika. In Deutschland konnte man Bananen erst Ende des 19. Jhs. kaufen. Heute essen die Deutschen rund 1,3 Millionen Tonnen Bananen pro Jahr. Die Früchte kommen zumeist per Schiff aus Ägypten, Costa Rica, Ecuador, Guatemala, Honduras, Kolumbien, Mexiko, Panama, Indien und Vietnam.

[1] Ralph Waldo Emerson (1803-1882), Philosoph und Dichter

Handel und Kontakte

„*Das Handwerk des Kaufmanns besteht darin, eine Ware von dort, wo sie reichlich vorhanden ist, dahin zu bringen, wo sie knapp und teuer ist.*"[1]

Die Menschen treiben Handel, seitdem sie in der Jungsteinzeit* sesshaft geworden sind. Er führte zu Begegnungen von Menschen unterschiedlichster Kulturen. Neben dem Handel trugen Eroberungen
5 und Kriege sowie Wanderungsbewegungen (Migration*) zu ständig neuen Kulturkontakten bei. Zugleich grenzten sich Völker voneinander ab. Genauer: Herrscher steckten ihre Macht- und Wirtschaftsbereiche ab. Den Handel zwischen den Völkern
10 behinderte das kaum. So trafen sich bereits in der **Antike** Römer und Germanen am **Limes**, um Rohstoffe und Produkte auszutauschen.
Im **Mittelalter** und zu Beginn der **Neuzeit** wurden die Städte Lübeck und Augsburg zu bedeutenden
15 Wirtschaftszentren. Von ihnen aus erstreckte sich ein beinahe weltweites Handelsnetz. Aber Vorreiter des Handels war nicht Europa. Schon viel früher besaß China eine bedeutende Wirtschaftskraft und Kultur. In Europa fand eine ähnliche Entwicklung
20 erst Jahrhunderte später statt. Sie wurde beeinflusst von Politik, Religion, Bildung, Erfindungen, Bevölkerungswachstum und anderen Faktoren.
Anna Klebensberger

Am Ende des Längsschnitts hast du den Zusammenhang zwischen Wirtschaft, Politik und Gesellschaft erkannt und bist in der Lage, folgende Fragen zu beantworten.
- *Welche Bedeutung hatte der obergermanisch-raetische Limes in der Antike?*
- *Inwiefern unterschieden sich die technischen und wirtschaftlichen Leistungen Chinas von Europa zur Zeit des europäischen Mittelalters?*
- *Wie schafften es die Hanse oder die Fugger, überregionale Wirtschaftsmächte zu werden und politischen Einfluss auszuüben?*
- *Welche wirtschaftlichen, sozialen und kulturellen Auswirkungen hatten Handelsbeziehungen zu unterschiedlichen Zeiten?*
- *Welche Gemeinsamkeiten und Unterschiede gibt es im europäischen und weltweiten Handel zwischen früher und heute?*

Antike
1000 v. Chr. 500 v. Chr. Christi Geburt

Orientierung in Raum und Zeit

12. bis 17. Jh.: Das Handelsnetz der Hanse prägt Wirtschaft und Politik nordeuropäischer Städte.

14. bis 17. Jh.: Die Fugger führen ein frühkapitalistisches Unternehmen und sind weltweit aktiv.

1. Jh.: Die Römer errichten den obergermanisch-raetischen Limes und führten Handel mit fremden Völkern.

8. bis 15. Jh.: China hat eine bedeutende Kultur und ist eine große Wirtschaftsmacht in Asien.

Anfang des 21. Jhs.: USA, Europa und China bestimmen die Weltwirtschaft.

M 2 Wirtschaft und Handel – gestern und heute

Exkursionstipp:
Das „Mercateum" in Königsbrunn bei Augsburg. Der Name „Mercateum" steht zum einen für das Thema Handel (von lat. *mercator* = Händler, Kaufmann) und zum anderen für den Kartografen Gerhard Mercator, der im 16. Jh. lebte.

M 3 Der Universalcontainer des Mittelalters
Holzschnitt von Jose Ammoan, 1585 (Ausschnitt)
Fast alles wurde im Mittelalter in Holzfässern transportiert, z. B. Tuche, Fische, Salz, Butter, Bier und Wein. Die Deckel der Fässer wurden mit den Hausmarken der Kaufleute markiert, denen der Inhalt gehörte.

1. Erläutere die Vorteile der „Universalcontainer" (M3).
2. Im Supermarkt können wir heute Produkte aus aller Welt kaufen. Informiert euch, wie Kakao, Kaffee, Pfeffer und manche Textilien in unseren Handel kommen.
3. Zu unterschiedlichen Zeiten gab es verschiedene Wirtschaftsmächte. Ordne die folgenden Grundlegenden Begriffe den Informationen der Karte (M2) zu: „Antike", „Imperium Romanum", „Mittelalter", „Neuzeit".
4. Wiederholt in der Klasse, was ihr bereits in den vorhergehenden Kapiteln über Wirtschaft und Handel gelernt habt. Notiert in Stichpunkten. Vergleicht in den nächsten Unterrichtsstunden, ob eure neuen Erkenntnisse die bekannten bestätigen oder ergänzen bzw. erweitern.

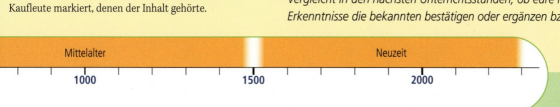

4 Wirtschaft und Handel – gestern und heute

Der Limes – eine unüberwindbare Grenze?

M 1 Der obergermanisch-raetische Limes im 2. Jh.
Der Limes erstreckte sich in Germanien auf über 550 Kilometer und wies über 900 Wachtürme und 60 Kastelle aus.

Kartentipp:
Zum Verlauf des Limes siehe 31062-26.

Medientipp:
Ein Video über den Limes findest du unter 31062-27.

M 2 Limesweg in Bayern
Hinweistafel, um 2017
Der Limeswanderweg führt auf rund 115 Kilometern von Gunzenhausen bis Bad Gögging.

INFO Wozu ist die Grenze da?

Noch heute werden Mauern, Sperranlagen und Stacheldrahtkonstruktionen errichtet, um sich vor Feinden, Kriminalität, Schmuggel und unerwünschter Migration* zu schützen. Wie war das in der **Antike** bei
5 den Römern, deren Imperium sehr groß war? Welche Funktionen hatten ihre Grenzen?

Überall, wo es keine natürlichen Grenzen wie Meere, Flüsse oder Berge gab, begrenzten die Römer ihr Imperium mit Wällen, Begrenzungspfählen oder
10 Mauern. Mit dem Bau von Grenzbefestigungen auf germanischem Gebiet begannen sie Ende des 1. Jhs. Seit dem 2. Jh. bauten sie diese weiter aus und nannten sie **Limes**. Hinter dem Limes errichteten sie militärische Befestigungsanlagen (*Kastelle*), in denen Sol-
15 daten stationiert waren.

Für die Römer hatte der Limes nicht nur eine militärische Bedeutung. Er trennte die gut verwalteten und wirtschaftlich erschlossenen **Provinzen** von den Siedlungsräumen fremder Völker: die „Zivilisation"
20 vom „Barbarentum". Über den Limes hinweg gab es aber einen lebhaften Handel. Dabei fanden vielfältige Kontakte über die Grenzen hinweg statt. Sie beeinflussten auch die **Romanisierung** der nicht unterworfenen Gebiete.

Anna Klebensberger

M 3 Grenzübergreifender Handel

In einem Jugendsachbuch schreibt der Historiker Peter Kolb:

In Friedenszeiten überschritten römische Händler regelmäßig die Grenze, um mit den Germanen Tauschhandel zu treiben. Gegen römische Waren und Silbermünzen tauschten sie von den Germa-
5 nen Vieh, Fleisch, Salz, Felle und Leder, Daunenfedern, Wollstoffe und Sklaven. Begehrt war auch blondes Frauenhaar, das die Römer zu Perücken verarbeiteten, und Bernstein, das versteinerte Harz von der Ostsee, für römischen Schmuck.
10 Einige römische Händler kamen auch zu weit entfernten Stämmen. Sie reisten meist mit der Zustimmung und unter dem Schutz germanischer Fürsten zu deren Handelsplätzen. […] Die Römer erlaubten sogar einzelnen germanischen
15 Stämmen, die römischen Wochenmärkte zu besuchen. So wissen wir, dass z. B. die Hermunduren, die mit den Römern freundliche Beziehungen unterhielten, freien Zugang zum Markt in Augsburg hatten.

Peter Kolb, Die Römer bei uns. Juniorkatalog und Sachbuch, München 2000, S. 190

Antike   Limes   Provinzen   Romanisierung

Der Limes – eine unüberwindbare Grenze?

M 5 Alltag am obergermanisch-raetischen Limes
Zeichnung von Bodo Müller, 2018

M 4 Zweck der römischen Grenzeinrichtung
Der Historiker und Archäologe Egon Schallmayer macht auf Folgendes aufmerksam:

Bei der Errichtung dieses aufwändigen Palisadenwerkes ist nicht allein von militärischen Gründen, wie von der älteren Forschung betont, auszugehen. Zweck der neuen Grenzeinrichtung war
5 es vielmehr, neben der Abwehr kleinerer Einfälle in Form von Raubzügen oder illegalen Grenzübertritten, den Grenzverkehr auf einzelne, besonders überwachte Durchgänge zu lenken. Dies hatte naturgemäß nichts mit rein militärischen
10 Optionen zu tun, sondern verweist besonders auf den bevölkerungs- und wirtschaftspolitischen Hintergrund der Maßnahme. Nach Einrichtung der Provinz war es notwendig, den gerade im Entstehen begriffenen Wirtschaftsraum des Limes-
15 hinterlandes durch eine systematisierte Ein- und Ausfuhrkontrolle zu schützen.

An den Außengrenzen des Reiches wurden schon vor 1900 Jahren ein- und ausgeführte Waren mit Zoll (*portorium, vectigal*) bis zu einer Höhe von 25
20 Prozent belegt, um das Preisgefüge innerhalb der Provinz und damit die Wirtschaftlichkeit der einzelnen Produktionseinheiten, d. h. der Handwerks- und Industriebetriebe in den Siedlungen (*vici*), den Landgütern und Bauernhöfen (*villae*
25 *rusticae*) zu erhalten. Dies mag sich sogar auf zuwandernde, billige Arbeitskräfte bezogen haben, die das Lohngefüge durcheinanderzubringen drohten.

Egon Schallmayer, Der Limes. Geschichte einer Grenze, München ³2011, S. 92

---

1. Nennt Ländergrenzen, die ihr bereits überquert habt. Waren eure Erfahrungen an jeder Grenze gleich?
2. Wertet in Partnerarbeit die Karte M1 aus. Fasst die Informationen zusammen. (H)
3. Stelle in einer Tabelle gegenüber: Welche Güter wurden über den Limes hinweg in das Imperium eingeführt, welche von dort ausgeführt (M3 und M5)?
4. Fasse die Funktionen des obergermanisch-raetischen Limes damals und heute zusammen. Berücksichtige dabei INFO, M2 bis M5.
5. Diskutiert Unterschiede und Gemeinsamkeiten heutiger Grenzen mit dem Limes.

4 Wirtschaft und Handel – gestern und heute

Kulturkontakte am Limes

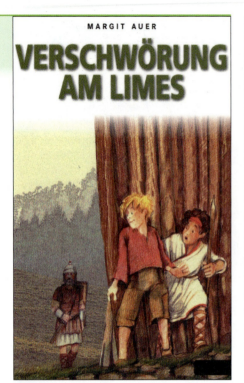

M 1 „Verschwörung am Limes" Cover von 2016

Schritt für Schritt:
Jugendbücher untersuchen

In historischen Romanen wird „Geschichte erzählt". Die Handlungen und Personen sind in der Regel frei erfunden. Insofern sind die Geschichten keine Quellen*. Die Schriftstellerinnen und Schriftsteller bemühen sich aber, die Zeitumstände sowie die handelnden Personen glaubhaft zu gestalten. Ihre historischen Aussagen sind aber trotzdem immer zu prüfen. Beim Umgang mit einem Roman oder Ausschnitten daraus, helfen dir Antworten auf folgende Fragen:
- Wovon handelt die Geschichte? Welche Ereignisse sind besonders wichtig?
- Welche Personen stehen im Mittelpunkt? Stehen sie für eine bestimmte Gruppe oder Schicht?
- Vertreten die handelnden Personen bestimmte Vorstellungen oder Weltanschauungen?
- Wie verhalten sich die Personen?
- Wie verknüpft die Autorin / der Autor die Handlung mit den historischen Umständen und Ereignissen? Basiert die Handlung auf bestimmten Quellen?
- Gelingt es der Autorin/dem Autor, ein anschauliches und glaubhaftes Bild der Zeit zu vermitteln?

M 2 An der römisch-germanischen Grenze

Die Schriftstellerin Margit Auer hat 2010 das Jugendbuch „Verschwörung am Limes" veröffentlicht. Es spielt im Jahr 133. Magnus, der Sohn eines römischen Legionärs, lernt den Germanenjungen Finn am Limes zwischen Raetien und Germanien kennen.

Magnus saß auf der kleinen Mauer vor dem Lagerdorf und schnitzte an einem Haselnussstock. Das Kastell hatte er gut im Blick. [...] Er beobachtete, wie die Germanen mit ihren Ochsenge-
5 spannen vorfuhren und warteten, bis sie von den Wachmännern durchgewunken wurden.
Was hatten sie nicht alles geladen: Holzstämme, Bündel mit Leder, Fässer, Körbe, Säcke. Den Inhalt der Gefäße konnte Magnus nicht erkennen,
10 aber von seinem Vater wusste er, dass ohne die regelmäßigen Lieferungen der Germanen die Versorgung der fünfhundert Soldaten im Kastell nicht denkbar wäre. Auch wenn die Handelswege gut funktionierten, so fehlte es doch an frischen
15 Nahrungsmitteln. Olivenöl, Wein, das konnte man über die Flüsse anliefern. Wenn man aber frische Forellen oder junges Gemüse wollte, dann hielt man sich besser an das Angebot der Germanen, auch wenn diese von den Römern gern als
20 „Barbaren" verspottet wurden. [...]
Am nächsten Markttag in Vetoniana[1] versteckte sich Magnus wieder hinter der Eidechsenmauer. [...] Bald kamen die ersten Händler an. Ihre Karren waren kaum beladen. Ein Fuhrwerk brachte
25 Heu, ein anderes hatte Leder dabei. Auch ein Bernsteinhändler reihte sich ein. Magnus hatte den Mann noch nie gesehen. [...] Vor dem Westtor sammelten sich in einer langen Reihe immer mehr Händler. Manche [...] kamen mit voller La-
30 dung vorgefahren, andere hatten ihren Wagen nur halb beladen. Ein Händler zeigte germanisches Frauenhaar herum, es sah aus wie ein dicker Pferdeschwanz. Reiche Römerinnen liebten Perücken aus germanischem Frauenhaar, das
35 wusste Magnus von Patricia, Mutters Freundin.

Margit Auer, Verschwörung am Limes. Oberbayern-Krimi für Kinder, Köln akt. Neuausgabe 2016, S. 29 f. und 89 f.

[1] **Vetoniana**: Pfünz (Landkreis Eichstätt)

Limes   Provinzen

Kulturkontakte am Limes

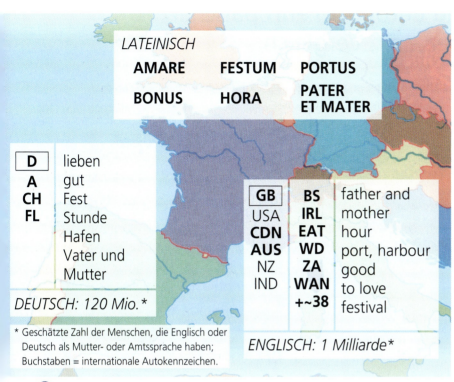

M 3 Latein jenseits des Limes
Die romanischen Sprachen Italienisch, Spanisch, Portugiesisch, Französisch und Rumänisch haben sich direkt aus dem Lateinischen entwickelt. Im Englischen, das heute in der ganzen Welt verstanden wird, gehen weit mehr als die Hälfte aller Wörter auf das Lateinische zurück.

M 4 Finn lernt Latein
Margit Auer erzählt in ihrem Jugendbuch (siehe M2):

Kaum war Finn wieder zu Hause in seinem Germanendorf, beschloss er, Latein zu lernen. Wen auch immer er traf, löcherte er mit Fragen. [...] Jeder
5 Dorfbewohner konnte ein paar Brocken, schließlich waren die römischen Soldaten schon seit über dreißig Jahren in der Gegend. Fast jeder der Dorfbewohner hatte schon einmal mit den
10 römischen Nachbarn zu tun gehabt. Finns Mutter Kristin gab ihrem Mann zum Beispiel immer Gemüse aus ihrem Garten mit, damit er es im Kastell verkaufen sollte. Daher kannte er die
15 Wörter für Zwiebel, Linsen und Bohnen. Nachbar Henrik lieferte regelmäßig Fische über die Grenze und wusste Worte wie *aqua* für „Wasser" und *salmo* für „Forelle". [...]
20 Finns Vater Urs Armin fuhr häufig über die Grenze, als erfahrener Geschäftsmann brachte er problemlos Sätze zusammen wie „Natürlich ist mein Gemüse frisch" oder „Nächste
25 Woche bringe ich zwölf Hühnchen mit". [...]

Margit Auer, Verschwörung am Limes, a. a. O., S. 28

INFO Latein – die Sprache Europas
Die Römer brachten ihre Schrift und Sprache in die eroberten Gebiete. Das Lateinische (benannt nach Latium, der Landschaft um Rom) diente auch in ihren **Provinzen** der Verwaltung, der Rechtspre-
5 chung und dem Handel. Es verbreitete sich auch über den **Limes** hinweg. Dazu trug die Ausbreitung des Christentums* bei. Latein wurde zur Grundlage der römisch-griechisch geprägten Kultur (Recht, Religion, Literatur und Philosophie) in
10 West- und Mitteleuropa. Deshalb haben alle heute in Europa und der Welt gesprochenen romanischen Sprachen ihre Wurzeln im Lateinischen. Gut die Hälfte aller Menschen schreiben heute mit lateinischen Buchstaben.

Anna Klebensberger

① Ordne die Handlung (M2) in eine Epoche der römischen Geschichte ein.

② Beurteilt in Partnerarbeit mithilfe der Methode „Schritt für Schritt" (S. 100), ob M2 und M4 die Zeitumstände und die Handlung glaubhaft darstellen. Welche Aussagen sprechen dafür und welche dagegen? Berücksichtigt dazu S. 98-99, M3 und INFO.

③ Arbeite heraus, welche Art von Kontakten zwischen den Völkern in dem Jugendbuch dargestellt werden (M2 und M4).

④ Die in den Kästen angegebenen Wörter (M3) bedeuten dasselbe. Du musst sie erst richtig sortieren, dann siehst du, wie ähnlich sich die Sprachen sind. Erläutere diese Ähnlichkeit.

⑤ Diskutiert, welche Auswirkungen der Kulturkontakt am Limes hatte. Verwendet dabei auch die Begriffe „Limes", „Provinzen" und „Romanisierung".

1. Jh. n. Chr.: Bau des Limes beginnt	117 n. Chr.: größte Ausdehnung des Römischen Reiches	212 n. Chr.: Die nichtrömischen Einwohner der Provinzen erhalten das römische Bürgerrecht	380 n. Chr.: Christentum wird Staatsreligion	

Kaiserreich

100 v. Chr. — Christi Geburt — 100 — 200 — 300 — 400 — 500

4 Wirtschaft und Handel – gestern und heute

China und Europa im europäischen Mittelalter – ein Vergleich

INFO **Das Mittelalter in China und Europa**

Epochenbezeichnungen wie **Antike** oder **Mittelalter** sind Übereinkünfte von Historikerinnen und Historikern. Als europäisches Mittelalter gilt die Zeit zwischen 500 und 1500. Diese Epoche wird
5 von der **Neuzeit** abgelöst. Die chinesische Geschichte wird anders eingeteilt: Im „Reich der Mitte", so nannten die Chinesen ihr Land seit jeher, beginnt das Mittelalter im 1. Jh. und endet im 8. Jh. Abgesehen davon: Die chinesische Geschich-
10 te wird bis ins 20. Jh. hinein in der Regel nach Kaiserfamilien (*Dynastien*) benannt. Die Kaiser der *Tang-Dynastie* herrschten beispielsweise von Anfang des 7. bis zum 10. Jh.

Anna Klebensberger

M 1 China und Europa im Vergleich

Der amerikanische Historiker Eric Mielants schreibt 2002 in einem Aufsatz über die Leistungen Chinas und Europas während der Zeit des europäischen Mittelalters:

Im Mittelalter war China wahrscheinlich die wirtschaftlich, politisch und militärisch am weitesten entwickelte aller Regionen. Um 1100 hatte es eine Bevölkerung von fast 100 Millionen, die Wirt-
5 schaft war auf einem hohen Niveau der Monetisierung[1] [...], die größten Städte fassten bis zu einer Million Einwohner. [...] Der wirtschaftliche Fortschritt des mittelalterlichen China überstrahlte alles in Europa. Militärisch gesprochen
10 war der Kaiser von China der oberste Lehnsherr der gesamten eurasischen Landmasse: Im 12. Jahrhundert n. Chr. war es für ihn ein Leichtes, ungefähr eine Million Soldaten zu mobilisieren [...].
15 Hätte ein Besucher aus dem All das mittelalterliche China mit dem mittelalterlichen Europa verglichen, hätte er bezüglich des wirtschaftlichen, militärischen und technischen Fortschritts auf China gesetzt [...].

Eric Mielants, Europe and China Compared, in: Review of the Fernand Braudel Center, Vol. 25 (4), Herbst 2002, S. 401-449, hier S. 401 (übersetzt von Anna Klebensberger)

Medientipps:
Infos über die wichtigsten chinesischen Erfindungen siehe **31062-28**.

[1] **Monetisierung**: Gemeint sind hier u. a. die Verwendung von Papiergeld, die Vergabe von Handelskrediten etc.

[2] **Chang'an** soll im 7./8. Jh. über 1 Mio. Einwohner gehabt haben. Im 14. Jh. bekam die Stadt ihren heutigen Namen Xi'an.

M 2 Großstädte in China und Europa

Einwohner Schätzungen	um 1000	um 1500
Chang'an[2]	500 000 (9. Jh.)	
Peking	?	670 000
Konstantinopel/Istanbul	430 000	550 000
Paris	20 000	300 000
Venedig	... unter 80 000	200 000
Köln	unter 20 000	45 000
Augsburg	?	30 000
Lübeck	–	25 000

Nach: https://de.wikipedia.org/wiki/Liste_der_gr%C3%B6%C3%9Ften_St%C3%A4dte_der_Welt_(historisch) (Zugriff: 17.07.2018) und weitere Internetrecherchen

M 3 Wo wurde das erfunden?

	China	Europa
Porzellan	6./7. Jh.	1708
See-Kompass	seit dem 10. Jh. gebräuchlich	um 1180
Schießpulver	9./11. Jh.	1285
Papier	1.-2. Jh.	12. Jh.
Buchdruck mit Holztafeln	8. Jh.	um 1375
Buchdruck mit beweglichen Lettern	11. Jh.	1450[1]

Nach: Jacques Gernet, Die chinesische Welt. Die Geschichte Chinas von den Anfängen bis zur Jetztzeit, Frankfurt a. M. 1979, S. 322 (ergänzt und überarbeitet)

[1] Siehe S. 76 f.

① *Nenne mögliche Gründe, warum die Chinesen ihr Land seit jeher „Reich der Mitte" nannten (INFO und M1).*

② *Vergleiche die Stadtentwicklung sowie die technische Entwicklung Chinas mit den Entwicklungen in Europa (M2 und M3).*

③ *Beschreibe die Anlage der Städte und nenne mögliche Gründe dafür (M5 und M6).*

Antike   Bürger   Mittelalter   Neuzeit   Stadtrecht

China und Europa im europäischen Mittelalter – ein Vergleich

M 4 Über Chang'an

Die Kaiserstadt Chang'an (das heutige Xi'an) ist im 7./8. Jh. die größte Stadt der Welt, Mittelpunkt internationaler Handelswege und Vorbild für andere Städtegründungen gewesen. Der Historiker Ewald Frie schreibt über sie:

Chang'an war eine Planstadt. Alle wirklich großen chinesischen Städte vor dem 19. Jahrhundert waren Herrschafts- und Verwaltungszentren. Im Mittelpunkt stand kein Forum und keine Kirche, sondern ein Palast. […] Das exakt rechteckige Straßennetz teilte die Stadt in 108 Quartiere […]. Die Hauptstadt unterschied sich vom Land nicht durch ein höheres Maß an Freiheit, sondern durch ein höheres Maß an Sicherheit, Ordnung und Kontrolle. Stadtbewohner waren keine Bürger, die sich selbst verwalteten, sondern Untertanen, die in Schach gehalten wurden. Jedes städtische Quartier war eigenständig ummauert und mit vier Toren versehen, an denen die beiden quartiererschließenden Straßen endeten. Jeden Abend kündigte ein Trommelwirbel die baldige Schließung der Tore an, jeden Morgen gab ein Trommelwirbel das Signal für die Öffnung. […] Fast in allen Quartieren der Stadt befanden sich religiöse Gebäude. […] Einkaufen sollten die Bewohner Chang'ans […] in zwei ummauerten und daher leicht zu kontrollierenden Quartieren, dem westlichen und östlichen Markt. […] Das Angebot der Händler war bunt. Viele chinesische Bauern hatten sich spezialisiert und produzierten gezielt für die Märkte der großen Städte. […] Die Reichen versuchten ihre Freunde und Konkurrenten mit Fernhandelswaren zu beeindrucken: Schmuck, Musikinstrumente, Textilien. Chinesische Handwerker erlernten ausländische Arbeitstechniken, produzierten eingeführte Gold-, Silber und Glaswaren, Keramiken und Möbel selbst oder entwickelten sie weiter.

Ewald Frie, Die Geschichte der Welt, München 2017, S. 122–127 (Auszüge)

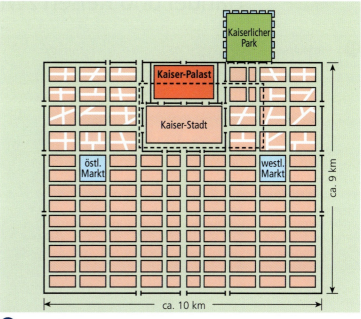

M 5 Chang'an, um 800

Chang'an entstand Anfang des 3. Jhs. v. Chr., wurde Sitz des Kaisers von China und war im 8. Jh. die größte Stadt der Welt. Die Einwohner waren Untertanen des Kaisers ohne das Recht, die Stadt mitzuverwalten. Von Chang'an nahm die alte Seidenstraße ihren Ausgang (siehe S. 104).

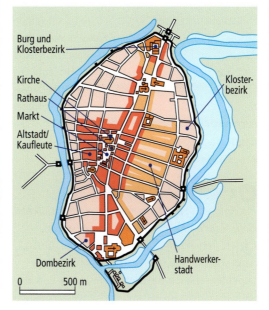

M 6 Lübeck, um 1200

Lübeck wurde im 12. Jh. gegründet und erhielt 1160 das **Stadtrecht**. Anfangs verwaltete ein Bischof im Auftrag des Herzogs von Sachsen die Stadt. Bürger drängten seinen Einfluss immer weiter zurück und verwalteten die Stadt bald selbst. 1226, die Stadt zählte etwa 6000 Einwohner, wurde Lübeck Reichsstadt und unterstand nur noch dem Kaiser*. Im 14. Jh. entwickelte sich die Stadt zum Sitz der Hanse (siehe S. 109, M5).

---

4 Erkläre die Funktion der beiden Städte. Berücksichtige dabei Herrschaft, Stadtrecht und Wirtschaft (M4 bis M6). (H)

5 Erläutere die Einschätzung des Historikers, „ein Besucher aus dem All […] hätte bezüglich des wirtschaftlichen, militärischen und technischen Fortschritts auf China gesetzt" (M1, Z. 15ff.).

4 Wirtschaft und Handel – gestern und heute

Handel und Reisen zwischen China und Europa

M 1 Die Seidenstraße

Die Handelsrouten, die den Mittelmeerraum seit der **Antike** auf dem Landweg über Zentralasien mit Ostasien verbanden, wurden seit Ende des 19. Jhs. als „Seidenstraße" bezeichnet. Neben dieser „Seidenstraße" gab es im **Mittelalter** noch weitere Land- und Seewege zwischen Asien, Afrika und Europa.

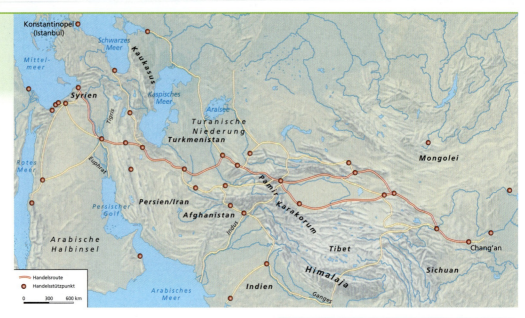

INFO 1 Chinas Wirtschaftsaufschwung

In China kam 960 der erste Kaiser der *Song-Dynastie* an die Macht. Ein Zeitalter des wirtschaftlichen Aufschwungs begann. Die Kaiser ließen eine große Flotte bauen, in deren Schutz Schiffe bis nach Indien und Arabien fuhren. Die Chinesen verkauften Porzellan und Seide und kauften Gewürze, Pferde und Edelsteine. Papiergeld kam in Umlauf. Die Song-Dynastie wurde 1279 durch die *Yuan-Dynastie* der Mongolen abgelöst. Unter ihrem Anführer *Dschingis Kahn* („Weltherrscher") entstand in Asien das größte Reich der Weltgeschichte.

Anna Klebensberger

M 2 Reisepläne

Ein Kaufmann aus Kais, einer Insel im Persischen Golf, plant im 13. Jh. folgende Handelsreise:

Ich will persischen Schwefel nach China führen, denn wie ich höre, steht er dort hoch im Preis; außerdem will ich von dort chinesisches Porzellan nach Griechenland, von dort griechisches Seidenzeug nach Indien, von dort indischen Stahl nach Aleppo, von dort aleppinische Glaswaren nach Jemen und schließlich gestreifte Stoffe aus Jemen nach Persien verhandeln.

Muslih ad-Din Sa'di, Der Rosengarten, hrsg. von Dieter Bellmann, München ³1998, S. 163

M 3 Ibn Battuta berichtet aus China

Der muslimische Reisende Ibn Battuta verfasst im 14. Jh. einen Reisebericht für den Sultan von Marokko; über China schreibt er:

In China wächst eine Art von Zuckerrohr, welches das ägyptische in der Qualität übertrifft. Alle Früchte, die es bei uns gibt, finden sich auch in China, und dies in größerer Menge und zu günstigeren Preisen. Nirgendwo habe ich besseren Weizen gesehen als in China, gleiches gilt für Linsen und Erbsen. Das chinesische Porzellan wird nur in den Städten Zaitun und Sin Kilan hergestellt. Dazu dient Tonerde der umliegenden Berge, die wie Kohle gebrannt wird. […] Seide ist bei ihnen sehr häufig zu finden […]. Sogar die Kleidung der Armen in diesem Lande ist aus Seide. Wenn es die auswärtigen Händler nicht gäbe, hätte sie dort keinen Wert. Ein Stück Baumwolle wird für viele Stücke Seide verkauft. […] Ihre Geschäfte wickeln die Chinesen mit Papiergeld ab […]. Jeder Geldschein hat die Größe einer Handfläche und trägt den Stempel des Herrschers.

Ibn Battuta, Die Wunder des Morgenlandes. Reisen durch Afrika und Asien. Übertragen von Ralf Elger, München 2010, S. 150 f. (vereinfacht)

Antike   Kreuzzug   Mittelalter

Handel und Reisen zwischen China und Europa

INFO 2 Handel und Kulturkontakte

Kaufleute zogen seit der **Antike** entlang der Seidenstraße, um Waren zu kaufen und zu verkaufen. Nach den **Kreuzzügen** nahm der venezianische und genuesische Fernhandel über diese Route zu. Seit der Mongolenzeit zogen auch Gesandte des Papstes und der europäischen Herrscher nach China. Reisende wie der venezianische Kaufmannssohn *Marco Polo* berichteten über ihre Erlebnisse. Händler brachten neben Waren auch chinesisches Wissen nach Arabien und Europa, z. B. wie Papier hergestellt wurde und wie der Kompass funktionierte.

Klaus Dieter Hein-Mooren

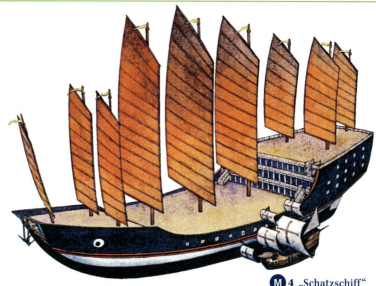

M 4 „Schatzschiff" des Zheng He, um 1400
Rekonstruktionsversuch
Die Flotte Zheng Hes soll aus etwa 300 Schiffen mit 30 000 Mann bestanden haben, darunter 60 „Schatzschiffe" mit einer Länge von bis zu 120 m und einer Breite von bis zu 50 m.
Siehe zum Vergleich das Flaggschiff des „Entdeckungsreisenden" Kolumbus, S. 80, M1.

INFO 3 Weder entdecken noch erobern

Nach dem Zerfall der mongolischen Herrschaft war die Bereitschaft der Chinesen gering, sich mit fremden Kulturen zu beschäftigen. Doch Anfang des 15. Jhs. wurde im Auftrag des Kaisers eine große Überseeflotte gebaut, mit der Admiral *Zheng He* zwischen 1405 und 1433 sieben Fernreisen unternahm. Sie brachten ihn und seine Soldaten bis an die Ostküste Afrikas. Auf der Hinreise waren die Frachträume der „Schatzschiffe" voll beladen. Die Waren wurden gegen Gewürze, Edelsteine, Stoffe, Pferde und andere Kostbarkeiten eingetauscht. Auf diesen Reisen kamen arabische und afrikanische Gesandte an Bord. Sie erkannten die Vormacht des Kaisers von China an und zahlten Steuern (*Tribute*). Anders als die Europäer suchten die Chinesen weder neue Seewege und Erdteile, noch wollten sie ihren Glauben verbreiten. Schon nach drei Jahrzehnten wurden die Fernreisen aber eingestellt. Ein neuer Kaiser sah keinen Nutzen in ihnen. Er ließ die Schiffe abwracken und verbot den Handel mit dem Ausland.

Klaus Dieter Hein-Mooren

M 5 Bitte keine Expeditionen
Der Kaiser von China erhält 1426 folgenden schriftlichen Rat:

Wir hoffen, dass Eure Majestät sich nicht zu kriegerischen Plänen und zu Ruhmgewinn durch Expeditionen in ferne Länder herbeilassen wird. Geben Sie die sterilen fremden Länder auf und schenken Sie dem Volk eine Periode der Ruhe, damit es sich dem Ackerbau und den Studien widmen kann. Dann wird es keinen Krieg und keine Leiden an den Grenzen geben und keine Klagen in den Dörfern: Die Befehlshaber werden nicht nach Ruhm streben und die Soldaten ihr Leben nicht fern von ihrer Heimat opfern müssen; ferne Völker werden sich freiwillig unterwerfen und entfernte Länder werden unter unseren Einfluss kommen und die Dynastie wird zehntausend Generationen währen.

Zitiert nach: Wolfgang Reinhard, Die Unterwerfung der Welt, München 2016, S. 57 f. (vereinfacht)

Lesetipp:
Anke Dörrzapf/Claudia Lieb, Die wunderbaren Reisen des Marco Polo, Hildesheim 2009

---

① Nenne mithilfe der Karte hinten im Buch einige Staaten, durch die die alte „Seidenstraße" (M1) führte.

② Stelle in einer Tabelle die Güter zusammen, mit denen China Handel trieb (INFO 1, M2 und M3).

③ Erkläre die kulturelle Bedeutung des Handels von und nach Fernost (INFO 2).

④ Vergleiche das chinesische „Schatzschiff" (M4) mit einer europäischen Kogge (siehe S. 94, M1). Was sagt dieser Vergleich über Technik und Handel um 1400 aus?

⑤ „Die Geschichte Europas und der Welt wäre anderes verlaufen, wenn China sich im 15. Jh. dem Westen zugewandt hätte." Nimm Stellung zu dieser Aussage (INFO 3 und M5). (H)

4 Wirtschaft und Handel – gestern und heute

Welthandel gestern und heute

M 1 Anteile der Weltregionen am gesamten Bruttoinlandsprodukt (BIP)[1] der Welt

	1500	2000
Schätzungen (in Prozent)		
Europa	23,89	20,55
Nordamerika	0,36	5,47
Mittel- und Südamerika	2,94	23,8
Asien	64,96	37,33
Afrika	7,77	3,2
Australien und Neuseeland	0,09	1,3

Nach: https://de.statista.com/statistik/daten/studie/252740/umfrage/anteile-der-weltregionen-am-bip-der-welt-vom-jahr-1500-bis-heute (Zugriff: 12.08.2018, vereinfacht)

[1] **Bruttoinlandsprodukt:** Wert aller Waren und Dienstleistungen eines Jahres

M 3 Der „Fall des Ostens" und der „Aufstieg des Westens"

Der Wirtschaftshistoriker Christian Kleinschmidt über den Wandel:

Eine tief greifende Wirtschaftskrise Mitte des 15. Jhs. zwang China zu einem Abbau der Schiffskapazitäten und führte zu einem Niedergang der Handelsflotte – mit den entsprechenden Folgen
5 für die [...] Handelstätigkeit. [...] Durch den Rückzug der größten Wirtschaftsmacht der Welt entstand so ein Machtvakuum[1] im Indischen Ozean, in das zunächst die Portugiesen, dann die Holländer und schließlich die Engländer und
10 Franzosen eindrangen. Der „Fall des Ostens" ging somit dem „Aufstieg des Westens" voraus.

Christian Kleinschmidt, Wirtschaftsgeschichte der Neuzeit. Die Weltwirtschaft 1500 - 1850, München 2017, S. 16 f.

[1] **Machtvakuum:** herrschaftsfreier Raum

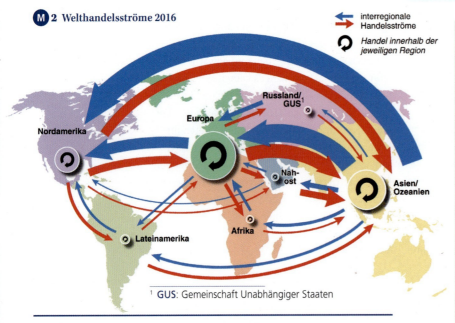

M 2 Welthandelsströme 2016

→ interregionale Handelsströme
↻ Handel innerhalb der jeweiligen Region

Nordamerika · Europa · Russland/GUS[1] · Nahost · Asien/Ozeanien · Lateinamerika · Afrika

[1] **GUS:** Gemeinschaft Unabhängiger Staaten

Schritt für Schritt: Statistiken untersuchen

Statistiken zeigen Zustände oder Entwicklungen auf. Bei der Auswertung gilt zu beachten, dass bis ins 20. Jh. Statistiken auf Schätzungen beruhen, da bis dahin Daten nicht systematisch gesammelt wurden. Zur Veranschaulichung werden statistische Daten als Tabellen oder als Diagramme dargestellt. Um Statistiken zu verstehen und Veränderungen zu erkennen, gilt es, folgenden Fragen nachzugehen:

- Was ist das Thema der Statistik?
- Welcher geografische Raum wird erfasst?
- Auf welche Zeiträume bezieht sich die Statistik?
- Wird ein Zustand oder eine Entwicklung (Anstieg, Rückgang etc.) dargestellt?
- Welche Aussageabsicht hat die Statistik?

① Untersucht die Statistik (M1) mithilfe der Methode „Schritt für Schritt".
② Der Wert der Waren, die 2016 von Asien nach Europa gingen, betrug 847 Milliarden US-Dollar. Im Gegenzug gingen von Europa nach Asien Waren im Wert von 654 Milliarden US-Dollar. Erkläre, wie die Grafik (M2) den Unterschied verdeutlicht.
③ Erläutere mithilfe von M3 die Gründe für den Wandel der Weltwirtschaft.

Eine neue Seidenstraße*

M 1 Die „Neue Seidenstraße"

M 2 „One Belt, One Road"

Der Journalist Christian Schütte schreibt am 6. April 2018 über die Initiative:

Die neue Seidenstraße macht den Weg frei für die ökonomische[1] Supermacht China. [...] Die ersten Abschnitte sind bereits fertig. Gigantische neue Trassen[2] sollen China mit der Welt verbinden.
5 Während US-Präsident Donald Trump über Strafzölle und Abschottung redet, investiert Xi Jinping Milliardensummen in neue Handelsrouten und Verkehrswege, die das Riesenreich mit dem Rest der Welt verbinden sollen.
10 Im chinesischen Chongqing zum Beispiel beginnt eine mehr als 11 000 Kilometer lange Bahnverbindung, die bis zum deutschen Logistikzentrum Duisburg führt. [...] Ein eurasischer Landgürtel (Belt) und ein maritimes Straßennetz (Road) sol-
15 len Europa und Asien noch enger verbinden. Die [Initiative] umfasst bereits fast 70 Länder. [...] Während Trump mit einem Handelskrieg droht, legt China die Grundlagen für den Handel von morgen.

Zitiert nach: Christian Schütte, manager-magazin.de, 06.04.2018, www.manager-magazin.de/politik/weltwirtschaft/neue-seidenstrasse-chinas-handelsweg-von-ostchina-nach-westeuropa-a-1201605.html (Zugriff: 10. 05. 2018)

INFO Chinas Seidenstraßeninitiative

Im Herbst 2013 kündigte der chinesische Staatschef *Xi Jinping* eine „Seidenstraßeninitiative" an. Sie soll die Wirtschaftsräume Asiens und Europas enger verbinden und den Handel fördern. Neben
5 der Errichtung von Straßen, Häfen und Bahnstrecken sind dafür Energie- und Telekommunikationsnetze vorgesehen. Zugleich sollen Handelshindernisse zwischen allen Staaten abgebaut werden, die im Bereich der alten Seidenstraße liegen. In Europa
10 verfolgt man das Projekt besonders aufmerksam, nachdem 2016 eine volkseigene chinesische Reederei die Anteilsmehrheit am Hafen von Piräus (Griechenland) erworben hat.

Klaus Dieter Hein-Mooren

[1] Ökonomie: Wirtschaft
[2] Trassen: Dämme, auf denen Gleise oder Straßen verlaufen

Lesetipp:
Peter Frankopan, Die Seidenstraßen. Eine Weltgeschichte für Kinder, Reinbek 2018

* Das Kapitel ist nicht verbindlich.

---

1. Begründe das Interesse Chinas und Europas an der „Neuen Seidenstraße" (INFO und M1).
2. Arbeite die Meinung des Journalisten über das Projekt heraus (INFO und M2).
3. Informiere dich im Internet über die aktuelle Haltung des Bundeswirtschaftsministeriums zur „Neuen Seidenstraße". Verfasse einen Bericht darüber.
4. Diskutiert in der Klasse hinsichtlich der Seidenstraßeninitiative über das Pro und Kontra, an unseren Gymnasien Chinesisch zu lernen.

4 Wirtschaft und Handel – gestern und heute

Die Hanse – ein Handelsimperium*

M 1 Wirtschaftsraum der Hanse

[1] **Hanse**: Das Wort stammt vom althochdeutschen „hansa" ab und bedeutet „bewaffnete Schar".

[2] **Kogge**: Siehe S. 94/95, M1.

[3] **Kontore**: Niederlassungen der Hanse im Ausland mit eigener Rechtsprechung

[4] Siehe S. 84 f. und S. 88 f.

* *Wahlthema*

INFO Was ist die Hanse?

Die Hanse[1] war zunächst ein Zusammenschluss norddeutscher Kaufleute, die sich im **Mittelalter** zum Schutz und Ausbau ihres Handels vereinigt hatten. Die Gemeinschaft ließ Koggen[2] bauen, richtete Kontore[3] ein und schloss Handelsverträge mit Städten und Staaten ab. Mitte des 14. Jhs. war aus der Hanse der norddeutschen Kaufleute eine internationale Hanse der Städte geworden.

Die Vertreter der Hansestädte trafen sich seit 1356 in Lübeck zu Hansetagen, um sich auszutauschen und abzusprechen. Gemeinsam gingen sie gegen Konkurrenten und Seeräuber vor, mischten sich in das **Stadtrecht** ihrer Partnerstädte ein, sicherten sich Vorrechte in fremden Ländern und führten wenn notwendig Kriege, um ihre Interessen durchzusetzen. Auf dem Höhepunkt ihrer Macht gehörten der Hanse etwa 200 Städte an.

Viele Hansekaufleute kamen zu Reichtum. Sie waren angesehene und einflussreiche **Bürger** (*Patrizier*), die nicht nur Wirtschaft und Politik, sondern auch Architektur und Kultur der Hansestädte prägten. Zu Beginn der **Neuzeit** änderte sich der Handel durch die europäische Expansion[4]. Die Konkurrenz aus Holland, England und Süddeutschland wurde stärker und die Hanse verlor in zahlreichen Ländern ihre Vorrechte. 1669 tagte die Hanse ein letztes Mal, danach löste sie sich allmählich auf.

Anna Klebensberger

Bürger   Mittelalter   Stadtrecht   Neuzeit

Die Hanse – ein Handelsimperium*

M 2 Hansestadt Gdańsk
Foto von 2014
Danzig (heute Gdańsk in Polen) nahm seit 1361 an den Hansetagen teil und war die führende Hansestadt Preußens. Im Hintergrund das Stadt- und Krantor aus dem 14./15. Jh.

M 3 Die Konkurrenz der Nürnberger
1399 schreiben die preußischen Hanse-Städte an die Stadt Nürnberg:
Liebe Freunde. Wir lassen Eure Ehren wissen, dass einige Eurer Mitbürger dieses Jahr Kupfer und andere Handelsware zur See nach Flandern gesandt haben, was doch früher nie geschehen
5 und ungewöhnlich ist. Deshalb, liebe Freunde, warnen wir Euch und die Euren in aller Freundschaft und bitten Euch, dass Ihr es den Euren untersagt und verbietet, dies weiterhin zu tun, da wir Sorge haben – wenn solches weiterhin ge-
10 schähe –, dass Ihr und die Euren dadurch Schaden haben würdet, was uns doch sehr leid täte.
Zitiert nach: Philippe Dollinger, Die Hanse. Neu bearbeitet von Volker Henn und Nils Jörn, Stuttgart ⁶2012, S. 564 f.

M 4 Warum scheiterte die Hanse?
Der Autor Gregor Delvaux de Fenffe über das Ende der Hanse:
Den zunehmend komplexer gewordenen politischen und wirtschaftlichen Gegebenheiten des 15. Jahrhunderts fiel bald die hansische Solidarität zum Opfer, da es immer schwieriger wurde,
5 einheitliche Entscheidungen zu treffen. Die Hanse sprach immer weniger mit einer Stimme. Während sich gegen Ende des 15. Jahrhunderts der internationale Handel neue Märkte in Übersee

M 5 Hansestadt Lübeck
Foto von 2013
Noch heute kann man in Lübeck die Backsteinarchitektur aus der Zeit der Hanse erkennen. Hier ein Blick über die Obertrave auf die Altstadt mit St. Petri Kirche (vorne) und St. Marien dahinter. Seit 1987 ist die Altstadt Lübecks Welterbe. Zu den Anfängen Lübecks siehe hier S. 103, M6.

erschloss, erstarrte die Hanse zunehmend im wenig flexiblen Festhalten an überkommenen
10 Privilegien. Als Konstrukt des Mittelalters war der Bund der Kaufleute und Städte dem wirtschaftlichen und politischen Aufbruch Europas in die Moderne nicht länger gewachsen.
Zitiert nach: www.planet-wissen.de/geschichte/mittelalter/hanse/index.html (Zugriff: 19. 07. 2018)

Lesetipps:
- Anke Bär, Endres, der Kaufmannssohn. Vom Leben in einer mittelalterlichen Hansestadt, Hildesheim 2014
- Heinz-Joachim Draeger, Von Koggen und Kaufleuten. Eine Hansestadt im Mittelalter, Hamburg 2018

Internet- und Medientipps:
Zur Hanse siehe **31062-29**.

---

1. Untersuche die Karte (M1). Wo befanden sich Hansekontore? Mit welchen Waren handelte die Hanse? Woher stammten sie?
2. Erkläre mithilfe der Karte M1 den Satz „Lübeck saß wie eine Spinne im Netz der Hanse".
3. Erkläre, wann und wie die Hanse die städtische Kultur in Nordeuropa prägte (INFO, M1, M2 und M5).
4. Recherchiert in Gruppenarbeit im Internet nach weiteren Ansichten von Hansestädten. Erläutert besondere Merkmale ihrer Architektur. Inwiefern sind die Ansichten von Gdańsk (M2) und Lübeck (M5) typisch? Präsentiert eure Ergebnisse als Lernplakat oder PowerPoint-Präsentation. (H)
5. Arbeite Gründe für das Ende der Hanse aus M3 und M4 heraus.
6. Beurteile die Maßnahmen und das Vorgehen der Hanse (INFO, M3 und M4) und begründe dein Urteil jeweils.

1356: erster Hansetag — 1669: letzter Hansetag
Mittelalter | Neuzeit
1300 – 1400 – 1500 – 1600 – 1700

4 Wirtschaft und Handel – gestern und heute

Aufstieg und Fall eines Hansekaufmanns*

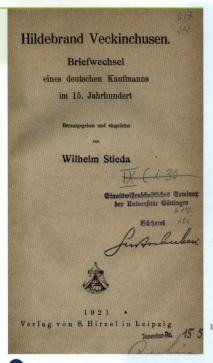

M 1 Hildebrand Veckinchusen
Titelblatt der 1921 in einem Buch veröffentlichten Briefe
Quellengrundlage der Geschichte des Hansekaufmanns Hildebrand Veckinchusen (M2) sind etwa 550 Briefe aus über drei Jahrzehnten, in denen geschäftliche und private Angelegenheiten mitgeteilt wurden.

[1] Mitgift: Vermögen, Aussteuer in Form von Geld und gut, das einer Frau bei der Heirat von den Eltern mitgegeben wird.

* Wahlthema

M 2 Über den Hansekaufmann Hildebrand Veckinchusen

Hildebrand Veckinchusen wird um 1370 in Westfalen geboren und stirbt 1426 in Lübeck. Der Historiker und Journalist Cay Rademacher schreibt über ihn:

Hildebrand ist vermutlich zwölf bis 15 Jahre alt, als er das Gewerbe des Kaufmanns lernt – wahrscheinlich in Dor-
5 pat. Spätestens 1393 lässt er sich in Brügge nieder. [...] 1402 mietet er ein Haus, das ihm Kontor, also Büro, Warenkeller und Wohnstube in ei-
10 nem ist. [...]
Hildebrand Veckinchusen heiratet, nachdem seine erste Frau früh verstorben ist, ein Mädchen aus Riga. Die 15-Jährige hat ihm der dort lebende Bruder
15 brieflich angepriesen. Hübsch sei diese Margarete, vor allem bringe sie eine gute Mitgift[1] und exzellente Kontakte zu Handelsfamilien mit. Eine kurze Zeit lebt er bei der Schwiegerfamilie in Riga, dann lässt sich Margarete Veckinchusen in
20 Lübeck nieder. Hildebrand ersteht dort ein Haus für seine Gattin, die drei Töchter und vier Söhne. Er selbst ist nur selten in Lübeck, die Geschäfte halten ihn in Brügge fest.
Hildebrand kauft Tuche und sendet sie gen Os-
25 ten, in umgekehrter Richtung transportiert er Wachs und Butter, Speck, Bier und Pelze. Rund 200 000 Felle führt er jährlich ein – jede Fahrt bringt zwischen zwei und 16 Prozent Gewinn. Erfolgreich und angesehen ist Hildebrand, ein
30 Mann mit ere und geloven, „Ehre und Glauben". Einer, dem Partner bereitwillig Kredit gewähren. Denn Veckinchusen, der wie fast alle Kaufleute wahrscheinlich nur wenige Gehilfen angestellt hat, muss ständig rechnen und kontrollieren.
35 Wenn er etwa in fernen Städten Handel treibt, muss er darauf achten, bei der Umrechnung der Währungen nicht betrogen zu werden: 100 Mark Silbergeld in Lübeck entsprechen 53 Mark in Preußen, 64 Mark in Riga, 15 Pfund Groten in
40 Brügge, 16 Rubel in Nowgorod und 13 Pfund Sterling in London. Eine Elle Tuch ist in Brügge 67 Zentimeter lang, in Lübeck 57 Zentimeter, in Riga 53 und in Nowgorod 44. [...]
Man muss sich Hildebrand Veckinchusen als ei-
45 nen Mann vorstellen, der niemals Ruhe hat. Der eilig jedes Schreiben liest, das ihm ein Bote aus einer fernen Stadt bringt. Der sich bei den Kapitänen umhört, sie nach dem Wetter befragt, nach Neuigkeiten. Der in den Kontoren und Markthal-
50 len Preise vergleicht, in seinem Kopf in venezianischen Dukaten und Ore aus Riga und rheinischen Gulden kalkuliert.
Anno Domini 1407 ist Hildebrand Veckinchusen ein wohlhabender Mann. Bis zu 25 000 Mark Ver-
55 mögen werden die reichsten Handelsherren Lübecks zu jener Zeit besitzen; sein Wohlstand ist vermutlich etwas bescheidener. Doch statt sich mit seinem Erfolg zufriedenzugeben, stürzt er sich in ein riskantes Wagnis.
60 In Brügge hat er gesehen, dass die italienischen Händler kostbare Waren des Orients feilbieten, Gewürze vor allem. Weshalb den Konkurrenten dieses Geschäft überlassen? Seine Idee: Handeln wir doch direkt mit Venedig!

Nachtrag: Hildebrand riskiert viel und verliert sein ganzes Vermögen. Er verkalkuliert sich, kann bald seine Kredite nicht mehr zurückzahlen und kommt 1422 in Brügge ins Gefängnis. Er ist auf die Hilfe von Verwandten und Freunden angewiesen. 1426 stirbt er in Lübeck.

Cay Rademacher, Von Koggen und Kontoren. Aufstieg und Fall des Handelskaufmanns Veckinchusen: GEO EPOCHE Nr. 25/07

❶ Teilt den Text in mehrere Abschnitte auf und untersucht ihn in Partnerarbeit (M2). Arbeitet a) die Fähigkeiten und Eigenschaften und b), die Gefahren eines Hansekaufmanns heraus.

❷ Erzählt die Geschichte Hildebrands aus der Perspektive seiner Frau. Berücksichtigt dazu die Zeilen 11 bis 23 und den Nachtrag.

Die Hanse – ein Vorbild?*

M 2 Der 38. Internationale Hansetag in Rostock
Foto vom 22. Juni 2018

INFO Die „Neue Hanse"

1980 wird in Zwolle (Niederlande) die „Neue Hanse" als „Lebens- und Kulturgemeinschaft der Städte über die Grenzen hinweg" gegründet. Ihr gehören inzwischen 192 Hansestädte aus 16 Ländern an (Stand: 2018). Die Geschäftsführung des Städtebundes hat ihren Sitz in Lübeck. Die „Neue Hanse" vergibt und organisiert die Hansetage, die jedes Jahr in einer der Mitgliedsstädte durchgeführt werden und unter einem bestimmten Motto stehen.

Klaus Dieter Hein-Mooren

M 3 Die Idee der Hanse ist noch aktuell

Henning Vorscherau, Altbürgermeister der Freien und Hansestadt Hamburg, dazu in einem Interview:

Die Hanse – die große Kaufmannshanse des Mittelalters und die politische Städtehanse – ist ein Vorbild für uns heute. Sie war so stark, weil sie ihrer Zeit um Jahrhunderte voraus war in ihrer Idee der Freiheit des Handels und Wandels, also des Verkehrs, der Logistik. Die Vorteile der Grenzen überschreitenden Zusammenarbeit zum wechselseitigen Nutzen, heute nennt man das eine „Win-win-Situation", die erkannten die Alten damals schon.

Zitiert nach: Gisela Graichen / Rolf Hammel-Kiesow, Die Deutsche Hanse. Eine heimliche Supermacht, Reinbek bei Hamburg 2013, S. 6

* Wahlthema

M 1 Die „Neue Hanse" Logo seit 2011

1. Fasse die Ziele und Aktivitäten der „Neuen Hanse" zusammen (INFO und M3).
2. Erläutere, worin die „Win-win-Situation" für die Hansemitglieder bestand (M3). Berücksichtige dazu auch S. 108.
3. Ist die Idee der Hanse noch aktuell? Diskutiert die Vorstellungen und Aktivitäten (M1 bis M3). Lest dazu nochmals S. 108 f.

- 1356: erster Hansetag
- 1669: letzter Hansetag
- 1980: Gründung der Neuen Hanse

4 Wirtschaft und Handel – gestern und heute

Ein Unternehmen mit Weltgeltung: die Augsburger Fugger*

M 1 Die „Goldene Schreibstube" der Fugger
Miniatur (etwa 16 x 10 cm), 1526 (Ausschnitt)
Jakob II. Fugger (rechts) mit seinem Hauptbuchhalter *Matthäus Schwarz* in der „Goldenen Schreibstube" der Fugger am ehemaligen Rindermarkt in Augsburg. Auf dem Tisch liegt ein Buch. Es zeigt – hier nicht lesbar – die Seitenüberschriften „uns soll" (links) und „wir sollen" (rechts). Dahinter verbirgt sich die doppelte Buchführung, sie hält fest, welche Waren gekauft und bezahlt sowie welche verkauft und noch nicht bezahlt worden sind.
Im Hintergrund ein Schrank mit Fächern für die Niederlassungen (Faktoreien) und Hauptorte des Korrespondenznetzes der Fugger (*Ofen* = Budapest, die Hauptstadt Ungarns; *Craca* = Krakau, damals die Hauptstadt Polens; *Antorff* = Antwerpen, Sitz der Börse in Flandern).

[1] **Frühkapitalismus:** Vorform des im 19. Jh. entstehenden Kapitalismus. Der Kapitalismus ist eine Wirtschaftsordnung, in der Unternehmer, also einzelne Privatpersonen oder Gesellschaften, das Kapital besitzen, mit dem sie ihre Unternehmungen betreiben können. Mit Kapitel ist nicht nur Geld gemeint, sondern auch Niederlassungen, Werkstätten, Werkzeuge, Wagen, Schiffe usw.

*Wahlthema

INFO Kaufleute, Bankiers und Unternehmer

Zu Beginn der **Neuzeit** entstand allmählich eine neue Wirtschaftsform: der *Frühkapitalismus*[1]. Kaufleute gründeten weit verzweigte Unternehmen, Handelsgesellschaften und Banken. Sie investierten in den Bergbau, handelten mit Rohstoffen, ließen Waren herstellen und vertrieben sie.
5 Darüber hinaus bezahlten sie riskante Handelsreisen nach Asien, Afrika und Südamerika und finanzierten den wachsenden Geldbedarf der Fürsten für deren Lebensführung und Kriege. Ziel wurde es, möglichst hohe Gewinne zu machen. Zu den erfolgreichsten Bergbau-, Handels- und Finanzunternehmern Europas zählten im 16. Jh. die *Fugger* aus Augsburg.
Klaus Dieter Hein-Mooren

M 2 Der Aufstieg der Fugger

1367	Der Weber Hans Fugger lässt sich in Augsburg nieder.
vor 1450	Die Fugger betätigen sich neben der Weberei zunehmend im Handel.
1454	Jakob I., Stammvater der erfolgreichsten Linie der Fuggerfamilie, wird Mitglied im Großen Rat Augsburgs.
um 1470	Kontakte zum päpstlichen Hof in Rom: Die Fugger übernehmen den Verkauf von kirchlichen Ämtern, Rechten und Ablässen[1] gegen Gebühren.
ab 1480	Die Fugger investieren in Bergwerke: Abbau von Gold, Silber, Kupfer in Salzburg und Tirol; der Textilhandel wird erweitert um den Metallhandel und das Prägen von Münzen.
nach 1490	Jakob II. errichtet ein Kupfermonopol in Europa, die Fürsten unterstützen ihn dabei; sie gewähren ihnen Schürfrechte und erhalten dafür Kredite.
um 1500	Die Fugger sind Bankiers der Kaiser, Päpste und zahlreicher Landesherren.
1510	Für Jakob II. bürgert sich der Beiname „der Reiche" ein.
1514	Jakob II. wird vom Kaiser in den Reichsgrafenstand erhoben.
ab 1514	Der Bau einer Siedlung für in Not geratene Augsburger Bürger wird begonnen (Fuggerei).[2]
1519	Jakob II. finanziert mehr als die Hälfte der Kosten für die Wahl des Habsburgers Karl I. von Spanien zum römisch-deutschen König und „erwählten Kaiser des Heiligen Römischen Reiches" (Karl V.).[3]
1525	Jakob II. stirbt; das Unternehmen wird weitergeführt.

[1] Zum Ablasshandel siehe S. 122.
[2] Siehe S. 115 f.
[3] Zu Kaiser Karl V. siehe S. 124.

Ein Unternehmen mit Weltgeltung: die Augsburger Fugger*

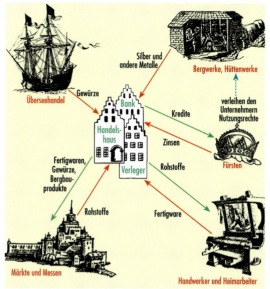

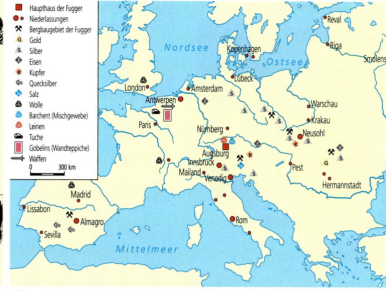

M 3 Arbeitsweise einer Handelsgesellschaft um 1500

M 5 Das Handelsnetz der Fugger zu Beginn des 16. Jhs. (Auswahl)
Von Lissabon aus waren die Fugger in Südamerika, von Venedig aus in Fernost aktiv.

M 4 Ein innovativer Unternehmer
Der Wirtschaftsfachmann Norbert Winkeljohann erklärt den Erfolg Jakob Fuggers so:
Nicht zuletzt sein Sinn für die Entdeckung und Entwicklung von Talenten war eine der Ursachen für das beeindruckende Ausmaß der Innovationen[1], die Jakob Fugger unternehmerisch verwirk-
5 lichte. Er machte damals – was unüblich, wenn nicht skandalös war – einen einfachen Bergbauingenieur zu seinem gleichberechtigten Partner in einem Tochterunternehmen. Warum? Dem Experten war es gelungen, eine Technologie zu ent-
10 wickeln, mit der unter Wasser stehende Minen trockenzulegen waren. [...] Die Innovationsfreude von Jakob Fugger erstreckte sich über alle unternehmerischen Handlungsfelder. Er war nicht nur der Gründer des ersten privaten Bankhauses in
15 Deutschland. Jakob führte auch das System der doppelten Buchführung in Deutschland ein. Und er forcierte[2] und organisierte den eben erst erfundenen bargeldlosen Zahlungs- und Wechselverkehr in Europa und schuf die Vorlage für die Ge-
20 staltung von Kreditverträgen, die noch heute im Geschäftsverkehr Anwendung finden.
Norbert Winkeljohann, Wirtschaft in Familienhand. Die Erfolgsgeheimnisse der Unternehmerdynastien, Frankfurt am Main 2010, S. 27

M 6 Eine Hand wäscht die andere?
Am 24. April 1523 schreibt Jakob Fugger an Kaiser Karl V.:
Es ist wissentlich und liegt am Tag, das Eurer Kaiserlichen Majestät die römische Krone ohne mich nicht hätten erlangen mögen. [...] So habe ich auch hierin nicht auf meinen eigenen Nutzen ge-
5 achtet. Denn wenn ich statt des Hauses Österreich[3] lieber Frankreich hätte fördern wollen[4], würde ich viel Gut und Geld erlangt haben, das mir von Frankreich angeboten worden ist. Was aber Eurer Kaiserlichen Majestät [...] für Nachteil
10 daraus entstanden wäre, das haben Eure Majestät aus hohem Verstande wohl zu erwägen.
Zitiert Nach: Johannes Burkhardt, 24. April 1523. Ein „merkwürdiger" Brief Jakob Fuggers an Kaiser Karl V., in: Alois Schmid / Katharina Weigand (Hrsg.), Bayern nach Jahr und Tag, München 2007, S. 216 f. (vereinfacht)

[1] **Innovation**: Einführung von etwas Neuem
[2] **forcieren**: etwas vorantreiben, verstärken
[3] **Haus Österreich**: gemeint sind die Habsburger
[4] 1519 hatte sich auch der französische König um die römisch-deutsche Krone bemüht.

Internettipp:
Informationen zur Geschichte der Familie Fugger findest du unter **31062-30**.

① Erläutere die Bedeutung der Niederlassungen für den Handel (INFO, M1 und M5).
② Erkläre die Arbeitsweise einer Handelsgesellschaft zu Beginn der Neuzeit (INFO und M3).
③ Nenne die Innovationen und beurteile deren Bedeutung für das Unternehmen (M4).
④ Diskutiert das wechselseitige Verhältnis von Politik und Wirtschaft (INFO, M2 und M6).

4 Wirtschaft und Handel – gestern und heute

M 7 Das Wappen der Familie „Fugger von der Lilie" seit 1473
Jakob Fugger der Reiche zählte zu diesem Zweig der Familie.

[1] **Verleger**: hier Unternehmer, die Aufträge an kleine Handwerksbetriebe oder an Heimarbeiter vergaben. Sie streckten das Rohmaterial wie Baumwolle vor und stellten oft auch Werkzeuge wie Webstühle zur Verfügung. Verleger zahlten festgelegte Preise für die hergestellten Produkte und übernahmen deren Verkauf.

[2] **Montangewerbe**: alle Gewerbebetriebe, die sich mit der Gewinnung, Aufbereitung und direkten Weiterverarbeitung von Bodenschätzen befassen

[3] **reinvestieren**: erwirtschaftete Gewinn erneut anlegen

M 8 Augsburg und der Frühkapitalismus
Der Historiker Schilling nennt folgende Faktoren für den Aufstieg der Fugger:
Die verkehrsgünstig gelegene Lechstadt bildete einen Hauptknotenpunkt des süddeutsch-oberitalienischen Städtenetzes, das nicht nur dem Austausch materieller Güter, sondern auch der geistig-kulturellen Kommunikation diente. […]
Innerhalb dieser Kommunikationszonen unterschiedlicher Dichte entfaltete sich der Früh- und Handelskapitalismus, jenes erste neuzeitlich-rationale Wirtschaftssystem, zu dessen Säulen Augsburg und die Augsburger Handelshäuser der Fugger, Welser, Rehlinger, Imhof, Meuting, Höchstetter etc. zählten. Die Mutterbranche dieses Systems war die ländliche *Textilproduktion* Oberschwabens, die durch städtische Verleger[1] organisiert wurde. […] Zum Großgewerbe trat der *Fernhandel*, der sich bald auf alle möglichen gewinnbringenden Waren ausdehnte. […] Die Gewinne wurden im *Montangewerbe*[2] und in *Bankgeschäften* größten Stils reinvestiert[3] und damit in Wirtschaftszweigen, die durch die „technische Revolution des späten Mittelalters" und durch den rasch wachsenden Finanzbedarf der frühmodernen Staaten zu Leitsektoren der deutschen und europäischen Wirtschaft geworden waren. Die […] Verknüpfung von Verlag, Montanunternehmungen, Fernhandel einschließlich der Transportunternehmungen und Bankgeschäfte charakterisiert den Frühkapitalismus der Augsburger Familienfirmen als erstes Wirtschaftssystem der Neuzeit, das in wohlkalkulierter, sachlicher Abstimmung ein Zahnrad ins andere greifen ließ, sodass Unternehmungen bislang unbekannten Zuschnitts mit ungeheuren Gewinnspannen möglich wurden.

Heinz Schilling, „Ruhe im Sturm". Der historische Hintergrund der Augsburger Jahreszeiten-Bilder; zitiert nach: www.dhm.de/archiv/ausstellungen/kurzweil/geschi1.htm (Zugriff: 19.07.2018)

M 9 Das „Zeitalter der Fugger"
In einem Lexikonartikel heißt es dazu:
Ausschlaggebend für den Aufstieg und für die überregionale Bedeutung des Handels- und Bankhauses über lange Strecken des 16. Jhs. war seine enge Verbindung zum Haus Habsburg […]. Um ihr über weite Teile Europas gespanntes Netzwerk von Bergbau-, Handels- und Finanzunternehmungen aufeinander abzustimmen, bauten die Fugger nicht nur ein System von Faktoreien[1] auf, sondern auch das bestfunktionierende Informationssystem der Zeit, die „Fuggerzeitung", das ihnen eine konkurrenzlose Kenntnis der Märkte […] erlaubte. […]
Die Finanzdienstleistungen für Kaiser und Papst, Könige, Bischöfe und Fürsten trugen erheblich zum Ansehen und indirekt auch zur Bonität[2] der Fugger bei. Rückblickend erschien daher die Blütezeit des Hauses Fugger unter Jakob II. […] mit ihrer engen Verbindung von Wirtschaft und Politik als das „Zeitalter der Fugger".

Markus A. Denzel, Artikel „Fugger" in: Friedrich Jaeger (Hrsg.), Enzyklopädie der Neuzeit, Bd. 4, Darmstadt 2006, Sp. 93–95 (vereinfacht)

[1] Siehe S. 112, M1
[2] **Bonität**: Zahlungsfähigkeit und Kreditwürdigkeit

5 Arbeitet in Partnerarbeit die wichtigsten Faktoren für den Aufstieg der Fugger aus M8 heraus. (H)

6 Untersucht in Gruppenarbeit die unterschiedlichen Bewertungen des Erfolges der Fugger in M8 und M9. (F)

7 Begründe folgende Behauptung: „Die Fugger waren nicht nur erfolgreiche Kaufleute, sondern hatten auch großen Einfluss in Politik und Gesellschaft." (M2, M6, M8 und M9).

8 Fasse die zentralen Merkmale des „Zeitalters der Fugger" in einer Übersicht zusammen (M8 und M9).

Reichtum und Sorge um das Seelenheil*

INFO Reichtum verpflichtet

Im **Mittelalter** gab es noch keine staatliche Sozialhilfe. Notleidende und Kranke waren auf Almosen angewiesen. Aus christlicher Nächstenliebe und aus Sorge um ihr Seelenheil stifteten **Bürger** oft bedeutende Beträge. Manche vermachten sogar ihr gesamtes Vermögen den Armen.

Der Augsburger Bürger *Jakob II. Fugger (der Reiche)* ließ zum Beispiel zwischen 1514 und 1523 eine Siedlung mit 52 Häusern errichten: die *Fuggerei*. Sie gilt als die älteste Sozialsiedlung der Welt. Heute besteht die Fuggerei aus 67 Häusern mit 140 Wohnungen, einer Kirche und einem Verwaltungsgebäude. Das Besondere: Die Kaltmiete pro Wohnung kostet derzeit 88 Cent im Jahr – und drei Gebete täglich.

Anna Klebensberger

M 1 Die Fuggerei in Augsburg
Nachträglich kolorierter Holzschnitt nach einem Stadtplan von Georg Seld, 1521 (Ausschnitt)
Der Zugang zu der ummauerten Siedlung erfolgte über drei Tore, die nachts geschlossen wurden.

M 2 Für arme Tagelöhner und Handwerker

Die rechtliche Grundlage der „Fuggerei" ist ein Stiftungsbrief von Jakob Fugger dem Reichen vom 23. August 1521; darin heißt es:

Vor allen Dingen sollen diese Häuser an fromme arme Tagelöhner, Handwerker und sonstige Einwohner der Stadt Augsburg, die in Not sind, [...] vermietet werden. [...]

Dafür sollen die Bewohner eines jeden Hauses jährlich einen Gulden für den Unterhalt der Gebäude zahlen.[1] Ferner soll jeder Bewohner, egal, ob jung oder alt, sofern er das kann, täglich ein Vaterunser, ein Ave Maria und ein Glaubensbekenntnis[2] sprechen für meinen Vater, meine Mutter, auch für Ulrich und Georg Fugger, für alle meine Geschwister und Nachkommen, zu deren Hilfe und Trost. Dazu sollen sie sich wie schon mir auch meinen Verwandten und ihren Nachkommen gegenüber schriftlich verpflichten. Ich oder nach meinem Tod meine Verwandten sollen [...] sich darum kümmern, dass die Häuser in Ordnung bleiben und dass nichts Unehrenhaftes oder Schändliches erlaubt wird. Vielmehr soll meine fromme Stiftung für alle Zeiten so verwaltet werden, wie ich es vorgesehen und festgelegt habe: dem Allmächtigen zum Lob und als Hilfe für die Armen.

Zitiert nach: Hermann Kellenbenz, Jakob Fuggers Stiftungsbrief von 1521, in: Zeitschrift des historischen Vereins für Schwaben, 68 (1974), S. 95-116; hier S. 107 f. (ins Neuhochdeutsche übertragen und vereinfacht von Josef Koller)

Videotipp:
Einen virtuellen Rundgang durch die Fuggerei findest du unter **31062-32**.

Exkursionstipp:
Fugger und Welser Erlebnismuseum, Augsburg (Rundgang durch das Museum siehe **31062-33**).

* Wahlthema

---

[1] Um 1520 verdiente ein Tagelöhner einen Gulden im Monat.
[2] Das „Vater unser", das „Ave Maria" („Gegrüßet seist du, Maria") und das „Glaubensbekenntnis" zählen zu den meistgesprochenen Gebeten der Christenheit.

① Erstelle aus dem Stiftungsbrief eine „Fuggerei-Ordnung" (M2).
② Arbeite die Beweggründe Jakob Fuggers für die Stiftung heraus (INFO und M2). Beurteile sie.
③ Diskutiert, inwieweit reiche Menschen heute eine gesellschaftliche Verpflichtung haben (sollten), Armen zu helfen.

1367: Hans Fugger lässt sich in Augsburg nieder | 1454: Jakob I. Fugger wird Ratsherr | um 1500: Die Fugger sind Bankiers der Päpste und Fürsten | 1514: Jakob II. wird in den Grafenstand erhoben · 1514: Baubeginn der Fuggerei

1300 — 1400 — 1500 — 1600

4

Das weiß ich – das kann ich!

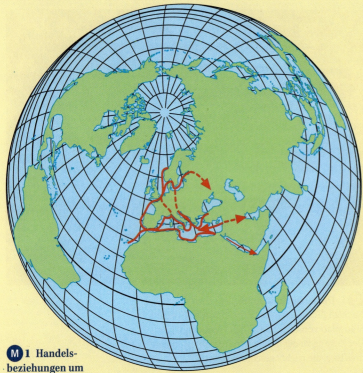

M 1 Handelsbeziehungen um 1500

Nach: Fernand Braudel, Sozialgeschichte des 15.-18. Jahrhunderts. Aufbruch zur Weltwirtschaft, München 1986, S. 26

Auf einen Blick: Wirtschaft und Handel – gestern und heute

Wo über Grenzen hinweg gehandelt wird, lernen Menschen fremde Kulturen kennen. Für die alten Römer begann zwar die unkultivierte Welt jenseits des **Limes**, doch das hielt sie nicht davon ab, zu ihrem Vorteil über ihn hinweg Handel zu treiben. Sie kauften und verkauften, was ihnen nutzte, und leisteten damit zugleich einen Beitrag zur **Romanisierung** der Völker, die nicht in ihren **Provinzen** lebten.

China war Europa in der Zeit des europäischen **Mittelalters** technisch, wirtschaftlich und kulturell weit überlegen. Aber **Bürger** und **Stadtrechte** kannte man in dem „Reich der Mitte" nicht. Arabische, jüdische und christliche Fernkaufleute handelten seit der **Antike** mit wertvollen Waren wie Seide aus China, aber das Interesse an China blieb, sieht man von wenigen Reiseberichten ab, bis zum Zeitalter der europäischen Expansion gering. Auch die Chinesen interessierten sich kaum für Europa. Obwohl China Anfang des 15. Jhs. die technischen und militärischen Möglichkeiten hatte, dehnte es seinen Einfluss nicht auf Europa aus.

Der europäische Seehandel konzentrierte sich bis zum Beginn der **Neuzeit** auf den Mittelmeerraum und auf die Nord- und die Ostsee. Den zuletzt genannten Bereich prägte die Hanse, ein internationaler Städtebund, der aus dem Zusammenschluss von Kaufleuten hervorgegangen war. Auf der Grundlage gemeinsamer Rechte und Pflichten handelten die Mitglieder der Hanse – wenn notwendig sogar mit Gewalt. Ihren Einfluss verlor sie allmählich vor allem durch die Verlagerung des Handels auf den Atlantik.

Das Familienunternehmen der Fugger aus Augsburg kann exemplarisch für die neue Wirtschaftsweise stehen: den Frühkapitalismus. Die Fugger führten zunächst Handwerk und Handel zusammen, bauten ein internationales Handelsnetz auf, investierten ihre Gewinne z. B. in den Abbau von Gold, Silber und Kupfer, errichteten Monopole und verliehen Geld an Fürsten und Päpste. Das machte sie in ihrer Stadt, im Reich und in Europa politisch und gesellschaftlich sehr einflussreich. Mit dem Bau der Fuggerei in Augsburg errichteten sie die erste Sozialsiedlung der Welt. Sie besteht noch heute.

Heute versucht der Warenhandel, alle Grenzen zu überwinden. Dafür stehen der weltweite Warenaustausch und internationale Handelsabkommen. Der Aufstieg Chinas zur weltweit führenden Wirtschaftsmacht wäre ohne den Handel nicht möglich gewesen.

Anna Klebensberger

---

1 Erstelle eine Mindmap als Lernhilfe zum Thema „Wirtschaft und Handel – gestern und heute". Verwende dabei die Grundlegenden Begriffe „Antike", „Mittelalter" und „Neuzeit" sowie „Limes", „Romanisierung", „Provinz", „Stadtrecht" und „Bürger" und füge Stichwörter aus der Zusammenfassung hinzu. **H**

Das weiß ich – das kann ich!

M 2 Der Limes wird Weltkulturerbe
Egon Schallmayers Buch über den Limes (siehe S. 99) endet mit folgendem Hinweis:
Am 15. Juli 2005 beschloss das Welterbekomitee der UNESCO im südafrikanischen Durban die Aufnahme des obergermanisch-raetischen Limes in die Liste des Welterbes. Das größte Boden-
5 denkmal Deutschlands ist seither [...] Teil eines Gesamtprojektes „Grenzen des Römischen Reiches". [...] Damit wird dem auf Völkerverständigung ausgerichteten Gedanken der UNESCO auf hervorragende Weise Rechnung getragen.
Egon Schallmayer, Der Limes. Geschichte einer Grenze, München ³2011, S. 132

M 3 Eine Jeans reist um die Welt
Die Journalistin Katrin Brinkmann erklärt am Beispiel einer Jeans, was Weltwirtschaft bedeutet:
Die [Jeans] hat eine weite Reise hinter sich, wenn wir sie im Laden kaufen. Ihr Weg beginnt zum Beispiel in Indien. „Denn die Baumwolle wächst nur, wo es warm ist und die Luft feucht", sagt Le-
5 onie. Von Indien wird die Baumwolle nach China geschickt und dort mit Maschinen zu Garn versponnen. Die Reise geht weiter nach Taiwan. Hier wird das Garn gefärbt und bekommt das typische Jeansblau. In Polen verweben Arbeiter das blaue
10 Garn zu Stoff. Nun überlegen sich zum Beispiel Designer einer schwedischen Modekette, wie die Jeans aus diesem Stoff aussehen soll, und schicken ein Schnittmuster auf die Philippinen. Denn dort nähen Arbeiterinnen die Jeans. Aus Frank-
15 reich [oder den Vereinigten Staaten] kommt noch der Zettel mit der Anleitung, wie die Hose gewaschen werden soll. Auch den nähen die Arbeiterinnen ein. Eigentlich wäre die Jeans jetzt fertig. Doch weil es modern ist, dass die Hosen ge-
20 braucht aussehen, werden sie noch nach Griechenland geschickt und dort mit rauen Bimssteinen gewaschen.
Katrin Brinkmann, Eine Jeans reist um die Welt, zitiert nach: https://blog.zeit.de/kinderzeit/2009/12/03/eine-jeans-reist-um-die-welt_3677 (Zugriff: 13.03.2019)

M 4 Die lange Reise einer Jeans
Illustration von Judith Drews, 2009

---

② Beschreibe die Veränderungen der Handelsbeziehungen. Berücksichtige dazu M1 und M2 auf S. 106.

③ Nimm Stellung zu der Begründung der UNESCO (M2).

④ „Was die Chinesen im Mittelalter gemacht haben, ist vollkommen egal. Europa wurde wichtig und ist es auch geblieben!" – „Die Entwicklung Chinas während des Mittelalters war wichtig für die Welt!" – Entwickelt aus diesen beiden Positionen ein Streitgespräch. Versetzt euch in die jeweilige Position hinein und argumentiert mit Fakten.

⑤ Erläutere die Bedeutung der Hanse oder der Fugger für den grenzübergreifenden Handel.

⑥ Beschreibe „die lange Reise" einer Jeans (M3 und M4). Nenne Gründe, warum sie nicht komplett in Deutschland hergestellt wird und ein Beispiel für die Weltwirtschaft ist.

⑦ Diskutiert die Bedeutung des Wandels der Schiffe für den Handel (siehe S. 95).

Zur Selbsteinschätzung:
Einen Test, mit dem du überprüfen kannst, was du kannst und was du noch üben solltest, findest du unter **31062-34**.

5 Das konfessionelle Zeitalter

Zum fünfhundertsten Jubiläum der Reformation schuf Yadegar Asisi 2017 in Wittenberg ein besonderes Kunstwerk. Besucher konnten in einem 360-Grad-Panorama historische Ereignisse und Eindrücke aus dem Leben des Mannes sehen, der 1517 gegen Handlungen und Lehre der Kirche antrat, um sie zu erneuern: *Martin Luther*. Zu sehen waren großformatige Bilder, die zeigten, wo Luther lebte, lehrte und predigte.
Besucher berichteten im Internet begeistert über diese Art der Geschichtsdarstellung. „Traumhaft" und „genial" sei das Rundum Panorama „Luther 1517!" gewesen, „ein detailreiches und perfektes Kunstwerk", in dem es „unglaublich viel zu entdecken" gab und das man „unbedingt gesehen haben" sollte.

❶ Recherchiert im Internet, was die Besucher dazu sagten (Suchbegriffe: Luther + Panorama + Rezensionen).
❷ Das Panorama – nur Sensation für die Schaulust oder echtes Interesse an Geschichte? Was vermutet ihr?

M 1 Alltagsszene aus Wittenberg
Foto aus dem 360-Grad-Panorama „Luther 1517!" des Künstlers Yadegar Asisi, Wittenberg 2017

5 Orientierung in Raum und Zeit

M 1 Ein Besucher vor dem Gemälde „Luthers Thesenanschlag" von Ferdinand Pauwel von 1872
Foto von der Luther-Ausstellung auf der Wartburg in Eisenach, 2017

Von Glaubens- zu Machtfragen

In Wittenberg war im Herbst **1517** einiges los! Der Mönch und Professor Martin **Luther** fand es unmöglich, dass die Kirche den Menschen ein Leben nach dem Tod im Paradies gegen Geld verkaufte.
5 Am 31. Oktober 1517 rief er mit seinen 95 Thesen dazu auf, über den Missbrauch dieses „Ablasses"[1] zu diskutieren. Ob er seinen Aufruf demonstrativ mit lauten Hammerschlägen an die Schloss- und Universitätskirche zu Wittenberg genagelt hat, wie
10 man lange annahm und das Gemälde von 1872 (siehe M1) behauptet, bezweifeln manche Historiker. Sie stellen aber nicht Luthers Absicht infrage, zu diskutieren, ob die Kirche solche Ablässe verkaufen dürfe. Denn dafür setzte er sich später mit Wor-
15 ten und Schriften gegen Papst und Kaiser* ein.
1517 begann mit Luther also eine folgenreiche Auseinandersetzung: die **Reformation**. An ihrem Ende ging es um die Frage, ob die Kirche überhaupt noch so weiterbestehen sollte, wie sie war.
20 Daran zerbrach die Einheit der römisch-katholischen Kirche und neue Glaubensbekenntnisse (Konfessionen) entstanden.
Mithilfe des Buchdrucks hatte die Reformation eine „Medienrevolution" ausgelöst. Sie beeinflusste die
25 öffentliche Meinung in Stadt und Land. Bauern erhoben sich gegen ihre Herren, und Fürsten stritten um die richtige Konfession in ihren Territorien. **1618** begann dann ein Krieg, der dreißig Jahre dauerte und große
30 Teile Deutschlands verwüstete.
Josef Koller

Die Text- und Bildquellen des folgenden Großkapitels zeigen dir, wie aus Glaubensfragen gesellschaftliche Probleme, politische Konflikte und Kriege entstanden. Am Ende kannst du folgende Fragen beantworten:

- Warum waren viele Gläubige damals mit der Kirche unzufrieden?
- Welche Folgen hatte der Konflikt zwischen Luther und dem Papst?
- Welchen Einfluss hatte die durch den Buchdruck entstandene Medienrevolution auf die Reformation und auf ihre Folgen?
- In welchem Ausmaß erfasste der Religionskonflikt die Gesellschaft von den Bauern bis zu den Fürsten?
- War der Dreißigjährige Krieg ein Glaubenskrieg?
- Welche Auswirkungen hatten und haben Kriege und Friedensregelungen?

M 2 Anteile der Deutschen, die an einen Gott glauben
In Deutschland leben 2015 rund 81 Mio. Menschen.

katholisch 29,30 %
protestantisch 27,00 %
muslimisch 5,20 %
jüdisch 0,01 %
ohne Angaben 38,49 %

Nach: https://de.statista.com/themen/125/religion (Zugriff: 26.09.2018)

[1] **Ablass**: Siehe S. 64, Anm. 1.

Mittelalter | 1400 | 1500

Orientierung in Raum und Zeit

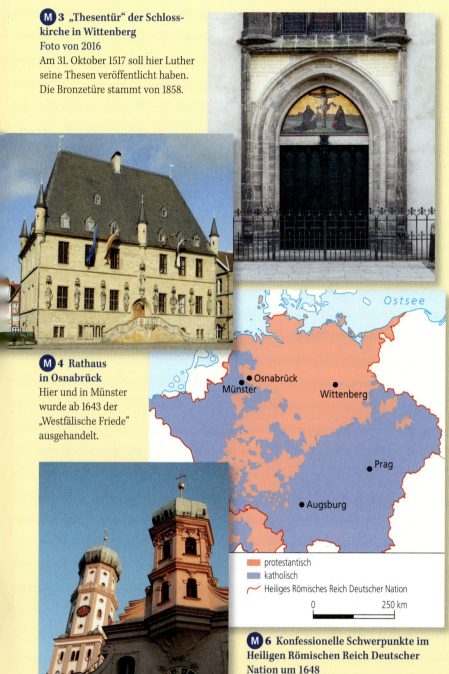

M 3 „Thesentür" der Schlosskirche in Wittenberg
Foto von 2016
Am 31. Oktober 1517 soll hier Luther seine Thesen veröffentlicht haben. Die Bronzetüre stammt von 1858.

M 4 Rathaus in Osnabrück
Hier und in Münster wurde ab 1643 der „Westfälische Friede" ausgehandelt.

M 7 Seitenflügel des Königsplastes in Prag
Foto von 2010
Aus einem dieser Fenster warfen 1618 böhmische Protestanten zwei katholische Statthalter; der Anlass für den Dreißigjährigen Krieg.

M 8 „Friedensaal" im Rathaus von Münster
Foto von 2017
In diesem Raum wurden 1648 die Friedensverträge unterschrieben.

M 6 Konfessionelle Schwerpunkte im Heiligen Römischen Reich Deutscher Nation um 1648

- protestantisch
- katholisch
- Heiliges Römisches Reich Deutscher Nation

M 5 Türme der evangelischen und katholischen St. Ulrichs-Kirchen in Augsburg
1555 wurde in Augsburg ein Religionsfriede geschlossen.

① Ordnet die Fotos der Karte (M6) zu und bringt sie in eine sinnvolle Reihenfolge, um euch gemeinsam einen Überblick über Raum und Zeit zu verschaffen.
② Findet heraus, welche Gotteshäuser es in eurem Wohnort bzw. -viertel gibt.
③ Erläutere die Angaben des Kreisdiagramms (M2). Berücksichtige dabei die besonderen Unterschiede gegenüber der deutschen Bevölkerung im Mittelalter. (H)

Neuzeit | 1600 | 1700

5 Das konfessionelle Zeitalter

Die Welt im Umbruch: Kann der Glaube helfen?

Lernaufgabe

M 1 Wird das Schiff der Kirche zerschellen?
Holzschnitt (12 x 14 cm) von Hans Süß von Kulmbach, 1508

Medientipps:
Einen Clip, ein Video und eine Doku über Luther und die Reformation findest du unter **31062-35**.

¹ **Reliquien**: Überreste von Heiligen, meist Knochen, Haare oder Kleidungsstücke. Sie gelten als wundertätig und dienen der Abwehr schädlicher oder teuflischer Einwirkungen. Außerdem sind sie Zeichen für die Verbindung mit der Gemeinschaft der Heiligen. Sie werden in der Regel in Kirchen und Altären aufbewahrt.

² **Fegefeuer**: der Ort, wo ein Christ nach dem Tod unter Qualen von seinen Sünden erlöst werden kann

³ **Almosen**: Spende, „milde Gabe"

INFO 1 Krisenerscheinungen

Auch wenn mit der **Renaissance**, der europäischen Expansion und dem Buchdruck die **Neuzeit** angebrochen war: Die Zeit um 1500 war voller Probleme. Die Bevölkerung hatte weiter zugenommen, aber die Erträge der Landwirtschaft blieben gering. Das Klima hatte sich verändert und die Sommer waren kalt und nass. Jede Missernte führte zu Teuerungen und Hungersnöten.
Die Kirche wurde kritisiert, weil sie sich mehr um ihren Wohlstand kümmerte als um das Seelenheil der ihr anvertrauten Menschen. Ihr wachsender Reichtum stand in scharfem Gegensatz zum Ideal der Armut, das Jesus Christus gepredigt hatte. Dazu kamen die Kritik an dem Lebenswandel und die schlechte Ausbildung vieler Geistlicher. Um 1500 forderten viele Menschen eine Reform der Kirche und die Wiederherstellung des christlichen Glaubens.
Josef Koller

INFO 2 Wie komme ich in den Himmel?

Die Menschen hatten Angst vor dem Teufel und der Hölle. Sie suchten ernsthaft Antworten auf die Frage: Wie rechtfertige ich mein sündhaftes Leben vor Gott, um das ewige Leben zu erlangen? Um die Gnade Gottes zu gewinnen und in den Himmel zu kommen, gingen sie in die Kirche, beteten oft, beichteten ihre Sünden, spendeten Geld für Altäre, sammelten Reliquien¹, verehrten die Heiligen und nahmen an Wallfahrten zu Orten teil, an denen sich nach kirchlicher Überlieferung ein Wunder ereignet hatte. Wer es sich leisten konnte, kaufte dazu die von der Kirche angebotenen Bußbriefe, die einen Ablass (Nachlass) auf die zeitlichen Sündenstrafen im Fegefeuer² garantierten.
Josef Koller

M 2 Aus einer „Musterpredigt"

Folgender Redeauszug stammt wahrscheinlich von dem Ablassprediger Johann Tetzel, dessen Tätigkeit Luther 1517 zu seinen Thesen über den Ablass (M4) veranlasst hat:

Du Priester, du Adliger, du Kaufmann, du Weib, du Jungfrau, du Verheiratete, du Jüngling, du Greis, gehe doch hinein in deine Kirche [...]. Du sollst wissen: Wer gebeichtet hat und zerknirscht ist und Almosen³ in den Kasten legt, wie ihm der Beichtvater rät, der wird vollkommene Vergebung aller seiner Sünden haben [...]. Was steht ihr also müßig? Laufet alle um das Heil eurer Seele. Seid rasch und besorgt um das Seelenheil [...]. Ihr könnt jetzt Beichtbriefe haben, durch deren Kraft ihr im Leben und in der Todesstunde und in den nicht vorbehaltenen Fällen sooft wie nötig den vollkommenen Nachlass der für die Sünden schuldigen Strafen haben könnt. [...

Zitiert nach: Heiko A. Oberman (Hrsg.), Die Kirche im Zeitalter der Reformation. Kirchen- und Theologiegeschichte in Quellen, Bd. 3, Neukirchen-Vluyn ⁵2004, S. 15 - 16

1517: Beginn der Reformation   Luther   Neuzeit   Reformation   Renaissance

Die Welt im Umbruch: Kann der Glaube helfen?

INFO 3 Luther übt Kritik

Als die Kirche Ende des 15. Jhs. den Verkauf von Ablässen auf bereits Verstorbene ausdehnte, nahm die Kritik an dem Ablasshandel zu. Sie erreichte ihren Höhepunkt, nachdem Hunderte von Predigern im Auftrag des Papstes für den Kauf von Ablassbriefen warben, mit dessen Hilfe der Bau des Petersdoms in Rom finanziert werden sollte. Zu den Kritikern dieses Ablasshandels zählte der 1483 geborene Mönch und Theologieprofessor Martin **Luther** aus Wittenberg. Er wollte das Thema zunächst nur diskutieren. Seine Kritik am Ablasshandel teilte er am 31. Oktober 1517 zwei zuständigen Bischöfen in 95 Thesen[1] mit. Sie sollen auch für seine Kollegen an die Türe der Wittenberger Schlosskirche angeschlagen worden sein. Luthers Thesen wurden auf Latein und in Deutsch gedruckt und fanden schnell große Verbreitung. Rückblickend erwies sich die Veröffentlichung seiner Thesen im Jahr **1517** als **Beginn der Reformation**. Der Versuch Luthers, den Glauben zu reformieren, führte zu einem erbittert geführten Streit, der über den Glauben hinaus ging und Staat und Gesellschaft veränderte.

Josef Koller

M 4 „Der Sterbende"
Ölgemälde von Lucas Cranach den Älteren, um 1518 (Ausschnitt)
Himmel (links) und Hölle (rechts) ringen um die Seele des Sterbenden. Die Inschrift am Fußende des Bettes lautet übertragen: „Du musst gänzlich verzweifeln, weil du alle Gebote Gottes vernachlässigt, die meinigen [d. h. des Teufels] aber [...] immer eifrig erfüllt hast."

M 3 Aus Luthers 95 Thesen

Am 31. Oktober 1517, einen Tag vor dem Allerheiligenfest, beschwert sich Luther bei zwei Bischöfen über den Ablasshandel. Den Briefen legt er seine 95 Thesen über den Ablass bei. Ob er sie auch an die Türen der Wittenberger Schlosskirche anschlagen ließ, ist historisch nicht sicher belegbar.

Aus Liebe zur Wahrheit und im Verlangen, sie zu erhellen, sollen die folgenden Thesen in Wittenberg disputiert werden [...].

21. Es irren [...] diejenigen Ablassprediger, die da sagen, dass ein Mensch durch Ablässe des Papstes von jeder Strafe gelöst und errettet wird. [...]

27. Lug und Trug predigen diejenigen, die sagen, die Seele erhebe sich aus dem Fegefeuer, sobald die Münze klingelnd in den Kasten fällt. [...]

32. In Ewigkeit werden [...] jene verdammt werden, die glauben, sich durch Ablassbriefe ihres Heils versichert zu haben.

62. Der wahre Schatz der Kirche ist das heilige Evangelium[2] der Herrlichkeit und Gnade Gottes.

Martin Luther, Die 95 Thesen. Lateinisch / Deutsch. Mit Quellen zum Ablassstreit, hrsg. von Johannes Schilling, Stuttgart 2016, S. 9-31 (Auszüge)

Lesetipps:
- Meike Roth-Beck mit Bildern von Klaus Ensikat, Von Martin Luthers Wittenberger Thesen, Berlin ²2017
- Andrea Grosso Ciponte, Martin Luther. Text von Dacia Palmerino, Frankfurt a. M. 2016 (Graphic Novel)

[1] **Thesen**: Behauptungen, die diskutiert werden sollen
[2] **Evangelium**: Siehe S. 124, Anm. 2.

Erstellt in Partnerarbeit eine PowerPoint-Präsentation zum Thema:
Wie hängen Krisenerscheinungen und Luthers Kirchenkritik zusammen?

1. *Erarbeitet aus INFO 1 und M1 die Krisenerscheinungen zu Beginn der Neuzeit. Welcher Art waren sie? Wen betrafen sie?*
2. *Beschreibt die Religiosität der Menschen damals (INFO 2 und M4). Vergleicht sie mit heute.*
3. *Beurteilt die Rede des Ablasspredigers (M2). Berücksichtigt er die Bedürfnisse der Gläubigen?*
4. *Erläutert Luthers Kritik am Ablass und beurteilt sein Vorgehen (M3 und INFO 3).*
5. *Präsentiert eure Ergebnisse und diskutiert mit der Klasse über Luthers Vorgehen.*

Das konfessionelle Zeitalter

Ein Mönch gegen Papst und Kaiser

M 1 Martin Luther als Lehrer mit Bibel Kolorierter Holzschnitt von Hans Baldung Grien aus einer 1520 in Straßburg gedruckten Schrift Luthers, 1520 Als Vorlage diente ein Kupferstich von Lucas Cranach aus dem selben Jahr.

[1] **Kardinal**: höchster Würdenträger der römisch-katholischen Kirche nach dem Papst
[2] **Bibel**: die „Heilige Schrift" der Christen; sie besteht aus dem Alten und dem Neuen Testament. In den Evangelien (der „frohen Botschaft") des Neuen Testaments erzählten die Evangelisten Markus, Matthäus, Lukas und Johannes vom Leben und Wirken von Jesus Christus.
[3] **Wartburg**: Siehe S. 32, M1.

INFO 1 Luthers Glaubensverständnis

Nach den Thesen veröffentlichte **Luther** eine für die breite Masse verständliche Schrift, in der er nochmals erklärte: Der sündige Mensch erreicht nicht durch gute Werke oder durch die Priester das Seelenheil. Gott schenkt es ihm aus reiner Gnade (lat. *sola gratia*), allein aufgrund seines Glaubens (lat. *sola fide*) und der richtigen Auslegung der Heiligen Schrift (lat. *sola scriptura*). Luthers Thesen und Glaubensverständnis gingen der Kirche zu weit. Sie warf ihm ein Vergehen gegen die gültige Kirchenlehre vor und leitete ein Ketzerverfahren gegen ihn ein. Im Oktober 1518 verhörte Kardinal[1] *Cajetan* Luther am Rande des Augsburger Reichstages im Stadtpalast der Fugger. Luther lehnte es ab, seine Thesen zu widerrufen. Er stellte die Bibel[2] über die Autorität des Papstes. Um nicht verhaftet zu werden, floh er heimlich aus Augsburg.
Josef Koller

INFO 2 Widerstand

Als Luther seine Ansichten auch in einem weiteren Streitgespräch wiederholte, ging das vielen Geistlichen zu weit. 1520 drohte der Papst Luther daraufhin, ihn aus der Gemeinschaft der Christen auszuschließen. Trotz der Androhung des *Kirchenbanns* blieb Luther standhaft. Zugleich begann er, sich mit zahlreichen Schriften an die breite Öffentlichkeit zu wenden.
Anfang 1521 verhängte der Papst den Kirchenbann über Luther. Damit wurde er zu einem Fall für den 20-jährigen, erst seit zwei Jahren regierenden Kaiser* *Karl V.* und die Vertreter des Reiches, denn auf den Kirchenbann hatte die *Reichsacht* zu folgen – und wer geächtet war, war rechtlos: Jeder durfte dem Verurteilten straflos Gewalt antun.
Josef Koller

INFO 3 Reichsacht

Luthers Landesherr, der einflussreiche sächsische Kurfürst *Friedrich der Weise*, erreichte, dass noch ein Schiedsgericht über den bereits verurteilten Kirchenkritiker stattfinden sollte. Es fand im April 1521 auf dem Reichstag in Worms in Gegenwart Luthers und Karls V. statt. Als Luther auch hier seine Glaubensvorstellungen nicht widerrief, verhängte der Kaiser die Reichsacht über ihn und seine Anhänger. Luther konnte Worms noch verlassen und wurde heimlich auf die Wartburg[3] bei Eisenach in Sicherheit gebracht. Er und seine Unterstützer wurden in Kursachsen nicht verfolgt, da die Reichsacht dort nicht zugestellt worden war.
Josef Koller

INFO 4 Die Reformation nimmt ihren Lauf

Nach Luther brauchte ein getaufter Christ niemanden, der zwischen ihm und Gott vermittelte – weder Päpste, Bischöfe, Priester, Mönche oder Nonnen – auch keine Heiligen. Seine schriftlich und mündlich verbreiteten Vorstellungen veränderten mithilfe seiner Anhänger das religiöse Leben in Stadt und Land. Geistliche, die am alten Glauben festhielten, wurden vertrieben und Klöster geschlossen. Mönche und Nonnen ergriffen neue Berufe und gründeten Familien. Auch Luther heiratete. Aus der 1525 geschlossenen Ehe mit der ehemaligen Nonne *Katharina von Bora* gingen drei Töchter und drei Söhne hervor.
Schon bald wandten sich auch zahlreiche Fürsten und Vertreter der Reichsstädte der **Reformation** zu, um die Glaubensfragen in ihrem Territorium festzulegen und kirchliche Aufgaben zu übernehmen. Dazu verwendeten sie das von ihnen eingezogene kirchliche Vermögen.
Josef Koller

Wie verläuft die Reformation?

① Beschreibe die Reaktion der Kirche auf Luthers Vorstellungen (INFO 1 bis 3).

Ein Mönch gegen Papst und Kaiser

M 2 Luther und Karl V. in Worms
Luther wird am 17. April 1521 auf dem Reichstag aufgefordert, seine Lehren zu widerrufen. Er bittet um einen Tag Bedenkzeit. Am folgenden Tag sagt er:

Wenn ich nicht durch das Zeugnis der Heiligen Schrift oder vernünftige Gründe überwunden werde – denn weder dem Papst, noch den Konzilien[1] allein vermag ich zu glauben, da es feststeht, dass sie wiederholt geirrt und sich selbst widersprochen haben […]. Und darum kann und will ich nichts widerrufen, weil gegen das Gewissen zu handeln weder sicher noch lauter ist. […]

Der Kaiser lässt am nächsten Tag folgendes Bekenntnis verlesen:

Denn es ist gewiss, dass ein einzelner Ordensbruder irrt mit seiner Meinung, die gegen die ganze Christenheit steht, sowohl während der vergangenen tausend und mehr Jahre als auch der Gegenwart; andernfalls wäre die ganze genannte Christenheit immer im Irrtum gewesen und würde es noch heute sein.

Volker Leppin (Hrsg.), Reformation. Kirchen- und Theologiegeschichte in Quellen, Bd. 3, Neukirchen-Vluyn 2005, S. 63 – 67, hier S. 65 f.

[1] **Konzil**: Versammlung hoher Vertreter der Kirche

M 3 Die Reformation „von unten"
Ein unbekannter Zeitgenosse berichtet 1522 aus Wittenberg:

Der Vorsteher der Kirche hat Katharina Falk geheiratet. Ein Mönch ist ein Schuster geworden und hat eine Bürgerstochter genommen. […] Der Rat zu Wittenberg hat den Mönchen gesagt, sie sollen ihre Klöster räumen […]. Die Pfarrkirche steht alle Tage zu; nur am Sonntag hält man eine deutsche Messe darin […]. Überall lassen die Mönche und Pfaffen ihre Haare wachsen und nehmen Frauen.

Nach: Ruth Kastner (Hrsg.), Quellen zur Reformation 1517 - 1555, Darmstadt 1994, S. 131 f. (stark vereinfacht)

Medientipps:
Zur Reformation allgemein und zu Luthers Verhör in Augsburg siehe 31062-35.
Filmtipp:
Das Luther-Tribunal. Zehn Tage im April, ZDF-Dokudrama; Regie: Christian Twente 2017

M 4 Luther auf dem Reichstag zu Worms vor Kaiser und Kurfürsten
Kolorierter Holzschnitt aus einem Geschichtsbuch von 1554
Auf dem Bild der Spruch: „Hier stehe ich, ich kann nicht anders, Gott helfe mir. Amen." Diese letzten Worte Luthers auf dem Reichstag sind am 18. April 1521 so nicht gefallen. Sie stammen von seinen Wittenberger Mitstreitern, die den Redetext ohne Luthers Zutun veränderten und in einer Flugschrift veröffentlichten.

M 5 Die Reformation „von oben"
Der Landgraf Philipp von Hessen notiert sich im Januar 1527 auf einem „Merkzettel", worauf er bei der Einführung der Reformation achten will.

Ferner ist zu berücksichtigen, dass man der Armen gedenke und zu diesem Zweck die Bruderschaften, Spitäler und Stiftungen heranziehe.
Ferner ist es nötig, mit dem Rat der Richter Aufsichtsbeamte einzusetzen, die überall gute Prediger einsetzen und die schlechten absetzen.
Ferner ist an die Spitäler zu gedenken.
Ferner ist hier in Marburg eine Universität zu errichten.
Ferner haben die Aufsichtsbeamten überall Schulen einzurichten und sie mit frommen und gelehrten Lehrern auszustatten und für deren Versorgung zu sorgen.

Zitiert nach: Margret Suchier, Das landesherrliche Kirchenregiment Philipps von Hessen, in: Praxis Geschichte H. 3/1990, S. 48

---

❷ Verfasst in Partnerarbeit einen Dialog zwischen einem Anhänger Luthers und einem Gefährten des Kaisers über den Wormser Reichstag (INFO 2, M2 und M4).

❸ Erkläre die Standpunkte Luthers und Kaiser Karls (M2).

❹ Erläutere die Auswirkungen der Reformation „von unten" und „von oben" (M3 und M5).

❺ Diskutiert die Zusammenarbeit von Kirche und Reich. Vergleicht sie mit den Verhältnissen in unserem Staat. Berücksichtigt dabei den Artikel 137 unseres Grundgesetzes. Ihr findet ihn z. B. im Internet.

1517: Luthers Thesen gegen den Ablass
1518: Verhör Luthers auf dem Reichstag in Augsburg
1521: Kirchenbann gegen Luther; Reichstag in Worms

5 Das konfessionelle Zeitalter

Neue Medien – neue Öffentlichkeit

M 1 „On Aplas von Rom kann man wol selig werden durch anzaigung der götlichen hailigen geschryfft" Titelholzschnitt (20 x 15 cm) einer Flugschrift eines unbekannten Autors, Augsburg 1520 (Ausschnitt)
Ein Mönch verliest von der Kanzel den Text einer Ablassurkunde. Im Hintergrund das Papstwappen (links vom Kreuz) und das Wappen der Medici für Papst *Leo X.* Ein Bauer kommt in die Kirche. Auf dem Tisch im Vordergrund liegen u. a. Geld und Ablasszettel, eine Art Spendenquittung.

Kartentipp:
Eine Karte zur Verbreitung der Druckerpressen in Europa um 1500 findest du unter **31062-36**.

Medientipp:
Eine Dokumentation zum Thema „Warum löste der Buchdruck Revolutionen aus?" findest du unter **31062-37**.

Internettipp:
Zahlreiche Flugblätter und -schriften sind heute digitalisiert. Hinweise dazu findest du unter **31062-38**.

INFO 1 Die erste Medienrevolution

Der um 1450 von *Gutenberg* erfundene *Buchdruck*[1] erwies sich als nützlich und gewinnbringend. Das sorgte für seine schnelle Verbreitung. Um 1500 gab es in über 150 europäischen Universitäts-, Bischofs- und Handelsstädten mehr als 1 000 Druckereien. Sie hatten bis 1500 etwa 30 000 unterschiedliche Titel in rund neun Millionen Exemplaren gedruckt, von denen weltweit heute noch eine halbe Million erhalten sind.
Mit dem Buchdruck änderte sich die Lesefähigkeit der Bevölkerung. Konnten Mitte des 15. Jhs. erst wenige Menschen lesen, so waren es Mitte des 16. Jhs. in den großen Städten bereits bis zu einem Viertel der Einwohner. Nur auf dem Lande blieb die Lesefähigkeit geringer. Damit hatte der Buchdruck die Wissens- und Informationsvermittlung ebenso grundlegend verändert wie die Meinungsbildung.
Klaus Dieter Hein-Mooren

---
[1] Zur Erfindung des Buchdrucks siehe S. 76 f.
[2] **Flugblätter** bestehen aus einem Blatt mit Bild (Holzschnitt) und Text, **Flugschriften** haben mindestens vier Seiten mit oder ohne Abbildungen.

INFO 2 Eine neue Öffentlichkeit entsteht

Für den Verlauf der **Reformation** war der Buchdruck sehr wichtig. **Luther** und seine Mitstreiter sowie ihre Gegner verbreiteten ihre Predigten, Lehren und Meinungen oft in Form von Flugschriften und -blättern[2]. Sie waren billig und erreichten gelesen oder vorgetragen die Menschen überall: zu Hause, auf dem Marktplatz und im Wirtshaus. Insgesamt erschienen zwischen 1501 und 1530 in den großen Reichsstädten und Druckzentren des Reiches, also in Augsburg, Wittenberg, Nürnberg, Straßburg, Leipzig, Erfurt, Basel und Zürich schätzungsweise 10 000 Flugblätter und -schriften.[3] Sie wurden nicht nur benutzt, um zu belehren und zu informieren, sondern auch, um religiöse Gegner – oft mithilfe von Spottbildern (*Karikaturen*) – zu verunglimpfen oder lächerlich zu machen.
Klaus Dieter Hein-Mooren

INFO 3 Neue Medien heute

Eine ähnliche revolutionäre, d. h. schnelle und umfassende Entwicklung wie der Buchdruck begann in den 1990er-Jahren mit dem *Internet*. Aber nicht jeder Aspekt ist vergleichbar: Die Lesefähigkeit ist heute größer, die technische Entwicklung schneller und die Verbreitung von Wissen, Informationen und Meinungen durch die *Digitalisierung* aller Medien wie Bücher, Bilder und Filme viel umfassender. Zudem können sich im Unterschied zum Buchdruck die Internetnutzer nicht nur informieren, sondern auch selbst Beiträge im Netz veröffentlichen. Blogs und Social Media können die Meinungen zahlloser Menschen in kurzer Zeit weltweit beeinflussen.[4] Die Folgen für Gesellschaft, Politik, Wirtschaft, Wissenschaft und Kultur sind tief greifend und nicht zu überschauen.
Josef Koller

---
[3] Geht man davon aus, dass von jeder Schrift etwa 1 000 Exemplare gedruckt wurden, dann sind zwischen 1501 und 1530 rund zehn Millionen Flugschriften verbreitet worden.
[4] Laut einer Schätzung nutzten 2017 rund 3,58 Milliarden Menschen weltweit das Internet. Bis 2021 soll die Zahl der Internetnutzer auf rund 4,1 Milliarden steigen.

Neue Medien – neue Öffentlichkeit

INFO 4 **Luther und das neue Medium**

Im Streit mit der alten Kirche und zur Verbreitung seiner Vorstellungen setzte Luther nach 1520 vor allem auf das gedruckte Wort. Bis 1525 lagen von ihm 287 verschiedene Schriften in über 1 700 Ausgaben vor. Mit ihnen forderte er Fürsten und Adel*, Bürger* und Bauern auf, ihn und seine Mitstreiter bei der Neuordnung der Kirche zu unterstützen.

Luthers wirkungsmächtigstes Werk wurde aber die Bibelübersetzung. Von 1522 bis 1534 hatte er mit einem Team daran gearbeitet. Bis 1546 wurden rund 100 000 Exemplare von dem mit Bildern illustrierten Werk verkauft. Damit war die Luther-Bibel erfolgreicher als alle vorherigen Ausgaben. Luthers Übersetzungen, Schriften und Lieder veränderten die Sprache im ganzen deutschen Sprachraum und wirken bis heute fort.

Klaus Dieter Hein-Mooren

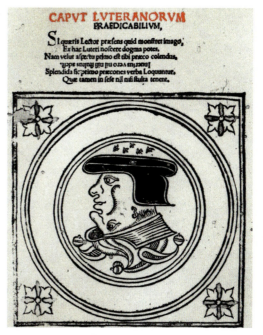

M 3 „CAPVT LVTERANORVM PRAEDICABILVM" („Das rühmenswerte Haupt der Lutheraner") Holzschnitt (26,5 x 16,0 cm) eines Flugblattes (Ausschnitt), um 1520/22
Der „Wendekopf" zeigt Luther gleich zweimal im Profil, wobei die Kinnlinie des einen Kopfes in die Nase des anderen einläuft.

M 2 Druckschriften prägen die Meinung
Der Kirchenhistoriker Thomas Kaufmann über den Druck von Flugschriften während der Reformation:

Seit dem Sommer 1519 [...] traten einzelne anonyme Verfasser von Flugschriften und Anhänger aus dem Laienstand auf, die Luther und seine Anliegen literarisch verteidigten. Im Laufe der kommenden Jahre wurde daraus eine immer breitere Bewegung. Die reformatorische Publizistik[1] erreichte um 1523/24 ihren quantitativen[2] Höhepunkt. In diesen beiden Jahren kamen jeweils etwa 2 000 verschiedene Druckschriften heraus, die sich zu der von dem Wittenberger „Ketzer" ausgehenden Lehre bekannten. Verteidiger der alten Kirche hingegen hatten es schwer; es gab kaum noch Druckereien, die ihre Schriften drucken, und kaum Abnehmer, die sie lesen wollten.

Thomas Kaufmann, Reformation. 100 Seiten, Stuttgart 2016, S. 49

[1] **Publizistik:** hier alle in Form von Druckschriften veröffentlichten Beiträge
[2] **quantitativ:** der Anzahl nach

Schritt für Schritt:
Flugblätter und -schriften untersuchen

Folgende Fragen sind für eine Untersuchung dieser Quellen* nützlich:
1. Wann und wo wurde die Flugschrift bzw. das Flugblatt veröffentlicht? Sind Verfasser und/oder Zeichner bekannt?
2. In welchem Zusammenhang steht die Veröffentlichung?
3. Um welches Thema geht es?
4. Was wird auf dem Titelbild dargestellt? Was bedeuten die Bildelemente?
5. Welche Absichten werden verfolgt? Was soll erreicht werden?

Welche Wirkungen haben die Medien – damals und heute? Erarbeitet zu dieser Frage eine kleine Ausstellung mit Plakaten.

1. Untersucht in Partnerarbeit die Holzschnitte M1 und M3 mithilfe von „Schritt für Schritt". Beachtet Überschriften, Bilder und Zeitangaben. Nutzt die Bilder und Untersuchungsergebnisse für die Plakate. (H)
2. Stellt in Partnerarbeit kurze Informationen über Blogs und Social Media für ein Plakat zusammen. Berücksichtigt ihre Funktion, ihre Vorteile und ihre Gefahren. Beachtet auch INFO 3.
3. Vergleicht Flugblätter und -schriften mit Blogs und Social Media. Wie haben die Medien Meinungen und Wissen verändert – damals und heute? Beachtet Verbreitung, Gestaltung, Wirkung und Manipulationsmöglichkeiten.
4. Verfasst dazu Vorträge für die Ausstellung.

- um 1450: Erfindung des Buchdrucks durch Gutenberg
- 1517: Beginn der Reformation
- ab 1520 Luther veröffentlicht zahlreiche Flugschriften
- 1523 -1534: Luther übersetzt mit einem Team die ganze Bibel neu

5 Das konfessionelle Zeitalter

Der Bauernkrieg

M 1 Fassade der Kramerzunft am Weinmarkt in Memmingen
Foto von 2010
Von hier aus sollen im Frühjahr 1525 die „12 Artikel der Bauern" (siehe M2) verbreitet worden sein.

Lesetipp:
Manfred Mai, Nichts als die Freiheit! Der Deutsche Bauernkrieg, München 2004

Medientipp:
Zum Bauernkrieg siehe auch **31062-39**.

[1] **Frondienst:**
Siehe S. 35, Anm. 2.
[2] **Reichsstände:**
Siehe S. 130, Anm. 1.
[3] **Leibeigenschaft:**
Siehe S. 35, INFO 2.

INFO 1 Der Aufstand der Bauern
Um 1500 lebte die große Mehrzahl der Menschen (ca. 80 Prozent; heute ca. drei Prozent) auf dem Lande. Während die Bevölkerung zunahm, konnten die landwirtschaftlichen Erträge kaum noch
5 gesteigert werden. Die Not nahm zu. Gleichwohl forderten die Grundherren von den Bauern höhere Abgaben und mehr Frondienste[1]. Zugleich schränkten sie immer häufiger die gemeinsame Nutzung der zu den Dörfern gehörenden Wälder, Wiesen
10 und Seen (*Allmende*) ein. Hinzu kamen immer neue Steuerforderungen der Landesherren. Die **reformatorischen** Predigten und Schriften lösten ab 1524 größere Unruhen auf dem Lande und in wenigen Städten aus. Je nach Region stellten die
15 Bauern Forderungen an ihre Grund- oder Landesherren. Als diese gar nicht darauf eingingen, begannen Bauernhaufen, Schlösser und Klöster zu plündern und niederzubrennen.
Josef Koller

INFO 2 Und Luther?
Wer von den Aufständischen geglaubt hatte, in **Luther** einen Verbündeten zu finden, wurde enttäuscht. Der Reformator tadelte zwar die Willkür der Fürsten, verurteilte aber die Gewalt der Bauern
5 gegen die seiner Meinung nach von Gott eingesetzten „Obrigkeiten" auf das Schärfste.
Josef Koller

INFO 3 Ende und Folgen
Die Landesherren waren zunächst wie gelähmt. Bald aber schlugen ihre Truppen die Aufstände nieder. Sie waren ohne gemeinsame Führung geblieben. Etwa 70 000 Menschen kamen ums Leben.
5 Die „Bilanz" des Bauernkrieges ist zwiespältig. In etwa einem Drittel der Aufstandsgebiete kamen danach Reformen in Gang. Sie verbesserten das Leben der Bauern etwas und sorgten für mehr Rechtssicherheit. Andererseits machen Historiker
10 darauf aufmerksam, dass das Ende des Bauernkrieges die politische Mitsprache der Bauern für viele Jahrhunderte verhinderte.
Josef Koller

M 2 Aus den „Zwölf Artikeln" der Bauern
Unter dem Einfluss eines Stadtpfarrers verfasst der Handwerker Sebastian Lotzer Ende Februar/Anfang März 1525 in Memmingen (Schwaben) die Forderungen der Bauern an den Zusammenschluss der schwäbischen Reichsstände[2].

1. Jede Gemeinde soll ihren Pfarrer selbst wählen und, wenn dieser sich ungebührlich verhalten sollte, wieder absetzen können.
2. Der Korn-Zehnt soll dem Unterhalt des Pfar-
5 rers und den Armen als Almosen dienen.
3. Die Leibeigenschaft[3] soll aufgehoben werden.
4. Der gemeine Mann soll das Recht haben, Wild, Geflügel und Fische zu fangen.
5. Die Waldungen, die bislang die geistlichen und
10 weltlichen Herren innehatten, sollen wieder von der Gemeinde genutzt werden.
6. Frondienste sollen auf ein erträgliches Maß reduziert werden. [...]

Zitiert nach: Manfred Mai, Der deutsche Bauernkrieg, Ravensburg 1992, S. 46 f.

Der Bauernkrieg

M 3 Luther gegen Müntzer

Der Historiker und Schriftsteller Manfred Mai lässt in seinem Jugendbuch über den Bauernkrieg Martin Luther und den Priester Thomas Müntzer, der sich 1518 der Reformation angeschlossen hatte, zu Wort kommen; er schreibt:

Im April reiste Martin Luther durch die Aufstandsgebiete und versuchte, den Aufstand einzudämmen. Er blieb jedoch erfolglos. Deshalb verfasste er die Schrift „Ermahnung zum Frieden". Er gab darin den Fürsten und Geistlichen die Schuld an den Aufständen, weil sie das Volk schinden, „bis es der arme, gemeine Mann nicht länger kann noch mag ertragen."
[...] Für die Forderungen der Bauern zeigte Luther Verständnis, aber im Gegensatz zu Müntzer nicht für die Art, wie sie ihre Forderungen durchsetzen wollten: „Christen sind Menschen, die nicht mit dem Schwert noch mit der Büchse streiten."
[...] Doch das war nicht die Botschaft, die die Leute hören wollten. Stattdessen folgten sie den Worten Thomas Müntzers: „Wie lange schlaft ihr noch? Fangt an und streitet den Streit des Herrn! Ganz Deutschland ist in Bewegung. [...] Nun dran, dran, dran, es ist Zeit! Lasst euch nicht erbarmen! Lasst euer Schwert nicht kalt werden, lasst es nicht lahm werden! Solange sie leben, könnt ihr nicht ohne Furcht sein. Dran, dran, nutzet den Tag! Gott gehet voran, folgtet, folget! Ihr braucht euch nicht zu fürchten, es ist nicht euer, sondern des Herrn Streit."
Unter der Fahne der Bauern, die einen Regenboten zeigte, zog Thomas Müntzer Ende April mit 9000 Mann los. Ohne auf Gegenwehr zu stoßen, stürmten sie zahlreiche Klöster und Pfarreien, Schlösser und Adelshöfe. [...]
Luther bezeichnete Müntzer nun als „falschen Propheten" und verfasste eine Flugschrift, in der er den Bauern vorwarf, gegen Gott und die Menschen zu sündigen, denn sie seien ungehorsam und aufrührerisch und verdienten den Tod als Strafe für ihre Verbrechen. „Eitel Teufelswerk betreiben sie. Dafür haben sie den Tod verdient an

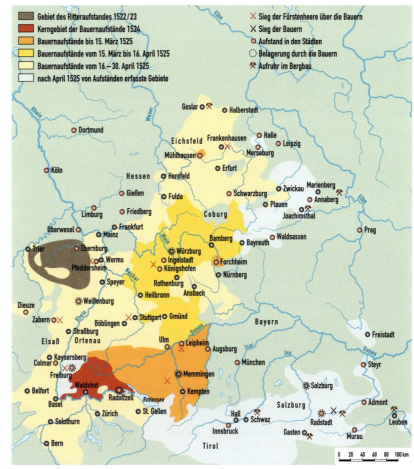

M 4 Die Bauernaufstände in Süd- und Mitteldeutschland

Leib und Seele" schrieb Luther. „Drum, liebe Herren, steche, schlage, würge wer da kann. Bleibst du drüber tot, wohl dir, einen seligeren Tod kannst du nimmermehr bekommen. Denn du stirbst im Gehorsam göttlichen Befehls."

Manfred Mai, Der deutsche Bauernkrieg, a. a. O., S. 65

Welche Bedeutung haben Religion und Politik im Bauernkrieg?

① Nenne die politischen und religiösen Motive der Bauern (INFO 1 und M2).

② Beschreibe Luthers Haltung im Verlauf des Bauernkrieges (INFO 2 und M3).

③ Der Jugendbuchauszug stellt die Positionen Luthers und Müntzers dar (M3). Erkläre sie und nimm dazu Stellung.

④ Diskutiert, ob die Fassadengestaltung (M1) angemessen an den Bauernkrieg erinnert. Berücksichtigt dabei INFO 3.

⑤ Beurteilt das Verhältnis von Religion und Politik im Bauernkrieg.

- 1517: Beginn der Reformation
- 1524/25: Bauernaufstände

5 Das konfessionelle Zeitalter

Eine konfessionelle Vielfalt entsteht

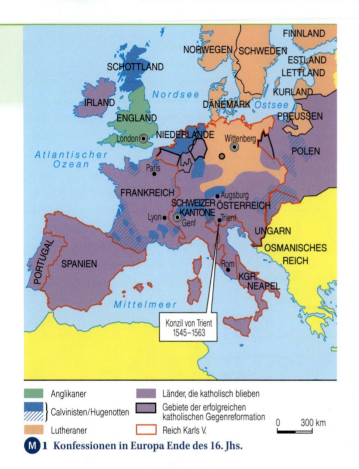

- Anglikaner
- Calvinisten/Hugenotten
- Lutheraner
- Länder, die katholisch blieben
- Gebiete der erfolgreichen katholischen Gegenreformation
- Reich Karls V.

M 1 Konfessionen in Europa Ende des 16. Jhs.

Kartentipp:
Eine Karte zu den reformatorischen Bekenntnissen im 16. Jh. siehe 31062-40.

[1] **Reichsstände**: dem Kaiser* direkt unterstellte geistliche und weltliche Herrscher, die über Territorien verfügten, sowie die Reichsstädte. Die Reichsstände hatten Sitz und Stimme im Reichstag und tagten in drei Kollegien (Kurien): dem Kurfürstenrat, dem Reichsfürstenrat und dem Rat der Reichsstädte.
[2] Siehe S. 125, M5.

INFO 1 Das Ende der Glaubenseinheit

Während Kaiser *Karl V.* und die katholischen Reichsstände[1] die Glaubenseinheit im Reich um jeden Preis beibehalten wollten, nutzten die **Luther** wohlgesonnen Reichsstände die **Reformation**, um in ihren Territorien ein evangelisches „Kirchenregiment" aufzubauen.[2] Als der Kaiser und die katholischen Reichsstände diese Entwicklung 1529 auf dem Reichstag in Speyer aufhalten wollten, protestierten die evangelischen Reichsstände mit der Begründung, die Minderheit müsse sich in Glaubensfragen nicht der Mehrheit beugen. Seitdem hießen die Evangelischen auch *Protestanten*. Auf dem Augsburger Reichstag von 1530 legten die evangelischen Fürsten und Reichsstädte eine von *Philipp Melanchthon*, dem wichtigsten Mitstreiter Luthers, zusammengefasste Lehre vor: das *Augsburger Bekenntnis*. Es bildete fortan die Grundlage des evangelischen Glaubensverständnisses.

1546 versuchten die Anhänger des Kaisers, die religiöse Einheit mit Waffengewalt zu erzwingen. Ihr Versuch scheiterte trotz Sieg. Erst 1555 wurde der Konflikt zwischen Katholiken und Protestanten mit dem *Augsburger Religionsfrieden* beigelegt. Danach sicherten sich die Reichsstände das Recht zu, ihre Religion in ihren Territorien frei wählen zu können. Ihre Untertanen mussten sich ihren Entscheidungen anschließen – oder das Land verlassen. Der entsprechende Rechtsgrundsatz lautete: „Cuius regio, eius religio": „Wessen das Land, dessen die Religion".

Klaus Dieter Hein-Mooren

INFO 2 Gegen die Reformation

Die katholische Kirche reagierte auf die Entwicklung mit einer *Gegenreformation*. Auf dem *Konzil von Trient*, das zwischen 1545 und 1563 tagte, verwarf man erneut die evangelisch-lutherische Konfession, fasste das eigene Glaubensverständnis nochmals zusammen und bestätigte die Autorität des Papstes sowie die priesterliche Ehelosigkeit (*Zölibat*). Zugleich brachte das Konzil wichtige Reformen auf den Weg. So wurden beispielsweise der Ämterkauf und die Ämterhäufung von Geistlichen untersagt, der Ablassmissbrauch verboten und eine bessere Ausbildung der Priester beschlossen. Der 1534 von *Ignatius von Loyola* gegründete Jesuitenorden verbreitete und sicherte die beschlossenen Kirchenreformen.

Klaus Dieter Hein-Mooren

INFO 3 Die Reformation bleibt nicht stehen

Dänen, Schweden, Norweger und Finnen übernahmen Luthers **Reformation**. In der Schweiz entwickelten *Huldrych Zwingli* und *Johannes Calvin* eigene reformatorische Lehren. Ihnen ging es vor allem um die Einheit von Bürger- und Kirchengemeinde. 1549 schlossen sich die Anhänger Zwinglis und Calvins zu den *Reformierten* zusammen. Sie wurden in Frankreich *Hugenotten* genannt. In England entstand eine *anglikanische Staatskirche*. Sie war eine Mischung aus katholischer Tradition und calvinistisch-reformierten Auffassungen.

Klaus Dieter Hein-Mooren

Eine konfessionelle Vielfalt entsteht

M 2 Zwinglis Regeln
In Zürich werden 1530 folgende Regeln für die Gemeinde erlassen:

Wir gebieten, dass jedermann ohne Ausnahme, der sich nicht durch Krankheit oder andere redliche Gründe bei der Gemeinde oder beim Pfarrer entschuldigen kann, alle Sonntage bei guter Zeit zur Kirche gehe und bis zu Ende verbleibe.
Kein Wirt darf Einheimischen an Sonn- und Feiertagen vor der Kirche Speise und Trank geben. Kein Einheimischer soll sich nachts nach 9 Uhr mehr im Wirtshause finden lassen, auch dürfen nach dieser Zeit keine Schlaftrünke außer dem Hause verabreicht werden, Kranke vorbehalten [...]. Weil das Spiel, wie unsere biederen Landleute klagen, die meiste Ursache aller Winkelwirtschaften, Frevel und anderer Unfuge ist, so haben wir auf das Ansuchen unserer Landleute alle Spiele verboten, es sei mit Karten, Würfeln, Brettspiel, Kegeln, Wetten usw.

Zitiert nach: Hermann Schuster (Hrsg.), Quellenbuch zur Kirchengeschichte, Bd. I/II, Frankfurt a. M. ⁹1976, S. 120 f.

M 3 Huldrych Zwingli (1484 - 1531) Gemälde von Hans Asper, 1531/32

M 4 Aus Calvins Kirchenordnung
Calvin nennt in seiner Genfer Kirchenordnung von 1541 vier Ämter, die es in jeder Kirchengemeinde geben müsse: Pastoren, Lehrer, Älteste[1] und Diakone[2]. Zur Funktion der Pastoren und Ältesten heißt es:

Aufgabe der Pastoren ist es, das Wort Gottes zu verkünden, um zu belehren, zu ermahnen, zu verweisen und zu tadeln, öffentlich und privat, die Sakramente[3] zu verwalten und [...] die brüderlichsten Bestrafungen vorzunehmen [...].
Aufgabe der Ältesten ist es, auf das Leben jedes Einzelnen zu achten, im Guten diejenigen zu ermahnen, die Fehler gemacht haben oder die ein unordentliches Leben führen, wenn nötig der Gemeindeaufsicht Bericht zu erstatten und, wenn nötig, zusammen mit den Pastoren zu bestrafen.

Zitiert nach: Adolf Bucher / Walter Schmid, Reformation und katholische Reform 1500 - 1712, Aarau 1958, S. 30 (vereinfacht)

---

[1] **Älteste**: zwölf ausgewählte Männer „von ehrbarem Lebenswandel", die zugleich Mitglieder des Genfer Stadtrates waren
[2] **Diakon**: Kirchenamt; Diakone kümmern sich um die Armen und Kranken einer Gemeinde
[3] **Sakramente**: Taufe und Abendmahl; das Abendmahl wird nur vier Mal im Jahr gefeiert.

M 5 Johannes Calvin (1509 - 1566) Gemälde eines unbekannten Künstlers, 16. Jh. (Ausschnitt)

M 6 Ignatius von Loyolas Gewissheiten
In einem Brief aus den 1550er-Jahren schreibt der Gründer des Jesuitenordens:

Die katholische und apostolische[1] Kirche hat sich in Fragen des Glaubens niemals geirrt. Sie hat auch niemals irren können. Diese Wahrheit ist hell leuchtend und felsenfest im Zeugnis der heiligen Schriften enthalten und wird von der Autorität der rechtgläubigen Kirchenväter gestützt [...].
Es gibt drei Arten zu gehorchen: die eine, wenn man im Namen Gottes feierlich befiehlt; und die ist gut.
Die zweite, wenn man mir einfach vorschreibt, das zu tun, und die ist besser.
Die dritte, wenn ich auf ein bloßes Zeichen des Oberen hin handle, obschon er mir weder befiehlt noch vorschreibt, und die ist die vollkommenste.

Zitiert nach: Ernst Walter Zeeden, Das Zeitalter der Gegenreformation, Freiburg i. Br. 1967, S. 129 und 139

---

[1] **apostolisch**: Jesus Christus beauftragte seine zwölf Jünger, als Apostel (Sendboten) die frohe Botschaft (Evangelien) zu verkünden.

M 7 Ignatius von Loyola (1491 - 1556) Gemälde von Giacomo del Conte, 1556

Medientipps:
Zu den verschiedenen Bekenntnissen siehe **31062-41**.

Wie prägen die Konfessionen Europa – damals und heute?

1. Beschreibe die Entwicklung der Konfessionen (INFO 1 bis 3 und M2, M4 und M6).
2. Wertet die Entwicklung der Konfessionen aus (INFO 1 bis 3 und M2, M4 und M6) aus. Stellt euch gegenseitig die Ergebnisse vor.
3. Nimm Stellung zu den Vorschriften und Regeln (M2 und M4).
4. Vergleiche das religiöse Nebeneinander im 16. Jh. mit der Situation in Deutschland heute. Siehe dazu auch S. 120, M2.

- 1517: Beginn der Reformation
- 1534: Gründung des Jesuitenordens
- 1545 - 1563: Das Konzil von Trient beschließt Reformen der katholischen Kirche

5 Das konfessionelle Zeitalter

Der Dreißigjährige Krieg

M 1 Der „Prager Fenstersturz" Titelholzschnitt aus einer Zeitung des Jahres 1618
Protestantische Abgesandte der böhmischen Ständeversammlung warfen am 23. Mai 1618 zwei katholische kaiserliche Statthalter und ihren Sekretär aus einem Fenster der Prager Burg (siehe S. 121, M7). Die drei Männer überlebten den Sturz aus 15 bis 20 Metern Höhe.

Lesetipps:
- Harald Parigger, Land in Flammen. Ein Leben im Schatten des Dreißigjährigen Krieges, Würzburg 2019
- Tilman Röhrig, In 300 Jahren vielleicht, Würzburg: Neuausgabe 2017

Internettipp:
Weitere Informationen zum Dreißigjährigen Krieg findest du unter **31062-42**.

[1] 1608 schlossen sich einige protestantische Reichsstände (siehe S. 130, Anm. 1) zu einem militärischen Bündnis zusammen: der *Union*. Im Gegenzug verbündeten sich die katholischen Reichsstände in der *Liga*.

[2] **Söldner**: gegen Bezahlung (Sold) für eine bestimmte Zeit angeworbener Soldat

INFO 1 Vom Neben- zum Gegeneinander
1609 hatten die Protestanten Böhmens von dem katholischen Kaiser *Rudolph II.* aus dem Hause Habsburg, der zugleich König von Böhmen war, die Religionsfreiheit zugestanden bekommen. Als sein Nachfolger *Ferdinand II.* Böhmen wieder katholisch machen wollte, übernahmen 1618 die protestantischen Ständevertreter die Regierungsgewalt, stellten ein eigenes Heer auf und wählten eigenmächtig den calvinistischen **Kurfürsten** *Friedrich V. von der Pfalz* zu ihrem König. Das nahmen die Habsburger nicht hin. Während der Pfälzer kaum unterstützt wurde und sich die protestantische Union[1] nicht in den Konflikt einmischen wollte, fanden die Habsburger breite Unterstützung gegen die Aufständischen: Spanien gab Geld und die Fürsten Bayerns und Kursachsens stellten Söldner[2]. Während der bayerische Herzog *Maximilian I.* als Gegenleistung vom Kaiser die protestantische Oberpfalz und die pfälzische Kurwürde forderte, wollte der lutherische Kurfürst von Sachsen seinen Besitz sichern. In der *Schlacht am Weißen Berg* bei Prag siegten 1620 die kaiserlichen Truppen unter bayerischer Führung. Der „Winterkönig", wie man Friedrich V. spöttisch nannte, floh nach England. Die Aufständischen wurden hingerichtet und Böhmen wieder katholisch. 150 000 Protestanten mussten ihre Heimat verlassen.
Klaus Dieter Hein-Mooren

INFO 2 Der Krieg wird europäisch
Nach dem Sieg in Böhmen begannen kaiserliche Truppen auch protestantische Gebiete in Norddeutschland zu unterwerfen. Gegen den Machtzuwachs der Habsburger waren aber nicht nur Fürsten des Heiligen Römischen Reiches, sondern auch ausländische Mächte wie Dänemark, England, die Niederlande, Schweden und Frankreich. 1630 trat der protestantische König *Gustav Adolf* von Schweden mit Unterstützung des katholischen Frankreichs in den Krieg ein. Er wollte die Vorherrschaft Schwedens in Nordeuropa sichern. Frankreich dagegen kämpfte gegen die Habsburger, um seine Vormacht über Mitteleuropa auszubauen.
Klaus Dieter Hein-Mooren

M 2 Warum findet der Krieg kein Ende?
Für den Politikwissenschaftler Herfried Münkler ist der Dreißigjährige Krieg nicht nur ein Religionskrieg gewesen, sondern auch Ständeaufstand, Staatenkrieg, Bürgerkrieg und Kampf um die Vorherrschaft in Europa. In einem 2017 veröffentlichten Buch schreibt er:

Die Vermischung der unterschiedlichen Kriegstypen war es, die es so ungemein schwierig gemacht hat, den Krieg zu beenden. Wäre es nur darum gegangen, mit Waffengewalt die Frage zu klären, ob ein bestimmter Landstreifen oder eine Region zu diesem oder jenem Herrscher gehörten, so hätte sich das in einer Entscheidungsschlacht der beiden Konkurrenten schnell klären lassen. Da aber im Dreißigjährigen Krieg die Probleme der unterschiedlichen Kriegstypen noch hinzukamen, war keine Schlacht ausreichend, um von den kriegsführenden Parteien als Entscheidung anerkannt zu werden.

Herfried Münkler, Der Dreißigjährige Krieg. Europäische Katastrophe, deutsches Trauma 1618-1648, Berlin 2017, S. 29 f.

Ist der Dreißigjährige Krieg ein Religionskrieg?

1. Beschreibe und deute M1 mithilfe von INFO 1.
2. Beurteile die Bedeutung von Religion und Politik für den Kriegsverlauf (INFO 1, 2 und M2).

Der Dreißigjährige Krieg

INFO 3 **Not und Elend**

Der **Dreißigjährige Krieg** (1618-1648) bestand aus mehreren Kriegszügen. Die Kriegsführung mit modernen Feuerwaffen und schweren Kanonen erhöhte die Zahl der Opfer. Die Menschen starben nicht nur im Kampf, sondern auch an den Kriegsfolgen wie Ernteausfällen, Hunger und Seuchen. Die Eintreibung der hohen Kriegskosten vergrößerte das Leid. Abgaben wurden von Freund und Feind erpresst oder mit Gewalt geholt. Erhielten die Söldner nicht den versprochenen Sold, zogen sie plündernd, folternd und mordend durch das Land. Wer konnte, flüchtete aus den Kriegsgebieten.

Klaus Dieter Hein-Mooren

M 3 Ein Söldner berichtet
Der Söldner Peter Hagendorf berichtet aus den Jahren 1634 und 1635:

Sind gezogen nach Nürnberg, nach Donauwörth, nach Augsburg, nach Friedberg. […] Sind gezogen nach Freising, über die Isar, nach Landshut. Das haben wir beschossen und mit stürmender Hand eingenommen.

Hier sind wir 8 Tage stillgelegen, haben die Stadt ausgeplündert. Hier habe ich als meine Beute ein hübsches Mädelein bekommen und 12 Taler an Geld, Kleider und Weißzeug[1] genug. Wie wir sind aufgebrochen, habe ich sie wieder nach Landshut geschickt. […]

Am 7. September im Jahr 1634 sind wir von dem Berg bei Bopfingen gezogen nach Nördlingen, die Kaiserlichen angegriffen. Da haben wir den ersten Tag sie getrieben. Den andern Tag ist die Schlacht recht angegangen. Die Spanier haben uns großen Schaden getan, denn diesen Tag ist die ganze schwedische Armee geschlagen worden, zu Fuß und zu Pferd. Die Spanier haben alles niedergemacht.

In diesem Jahr, den 23. Januar 1635, habe ich mich mit der ehrentugendsamen Anna Maria Buchlerin, des Martin Buchlers Tochter, verheiratet. Der liebe Gott erhalte uns bei langwährender Gesundheit.

Zitiert nach: Jan Peters (Hrsg.), Peter Hagendorf – Tagebuch eines Söldners aus dem Dreißigjährigen Krieg, Göttingen 2012, S. 109, 111 und 113

[1] **Weißzeug**: Wäsche aus Leinen

M 4 „Der geharnischte Reiter"
Radierung (13,5 x 11 cm) von Hans Ulrich Franck aus Augsburg, 1643

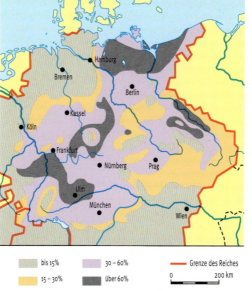

M 5 Bevölkerungsrückgang im Reich

Schätzungen gehen davon aus, dass vor dem Krieg rund 20 Millionen und nach dem Krieg etwa 16 bis 17 Millionen Menschen im Heiligen Römischen Reich lebten. Auf dem Lande wird der Bevölkerungsverlust auf etwa 40 Prozent und in den Städten auf rund 33 Prozent geschätzt.

Welche Auswirkungen hat der Dreißigjährige Krieg auf Land und Leute?

1. Erstelle mithilfe von M3 bis M5 eine Mindmap über die Auswirkungen des Krieges. Berücksichtige INFO 3.
2. Untersuche M5 und beschreibe, welche heutigen Bundesländer von dem Bevölkerungsrückgang besonders stark betroffen waren.
3. Recherchiert in Gruppen, ob es immer noch Kriege gibt, in denen Religion eine Rolle spielt. Schätzt die Bedeutung des Glaubens in diesen Konflikten ein. Beachtet dazu M2.

1555: Augsburger Religionsfrieden • 1618-1623: Böhmisch-Pfälzischer Krieg • • 1623-1630: Niedersächsisch-Dänischer Krieg
• 1630-1634: Schwedischer Krieg
• 1635-1648: Schwedisch-Französischer Krieg

5 Das konfessionelle Zeitalter

Der Westfälische Friede

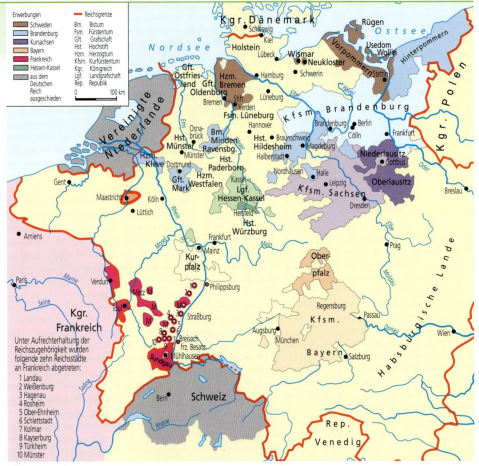

M 1 Das Heilige Römische Reich Deutscher Nation nach dem Westfälischen Frieden 1648
Es bestand weiterhin aus mehr als 300 geistlichen und weltlichen Fürsten, Prälaten (Würdeträger der christlichen Kirche), Grafen, reichsunmittelbaren Herren sowie Vertretern von Ritterorden und Freien Städten und Reichsstädten.

[1] **Reichsstände:** Siehe S. 130, Anm. 1.

INFO 1 Ein europäischer Friedenskongress

Noch während Schlachten geschlagen wurden, begannen 1641 Friedensverhandlungen. Sie dauerten bis 1648 und wurden ab 1643 im katholischen Münster und im protestantischen Osnabrück geführt. Auf dem ersten großen Friedenskongress der **Neuzeit** verhandelten Abgesandte aus 16 europäischen Staaten, 140 Reichsständen[1] und 38 weitere Herrschaftsträger über Gebietsansprüche, konfessionelle und politische Fragen. Am 24. Oktober 1648 wurden die ausgehandelten Verträge unterzeichnet: in Osnabrück zwischen dem Kaiser*, den Reichsfürsten und Schweden und in Münster zwischen Kaiser, Reichsfürsten und Franzosen.

Der **Westfälische Friede** wurde nur durch Gebietsabtretungen, die Bestätigung Frankreichs und Schwedens als Garantiemächte für das Reich sowie die endgültige Anerkennung der Schweiz und der Niederlande als unabhängige Staaten möglich. Der Abzug der Truppen aus dem Reich und die Höhe der Entschädigungszahlungen konnten erst in den beiden folgenden Jahren auf Kongressen in Nürnberg und Augsburg geregelt werden.

Der Westfälische Friede schuf die Grundlagen einer bis 1806 bestehenden europäischen Staatenordnung. Einen dauerhaften Frieden schuf er aber nicht.

Klaus Dieter Hein-Mooren

INFO 2 Neue Regeln

Mit den Friedensverträgen erhielt das Reich eine neue Verfassung*. Erstens regelte sie das Neben- und Miteinander von Katholiken, Protestanten und Reformierten (*Calvinisten*) im Reich. Das bedeutete das Ende der Religionskriege im Reich. Zweitens wurde Bayern endgültig die Kurwürde übertragen. Damit hatte das Reich statt sieben nun acht **Kurfürsten**. Drittens ordnete der Vertrag das Verhältnis zwischen dem Kaiser und den Reichsständen. Die Unabhängigkeit (*Souveränität*) der Reichsstände wurde bestätigt. Sie durften eine eigene Außenpolitik betreiben, Bündnisse schließen und Kriege führen, wenn sie sich nicht gegen Kaiser und Reich richteten. Dagegen brauchte der Kaiser bei Angelegenheiten des Reiches wie Reichssteuern oder Kriegserklärungen die Zustimmung der Reichsstände. Viertens wurden gemeinsame Einrichtungen des Reiches erneuert und bestätigt: der Immerwährende Reichstag in Regensburg und das Reichskammergericht in Speyer (später Wetzlar).

Klaus Dieter Hein-Mooren

Der Westfälische Friede

M 2 „Beide Seiten gewähren …"
Die am 24. Oktober 1648 in Osnabrück und Münster unterzeichneten und einen Tag später verkündeten Friedensverträge enthalten folgenden übereinstimmenden Artikel II:

Beide Seiten gewähren einander immerwährendes Vergessen und Amnestie[1] alles dessen, was seit Beginn der Kriegshandlungen an irgendeinem Ort und auf irgendeine Weise von dem einen
5 oder anderen Teil, hüben wie drüben, in feindlicher Absicht begangen worden ist, und zwar in der Weise, dass einer dem anderen weder aus dem einen noch aus dem anderen Grund oder Vorwand künftig irgendwelche feindselige Hand-
10 lungen, Streitigkeiten oder Belästigungen zufügt […]; vielmehr sollen alle insgesamt und einzeln auf beiden Seiten – sowohl vor dem Kriege als auch im Kriege – mit Worten, Schriften oder Taten zugefügten Beleidigungen, Gewalttaten,
15 feindselige Handlungen, Schäden und Unkosten ohne Ansehen der Person oder Sachen in der Weise gänzlich gegeneinander aufgehoben sein, auf dass alles, was deshalb die eine von der anderen Partei fordern könnte, immerwährendem
20 Vergessen anheimgegeben sei.

Zitiert nach: www.pax-westphalica.de/ipmipo (übersetzt von Arno Buschmann; Zugriff: 16. 11. 2018)

M 3 Gleiche Rechte der Konfessionen
Die Friedensverträge vom 24. Oktober 1648 halten fest:

Artikel V: Da die Beschwerden, die von den Kurfürsten, Fürsten und Ständen des Reiches beider Konfessionen erhoben wurden, die eigentliche Ursache gewesen sind und den Anlass zum ge-
5 genwärtigen Kriege geliefert haben, wurde hierüber folgende Übereinkunft getroffen: […]
Artikel V,1: Der […] im Jahre 1555 geschlossene Religionsfriede […] soll mit allen seinen Artikeln […] als gültig anerkannt und als heilig und unver-
10 letzlich eingehalten werden […]. […] In allen übrigen Punkten aber soll zwischen sämtlichen Kurfürsten, Fürsten und Ständen beider Bekenntnisse vollständige und gegenseitige Gleichheit […] herrschen, und […] alle Gewaltanwendung […]
15 zwischen beiden Parteien für immer untersagt sein […].

Artikel V,35: Ob die Untertanen aber katholischen Glaubens oder Augsburgischer Konfes-
20 sion sind, sollen sie doch nirgends wegen ihres Bekenntnisses verachtet und auch nicht aus der Gemeinschaft der Kaufleute, Handwerker
25 und Zünfte […] ausgeschlossen […] werden […].
Artikel VII,1: Mit einhelliger Zustimmung der Kaiserlichen Majestät und aller Reichsstände ist
30 außerdem bestimmt worden, dass alle Rechte oder Vergünstigungen […] auch denen zukommen sollen, die als Reformierte[2] bezeichnet werden. […]
Artikel VII,2: Außer den zuvor erwähnten Be-
35 kenntnissen soll jedoch im Heiligen Römischen Reich kein anderes angenommen oder geduldet werden.

Zitiert nach: www.pax-westphalica.de/ipmipo (übersetzt von Arno Buschmann; Zugriff: 16. 11. 2018)

M 4 Religionsfreiheit – ein Grundrecht
Artikel 4 unseres Grundgesetzes lautet:

(1) Die Freiheit des Glaubens, des Gewissens und die Freiheit des religiösen und weltanschaulichen Bekenntnisses sind unverletzlich.
(2) Die ungestörte Religionsausübung wird ge-
5 währleistet.

www.gesetze-im-internet.de/gg/art_4.html (Zugriff: 16. 11. 2014)

M 5 „PAX OPTIMA RERVM"
(„Der Friede ist das Beste aller Dinge") Rückseite einer in Münster geprägten Medaille (Ø 4,14 cm), 1648
Die drei Tauben verweisen auf die drei Hauptvertragspartner des Westfälischen Friedens: den römisch-deutschen Kaiser, den König von Frankreich und die Königin von Schweden. Krone und Zepter auf dem Kissen stehen für ihre Landesherrschaft.

[1] **Amnestie**: Erlass von Strafen
[2] **Reformierte**: Calvinisten

Welche Bedeutung hat der Westfälische Friede?

① Beschreibe das Zustandekommen der Verträge (INFO 1).
② Erkläre Artikel II des Vertrages (M2). Inwiefern war er eine Voraussetzung für den Frieden?
③ Stelle die religiösen und die politischen Regelungen dar (INFO 2).
④ Beurteile die konfessionellen Regelungen des Vertrages für das Zusammenleben der Menschen (INFO 2 und M3). Vergleiche sie mit heute (M4).
⑤ Deute die Symbolik der Schaumünze (M5). Beachte dabei die biblische Bedeutung der Taube.
⑥ Nimm Stellung zu der Frage, ob der Westfälische Friede als Vorbild für die Lösung gegenwärtiger Kriege dienen kann.

1608: Protestantische Landesfürsten gründen eine „Union" | 1609: Katholische Landesfürsten gründen eine „Liga" | 1618: „Prager Fenstersturz" | 1648: Westfälischer Friede
Dreißigjähriger Krieg

Treffpunkt Geschichte

Hexenwahn

M 1 „Hexen brauen ein Unwetter"
Holzschnitt von 1489/90

Filmtipp:
Die Seelen im Feuer; Regie: Urs Egger, 2015

Lesetipps:
- Harald Parigger, Die Hexe von Zeil, München 2002
- Christoph Daxelmüller, Zauberer, Hexen und Magie, Nürnberg 2018

Internettipp:
Weitere Informationen über Hexenprozesse in Bayern findest du unter **31062-43**.

INFO Gegen die Hexerei

Zu Beginn der **Neuzeit** glaubten viele Christen an die Unheil bringende Macht des Teufels: die *Hexerei*. In katholischen, evangelischen und reformierten Regionen wurden daher Menschen wegen Hexerei verfolgt.

Die Forschung geht heute von über 100 000 Verfahren und etwa 40 000 Hinrichtungen in Europa aus. Der Höhepunkt der Hexenverfolgungen im Heiligen Römischen Reich lag zwischen 1570 und 1630. Betroffen waren Kinder, Frauen und Männer aus allen sozialen Schichten. Noch im 18. Jh. fanden einzelne Hexenprozesse statt.

Klaus Dieter Hein-Mooren

M 2 Die „Hexenbulle"

1484 erlässt Papst Innozenz VIII. die sogenannte „Hexenbulle":

Uns ist neuerdings zu unserem nicht geringen Leidwesen zu Ohren gekommen, dass [...] eine große Anzahl von Personen beiderlei Geschlechts, des eigenen Heiles vergessend und vom katholischen Glauben abfallend, mit [...] Teufeln Unzucht treiben und mit ihren Zaubersprüchen, Beschwörungen und Verschwörungen sowie anderen abscheulichen abergläubischen Handlungen und zauberischen Übertretungen Verbrechen und Vergehen bewirken, dass sie Geburten der Frauen, die Jungen der Tiere, die Feldfrüchte, die Weintrauben und die Früchte der Bäume sowie auch Männer, Frauen, Zugtiere, Kleinvieh, Schafe und [...] die Weinberge auch, die Obstgärten, Wiesen, Weiden und das Korn sowie andere Erzeugnisse des Bodens verderben, ersticken und umbringen. Und sie belegen die Männer, die Frauen, das Groß- und Kleinvieh und die Lebewesen mit grausamen inneren und äußeren Schmerzen und Qualen und peinigen sie [...].

Zitiert nach: Peter Segl, Als die Ketzer fliegen lernten. Über den Hexen„wahn" im Mittelalter, Abensberg 1991, S. 8

M 3 „Straff der zauberey"

Unter Kaiser Karl V. erscheint 1532 das erste allgemeine Strafgesetzbuch des Heiligen Römischen Reiches („Peinliche Halsgerichtsordnung"). Es sieht die Anwendung der Folter („peinlich frag") vor, um Geständnisse zu erzwingen. Paragraf 109 geht auf die Bestrafung der „Zauberei" ein:

Fügt jemand den Leuten durch Zauberei Schaden oder Nachteile zu, soll er mit dem Tode bestraft werden, und die Strafe solle durch das Feuer vollstreckt werden.

Zitiert nach: Wolfgang Behringer (Hrsg.), Hexen und Hexenprozesse in Deutschland, München 1988, S. 124 (vereinfacht)

M 4 Klima und Hexenwahn

Der Historiker Wolfgang Behringer sieht einen mittelbaren Zusammenhang zwischen den Auswirkungen der Klimaverschlechterungen und den Hexenverfolgungen; er schreibt:

Besonders betroffen waren die Weinbaugebiete wie Mainfranken, wo die regionale Wirtschaft zu einem guten Teil von diesem Edelprodukt abhing. Doch nicht nur die empfindlichen Rebstöcke, sondern auch das Getreide und die Obstbäume nahmen bei dieser Kälte im fortgeschrittenen Agrarjahr schwere Schäden. Nach Ansicht der Bevölkerung ging dies nicht mit rechten Dingen zu. Die Quellen* sagen sehr eindeutig, dass die Obrigkeit auf Verlangen der Bevölkerung mit den Hexenverfolgungen begann. [...]
Immer wieder kam man in den Verhören auf das Initialereignis des großen Frostes Ende Mai 1626 zurück, der die ganze Region ins Elend gestürzt hatte. Angetrieben wurde die Verfolgung aber auch dadurch, dass die nächsten Jahre nicht besser wurden. Besonders das Jahr 1628 gehörte zu den entsetzlichen „Jahren ohne Sommer", wo es fast ununterbrochen regnete und die Sonne kaum zum Vorschein kam. Kälte und Feuchtigkeit war für Wein und Weizen die ungünstigste Witterung überhaupt, ebenso für die Psyche der Menschen.

Wolfgang Behringer, Klimageschichte, Hexenverfolgung und Industrielle Revolution [...], in: Bärbel Kuhn / Astrid Windus (Hrsg.), Umwelt und Klima im Geschichtsunterricht, St. Ingbert 2013, S. 32 (ohne Anm.)

Neuzeit

Hexenwahn

M 5 Der Fall der Kunigunde Sterzl

Die 76-jährige Kunigunde Sterzl wird aufgrund von 17 Anzeigen anderer Frauen und Männer 1620 in Eichstätt verhaftet, verhört und am 18. Juli 1620 hingerichtet. Grundlage der folgenden Ausführungen sind die Prozessakten.

Am Freitag, den 8. Mai 1620 wird Kunigunde verhaftet und morgens um 9 Uhr der Malefizkommission[1] vorgeführt. Sie schwört bei Gott, dass sich nichts von Hexerei wisse und unschuldig sei. Daraufhin wird das Verhör im Beisein aller Kommissare in der Folterkammer fortgesetzt. Der Scharfrichter[2] […] beginnt mit der Folter […]. Dazu fesselt er ihre Hände hinter dem Rücken und zieht sie daran mit einem Seil in die Höhe. In diesem Zustand wird das Verhör fortgesetzt. Als sie bittet, herabgelassen zu werden, wird sie auf den „Stock gesetzt", vermutlich ein Folterstuhl mit Daumen- und Zehenschrauben, und weiter befragt. […] Am Nachmittag wird das Verhör durch gütliche Befragung fortgesetzt, aber Kunigunde beteuert weiterhin ihre Schuldlosigkeit. Am nächsten Morgen legt sie ein erstes Geständnis ab und gibt zu, sich ungefähr zehn Jahre zuvor mit dem Teufel in Gestalt eines Bauern gegen Geld eingelassen und Gott verleugnet zu haben. Nachdem sie am dritten Verhörtag keine weiteren Untaten zugeben will, wird sie am vierten Verhörtag durch Auspeitschen mit der Rute zu weiteren Geständnissen gebracht. Sie gibt zu, an einem Hexentanz […] teilgenommen und sich dort dem Teufel erneut hingegeben zu haben. Auch sei sie dort vom Teufel getauft worden und hätte schwarzes Pulver von ihm erhalten mit dem Auftrag, dieses zum Schaden von Mensch und Vieh anzuwenden. […]
An sechs weiteren Verhörtagen gibt sie alle Schadenszaubereien zu, wegen denen sie angezeigt worden ist […].
Als sie aufgefordert wird, Komplizinnen und Komplizen zu benennen, nennt sie die Namen von insgesamt 59 Personen (53 Frauen, 6 Männer), die bei diesen nächtlichen Zusammentreffen dabei gewesen sein sollen.

Heinrich Stürzl, Der Fall der Kunigunde Sterzl – Ein Eichstätter Hexenprozess von 1620 mit standardisiertem Todesurteil, in: Blätter des Bayerischen Landesvereins für Familienkunde, 76. Jg. (2013), S. 292 - 294

M 7 „So sind wir schließlich alle Zauberer"

Ohne seinen Namen zu nennen, kritisiert der Jesuit Friedrich Spee von Langenfeld die Hexenprozesse 1631 in einer Schrift:

Man kann nicht alles Ärgernis aus der Welt schaffen, man muss vieles geschehen lassen, was sich nicht gut ändern lässt. Es ist besser, dreißig und noch mehr Schuldige laufen zu lassen, als auch nur einen Unschuldigen zu bestrafen […]. Deshalb […] halte ich es durchaus mit einem hochangesehenen, mir befreundeten Manne, der witzig und wahr zugleich zu sagen pflegt: „Was suchen wir so mühsam nach Zauberern? Hört auf mich, ihr Richter, ich will euch gleich zeigen, wo sie stecken. Auf, greift Kapuziner, Jesuiten, alle Ordenspersonen und foltert sie, sie werden gestehen. Leugnen welche, so foltert sie drei-, viermal, sie werden schon bekennen. […] So sind wir schließlich alle Zauberer […]."

Zitiert nach: Wolfgang Behringer (Hrsg.), Hexen und Hexenprozesse in Deutschland, München 1988, S. 381 und 383

M 6 Erinnerung an die Opfer der Hexenprozesse in Eichstätt

Foto von Heinrich Stürzl von 2012

Zwischen 1532 und 1723 wurden im Hochstift Eichstätt mindestens 224 Menschen (197 Frauen, 27 Männer) in Hexenprozessen zum Tode verurteilt und hingerichtet. An der Hinrichtungsstätte erinnert seit 2001 eine Stele an die Opfer.

---

[1] **Malefizkommission**: Beauftragte der Stadt, die die wegen „Schadenszauber" (lat. *maleficium*) angeklagten Personen verhörten; oft waren es gelehrte Juristen.

[2] **Scharfrichter**: Beruf; der Scharfrichter (Henker) folterte und vollstreckte Gerichtsurteile mit der „Schärfe des Beils oder des Schwertes".

Welche Motive und Ursachen führen zum Hexenwahn?

1. Arbeite die Motive und Ursachen des Hexenwahn aus M2 bis M4 heraus.
2. Erläutere den Zusammenhang von M1 und M2.
3. Untersucht das Verfahren gegen Kunigunde Sterzl (M5). Wie kam es zu dem Prozess? Was wurde ihr vorgeworfen? Wie kamen die Aussagen zustande? Welche Folgen hatten ihre Aussagen?
4. Nehmt Stellung zu dem Prozess (M5). Berücksichtigt dazu M3 und M7 sowie heutige Strafprozesse.

- 1484: „Hexenbulle" des Papstes
- 1532: Das erste allgemeine Strafgesetzbuch des Reiches erscheint
- 1570–1630: Höhepunkt der Hexenverfolgungen im Reich
- 1618–1648: Dreißigjähriger Krieg

5 Das weiß ich! – Gelerntes sichern

M 1 Wormser Reichstag: Martin Luther vor Karl V. Briefmarke der Deutschen Bundespost von 1971

Auf einen Blick: Das konfessionelle Zeitalter

Der Kirche wurde im Spätmittelalter vorgeworfen, sie missbrauche ihre Macht und lebe in Luxus, statt sich um das Seelenheil der Menschen zu kümmern. Martin **Luther** wurde zum Wortführer der Kirchenkritiker. Seine Thesen gegen den Ablasshandel markierten **1517** den **Beginn der Reformation**. Luther machte die Heilige Schrift zum alleinigen Maßstab seiner Lehre und erklärte selbstbewusst, in Glaubensfragen können auch Papst und Konzile irren. Als er seine Lehre nicht widerrief, schloss der Papst Luther aus der Kirche aus (Kirchenbann), danach erklärte der Kaiser* **Karl V.** ihn und seine Anhänger für „vogelfrei" (Reichsacht). Mithilfe des Buchdrucks konnten Luther und seine Anhänger die neue Lehre schnell und umfassend verbreiten.

1524 brachen erneut Aufstände der ländlichen und städtischen Unterschichten wegen schlechter Lebens- und Arbeitsbedingungen aus. Diesmal beriefen sich die Anführer auf Luther und die Heilige Schrift. Die Konflikte weiteten sich zum sogenannten „Bauernkrieg" aus. Mit Söldnerheeren schlugen die Fürsten die regionalen Erhebungen nieder. Herausgefordert durch die **Reformation** veränderte sich auch die katholische Kirche. Das Konzil von Trient legte verbindliche Glaubensaussagen neu fest. Darüber hinaus versuchte der Papst, mit dem Kaiser sowie anderen katholischen Herrschern die Einheit der Christenheit gewaltsam wiederherzustellen.

Ohne Erfolg. Im Augsburger Religionsfrieden von 1555 wurde die Spaltung der Christenheit bestätigt. Die Landesherren bestimmten von nun an die Konfession ihrer Untertanen.

Die von Luther ins Leben gerufene Bewegung spaltete sich. Die Konfessionen verhielten sich untereinander intolerant. Zahlreiche Glaubenskriege waren die Folge.

Der **Dreißigjährige Krieg von 1618-1648** ist ein Beispiel dafür: Er entwickelte sich aus einem regionalen Konflikt in Böhmen. In ihm ging es um konfessionelle Gegensätze und politische Macht. Während der Habsburger Kaiser seine Macht ausdehnen und die Einheit des Christentums wiederherstellen wollte, versuchten die Reichsstände, ihre politische und konfessionelle Selbstständigkeit zu sichern und zu erweitern. Andere europäische Mächte wie Schweden und Frankreich unterstützten die rivalisierenden Mächte mit Geld und Soldaten, um das Reich zu schwächen und ihre Vormachtstellung auszubauen. Vor allem für die Bewohner des Heiligen Römischen Reiches Deutscher Nation war der Krieg eine Katastrophe. Die Bevölkerungsverluste betrugen bis zu vier Millionen Menschen.

Nach jahrelangen Vorbereitungen konnte 1648 in Münster und Osnabrück der **Westfälische Friede** geschlossen werden. Er legte einerseits die Grundlage einer neuen europäischen Staatenordnung fest und ordnete andererseits die Verfassung* des Reiches neu. Das Heilige Römische Reich Deutscher Nation bestand fortan aus politisch und konfessionell selbstständigen Reichsständen, deren Oberhaupt der Kaiser blieb. Dieses Reichsgrundgesetz blieb bis 1806 gültig.

Klaus Dieter Hein-Mooren

Das weiß ich! – Gelerntes sichern

M 2 Aussagen Luthers
- Alle Christen sind im Grunde genommen geistlichen Standes.
- Es ist die Pflicht der Herrschenden, bestmöglich für die Untertanen zu sorgen.

Martin Luther, An den christlichen Adel deutscher Nation von des christlichen Standes Besserung, 1520 (vereinfacht)

M 3 Wortspeicher

Katholische Kirche, Thesen, Sünden, Protestanten, Krise, Karl V., Flugschriften, Ablass, Bauernkrieg, Glauben, Luther

M 5 „Newe Bawren-Klag / Über die Unbarmhertzige Bawren-Reuter dieser Zeit"
Flugblatt, verlegt in Nürnberg bei Paul Fürst, 1642

M 4 Was war wann?

Jahr	Ereignis
1517	Prager Fenstersturz
1524/25	Thesenanschlag; Beginn der Reformation
1555	Bauernkrieg
1618	Westfälischer Friede
1648	Augsburger Religionsfriede

1. Untersuche M1 und erkläre, an welches Ereignis die Deutsche Bundespost damit erinnern wollte.
2. Die Zitate (M2) stammen aus Luthers Schrift „An den christlichen Adel deutscher Nation von des christlichen Standes Besserung". Sie erschien 1520 in 15 Ausgaben. Ordne sie in den zeitgeschichtlichen Zusammenhang ein.
3. Verfasse einen Artikel für ein Schülerlexikon zum Begriff „Reformation". Nutze dazu den „Wortspeicher" M3.
4. Untersuche M5. Worauf macht das Flugblatt aufmerksam?
5. Schreibe die Tabelle (M4) ab oder kopiere sie. Ordne dann die Daten mit einer Linie den Ereignissen zu. Kennzeichne dazu die Grundlegenden Daten und Begriffe.

Neuzeit
1600   1700

5
Das kann ich! – Gelerntes anwenden

M 1 „Voppart" / „Narr"
Einblattdruck (40 x 28,2 cm) eines unbekannten Künstlers, um 1525
Dargestellt sind ein Kardinal und ein Narr. Ein „Voppart" (= Fopper) ist ein Lügner, ein Betrüger, der – wie ein Narr – andere Menschen gerne an der Nase herumführt.

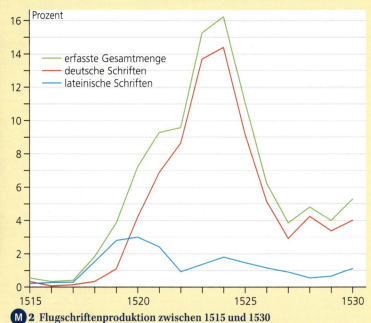

M 2 Flugschriftenproduktion zwischen 1515 und 1530
Der Grafik liegt die Auswertung von 3 016 Flugschriften (= 100 Prozent) zugrunde.
Nach: Hans-Joachim Köhler, Erste Schritte zu einem Meinungsprofil der frühen Reformationszeit, in: Volker Press / Dieter Stievermann (Hrsg.), Martin Luther. Probleme seiner Zeit, Stuttgart 1986, S. 244-281, hier S. 266

M 3 Zehn Jahre Smartphones
Karikatur von Martin Erl von 2017

M 4 „Was steckt für Nichtchristen im Reformationstag – außer dass sie frei haben"?
Der Ratsvorsitzende der Evangelischen Kirche in Deutschland, Heinrich Bedford-Strohm, gibt auf diese Frage folgende Antwort:
Etwa die Entstehung der deutschen Sprache. Die Bedeutung der Bildung für alle: Mädchen und Jungen, Arme und Reiche. Der Ursprung des Sozialstaats. Das Nachdenken: Was heißt das, aus der
5 Hoffnung zu leben, auch wenn man um die Abgründe des Menschen weiß? Schließlich: Zivilcourage, Mut, seinem Gewissen folgen, sich nicht von Autoritäten einschüchtern lassen.
Zitiert nach: Süddeutsche Zeitung vom 28./29. Oktober 2017, S. 2

1. Vergleiche des Flugblatt M1 mit dem „Wendekopf" auf S. 127, M3. Nenne Gemeinsamkeiten und Unterschiede.
2. Erläutere die Grafik (M2). Welche Information enthält sie über die Reformation und den Bauernkrieg?
3. Deute die Karikatur (M3). Was problematisiert sie?

Das kann ich! – Gelerntes anwenden

M 5 „Fürsten mögen Kriege führen"
Der Dichter Daniel Czepko schreibt in den 1640er-Jahren folgende Zeilen:

Fürsten mögen Kriege führen,
Ich wil, ob sie Drommeln rühren,
Meine Haut doch nicht verkauffen: […]
Ob die Kriege grausam seyn,
5 Treffen sie doch die allein,
Welche nichts darzu getragen:
Unterthanen sind es bloss,
Diese fället Plitz und Schloss[1],
Wenn sich große Herren schlagen. […]

Zitiert nach: Herbert Langer (Hrsg.), Hortus Bellicus. Der Dreißigjährige Krieg. Eine Kulturgeschichte, Leipzig ³1982, S. 217

[1] Plitz und Schloss: Zündung und Kugel einer Feuerwaffe

M 7 Gedenkmünze 350 Jahre Westfälischer Friede
Vorderseite einer von Aase Thorsen entworfenen Gedenkmünze (Ø 3,25 cm) von 1998
Von der Münze wurden 4,5 Millionen Exemplare geprägt.

M 6 Überall Wehklagen
Johann Adam Faber ist 1648/49 Schüler der Lateinschule in Kulmbach und hat einen Aufsatz – auf Latein – zum Thema „Frieden" zu schreiben. Im letzten Teil seiner Arbeit beschreibt er die Schrecken eines Krieges wie folgt:

Ein Krieg bringt allerlei Schreckliches und Perverses mit sich. Städte werden geplündert, Kirchen werden zerstört und zu Kriegszwecken missbraucht. Soldaten werden getötet. Die Bevölke-5 rung wird ausgeraubt – ohne Rücksicht darauf, ob Mann oder Frau, alt oder jung, arm oder reich. Überall hört man das Wehklagen der Kinder und das Geschrei der Soldaten. Ein ganzer Tag würde nicht genügen, um das Schlimme und die Not 10 eines Krieges zu schildern.

Nach: Konrad Repgen, Dreißigjähriger Krieg und Westfälischer Friede. Studien und Quellen, Paderborn ³2015, S. 1035 - 1042 (übersetzt von Julian Kümmerle)

M 8 Drei Thesen zum Westfälischen Frieden
- „Souveränität" bedeutete für die Fürsten des Reiches nach 1648 etwas anderes als vor 1648.
- Der Grundsatz „Wessen das Land, dessen die Religion" wird bestätigt.
- Ein Friedenszweck wurde erreicht: das Ende der Religionskriege.

M 9 „Gewaffneter Friede"
Die folgenden Zeilen hat der Dichter Friedrich von Logau nach Verkündung des Westfälischen Friedens um 1648 verfasst:

Krieg hat den Harnisch[1] weg gelegt, der Friede
    zeucht ihn an;
Wir wissen, was der Krieg verübt; wer weiß,
    was Friede kan?

Zitiert nach: www.zgedichte.de/gedichte/friedrich-freiherr-von-logau/gewaffneter-friede.html (Zugriff: 5.12.2018)

[1] Harnisch: Rüstung

Zur Selbsteinschätzung:
Einen Test, mit dem du überprüfen kannst, was du kannst und was du noch üben solltest, findest du unter **31062-44**.

---

4. Diskutiert auf der Grundlage von M4 die Bedeutung der Reformation für Nichtchristen.
5. Arbeite die Haltung des Dichters zum Krieg heraus (M5). Was sagt das Gedicht über die Kriegsgründe aus?
6. Beschreibe und deute die Symbole der Gedenkmünze (M7). Erkläre, warum die Künstlerin 1998 mit diesen Zeichen an den Frieden erinnern wollte. Berücksichtige dazu auch die Schaumünze auf S. 135, M5.
7. Diskutiert, inwiefern die drei Thesen (M8) zutreffen.
8. Erläutere den Zusammenhang von M6 und M9. Welche Aufforderung steckt in den Textquellen?
9. Diskutiert, ob die Abbildung auf S. 118/119 aus eurer Sicht gut in das Kapitel „Das konfessionelle Zeitalter" eingeführt hat. Welche Bildvorlage hättet ihr als „Einstieg" ausgewählt?

Neuzeit | 1600 | 1700

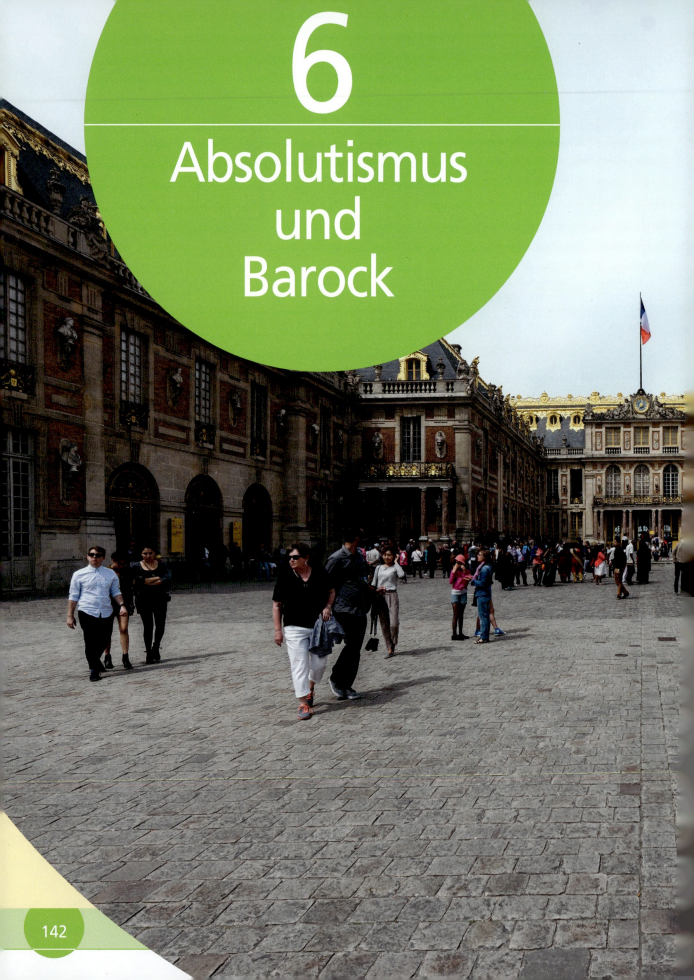

6 Absolutismus und Barock

Das Schloss Versailles bei Paris war von der Mitte des 17. bis zum Ende des 18. Jhs. der Hauptsitz der französischen Könige. Dies machte den prächtigen und gewaltigen Palast zum besonderen Ort der französischen und der europäischen Geschichte.
Seit 1979 zählt Versailles zum Welterbe und mit sieben Millionen Besuchern jährlich ist es eine der größten Touristenattraktionen des Landes.

❶ *Recherchiere im Internet, wie und wozu Versailles heute genutzt wird.*

M 1 Touristen besichtigen das Schloss Versailles bei Paris
Foto von 2016

6 Orientierung in Raum und Zeit

M 1 Schloss Versailles von der Gartenseite
Undatiertes Foto

Frankreich setzt europäische Maßstäbe

Bis in die 1660er-Jahre war der Louvre in Paris das Herrschaftszentrum Frankreichs. König *Ludwig XIV.* zog nach 1661 immer häufiger in das etwa 20 Kilometer von Paris entfernt liegende Jagdschloss sei-
5 nes Vaters nach Versailles. Nach und nach vergrößerte er das Schloss. Als 1682 der Umbau weitgehend abgeschlossen war, verlegte der Monarch den Hof und die Regierung ganz nach Versailles.
Die Art und Weise Ludwigs XIV., Frankreich zu re-
10 gieren und zu repräsentieren, wurde zum Vorbild für die großen und kleinen Fürsten Europas im 17. und 18. Jh. und gab der gesamten Epoche den Namen: **Absolutismus**. Er formte die absolute Monarchie* und die europäische Kultur im Zeitalter
15 des Barock[1]. Die Umgangsformen des französischen **Adels** wurden vorbildlich und Französisch zur Sprache der höheren Gesellschaft, der Diplomatie, der Literatur und der Wissenschaften. Aber auch Architektur, Malerei, Bildhauerei, Musik, The-
20 ater und Tanz erhielten in ganz Europa wichtige Impulse aus dem Reich Ludwigs XIV.
Klaus Dieter Hein-Mooren

Am Ende des Großkapitels hast du erkannt, dass sich im 17./18. Jh. die Monarchie verändert hat, und du kannst folgende Fragen beantworten:
- Was war das Besondere an der Herrschaftsform des Absolutismus?
- Wie gelang es Ludwig XIV., den Adel an sich zu binden?
- Wie zeigt sich die absolutistische Herrschaftsidee in Bauwerken und Parkanlagen des Barock?
- Wie funktionierte die absolutistische Wirtschaft?
- Wieso führte Ludwig XIV. ständig Kriege?
- Welchen Einfluss hatte der Absolutismus auf Bayern?

---

[1] **Barock**: Europäische Kunstrichtung vom Ausgang des 16. bis zur Mitte des 18. Jahrhunderts, die Architektur, Malerei, Dichtung und Musik prägte. Kennzeichen des Barocks sind verschwenderisch gestaltete Formen und gefühlsbetonte Ausdrucksformen.

Orientierung in Raum und Zeit

M 5 Schloss Ludwigsburg
Foto von 2005
Das Gebäude wurde zwischen 1704 und 1733 errichtet. Es ist eine der größten barocken Schlossanlagen Deutschlands.[1]

M 6 Schloss Peterhof bei St. Petersburg
Foto von 2011
An Schloss und Park wurde in mehreren Abschnitten seit 1714 gearbeitet.

M 2 Schloss Belvedere in Wien
Undatiertes Foto
Die Schlossanlage wurde zwischen 1714 – 1716 (Unteres Belvedere) und 1721 – 1723 (Oberes Belvedere) angelegt.

M 3 Königspalast von Caserta
Foto von 2017
Schloss und Park wurden zwischen 1738 und 1752 errichtet bzw. angelegt.

M 7 Barockschlösser und -parks in Europa

[1] Bilder und Informationen über die Würzburger Residenz und die Schlösser in Schleißheim siehe S. 153 und 174 f.

M 4 Königspalast von Aranjuez
Foto von 2018
Der ursprüngliche Palast aus dem 16. Jh. wurde im 18. Jh. umgebaut.

❶ Beschreibe, wie die barocken Anlagen (M1 bis M6) auf dich wirken.
❷ Überall in Europa ließen Fürsten im 17. und 18. Jh. Schloss- und Parkanlagen errichten (M7). Nenne mithilfe einer Europakarte die Staaten, in denen die Anlagen liegen. Stelle Vermutungen über die Gründe ihrer Bauweise an.
❸ In welchen der auf der Karte (M7) verzeichneten Orte warst du bereits? Kannst du dich an die dortigen barocken Anlagen erinnern? Stelle sie in deiner Klasse vor.

Jh.: Absolutismus in Europa und Glanzzeit des Barock

1800

6 Absolutismus und Barock

„Der Staat bin ich!"

Lernaufgabe

M 1 Ludwig XIV.
Porträtbüste (Höhe: 80 cm) des italienischen Bildhauers, Malers und Baumeister Giovanni Lorenzo Bernini, 1665

Geschichte erzählt:
Eine Erzählung über den Regierungsantritt Ludwigs XIV. findest du unter **31062-45**.

Medientipp:
Einen Beitrag über Ludwig XIV. findest du unter **31062-46**.

INFO 1 Ludwigs XIV. setzt sich durch

Frankreich war eine Erbmonarchie und keine Wahlmonarchie wie das Heilige Römische Reich Deutscher Nation.¹ Daher wurde *Ludwig XIV.* nach dem Tode seines Vaters 1643 mit nur vier Jahren König*. Die
5 Regierung über das Land übernahmen seine Mutter und Kardinal *Jules Mazarin*, der „Erste Minister". Er stand an der Spitze eines vor allem aus dem hohen **Adel** zusammengesetzten Staatsrates.
Aufstände gegen die Krone, an denen auch der
10 Hochadel beteiligt war, sowie dessen Weigerung, Gesetze des Königs zu befolgen oder umzusetzen, hatten Ludwig XIV. misstrauisch gemacht. Nach dem Tod Mazarins 1661 erklärte der 22-jährige Monarch daher, er wolle fortan alleine, d. h. ohne einen „Ersten
15 Minister", regieren.
Schon Ludwigs Vorgänger verstanden sich als von Gott eingesetzte Herrscher und nur dem göttlichen Gesetz gegenüber verantwortlich. Sie hatten ihre Macht ausgedehnt und seit 1614 die *Generalstände*
20 nicht mehr einberufen. Diese Vertretung der drei **Stände** hatte seit 1302 das Recht gehabt, die Könige zu beraten und außerordentliche Steuern zu bewilligen. Ludwig XIV. gelang es, den Hochadel, der wichtige Ämter in den Obersten Gerichten des Landes
25 und im Staatsrat innehatte, weiter zu entmachten. Erst dadurch regierte er absolut (lat. *legibus absolutus*: von den Gesetzen losgelöst). Wir nennen diese Herrschaftsform heute **Absolutismus**.

Klaus Dieter Hein-Mooren

INFO 2 Wer darf was?

Ludwig XIV. regierte zwar selbst, aber nicht allein. Er berief neue Männer in den verkleinerten Staatsrat, darunter Fachleute aus dem Bürgertum (Dritter Stand). Mit seiner „Regierung" beriet er in Ver-
5 sailles innen- und außenpolitische, militärische, rechtliche und wirtschaftliche Fragen. Seinen Ministern und Mitarbeitern verbot Ludwig XIV. aber, Entscheidungen ohne sein Wissen zu treffen. Er behielt sich vor, Gesetze zu verändern, abzuschaf-
10 fen oder einzuführen.
Wichtige Ämter vergab Ludwig XIV. weniger nach der adligen Herkunft der Bewerber, sondern mehr nach deren Qualifikation. Die *Intendanten* (franz. *intendant*: Aufseher, Verwalter) erhielten umfangrei-
15 che Befugnisse: Sie beaufsichtigten die öffentliche Ordnung, die Rechtsprechung, den Handel und die Gewerbe sowie vor allem die Steuereinnahmen.²

Klaus Dieter Hein-Mooren

M 2 Grundsätze der Regierung

In seinen Aufzeichnungen für den Thronfolger schreibt Ludwig XIV. über seine Herrschaft um 1671:

Ich bin über alles unterrichtet, höre auch meine geringsten Untertanen an, weiß jederzeit über Stärke und Ausbildungsstand meiner Truppen und über den Zustand meiner Festungen Be-
5 scheid, gebe unverzüglich meine Befehle zu ihrer Versorgung, verhandle unmittelbar mit den fremden Gesandten. Empfange und lese die Depeschen³ und entwerfe teilweise selbst die Antworten, während ich für die übrigen meinen Sekretä-
10 ren das Wesentlich angebe. Ich regle Einnahmen und Ausgaben des Staates und lasse mir von denen, die ich mit wichtigen Ämtern betraue, persönlich Rechnung legen; ich [...] verteile Gnadenerweise nach meiner Wahl [...].

Zitiert nach: Fritz Dickmann (Bearb.), Renaissance, Glaubenskämpfe, Absolutismus, München ²1976. S. 427 f. (übers. von Fritz Dickmann)

---

¹ Lies dazu nochmals S. 24 f.
² Zum Sitz der Intendanten siehe die Karte auf S. 157.
³ **Depeschen**: Nachrichten; hier: Berichte seiner Mitarbeiter

Absolutismus   Adel   Stände

„Der Staat bin ich!"

M 3 Über die Souveränität
Der Jurist Jean Bodin schreibt 1576:

Die Inhaber der Souveränität[1] sind auf keine Weise den Befehlen eines anderen unterworfen, [sie] geben den Untertanen Gesetze, schaffen nicht mehr benötigte Gesetze ab, um dafür neue zu erlassen. Niemand, der selbst den Gesetzen oder der Befehlsgewalt anderer untersteht, kann dies tun. Darum gilt, dass der Fürst von der Gewalt der Gesetze entbunden ist. [...] Was allerdings die Gesetze Gottes und der Natur betrifft, so sind alle Fürsten auf dieser Erde an sie gebunden. [...] Größe und Majestät eines wirklich souveränen Herrschers zeigen sich, wenn die Stände des ganzen Volkes versammelt sind und in aller Untertänigkeit dem Herrscher ihre Anträge und Bitten vortragen, ohne die geringste Befehls- oder Entscheidungsgewalt oder auch nur eine beratende Stimme zu haben. Was der König nach seinem Gutdünken annimmt oder verwirft, befiehlt oder verbietet, hat Gesetzeskraft. [...] Das hervorragendste Merkmal der fürstlichen Souveränität besteht in der Machtvollkommenheit, Gesetze für alle und für jeden Einzelnen zu erlassen, [...] ohne dass irgendjemand zustimmen müsste. [...] Diese Gewalt, Gesetze zu machen oder aufzugeben, umfasst zugleich alle anderen Rechte und Kennzeichen der Souveränität [...]: die Entscheidung über Krieg und Frieden, das Recht der letzten Instanz, das Ernennungs- und Absetzungsrecht für die obersten Beamten, das Besteuerungsrecht, das Begnadigungsrecht, das Münzrecht und die Festsetzung des Geldwerts.

Jean Bodin, Über den Staat (Six Livres de la République). Auswahl, Übersetzung und Nachwort von Gottfried Niedhart, Stuttgart 1976, S. 19 f., 24 ff., 28 f., 37 und 42 f. (vereinfacht wiedergegeben)

M 4 „Nec pluribus impar" („Keiner kommt ihm gleich")
Rückseite einer Schaumünze von Jean Warin mit dem Wahlspruch Ludwigs XIV. von 1672

M 5 Kritik am Absolutismus
Der französische Erzbischof Fénelon kritisiert in einem um 1695/96 geschriebenen Roman die absolutistische Regierungsweise, ohne den König zu nennen. Das Buch wird trotzdem verboten und Fénelon muss den Hof verlassen.

Wenn sich die Könige daran gewöhnen, kein anderes Gesetz mehr anzuerkennen als ihren unumschränkten Willen, dann vermögen sie alles. Aber gerade da sie alles tun können, was wie wollen, untergraben sie selbst die Grundpfeiler ihrer Macht; sie richten sich in ihrer Regierung nicht mehr nach bestimmten Regeln und Grundsätzen. Alle Leute schmeicheln ihnen um die Wette; es bleiben ihnen nur noch Sklaven. Wer wird ihnen die Wahrheit sagen? Nur eine plötzliche, gewaltsame Revolution kann diese ausufernde Macht in ihre natürliche Bahn zurückführen.

Zitiert nach: Paul Hartig, Auf der Suche nach dem besten Staat, Stuttgart 1985, S. 30 (gekürzt und vereinfacht)

[1] **Souveränität**: unabhängige, selbstständige und höchste Gewalt im Staat

---

„Der Staat bin ich!" – oder: Wie funktioniert der Absolutismus?
Schlüpft in die Rolle von Hobby-Historikern und führt eine Podiumsdiskussion.

1. „L'état c'est moi!" – „Der Staat bin ich!" Tauscht euch darüber aus, was dieser Ausspruch bedeuten kann (INFO 1).
2. Prüft die Aussagen der Textquelle (M2) und erläutert die Regierungsweise Ludwigs XIV. (INFO 2).
3. Überprüft, ob Bodin (M3) ein „geistiger Wegbereiter des Absolutismus" war.
4. Fasst die Informationen über die Herrschaftsweise in einer Skizze zusammen (INFO 1 und 2 sowie M2 und M4).
5. Arbeitet Fénelons Haltung zur Regierungsweise Ludwigs XIV. heraus (M5). Beachtet auch die Folgen seiner Kritik.
6. Führt die Podiumsdiskussion durch. Ein Moderator eröffnet sie mit der Frage, ob der Ausspruch „Der Staat bin ich!" treffend für die Herrschaftsweise Ludwigs XIV. ist.

1638: Ludwig XIV. wird geboren
1643: Ludwig XIV. wird König
1661: Ludwig XIV. verkündet, allein zu regieren
17./18. Jh.: Absolutismus in Europa und Glanzzeit des Barock

Versailles: Zentrum des „Sonnenkönigs"

M 1 Versailles: Ansicht von Stadt und Schloss
Ölgemälde (260 x 184 cm) von Jean-Baptiste Martin, um 1688
Im Jahr 1684 waren in Versailles 22 000 Personen mit dem Bau beschäftigt, und ein Jahr später waren es sogar 36 000.

M 2 Das „Modell Versailles"
Der Architekturhistoriker Meinrad von Engelberg schreibt über die Anlage:

Der junge König beschloss 1668, ein von seinem Vater Ludwig XIII. ab 1631 errichtetes, bisher wenig bedeutendes Jagdschloss 20 km südwestlich von Paris zum weithin sichtbaren Zentrum eines
5 neuartigen, allein auf die Person des Königs ausgerichteten Herrschaftssystems auszubauen. Sein Ziel war es, den Hof von der unberechenbaren Hauptstadt[1] weg an einen nach seinen Regeln geplanten und leicht kontrollierbaren Ort zu verle-
10 gen. Dieses neue Regierungszentrum sollte zugleich zum künstlerischen Modell werden, um [...] die Bewunderung und den Neid aller konkurrierenden Monarchien zu erregen. Die Erfindung des „Modells Versailles" war Teil eines umfassen-
15 den Regierungsprogramms [...], das ganz Europa von der Überlegenheit Frankreichs überzeugen sollte.

Meinrad von Engelberg, Die Neuzeit 1450 bis 1800. Ordnung – Erfindung – Repräsentation (WBG Architekturgeschichte), Darmstadt 2013, S. 258 - 264, hier S. 259

[1] In Paris lebten damals rund 500 000 Menschen; Ludwig XIV. hatte hier als Kind Aufstände gegen seine Familie miterleben müssen.

INFO Mittelpunkt des höfischen Lebens

Ludwig XIV. machte Versailles zum Mittelpunkt seines Königreiches – und des höfischen Lebens. Hier saß die Regierung, hier wurden Gesandte fremder Staaten empfangen, hier fanden Theater-, Ballett-,
5 Opern- und Musikaufführungen statt und hier tagte die Akademie der Wissenschaften, zu der Gelehrte, Schriftsteller und Künstler aus ganz Frankreich gehörten. Damit vermittelte der König dem **Adel** das besondere Gefühl, nur „bei Hofe" könne man wirklich
10 standesgemäß leben. Ludwig XIV. band so den Hochadel an seinen Hof – und kontrollierte ihn. Dieser fand sich unter den Bedingungen mit dem Verlust seines politischen Einflusses ab.
Klaus Dieter Hein-Mooren

[2] **Etikette** (franz. *étiquette*): eigentlich Zettel, auf dem die Rangordnung von Gästen verzeichnet war; im übertragenen Sinn Benimmregeln. Jeder am Hofe erhielt nach seinem Ansehen einen bestimmten Rang im Hofzeremoniell. Es legte beispielsweise fest, wer in welcher Reihenfolge am Morgenempfang des Königs teilnehmen durfte.

M 3 Über das Leben in Versailles
Eindrücke des aus Genf stammenden Diplomaten Ezechiel Spanheim:

In Versailles ist alles von vornherein festgelegt, reservierter, gezwungener und unfreier, als dem ursprünglichen Geist dieses Volkes angemessen ist; sogar die gesellschaftlichen Unterhaltungen
5 und die häufigen Feste, die der König den vornehmsten Damen des Hofes gibt, stellen umso weniger eine besondere Annehmlichkeit dar, als sie streng geregelt sind und stets der Zwang der Etikette[2] herrscht.

Gilette Ziegler (Hrsg.), Der Hof Ludwigs XIV. in Augenzeugenberichten, Düsseldorf 1965, S. 150 f. (übersetzt von Elisabeth Hort)

Versailles: Zentrum des „Sonnenkönigs"

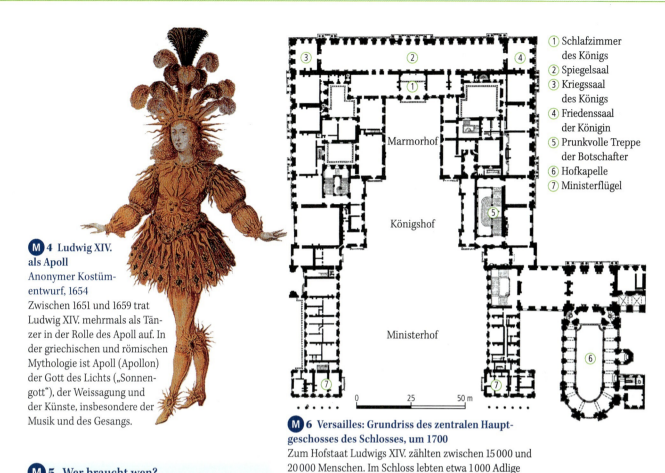

M 4 Ludwig XIV. als Apoll
Anonymer Kostümentwurf, 1654
Zwischen 1651 und 1659 trat Ludwig XIV. mehrmals als Tänzer in der Rolle des Apoll auf. In der griechischen und römischen Mythologie ist Apoll (Apollon) der Gott des Lichts („Sonnengott"), der Weissagung und der Künste, insbesondere der Musik und des Gesangs.

① Schlafzimmer des Königs
② Spiegelsaal
③ Kriegssaal des Königs
④ Friedenssaal der Königin
⑤ Prunkvolle Treppe der Botschafter
⑥ Hofkapelle
⑦ Ministerflügel

M 6 Versailles: Grundriss des zentralen Hauptgeschosses des Schlosses, um 1700
Zum Hofstaat Ludwigs XIV. zählten zwischen 15 000 und 20 000 Menschen. Im Schloss lebten etwa 1 000 Adlige mit 4 000 Bediensteten, hinzu kamen weitere 4 000 Adlige und ihr Personal, die in dem Ort Versailles lebten.

M 5 Wer braucht wen?
Der deutsch-britische Wissenschaftler Norbert Elias hat das „Zusammenspiel" von Monarch und Adel in Versailles untersucht und schreibt:
Es ist falsch, nur die Abhängigkeit des Adels vom König hervorzuheben. Der König war bis zu einem gewissen Grade auch vom Adel abhängig – wie ja jeder Einzelherrscher auch von den Be-
5 herrschten abhängig ist. Aber die Abhängigkeit jedes einzelnen Adligen vom König war außerordentlich viel größer als die Abhängigkeit des Königs von jedem einzelnen Adligen. Wenn dem König ein bestimmter Adliger missfiel, gab es immer
10 noch eine „Reservearmee" von Adligen, aus der der König nach Belieben einen andren Adligen an sich heranziehen konnte. Das Gleichgewicht dieser unterschiedlichen Abhängigkeiten machte die besondere Situation am Hof Ludwigs XIV. aus.
Norbert Elias, Die höfische Gesellschaft. Untersuchungen zur Soziologie des Königtums und der höfischen Aristokratie mit einer Einleitung: Soziologie und Geschichtswissenschaft, Darmstadt – Neuwied ²1975, S. 309f. (vereinfacht und gekürzt)

Medientipps:
Informationen über das Leben am Hofe Ludwigs XIV. und über das Schloss Versailles siehe **31062-47**.

Wie macht Ludwig XIV. Versailles und sich zum Abbild des Absolutismus?

❶ Untersuche das Schloss Versailles (M1 auf S. 148, auf S. 142/143 sowie auf S. 144). Was ist an dem Bauwerk „absolutistisch"? Berücksichtige dazu auch den Grundriss (M6) sowie die Medientipps. Ⓗ

❷ Für Ludwig XIV. war die Sonne (M4), wie er selbst schrieb, „das Lebendigste und schönste Sinnbild eines großen Herrschers". Erläutere seine Vorstellung. Ziehe dazu auch deine Ergebnisse von S. 147 heran.

❸ Beschreibe das besondere Verhältnis zwischen König und Adel bei Hofe (M3) und bewerte dann die Beurteilung von Norbert Elias (M5).

❹ „Versailles war die Bühne des Sonnenkönigs." Belege diese Behauptung in Form einer Mindmap (INFO, M2 bis M4). Ⓗ

• 1668: Versailles: Erweiterung des Jagdschlosses des Vaters Ludwigs XIV.
• 1682: Verlagerung des ständigen Regierungssitzes des Königs von Paris nach Versailles
17./18. Jh.: Absolutismus in Europa und Glanzzeit des Barock

6 Absolutismus und Barock

Das Porträt eines absoluten Herrschers

Lernaufgabe

M 1 Ludwig XIV. von Frankreich
Ölgemälde (277 x 194 cm) von Hyacinthe Rigaud, 1701
Dieses „Staatsporträt" zeigt den 62-jährigen Monarchen vor seinem Thron mit den Herrschaftszeichen Frankreichs: Krönungsmantel mit Lilien (Symbol der französischen Monarchie*), Krone, Zepter und Schwert, dazu eine Halskette des Ordens vom Heiligen Geist (Zeichen für den Schutzherrn des Glaubens).

INFO Über das Gemälde
Ludwig XIV. hatte den Maler *Hyacinthe Rigaud* beauftragt, das Bild für seinen Neffen, König *Philipp V.* von Spanien zu malen. Es gefiel ihm so gut, dass er Kopien davon anfertigen ließ. Das Original behielt er für den Thronsaal von Versailles. Dort hing das Gemälde so, dass die Füße des Königs auf
5 Augenhöhe des Betrachters waren. Heute wird das Kunstwerk im Pariser Museum Louvre ausgestellt.

Klaus Dieter Hein-Mooren

Schritt für Schritt:
Herrscherbilder untersuchen und deuten

1. Beschreiben
Wer ist abgebildet? Wo steht die Person, wie steht sie da (*Gestik*), welchen Gesichtsausdruck hat sie (*Mimik*)? Welche Kleidung trägt sie? Welche Gegenstände und Symbole sind zu erkennen?

2. Untersuchen
Wie ist das Bild aufgebaut? Was ist im Vordergrund, was im Hintergrund abgebildet? Welche Bedeutung haben die Gegenstände und Symbole? Welche besonderen Farben werden verwendet? Wie groß ist das Gemälde?

3. Informieren und recherchieren
Wer war der Maler bzw. die Malerin? Wann und in welchem Auftrag wurde das Porträt gemalt? Was weiß ich über die porträtierte Person, über die Bedeutung der Kleidung und der abgebildeten Gegenstände (z. B. über die Herrschaftszeichen)? Was ist mir über die Entstehungszeit bekannt? Wo hing das Gemälde und wo befindet es sich heute?

4. Deuten
Welche Wirkung soll das Bild auf die Betrachter entfalten? Wie will die porträtierte Person gesehen werden?

Wie lässt sich ein absolutistischer Herrscher darstellen?
Erstellt einen gut gegliederten Stichwortzettel für ein Kurzreferat.

1. Kennzeichnet die Herrschaftszeichen auf einer Kopie des Gemäldes (M1).
2. Untersucht das Gemälde (M1) mithilfe der Methode „Schritt für Schritt". Nutzt dazu auch den INFO-Text.
3. Ein absolutistischer Herrscher beauftragt einen Künstler, für ihn ein Herrscherbild zu malen. Formuliert mündlich oder schriftlich, welche Anweisungen er ihm gibt.

Formen der Herrschaft im Vergleich

INFO **Herrschaftsformen im Wandel**

Ihr habt inzwischen Herrschaftsformen wie Aristokratie*, Demokratie* und Monarchie* sowie Herrschertitel wie Pharao*, Kaiser* und König* ken-
5 nengelernt. Zuletzt kam der **Absolutismus** dazu. Hinter den Begriffen stehen Fragen wie: Wer hat die Macht? Wer soll regieren? Wer darf über Krieg und Frieden bestimmen, wer
10 Gesetze erlassen und Abgaben (Steuern) erheben? Wie wird die Form der Herrschaft gerechtfertigt? Die Antworten auf diese Fragen prägten die unterschiedlichen Staatsformen der Antike*, des Mittelalters* und der Neuzeit*. Es lohnt
15 sich also zu untersuchen, worin sich die Herrschaftsformen gleichen und worin sie sich unterscheiden.

Dieter Brückner

M 1 S.P.Q.R.

M 2 Tutanchamun

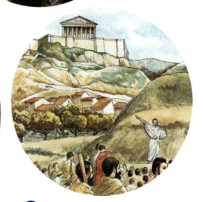

M 3 Otto der Große

M 4 Volksversammlung auf dem Pnyx-Hügel in Athen

M 5 Karl der Große

M 6 Augustus

Aristokratie – Demokratie – Diktator – Kaiser – König – Kurfürsten – Pharao – Polis – Republik – Senat – Karl der Große – Augustus – Otto der Große

M 8 Grundbegriffe und Namen zu den Herrschaftsformen

M 7 Kennzeichen unterschiedlicher Herrschaftsformen

	Bei wem liegt die oberste Gewalt?	Wer wird an der Regierung beteiligt?	Wie wird die Herrschaft gerechtfertigt?
Monarchie im alten Ägypten			
Attische Demokratie			
Römische Republik			
Römisches Kaiserreich			
Weströmisches Kaisertum			
Mittelalterliches Wahlkönigtum			
Absolutismus			

1. Übertragt die Tabelle (M7) in eure Hefte und bildet sieben Gruppen. Jede Gruppe beantwortet für eine Herrschaftsform die Fragen der Tabelle. Nutzt dazu INFO, M8, die Zeitleiste sowie die Grundlegenden Begriffe und Namen im Anhang des Buches auf S. 180 ff. Tauscht die Ergebnisse aus, prüft sie und stellt sie der Klasse vor.
2. Begründet, wieso es sinnvoll ist, Herrschaftsformen anhand vorher festgelegter Fragen miteinander zu vergleichen.

- ab. 3000 v. Chr.: Hochkultur in Ägypten
- um Christi Geburt: Zeitalter des Augustus
- 800: Kaiserkrönung Karls des Großen
- 962: Kaiserkrönung Otto des Großen
- 17./18. Jh.: Absolutismus in Europa

Treffpunkt Geschichte

Barocke Parkanlagen erforschen

M 1 Schlosspark von Versailles
Foto von 2011

M 3 Der Schlosspark von Versailles
Über die Anlage des etwa 800 Hektar großen Parks (= 1120 Fußballfelder) schreibt Meinrad von Engelberg:

Noch eindrucksvoller als das Schloss verbildlichte der stets öffentlich zugängliche riesige Park das Staats- und Weltbild, welches in Versailles demonstriert werden sollte; der hier perfektio-
5 nierte sog. Französische Garten sollte für ein halbes Jahrhundert zum nahezu konkurrenzlosen Modell werden. Der König selbst verfasste den ersten Parkführer und gab sich somit als eigentlicher Schöpfer zu erkennen. Die Planung stammte
10 vom Hofgärtner André Le Notre, der die aus italienischen Gärten übernommenen geometrisch geschnittenen Bosketts[1] und Parterres[2] in eine neue [...] Weitläufigkeit überführte. [...] Die entscheidende gestalterische Rolle kam aber dem Wasser
15 zu, das in stets wechselnden, vielseitigen Inszenierungen – als hochaufsteigende Fontäne oder als kanalartig ruhiges, spiegelndes, kreuzförmiges Bassin – in Verbindung mit Skulpturen und Kleinarchitekturen stets neue Assoziationen zur ord-
20 nenden und belebenden Wirkung des gottgleichen Herrschers herstellte.

Meinrad von Engelberg, Die Neuzeit 1450 bis 1800. Ordnung – Erfindung – Repräsentation (WBG Architekturgeschichte), Darmstadt 2013, S. 258-264, hier S. 259

[1] **Boskets**: die kunstvoll beschnittenen Hecken des Gartens
[2] **Parterres**: die mit beschnittenen Buchsbäumen, Brunnen und Wasserläufen versehenen Wege vom Schloss in den Garten

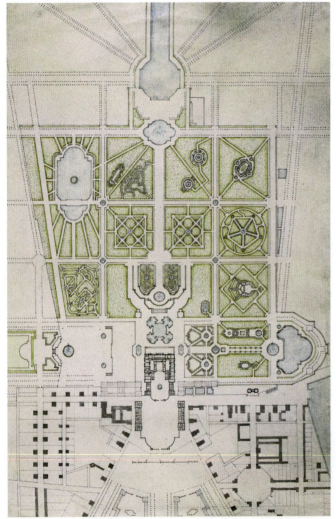

M 2 Plan von Schloss und Park von Versailles
Kupferstich von Israel Silvestre, um 1680 (Ausschnitt)

① Beschreibt in Gruppenarbeiten die Parkanlagen von Versailles (M1 und M2) und Schleißheim (M4 und M6) und erläutert ihre Funktionen.

② „Der Park von Versailles spiegelt ein Staats- und Weltbild wider". Erläutert diese Aussage (M3).

③ Erforscht mithilfe von „Schritt für Schritt" auf S. 153 die Parkanlage von Schleißheim. Berücksichtigt dabei M4 bis M6. Vergleicht die Anlage mit der von Versailles (M1 bis M3).

Barocke Parkanlagen erforschen

M 4 Schlossanlage Schleißheim
Luftaufnahme von 1995
Die im Landkreis München liegende Anlage umfasst drei einzelne Schlossbauten: (A) das *Alte Schloss* (Bauzeit: nach 1617), (B) *Schloss Lustheim* (Bauzeit: ab 1684) und (C) das *Neue Schloss* (Bauzeit: ab 1701). Alle drei Bauten sind durch die Anfang des 18. Jhs. angelegte Gartenanlage verbunden.

M 5 Über die Schleißheimer Parkanlage
Die „Bayerische Verwaltung der staatlichen Schlösser, Gärten und Seen" gibt folgende Auskünfte:
Die Schleißheimer Parkanlage, [...] gehört zu den bedeutendsten europäischen Barockgärten. Anfangs niederländischem Beispiel folgend, erweiterte der französische Gartenfachmann und Was-
5 serbauingenieur Dominique Girard den Garten um das Große Parterre im Stil der französischen Gartenkunst des Barock. Mit seinen Broderien[1], den Wasserflächen, den Fontänen und der Kaskade[2] gelang ihm eine Gesamtgestaltung, die ihres-
10 gleichen sucht und in den Grundzügen bis heute fast unverändert erhalten ist.
Das Ensemble aus Neuem Schloss, Altem Schloss, Schloss Lustheim und der weitläufigen barocken Gartenanlage führt bis heute höfische Architek-
15 tur und Gartenkunst des 17. und 18. Jahrhunderts eindrucksvoll vor Augen.
Ines Holzmüller, Schlossanlage Schleißheim; zitiert nach: www.schloesser-schleissheim.de/deutsch/schleissheim/index.htm (Zugriff: 20.11.2018)

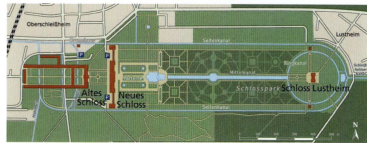

M 6 Schlossanlage Schleißheim
Grundriss von Thomas Römer, 2011 (vereinfacht)

Medientipps:
Einen virtuellen Rundgang durch Schleißheim und Informationen über barocke Anlagen in Bayern siehe **31062-48**.

Schritt für Schritt:
Parkanlagen erforschen

Folgende Fragen helfen dir, historische Parkanlagen zu verstehen:
- Wer gab den Auftrag und wer plante die Anlage?
- Welchen Zweck hatte die Anlage?
- Wohin fällt der Blick des Schlossbewohners bzw. -besuchers zuerst?
- Aus welchen Teilen besteht die Anlage?
- Wie sind die Wege, Hecken und Wasserläufe angeordnet? Mit welcher Absicht?

---

[1] **Broderien** („Stickereien"): zugeschnittene Buchsbaumhecken und symmetrisch angelegte Blumenbeete, die Muster ergeben
[2] **Kaskade**: in Form von Stufen künstlich angelegter Wasserfall

4 Diskutiert, inwiefern Versailles und Schleißheim Ausdruck absolutistischer Herrschaft sind.
5 Recherchiert nach weiteren Barockgärten in Bayern. Erstellt für ausgewählte Gärten kurze Parkführer. (H)

6 Absolutismus und Barock

Die Wirtschaftspolitik Ludwigs XIV.

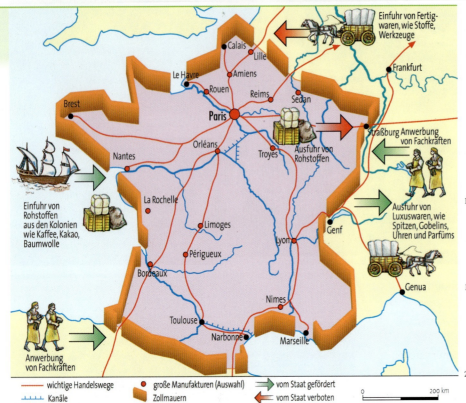

M 1 Wie die absolutistische Wirtschaft funktionieren sollte

INFO Der Staat braucht Geld

In Frankreich lebten um 1700 etwa 21,5 Millionen Menschen, davon über 80 Prozent auf dem Lande. Die Bevölkerung musste erwirtschaften, was der **absolutistische** Staat für das Heer und die Kriege sowie für Versailles und die Hofhaltung des Königs und des **Adels** benötigte.

Um die Einnahmen des Königreiches zu steigern, wurden Verwaltung und Finanzwesen zentralisiert und neue Steuern erlassen.

Hauptverantwortlich dafür war *Jean Baptiste Colbert*. Er stammte aus einer alten und sehr einflussreichen Familie. Ihn beauftragte *Ludwig XIV.* damit, die Staatsfinanzen, das Gewerbe und den Handel zu reformieren und zu kontrollieren.

Zu den staatlichen Maßnahmen im Bereich der Wirtschaft zählten

- die Verbesserung der Infrastruktur (bessere und mehr Land- und Wasserstraßen),
- die Verringerung von Zöllen innerhalb des Landes,
- die Verringerung der Einfuhrzölle für Rohstoffe,
- hohe Aufschläge für Fertigwaren aus dem Ausland,
- die Errichtung staatlicher Gewerbebetriebe (*Manufakturen*), die teure Fertigwaren für die Ausfuhr herstellten, und
- die Gründung von Kolonien in Übersee, um von dort billige Rohstoffe zu beziehen.

Klaus Dieter Hein-Mooren

M 2 Über den Zustand der Finanzen

Jean-Baptiste Colbert erklärt dem König 1664:
Die Gründe für den schlechten Zustand des Binnenhandels sind: die Schulden der Städte und Gemeinden, die den freien Verkehr von Provinz zu Provinz und von Stadt zu Stadt hindern; der schlechte Zustand der Landstraßen, die übertriebene Vermehrung der Beamtenstellen, die enorm hohe Besteuerung aller Produkte, das Seeräuberunwesen und – um es mit einem Wort zu sagen – die Gleichgültigkeit des Königs und seines Rates.

Fritz Dickmann (Bearb.), Renaissance, Glaubenskämpfe, Absolutismus, München ²1976, S. 447

Wie funktioniert die absolutistische Wirtschaftspolitik?

1. Beschreibe mithilfe von M1, wie die Wirtschaft funktionieren sollte.
2. Erkläre, wie die Maßnahmen Ludwigs XIV. und Colberts zu höheren Staatseinnahmen des Staates beitragen sollten (INFO, M1 und M3).

Die Wirtschaftspolitik Ludwigs XIV.

M 3 Der König greift in die Wirtschaft ein
In seinen Aufzeichnungen für den Thronfolger geht Ludwig XIV. auch auf seine Wirtschaftspolitik ein:

Ich hatte mich noch mit einer Angelegenheit zu beschäftigen, die vor allem den Adel betraf, die sich aber in ihrer Wirkung über das gesamte Gebiet Frankreichs erstreckte. Ich wusste, welche
5 gewaltigen Summen unaufhörlich für Spitzengewebe ins Ausland gingen, obwohl die Franzosen wohl in der Lage waren und auch über genügend Rohstoffe verfügten, um selbst derartige Erzeugnisse herzustellen. [...] So beschloss ich die Er-
10 richtung von Spitzenfabriken, die die Wirkung haben sollte, dass der Adel weniger Geld auszugeben brauchte, während das einfache Volk von den Ausgaben der reichen Leute profitierte. Die großen Summen, die bisher ins Ausland geflossen
15 waren, sollten in Frankreich bleiben und allmählich einen außerordentlichen Überfluss und Reichtum erzielen. Außerdem sollte diese Maßnahme vielen meiner Untertanen Beschäftigung geben, die bisher gezwungen gewesen waren, ent-
20 weder im Nichtstun zu verkommen oder sich im Ausland einen Erwerb zu suchen.
Gleichzeitig aber fasste ich einen anderen Plan, der nicht geringeren Nutzen versprach: die Kanalverbindung zwischen dem Atlantischen Ozean
25 und dem Mittelmeer, mit deren Hilfe die Schiffe von der Notwendigkeit enthoben waren, ganz Spanien zu umfahren, wenn sie von dem einen Meer zum anderen gelangen wollten. Es handelte sich um ein großes und schwieriges Unterneh-
30 men. Aber es war für mein Reich außerordentlich vorteilhaft, dass es dadurch der Mittelpunkt und gewissermaßen der Schiedsrichter des gesamten europäischen Handels wurde.

Ludwig XIV., Memoiren, Basel – Leipzig 1931, S. 192 f. (übersetzt von Leopold Steinfeld; vereinfacht und gekürzt)

M 4 Bauernfamilie
Ölgemälde (113 x 159 cm) von Louis Le Nain, um 1642

M 5 Über die Lage der Bevölkerung
Der Historiker Lothar Schilling fasst zusammen, wie der Festungsbaumeister und General Vauban die wirtschaftliche Lage der Bevölkerung um 1700 sieht:

Etwa 10 Prozent waren nach seiner Einschätzung auf Betteln angewiesen und 50 Prozent diesem „Elendszustand um Haaresbreite nahe". Weitere 30 Prozent sah er zwar nicht direkt von Armut
5 bedroht, aber von Schulden und Prozessen bedrängt und in ihrer wirtschaftlichen Existenz nicht gesichert. Wirklich gut gehe es nur etwa 10 Prozent der Bevölkerung, darunter den Inhabern von [...] höheren Ämtern sowie den von ihren
10 Renten lebenden Finanzleuten und Großkaufleuten [...].

Lothar Schilling, Das Jahrhundert Ludwigs XIV. Frankreich im Grand Siècle 1598 - 1715, Darmstadt 2010, S. 136

---

3 „Der Merkantilismus kann nicht funktionieren, wenn alle Staaten ihn anwenden" (M1 und INFO). Begründe die Behauptung.

4 Arbeite heraus, welche Bevölkerungsgruppen und welche Bereiche der Wirtschaft in den Überlegungen Colberts und Ludwigs XIV. keine Rolle spielten (M2 bis M5).

5 Beurteile die absolutistische Wirtschaftspolitik. Berücksichtige M4 und M5. (H)

• 1661-1683: Colbert prägt die französische Finanz- und Wirtschaftspolitik
17./18. Jh.: Absolutismus in Europa und Glanzzeit des Barock

6 Absolutismus und Barock

Die Außenpolitik Ludwigs XIV.

INFO 1 Außenpolitische Motive und Ziele

Ludwig XIV. strebte nach militärischem Ruhm (franz.: *gloire*). Sein Ziel war die **Hegemonie**: die Vormachtstellung Frankreichs über Europa. Mit seiner Außen- und Bündnispolitik sowie seinen ständigen Kriegen wollte er
- das Herrscherhaus Habsburg in Spanien und Österreich schwächen,
- Frankreichs „natürliche" Grenzen nach Norden und Osten verschieben,
- wirtschaftliche Konkurrenten ausschalten und
- Kolonien erwerben.

Diesen Zielen dienten auch seine Militärreformen. Frankreich erhielt ein fest besoldetes, gut ausgebildetes und ständig einsatzfähiges *stehendes Heer*. Damit wurde Frankreich in den 1680er-Jahren zur größten Militärmacht auf dem Kontinent.

Klaus Dieter Hein-Mooren

INFO 2 Gleichgewicht der Mächte

Vor allem England widersetzte sich der französischen Vormachtspolitik. Um freie Hand für die eigenen kolonialen Projekte in Nordamerika und Afrika zu haben und Kriege in Europa zu vermeiden, forderte es ein Machtgleichgewicht (engl. *balance of power*) auf dem Kontinent und schloss daher Bündnisse mit Frankreichs Gegnern ab.

Klaus Dieter Hein-Mooren

M 1 Heeresstärke Frankreichs

1664	45 000 Mann
1672	120 000 Mann
1688	290 000 Mann
1703	400 000 Mann

Nach: Ricardo Krebs, Der europäische Absolutismus, Stuttgart ⁴1985, S. 39

M 2 Kriege Frankreichs unter Ludwig XIV.

Kriege	Kriegsgründe	Kriegsgegner	Ergebnisse
1667-68: Krieg gegen die Niederlande	Erbansprüche Ludwigs	Frankreich gegen die Niederlande, England und Schweden	Frankreich erhält Grenzgebiete der Niederlande.
1672-78: Krieg gegen die Niederlande	Ausschaltung der Handelskonkurrenz	Frankreich und Schweden gegen die Niederlande, Spanien und das Reich (außer Bayern und Hannover)	Die Niederlande werden wiederhergestellt, Spanien verliert u. a. Teile Westflanderns an Frankreich. Der Kaiser überlässt Frankreich Freiburg i. Br., dafür verzichtet Ludwig auf Philippsburg.
1679-97: Reunionskriege gegen das Deutsche Reich	angebliche Ansprüche Frankreichs auf Reichsgebiete	Frankreich gegen deutsche Fürsten	Frankreich erobert Gebiete im Elsass und in Lothringen; 1681 wird Straßburg besetzt.
1688-97: Pfälzischer Erbfolgekrieg	Erbansprüche Ludwigs	Frankreich gegen Österreich, deutsche Fürsten, Spanien, Schweden, England und die Niederlande	Frankreich verliert einige Eroberungen; Burgund, Elsass und Straßburg bleiben französisch.
1701-14: Spanischer Erbfolgekrieg	Erbansprüche Ludwigs	Frankreich gegen Österreich, England, die Niederlande, deutsche Fürsten und Savoyen	Enkel Ludwigs XIV. wird spanischer König unter der Bedingung, dass Spanien niemals mit Frankreich vereinigt würde. Spanien behält alle Kolonien, Österreich erhält die spanischen Besitzungen in Italien und in den Niederlanden. England behält Gibraltar und Menorca; von Frankreich bekommt es Gebiete in Nordamerika.

„Balance of power" statt Hegemonie?

1. Nennt die außenpolitischen Ziele Ludwigs XIV. (INFO 1).
2. Erarbeitet einen Zusammenhang zwischen der Entwicklung der Heeresstärke (M1) und den Kriegen (M2).

Die Außenpolitik Ludwigs XIV.

M 3 Über die französischen Grenzen

Der für die französischen Festungen verantwortliche General Vauban schreibt um 1700:

Alle ehrgeizigen Wünsche Frankreichs sollen sich zwischen den Gipfeln der Pyrenäen, zwischen der Schweiz und den beiden Meeren bewegen; dort soll es sich bestreben, auf legitimem[1] Wege je nach Zeit und Gelegenheit seine Grenzen errichten. [...] Auf diese Länder sollte Frankreich seine territorialen Ambitionen beschränken. Und falls die ganze übrige Christenheit sich ihm unterwerfen wollte, sollte Frankreich, wenn es seine Ruhe und Sicherheit liebt, diesen Erwerb, der ihm nur eine Last werden kann, niemals annehmen; denn es kommt ihm nicht zu, weder in Italien noch jenseits des Rheins oder der Pyrenäen einen Zollbreit Boden zu besitzen.

Zitiert nach: Werner Gembruch, Vauban, in: Werner Hahlweg (Hrsg.), Klassiker der Kriegskunst, Darmstadt 1960, S. 155f.

[1] legitim: rechtmäßig

M 4 „Eigentliche Abbildung des Französischen Mordbrenners de Mélac etc."

Nachträglich koloriertes zeitgenössisches deutsches Flugblatt

Der französische General Ezéchiel de Mélac war während des Pfälzischen Erbfolgekrieges verantwortlich für die Zerstörung zahlreicher Städte, darunter Heidelberg, Heilbronn, Mannheim und Donauwörth.

- 1667–68 Erwerbungen im 1. Eroberungskrieg gegen die Niederlande
- 1672–78 Erwerbungen im 2. Eroberungskrieg gegen die Niederlande
- 1679–97 Erwerbungen durch die Reunionskriege gegen das Deutsche Reich und den Pfälzischen Erbfolgekrieg
- --- Grenze Frankreichs nach dem Spanischen Erbfolgekrieg 1714
- ····· Grenze Frankreichs seit 1589
- X Schlacht im Spanischen Erbfolgekrieg 1701–1714
- ● Sitz von Intendanten

M 5 Frankreich im Zeitalter Ludwigs XIV.

3 Vergleicht die außenpolitischen Ziele Ludwigs XIV. mit denen Generals Vauban (INFO 1 und M3).

4 Erläutert das Konzept der „balance of power" (INFO 2). Entsprach es Vaubans Vorstellungen (M3)?

5 Beurteilt die Folgen der französischen Außenpolitik für Europa (M2; M4 und M5). Verwendet dabei die Grundlegenden Begriffe „Absolutismus" und „Hegemonie". (F)

- 1661–1715: Ludwig XIV. herrscht absolutistisch
- 1667–1734: Kriege Frankreichs unter Ludwig XIV.
- 17./18. Jh.: Absolutismus in Europa und Glanzzeit des Barock

Absolutismus und Barock

Absolutismus in Bayern

M 1 Ahnengalerie der Wittelsbacher
Undatiertes Foto
Im Auftrag des Nachfolgers von *Max II. Emanuel*, Kurfürst *Karl Albrecht*, wurde zwischen 1726 und 1730 die spätbarocke Ahnengalerie in der Münchener Residenz von dem in Frankreich ausgebildeten Hofbaumeister *Joseph Effner* geschaffen. In der prunkvollen Galerie sind die Bildnisse von 121 Wittelsbacherinnen und Wittelsbachern zu sehen.

INFO 1 Absolutismus in Europa

Die Regierungsweise *Ludwigs XIV.* wurde zum Vorbild für den Aufstieg des **Absolutismus** in vielen europäischen Staaten. Aber trotz mancher Übereinstimmungen wie die Konzentration der Macht
5 auf den Fürsten, die Zentralisierung der Verwaltung und die Einführung eines stehenden Heeres entfaltete sich die absolute Monarchie* in den europäischen Staaten unterschiedlich. Ihre Entwicklung war abhängig von den jeweiligen fürstlichen
10 Interessen, dem politischen Einfluss der **Stände** und den wirtschaftlichen Voraussetzungen des Landes. So scheiterte beispielsweise Ende des 17. Jhs. die absolute Monarchie in England am Widerstand des Parlaments, während die Ständevertre-
15 tungen in den meisten Staaten auf dem Kontinent gar keine oder wenige Rechte hatten.
Klaus Dieter Hein-Mooren

INFO 2 Bayern wird absolutistisch

In Bayern wurde **Kurfürst** *Maximilian I.* aus dem Herrschergeschlecht der *Wittelsbacher* zum eigentlichen Wegbereiter des
5 fürstlichen Absolutismus. Während seiner langen Regierungszeit (1597-1651) ordnete er das Finanzwesen und die Staatsverwaltung neu und er-
10 ließ Gesetze aus eigener Machtvollkommenheit. Die Stände, die bis dahin eigene Herrschafts- und Verwaltungsbefugnisse besessen hatten, verlo-
15 ren fast alle ihre Rechte. Grundlagen der fürstlichen Herrschaft bildeten seitdem das Beamtentum und das Militär. 1669 wurde der Landtag für lange Zeit
20 zum letzten Mal einberufen. Die vom Fürsten geforderten Steuern bewilligte lediglich eine kleine Landschaftsverordnung.
Klaus Dieter Hein-Mooren

M 2 Absolutistische Regierungsmaximen

Kurfürst Maximilian I. von Bayern fasst 1639 seine Regierungseinstellung so zusammen:
Die vornehmsten Grundfesten zur Erhaltung der fürstlichen Macht und Gewalt werden, nach Gott, in vier Hauptstücke abgeteilt:
1. ist das Kriegsvolk, dessen Anzahl nach Notwendigkeit aufgestellt sein soll;
2. das bare Geld in ausreichender Menge;
3. die Festungswerke, um nicht allein dem Feind den Eingang zu verwehren, sondern auch die unruhigen Bürger und Untertanen im Zaum zu halten;
4. die Wohlgewogenheit des Volks oder der Untertanen – und diese letzte Grundfeste ist die sicherste und stärkste vor allen anderen.

Zitiert nach: Friedrich Prinz, Die Geschichte Bayerns, München ⁵2006, S. 245 (vereinfacht)

Absolutismus   Hegemonie   Kurfürsten   Stände

Absolutismus in Bayern

INFO 3 Ruhm und Macht

Kurfürst *Max II. Emanuel* regierte seit 1679 die etwa 1,2 Millionen Einwohner Bayerns. Von Anfang an strebte er nach Aufstieg und Ruhm. Er glaubte, dies sich und seinem Herrscherhaus, den Wittelsbachern, schuldig zu sein. Nach französischem Vorbild führte er ein stehendes Heer ein und begann eine aktivere Außenpolitik als seine Vorgänger. Seine militärische Karriere begann er an der Seite des Kaisers* aus dem Hause Habsburg im Kampf gegen die Türken, die Österreich und Ungarn seit 1683 erneut bedrohten. Als Dank dafür erhielt er 1685 die Hand der Kaisertochter *Maria Antonia*, die durch ihre Mutter Ansprüche auf das riesige Erbe der vom Aussterben bedrohten spanischen Habsburger besaß. Damit trat der bayerische Kurfürst in die komplizierte Auseinandersetzung zwischen Österreich und Frankreich um das spanische Erbe ein, zu dem – außer Spanien selbst – große Teile Amerikas, die Philippinen, die Spanischen Niederlande (das heutige Belgien), Mailand, Neapel und Sizilien gehörten. Letztlich ging es um die Frage, wer die **Hegemonie** über Europa übernimmt.

Klaus Dieter Hein-Mooren

INFO 4 Verlust und Gewinn

In dem 1701 beginnenden *Spanischen Erbfolgekrieg* hätte man erwarten können, dass Max II. Emanuel seinen Schwiegervater gegen Frankreich unterstützen würde. Der Kurfürst schlug sich jedoch auf die Seite *Ludwigs XIV.*, weil er ihm territoriale Gewinne und die Königskrone in Aussicht stellte.

Das französisch-bayerische Bündnis verlor in der entscheidenden *Schlacht bei Höchstädt* 1704 gegen die verbündeten Truppen Englands, Österreichs und der Niederlande. Max. II. Emanuel floh ins Ausland und verlor die Kurwürde und seine Besitzungen. Österreichische Truppen besetzten Bayern. Der Spanische Erbfolgekrieg wurde erst 1714 beendet. Im Interesse eines europäischen Machtgleichgewichts (*balance of power*) erhielt Max II. Emanuel die Kurwürde und Bayern zurück. 1715 konnte er nach München zurückkehren. In den folgenden Jahren setzte Max II. Emanuel seine 1701 unterbrochene barocke Bautätigkeit fort. Das Neue Schloss in Schleißheim[1] und Schloss Nymphenburg wurden vollendet und Schloss Fürstenried errichtet. Als der Kurfürst 1726 starb, hinterließ er Schulden, zu deren Tilgung das bayerische Volk über hundert Jahre brauchen sollte.

Klaus Dieter Hein-Mooren

M 3 Die Schacht bei Höchstädt am 13. August 1704
Volkstümliche Darstellung aus dem Heimathaus der Stadt Lauingen, Donau
Die Schlacht brachte die entscheidende Wende im Spanischen Erbfolgekrieg. Auf jeder Seite kämpften etwa 50 000 bis 55 000 Mann. Die Verluste an Toten und Verwundeten waren auf beiden Seiten mit je 12 500 bis 13 000 Mann etwa gleich hoch. *Zum Bild:* Im Vordergrund sind Stadt (links) und Schloss (Mitte) zu erkennen. Rechts davon wird die französisch-bayerische Kavallerie in den Fluss getrieben. Im oberen Drittel des Bildes sind die Zelte des französisch-bayerischen Lagers zu sehen.

[1] Siehe dazu nochmals S. 153.

Warum orientiert sich Max II. Emanuel an Frankreich?

1. Nenne Gründe, warum die absolutistische Herrschaftsform viele Nachahmer in Europa fand (INFO 1, 2 und M1).
2. Erläutere die Regierungsmaximen (M2). Inwiefern belegen sie eine absolutistische Regierungsform?
3. Nenne Gründe, warum Max II. Emanuel sich an Ludwig XIV. orientierte (INFO 3 und 4).
4. Warum kämpften England, Österreich und die Niederlande in der Schlacht bei Höchstädt (M3)? Erläutere ihr zentrales Motiv (INFO 4).
5. Begründe, warum Max II. Emanuel und Bayern letztlich von dem Konzept der „balance of power" profitierten.

1679 - 1726: Kurfürst Max II. Emanuel regiert mit Unterbrechungen
1701 - 1714: Spanischer Erbfolgekrieg
1704: Entscheidungsschlacht bei Höchstädt

6 Treffpunkt Geschichte

Barock in Bayern

M1 Neue Residenz in Bamberg (Oberfranken)

M2 Schloss und Park in Veitshöchheim (Unterfranken)

M3 Residenz in Ellingen (Mittelfranken)

M4 Residenz und Dom in Passau (Niederbayern)

INFO Im Dienste des Glaubens und Herrschens

Seit dem Ende des 16. Jhs. breitete sich ein zunächst von den Päpsten geförderter, festlicher, farbenfroher und sinnlicher Kunststil über Europa aus: der *Barock*[1]. Er löste die **Renaissance** ab. Mit
5 fantasievollen Verzierungen und Kontrasten zwischen Hell und Dunkel hoben die Künstler z. B. in den Kirchen das Ungewöhnliche, Besondere und Göttliche hervor. Sie wollten die religiösen Gefühle der Menschen beeinflussen.
10 Kritiker meinten, der neue Stil lasse sich mit dem portugiesischen Wort „barocco" charakterisieren. So bezeichneten im 17. Jh. Juweliere unregelmäßige, „schiefrunde" Perlen. Entsprechend abwertend benutzte man lange Zeit den Begriff „Barock".
15 Baumeister und Künstler des 17./18. Jhs. sorgten dann dafür, dass der Stil weniger „schwülstig" wurde. Sie wollten die absolute Macht der Fürsten über Raum, Natur und Menschen veranschaulichen. Beispielgebend wurden das Schloss und der
20 Garten von Versailles. Überall in Europa errichteten die großen und kleinen Fürsten Schlösser und Parks nach diesem Muster.[2]
Erst im 20. Jh. bürgerte sich „Barock" als ein Epochenbegriff für die Kunst und Kultur zur Zeit des
25 **Absolutismus** im 17./18. Jh. ein. Er galt für Architektur, Gartenbau, Bildhauerkunst, Kunsthandwerk und Malerei, für Theater und Oper sowie für Literatur und Musik, ja für den gesamten Lebensstil der Zeit.

Klaus Dieter Hein-Mooren

[1] **Barock**: Siehe auch S. 144, Anm. 1.
[2] Siehe dazu nochmals S. 145 und S. 152 f.; siehe auch S. 174 f.

Barock in Bayern

M 5 Cuvilliés-Theater in München (Oberbayern)

M 7 Klosterbibliothek in Waldsassen (Oberpfalz)

Schritt für Schritt:
Einen Kurzführer für Bauwerke erstellen

Zu vielen hier gezeigten Bauwerken gibt es Kunstführer. Sie dienen zum besseren Verständnis der Gebäude. Für die hier abgebildeten oder für andere barocke Bauwerke könnt ihr selbst Kurzführer erstellen, wenn ihr in Gruppenarbeit folgende Fragen schriftlich beantwortet und entsprechend bebildert:

- Wie heißt das Gebäude? Besteht es aus einem oder mehreren Teilen?
- Wo befindet es sich genau?
- Wer ließ es errichten?
- Wer waren die Baumeister / Architekten? Woher kamen sie?
- In welchem Jahr wurde mit dem Bau begonnen, in welchem wurde er abgeschlossen?
- Gab es einen bestimmten Anlass für die Errichtung?
- Welche Aufgabe erfüllte das Gebäude, wie wurde es genutzt?
- Enthält es ganz besondere Räume oder Kunstwerke?
- Welche Künstler waren an der Ausstattung der Räume beteiligt? Woher kamen sie?
- Was macht das Gebäude zu einem Bauwerk des Barock?
- Wurde das Gebäude seit seiner Entstehung verändert?
- Wie wird es heute genutzt?
- Wer besitzt es heute?

M 6 Klosterkirche in Ottobeuren (Schwaben)

Tipp:
Nutzt für eure Recherchen das Internet und Kunstreiseführer von Bayern oder von eurem Regierungsbezirk.

1. Verfasst mithilfe von „Schritt für Schritt" in Gruppenarbeit Kurzführer für barocke Bauwerke eurer Wahl.
2. Legt eine Karte mit Barockbauwerken in eurer Heimatregion an. Kennzeichnet die Standorte und verwendet für Kirchen, Schlösser oder sonstige Anlagen unterschiedliche Farben. Fügt einen Steckbrief auf der Grundlage von „Schritt für Schritt" für ausgewählte Anlagen hinzu und präsentiert eure Ergebnisse entweder auf einem großformatigen Plakat oder in PowerPoint.

Das weiß ich! – Gelerntes sichern

M 1 Teil des Schlossgitters von Versailles
Undatiertes Foto

Machtgleichgewicht (*balance of power*) auf dem europäischen Kontinent wieder her. Max II. Emanuel aus dem Hause Wittelsbach erhielt 1714 Rang und Besitz zurück, die er nach der *Schlacht bei Höchstädt* 1704 verloren hatte.
Die europäischen Fürsten übernahmen den von Italien ausgehenden neuen Kunststil: den *Barock*. Er prägte nicht nur die Schloss- und Parkanlagen der Fürsten, sondern auch zahllose Kirchenbauten und andere Kunstwerke.

Klaus Dieter Hein-Mooren

M 2 Der „Sonnenkönig" über die Sonne
In seinen Aufzeichnungen schreibt Ludwig XIV.:
Sie [die Sonne] ist ohne Zweifel das lebendigste und schönste Sinnbild eines großen Fürsten, sowohl deshalb, weil sie einzig in ihrer Art ist, als auch durch den Glanz, der sie umgibt, durch das Licht, das sie den anderen Gestirnen spendet, die gleichsam ihren Hofstaat bilden [...].

Zitiert nach: Ludwig XIV., Memoiren. Aus dem Französischen von Leopold Steinfeld, Basel 1931, S. 187

Auf einen Blick: Absolutismus und Barock

König *Ludwig XIV.* regierte Frankreich und prägte im **17./18. Jh. den Absolutismus in Europa**. Mittelpunkt seiner Herrschaft wurde das Schloss Versailles. Der Ausbau der Verwaltung und ein stehendes Heer stützten die Herrschaft des Monarchen. Seine merkantilistische Wirtschaftspolitik förderte Handel und Gewerbe, um die Staatseinahmen zu erhöhen. Sie war nur bedingt erfolgreich, da die Ausgaben für Kriege, Schlösser und Hofhaltung gleichzeitig stiegen. Die Vertreter der **Stände** (Klerus, **Adel** und Bürgertum) hatten keine Interessenvertretung und Mitbestimmungsmöglichkeit mehr. Außenpolitisch strebte der französische König eine **Hegemonie** auf dem Kontinent an. Im *Spanischen Erbfolgekrieg* scheiterten er und der bayerische **Kurfürst** *Max II. Emanuel* am Widerstand der mit England verbündeten Staaten. Sie stellten das

M 3 Über die königliche Macht
Der folgende Text stammt von einem Zeitgenossen Ludwigs XIV.:
Alle Macht kommt von 👑. Die Fürsten regieren also als seine Stellvertreter auf Erden. 👑 also regiert alle Völker und gibt ihnen allen ihre Könige. Daraus folgt, dass die Person des Königs heilig ist. Die königliche Autorität ist 👑.
1. Der 👑 hat niemandem Rechenschaft abzulegen über das, was er befiehlt. [...]
2. Wenn der 👑 geurteilt hat, gibt es kein anderes Urteil mehr. [...]
3. Es gibt keinerlei Zwangsgewalt gegen den 👑.

Nach: Jacques Bénigne Bossuet, „Die Politik nach den Worten der Heiligen Schrift" von 1682; zitiert nach: Paul Hartig, Auf der Suche nach dem besten Staat, Stuttgart 1985, S. 27 f.

Das weiß ich! – Gelerntes sichern

M 4 Vom Nutzen des höfischen Zeremoniells

Der Jurist, Historiker und Schriftsteller Johann Christian Lünig nennt 1719 folgende Gründe für das höfische Verhalten:

Große Herren sind zwar sterbliche Menschen, wie andere Menschen auch. Weil GOTT selbst sie aber über andere in dieser Welt erhoben und zu seinen Statthaltern auf Erden gemacht hat, so ha-
5 ben sie freilich Ursache, sich durch allerhand äußerliche Besonderheiten vor anderen Menschen zu unterscheiden, um sich dadurch bei ihren Untertanen in desto größeren Respekt und in Ansehen zu setzen. Denn die meisten Menschen […]
10 werden von Äußerlichkeiten viel mehr angesprochen als von Intelligenz und Verstand. Wenn man dem einfachen Volk hunderte Mal mit den besten Worten erklären würde, dass es seinem Regenten deswegen gehorchen sollte, weil es sich wegen
15 des Göttlichen Befehls und der gesunden Vernunft so gehört, dieser aber in Kleidung und auch sonst in allem so schlecht wie ein normaler Bürger auftreten würde, so würde man wenig damit ausrichten. Wenn man dem Volk aber einen Fürs-
20 ten vor Augen stellen würde, der prächtig gekleidet, mit vielen Hofleuten umgeben, von verschiedenen auswärtigen Prinzen verehrt, auch von einer ansehnlichen Leibgarde bewacht ist, so wird das Volk anfangen, sich über dessen Hoheit zu
25 wundern, diese Verwunderung aber bringt Hochachtung und Ehrfurcht hervor und daraus Untertänigkeit und Gehorsam. Ein jeder wird sich willig finden lassen, einem solchen Fürsten gehorsam zu sein.

Johann Christian Lünig, Theatrum ceremoniale historico-politicum, oder Historisch- und politischer Schau-Platz aller Ceremonien, welche so wohl an europäischen Höfen als auch sonsten bey vielen illustren Fällen beobachtet worden, Teil 1, Leipzig 1719, S. 5

M 5 Ein Fest im Spiegelsaal von Versailles
Undatiertes Foto
Historische Nachstellung (engl. *Reenactment*) eines Balls aus der Zeit Ludwigs XIV. im Spiegelsaal
Der Spiegelsaal ist der prächtigste Raum der barocken Schlossanlage. Er ist 75 m lang, 10 m breit und 12 m hoch (*siehe den Grundriss auf S. 149, M6*). Die Wände sind mit 578 Spiegeln verkleidet und die Deckengemälde zeigen Szenen aus dem ruhmreichen Leben des „Sonnenkönigs". Zur Zeit Ludwigs XIV. wurden hier wichtige Staatsgäste empfangen und zu Cembalo-Musik Gesellschaftstänze wie das Menuett (von franz. *menu pas*: kleiner, zierlicher Schritt) getanzt.

---

1. Erläutere die Symbolik des Schlossgitters (M1). Nutze dazu die Aufzeichnungen Ludwigs XIV. (M2).
2. Füllt in Partnerarbeit die Lücken im Text M3 aus. Welche Kennzeichen der Herrschaftsform des Absolutismus werden genannt?
3. „Absolutismus und Zeremoniell gehören untrennbar zusammen." Erläutere und begründe diese Behauptung mithilfe von M4.
4. Informiert euch über Tänze und Musik der Barockzeit. Diskutiert, inwiefern das Menuett (M5) dem höfischen Zeremoniell entsprach.
5. Diskutiert, ob historische Nachstellungen von Festen (M5) einen Beitrag zum Verständnis des Absolutismus leisten können. Begründet eure Meinungen.

Jh.: Absolutismus in Europa und Glanzzeit des Barock

Das kann ich! – Gelerntes anwenden

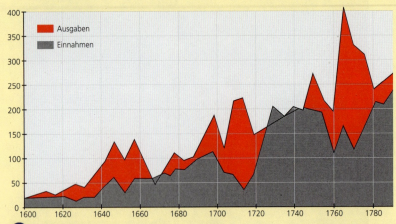

M 1 Einnahmen und Ausgaben des französischen Staates
Angaben in Millionen Livres

Zur Selbsteinschätzung:
Einen Test, mit dem du überprüfen kannst, was du kannst und was du noch üben solltest, findest du unter **31062-49**.

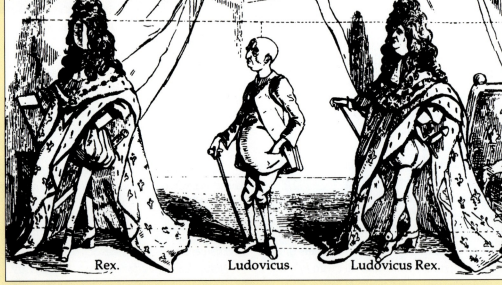

M 2 „Eine historische Studie"
Karikatur von William Makepeace Thackeray von 1840
Rex = König; Ludovicus = Ludwig
Ludwig XIV. war nur etwa 1,60 m groß und hatte schütteres Haar, schon mit 50 Jahren fehlten ihm viele Zähne.

M 3 „Glanz und Zierde"
Zur Repräsentation des bayerischen Kurfürsten schreibt Hofrat Franz Kaspar von Schmid 1711:
Eine Privatperson mag zwar mit ihren Mitteln haushalten, wie sie will […], aber ein Fürst ist verpflichtet, Sich deren also zu gebrauchen, dass Er Sich und Seinen Fürstentümern einen Glanz und Zierde verschafft.
Zitiert nach: Marcus Junkelmann, Max Emanuel. Der „Blaue König", Regensburg 2018, S. 172

Das kann ich! – Gelerntes anwenden

M 4 Kurfürst Max II. Emanuel von Bayern
Gemälde (129 x 101 cm) des französischen Porträtmalers Joseph Vivien, um 1710 - 1720
Der Kurfürst trägt einen Dreiviertelharnisch, der damals schon seit über einem halben Jahrhundert nicht mehr bei Schlachten getragen wurde. Diese Rüstungen waren bis in die zweite Hälfte des 18. Jhs. ein verbreitetes Element des Herrscherporträts. Sie sollten an die Tugenden des mittelalterlichen Ritters erinnern.

M 5 Wie ist Frieden möglich?
Um 1800 stellt der Politiker und Staatsdenker Friedrich Gentz folgenden Beitrag zur Lösung eines dauerhaften Friedens vor:
Die Erfahrung hatte gelehrt, dass die meisten Kriege aus dem zu großen Übergewichte entstanden, welches die eine oder die andere Macht sich durch günstige Umstände zu verschaffen wusste.
5 Hieraus zog die Staatskunst den Schluss, dass, wenn man durch zweckmäßige Allianzen, durch geschickte Unterhandlungen, und im Falle der Not selbst durch die Waffen die Entstehung eines solchen Übergewichtes, oder, wenn es einmal
10 entstanden war, seine schädliche Wirkungen neutralisieren könnte, die Ruhe und die Sicherheit des Ganzen dadurch notwendig und wesentlich gewinnen müsste. Die Absicht dieses Systems war nie, wie man ihm oft mit Unrechte vorgeworfen
15 fen hat, dass alle Staaten ungefähr gleich mächtig sein sollten; sie ging nur dahin, die schwächeren durch ihre Verbindung mit mächtigeren gegen die Unternehmungen eines präponderierenden Staates[1] so viel als möglich sicherzustellen.

Friedrich Gentz, Über den ewigen Frieden, in: Kurt von Raumer (Hrsg.), Ewiger Friede. Friedensrufe und Friedenspläne seit der Renaissance, Freiburg – München 1953, S. 461 - 497, hier S. 479

---
[1] **präponderierender Staat**: ein Staat, der das Übergewicht, die Übermacht hat

① Erläutere die Grafik (M1) mit eigenen Worten. Erklärt das Verhältnis von Einnahmen und Ausgaben zur Zeit Ludwigs XIV.

② Beschreibe die Zeichnung M2 von links nach rechts und erkläre, mit welchen Mitteln der Zeichner Frankreichs Herrschaftsform kritisierte. Berücksichtige dazu Rigauds Gemälde auf S. 150.

③ Diskutiert auf der Grundlage von M3 die Frage, wie viel ein Fürst bzw. ein Staat für „Glanz und Zierde" ausgeben sollte. Berücksichtigt dabei unterschiedliche Herrschaftsformen (siehe dazu S. 151).

④ Untersuche das Porträt Max II. Emanuels (M4). Begründe, ob es sich um ein „Staatsporträt" handelt.

⑤ Untersuche den Text von Gentz (M5). Welche Lösung für einen dauerhaften Frieden sieht er? Sind seine Überlegungen plausibel? Lässt sich sein Konzept der „balance of power" auf eine globale Weltordnung übertragen?

Jh.: Absolutismus in Europa und Glanzzeit des Barock

1800

7 Bauwerke als Ausdruck politischen Denkens

Von der ersten Idee bis zur Verwirklichung dauerte es über zwanzig Jahre. Aber dann ging ein großes Staunen um die Welt. Die Verhüllung des Berliner Reichstagsgebäudes durch das amerikanische Künstlerehepaar *Christo und Jeanne-Claude* im Sommer 1995 bewirkte in nur vierzehn Tagen, was wohl kaum jemand für möglich gehalten hätte: Sie verwandelte das bedeutende Gebäude in ein heiteres Sinnbild der jungen wiedervereinten Demokratie. Was für ein Startschuss für den Umbau!

❶ *Finde heraus, an welche besonderen Ereignisse und Epochen der deutschen Geschichte das Gebäude erinnert.* Ⓗ
❷ *Als „Enthüllen durch Verbergen" charakterisiert der Journalist David Bourdon die Kunst des Ehepaars Christo und Jeanne-Claude. Diskutiert am Beispiel des Reichstages, was damit gemeint sein könnte.*

M 1 Der verhüllte Reichstag in Berlin
Foto von Wolfgang Volz, Juni 1995

7 Orientierung in Raum und Zeit

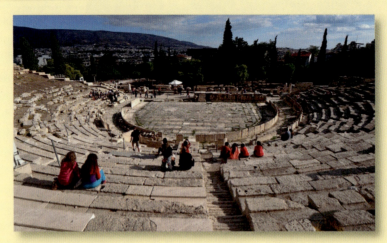

M 1 Dionysos-Theater in Athen
Foto von 2016
Der erste Athener Theaterbau entstand im 5. Jh. v. Chr. am Südhang der Akropolis und war weitestgehend aus Holz. Das Theater wurde im 4. Jh. v. Chr. vergrößert und in Stein gebaut. Weitere römische Ein- und Umbauten folgten im 1. Jh. v. Chr.

Orte der Herrschaft

Was haben Architektur und Herrschaft miteinander zu tun? Architektur gibt der Herrschaft einen Rahmen. Sie baut den Regierenden – bildlich gesprochen – eine Bühne, auf der sie sich und ihre Handlungen öffentlich darstellen können. Das trifft für die antike und die moderne **Demokratie** genauso zu wie für die mittelalterliche und die neuzeitliche **Monarchie**.

Architekten und Künstler haben dazu in allen Epochen typische Bauwerke entworfen, bestimmte Formen wie Kuppeln, Säulen und Fassaden verwendet sowie besondere Materialien wie Marmor, Gold oder Glas verbaut.

Ist es wahr, dass die Demokratie eine Architektur schafft, die offen, frei und zugänglich wirkt, während sich die Monarchie hinter goldenen Gittern und mächtigen Fassaden zurückzieht?

Anna Elisabeth Albrecht

Am Ende des Längsschnitts kannst du am Beispiel bestimmter Bauwerke folgende Fragen beantworten:
- Welche Mittel der Gestaltung hat Architektur, um bestimmte Wirkungen zu erreichen?
- Warum geben bestimmte Bauwerke Aufschluss über das politische Selbstverständnis ihrer Bauherren?
- Was macht Bauwerke zu Zeichen einer bestimmten Epoche?

M 2 Aachen – der Ort der Pfalzanlage
Luftaufnahme, um 2015
Unter der Kuppelhaube des 17. Jhs. wird die Kapelle Karls des Großen aus dem 8. Jh. sichtbar. Genau gegenüber lag die Königshalle der Aachener Pfalz. Im Mauerwerk des Rathauses befinden sich noch heute Überreste der alten Königshalle.

Orientierung in Raum und Zeit

M 3 Fürstbischöfliche Residenz in Würzburg
Undatierte Luftaufnahme
Das barocke Schloss entstand zwischen 1720 und 1780. Im März 1945 wurde es stark beschädigt, aber nach dem Krieg wieder aufgebaut.

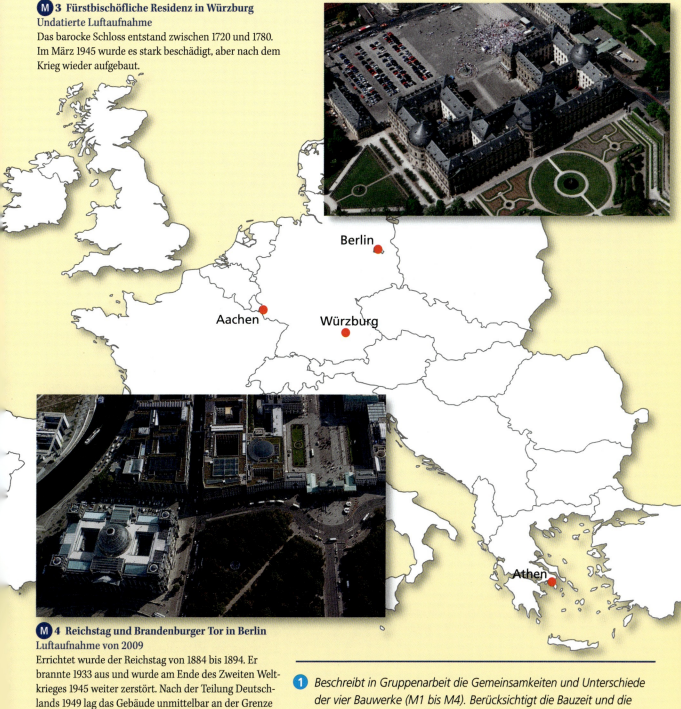

M 4 Reichstag und Brandenburger Tor in Berlin
Luftaufnahme von 2009
Errichtet wurde der Reichstag von 1884 bis 1894. Er brannte 1933 aus und wurde am Ende des Zweiten Weltkrieges 1945 weiter zerstört. Nach der Teilung Deutschlands 1949 lag das Gebäude unmittelbar an der Grenze zu Ost-Berlin. Der Wiederaufbau des Gebäudes erfolgte nach dem Mauerbau zwischen 1961 und 1971. Mit der deutsch-deutschen Wiedervereinigung entschieden sich die Abgeordneten 1991 mit knapper Mehrheit für einen Umzug von Bonn nach Berlin. Es folgte ein großer Umbau ab 1995. Seit 1999 ist der Reichstag Sitz des Deutschen Bundestages.

1. Beschreibt in Gruppenarbeit die Gemeinsamkeiten und Unterschiede der vier Bauwerke (M1 bis M4). Berücksichtigt die Bauzeit und die Funktion. Benutzt dabei die Grundlegenden Daten und Begriffe „5. Jh. v. Chr.: Blütezeit Athens", „Polis", „Demokratie", „Kaiser" und „Absolutismus". Beachtet die Bildlegenden. (H)
2. Drei der vier Bauwerke zählen zum UNESCO-Welterbe. Informiert euch über sie im Internet. Wann wurden sie in die Liste aufgenommen? Welche Gründe sprachen dafür? (H)

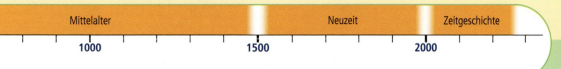

Das antike Theater – ein Ort der Demokratie?

Bauwerke als Ausdruck politischen Denkens — 7

M 1 Das Dionysos-Theater von Athen
Rekonstruktionsmodell, 2. Hälfte des 5. Jhs. v. Chr.
Im Vordergrund die Sitzreihen aus Holz, dahinter das Bühnenhaus, dazwischen wurde gespielt und getanzt. Im Hintergrund rechts ein kleines Dionysos-Heiligtum. In dem Theater fanden gelegentlich auch Volksversammlungen statt.

INFO 1 Theater, Religion und Politik
Im **antiken** Athen des 5. Jhs. v. Chr. diente das Theater sowohl der religiösen Verehrung des Gottes Dionysos als auch der **Demokratie**. Beides war aufs Engste miteinander ver-
5 knüpft.
 Schon vor dem 5. Jh. v. Chr. hatten die Großen Dionysien ihren festen Platz im athenischen Festtagskalender. Dazu versammelte man
10 sich auf dem Marktplatz, der üblicherweise für Volks-, Gerichts-, Rats- und Festversammlungen dieser Art genutzt wurde. Dann ging es in den Dionysos-Hain – in die
15 Nähe des Heiligtums. Hier wurden Jahr für Jahr aufs Neue die hölzernen Tribünen für die Festlichkeiten errichtet.
Die Vorbereitungen der Großen Dionysien begannen schon ein Jahr im Voraus und hielten die ganze **Polis**
20 in Atem. Dichter verfassten Stücke, Chöre wurden zusammengestellt und die Tribüne errichtet. Finanziert wurden die mehrtägigen Festspiele aus privaten und öffentlichen Geldern. Zum Auftakt der Festlichkeiten brachten Jünglinge das Kultbild des Gottes in
25 sein Heiligtum. Es folgten Opfer, Ehrungen verdienter Bürger, eine Waisenparade[1] und schließlich Chor- und Theaterwettkämpfe: Alles mit und unter den Augen der Athener Bürger!
Der Gang ins Theater war bürgerliche Pflicht; wer
30 sich den Eintritt nicht leisten konnte, wurde von der Polis unterstützt. Während der Wettkämpfe ging es hoch her: Bei Naschwerk und Wein litten die Zuschauer mit den Helden der Tragödie, lachten über die politischen Witze der Komödie. Kurzum: Das
35 Theater bot dem athenischen Bürger Orientierung in allen religiösen, moralischen und politischen Fragen.
Anna Elisabeth Albrecht

M 2 Herausbildung einer Öffentlichkeit
Der Althistoriker Christian Meier schreibt über die politische Funktion des griechischen Theaters:
Wohl das Wichtigste, was an Neuem in den Poleis entstand, war die Herausbildung einer Öffentlichkeit […]. Schließlich war es eine alte, tiefbegrün-
5 dete Forderung unter den Griechen, daß die Dinge „mitten unter ihnen", also in aller Öffentlichkeit, ausgetragen wurden. Sie waren mißtrauisch gegen alles, was im Geheimen vorging, wollten alles wissen. Da war auch Kritik wichtig […]. Da
10 wollte die Bürgerschaft, die so viele Kriege begann, auch die so sehr zu Herzen gehende Klage über die Schrecklichkeit des Krieges hören. Anders wäre die direkte Demokratie auch nicht möglich gewesen.
Christian Meier, Die politische Kunst der griechischen Tragödie, München 1988, S. 229 und 237

[1] **Waisenparade**: Auftritt von Kriegswaisen vor dem Publikum

1 *Nenne die Funktionen des Theaters im 5. Jh. v. Chr. in Athen (INFO 1 und M2).*
2 *Beschreibe die Veränderungen der antiken Theaterbauten (INFO 2, M1, M2 und M4). Was wurde damit erreicht?*

Das antike Theater – ein Ort der Demokratie?

INFO 2 Unter freiem Himmel

Am Südhang der Akropolis haben Wissenschaftler Spuren des ersten Dionysos-Theaters aus der **Blütezeit Athens** im **5. Jh. v. Chr.** gefunden. Es sind
5 Überreste des Spielortes, an dem antike Dramen aufgeführt wurden, die die Demokratie der Athener prägten.

Heute ist nur noch das sichtbar, was das späte 4. Jh. v. Chr. hinterlassen hat:
10 eine aufsteigende Tribüne, eine halbrunde Spielfläche und Reste der ehemaligen Bühnenwand. Alles aus Stein! Das ist unser heutiges Bild des antiken griechischen Theaters. Aber wie sah
15 das Theater in der **Polis** Athen aus? Was für Stücke wurden zur Zeit der Demokratie gespielt, als Tragödie und Komödie erfunden wurden? Es sind Archäologen (Altertumsforscher) und Philologen (Sprachwissen-
20 schaftler), die darauf Antworten geben. Sie haben Erdreich und Theaterstücke untersucht.

Anna Elisabeth Albrecht

M 4 Das Dionysos-Theater von Athen
Undatierte Rekonstruktionszeichnung von Peter Connolly, spätes 4. Jh. v. Chr.
In dem Theater fanden auf 78 Sitzreihen aus Stein etwa 17 000 Zuschauer Platz.

M 3 Über die Zuschauer

Die Archäologin Susanne Moraw hat ihre Erkenntnisse über den Besucher des Theaters im 5. Jh. v. Chr. aus schriftlichen und archäologischen Quellen* gezogen:

Je weiter unten ein Platz war, desto ehrenvoller war er. Das Recht der Prohedrie, des Sitzens auf eigens reservierten Plätzen, galt in erster Linie für Priester und hohe Staatsbeamte. […] Weitere Eh-
5 renplätze nahmen die Mitglieder des Rates und die Epheben[1] ein. Die restlichen Bürger verteilten sich so weit als möglich auf den angrenzenden Plätzen. Ganz oben, eventuell auch ganz außen, saßen Ausländer, Sklaven sowie vermutlich Frau-
10 en und Knaben.

Susanne Moraw, Das Publikum – der mündige Bürger als Ideal, in: Susanne Moraw / Eckehart Nölle (Hrsg.), Die Geburt des Theaters in der griechischen Antike, Mainz 2002, S. 146-153, hier S. 146

[1] **Epheben**: junge Athener, die ihren Wehrdienst leisten

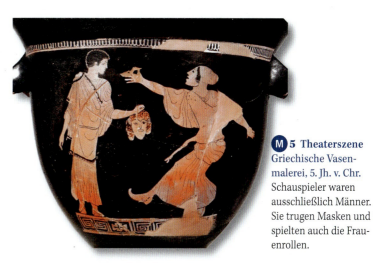

M 5 Theaterszene
Griechische Vasenmalerei, 5. Jh. v. Chr.
Schauspieler waren ausschließlich Männer. Sie trugen Masken und spielten auch die Frauenrollen.

③ Erläutere die Bedeutung von Theaterbesuchen für das Zusammenleben der Athener (INFO 1 und 2, M3 und M5).

④ Beschreibe die Funktion des Dionysos-Theaters (M4). Verwende dabei die Grundlegenden Begriffe „Polis" und „Demokratie".

⑤ Präsentiere moderne Bauwerke, die eine ähnliche Funktion haben wie das Dionysos-Theater (M4). Ⓕ

7 Bauwerke als Ausdruck politischen Denkens

Die Pfalz in Aachen – ein Ort christlicher und weltlicher Herrschaft

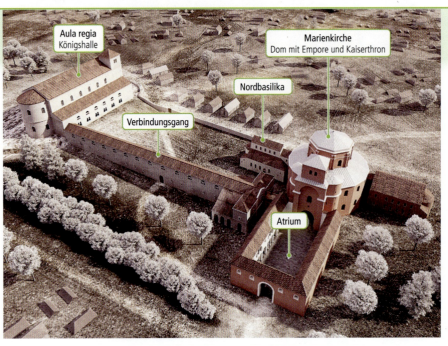

M 1 Die Pfalz in Aachen um 800
Rekonstruktion von Zsolt Vasáros/Gábor Nagy/Sebastian Ristow, 2018
Die Archäologen wissen nicht genau, wie groß die Pfalz wirklich war und bis wohin sie sich erstreckt hat, wo die Wohnung Karls des Großen, das Schwimmbad, die Hofschule, die Kanzlei sowie die Häuser für das Personal und die Gäste lagen. Gesichert ist nur, was auf der Abbildung zu sehen ist.

INFO 1 Architektur mit kaiserlichem Anspruch?

Warum ließ **König** Karl ausgerechnet Aachen im 8. Jh. zu seinem bevorzugten Wohnsitz ausbauen? Das weiß keiner genau – vermutet
5 wird viel. Doch darauf lassen sich Archäologen und Bauforscher gar nicht erst ein. Sie untersuchen Mauerreste, Münzen und lateinische Schriftquellen und ziehen Vergleiche zu anderen, früheren Bauwerken. Auf die-
10 se Weise entsteht ein Bild von der besonderen Architektur und dem höfischen Leben der Aachener Pfalz[1]. Ein Bild mit Lücken, an dem nur eines so gut wie sicher ist: Zu einer Zeit, in der Twitter und Fernsehen nicht zur Inszenierung von Herrschaft gehör-
15 ten, schuf **Karl der Große**, der **800** in Rom zum ersten westeuropäischen **Kaiser** gekrönt wurde, mit der Pfalz in Aachen ein weithin sichtbares Zeichen seiner christlichen *und* weltlichen Herrschaft.
Anna Elisabeth Albrecht

Filmtipp:
Einen Film zur Rekonstruktion der Pfalz siehe unter **31062-50**.

M 2 Die Pfalz – kein einfacher Zweckbau
Der Kunsthistoriker Werner Jacobsen über die Funktion der Pfalzen:

Pfalzen [...] waren ja nicht einfach nur Zweckbauten. In ihnen fanden vielmehr wichtige politische Ereignisse [...] statt. Wenn Könige erhoben wurden, wenn zu großen kirchlichen Festen der
5 König vor den Großen des Reiches unter der Krone auftrat, wenn Gesandtschaften oder gar andere Herrscher empfangen wurden, wenn Reichstage stattfanden: In all diesen Fällen war die Inszenierung herrscherlicher Macht die inhaltliche
10 Grundlage, nach der sich die Ausstattung der Räume, die architektonische Gestalt insbesondere von „Aula regia"[2] und Pfalzkapelle, ja die Gesamtanlage der Pfalz mit Zuordnung ihrer einzelnen Bauteile, Lage ihrer Vor- und Innenhöfe, ihrer
15 Zugänge und Treppen sowie der inneren Raumfolge zu richten hatte, sollte der herrscherliche Auftritt eindrucksvoll gelingen.

Werner Jacobsen, Herrschaftliches Bauen in der Karolingerzeit, in: Christoph Stiegemann / Matthias Wemhoff (Hrsg.), 799 – Kunst und Kultur der Karolingerzeit, Bd. 3, Mainz 1999, S. 91- 94, hier S. 93f.

[1] **Pfalz**: Der Begriff wurde vom Palastbezirk auf dem Palatin in Rom abgeleitet; er bezieht sich nicht nur auf die Gebäude des Königshofes, sondern auf alle dort lebenden Personen.
[2] **Aula regia**: Königshalle

① Nenne die zentralen Bauwerke der Pfalz und beschreibe ihre Funktion (M1 und INFO 1). Berücksichtige auch den Filmtipp. (F)
② Die von Karl dem Großen ausgebaute Pfalz steht für die Idee eines Königtums, in dem Christentum und weltliche Herrschaft eine Einheit bilden. Erläutere diese Aussage mit M1, M2 und INFO 2.

Die Pfalz in Aachen – ein Ort christlicher und weltlicher Herrschaft

M 3 Die Aachener Pfalzkapelle
Undatiertes Foto
Blick in den 31 Meter hohen achteckigen Kapellenraum. Die Pfalzkapelle war Hof- und Palastkirche. Hier stand der Thron Karls des Großen (siehe S. 13, M5) und hier wurde Karl der Große auch nach 814 beigesetzt.

INFO 2 Nach römischem Vorbild?

Wer in den 790er-Jahren nach Aachen kam, muss gestaunt haben. Er sah dort, wo der Vater Karls des Großen bereits eine Pfalz errichtet hatte, eine gewaltige Großbaustelle mit zahllosen Bauarbeitern. Königshalle (*Aula regia*) und Pfalzkapelle (*Marienkirche*), die jetzt errichtet wurden, überragten die übrigen Häuser um ein Vielfaches. Die Pfalzkapelle gilt als der erste und höchste Kuppelbau nördlich der Alpen. Unübersehbar sind die spätrömischen Vorbilder der Kapelle, allen voran die Kirche *San Vitale* in Ravenna. Diese hatte im 6. Jh. Kaiser *Justinian* bauen lassen. Da Karl der Große sie auf einem seiner Italienzüge 787 bewundert haben soll, sehen manche Geschichtsschreiber in der Pfalzkapelle eine kaiserliche Geste, mit der er seinen Machtanspruch zeigen wollte.

Anna Elisabeth Albrecht

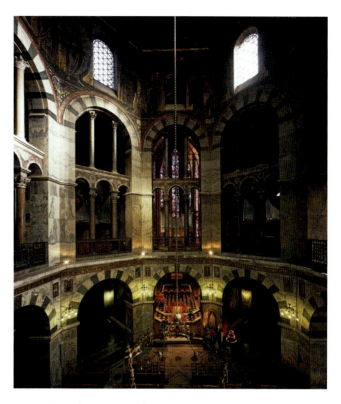

M 4 Karl und die christliche Religion
Der Mönch Einhard kommt 790 an den Hof Karls des Großen. Nach dessen Tod verfasst er eine Lebensbeschreibung des Herrschers und schreibt:
Die christliche Religion, mit der er seit seiner Kindheit vertraut war, hielt er gewissenhaft und fromm in höchsten Ehren. Deshalb erbaute er die wunderschöne Kirche in Aachen, die er mit Gold und Silber, mit Leuchtern und mit Gittern und Türen aus massivem Metall ausschmückte. Für diesen Bau ließ er Säulen und Marmor aus Rom und Ravenna bringen, da er sie sonst nirgends bekommen konnte. Er besuchte die Kirche regelmäßig morgens und abends, nahm an den nächtlichen Horen[1] und an den Messen teil, solange es seine Gesundheit erlaubte. Er bestand darauf, dass alle dort abgehaltenen Gottesdienste mit möglichst großer Feierlichkeit zelebriert wurden.

Einhard, Vita Karoli Magni / Das Leben Karls des Großen. Lateinisch und Deutsch, übersetzt von Evelyn S. Firchow, Stuttgart 1968, S. 55

[1] **Horen**: Gebetszeiten

Schritt für Schritt:
Bauwerke beschreiben und untersuchen

Bauwerke sind Quellen* der Geschichte. Ihre Architektur ist auch Ausdruck politischen Denkens der Epoche, in der sie entstanden sind oder verändert wurden. Folgende Fragen helfen dir, sie als Zeichen der Kultur- und Ideengeschichte zu erkennen und zu untersuchen:
- Wie sieht das Bauwerk aus (Größe, Baukörper, Fassaden, Höfe, Materialien)?
- Steht es für sich alleine oder gehört es zu einer Gruppe von Bauten (Lage)?
- Wer ließ es wann errichten (Entstehungszeit, Bauherr, Herrschaftsform)?
- Gab es Vorbilder für das Bauwerk?
- Was ist die Funktion des Bauwerks (ursprünglich und gegenwärtig)?

③ Untersuche mithilfe der Methode „Schritt für Schritt" die Pfalz. Berücksichtige M1, M3 und M4 sowie INFO 2. Stelle das Ergebnis als Lernplakat oder mit einer Power-Point-Präsentation vor. Berücksichtige den Filmtipp. (H)

④ Prüfe folgende Behauptung: „Kaiser Karl der Große präsentierte sich mit dem Bau der Aachener Pfalz als Erneuerer des Römischen Imperiums." Berücksichtige INFO 1 und 2. (H)

• 800: Kaiserkrönung Karls des Großen

7 Bauwerke als Ausdruck politischen Denkens

Die Würzburger Residenz – Palast der fränkischen „Sonnenkönige"

M 1 Die Würzburger Residenz
Foto, nach 2000
Der Sitz der Fürstbischöfe und Herzöge von Franken wurde unter wechselnden Bauherren errichtet. Den Grundstein legte Fürstbischof Johann Philipp Franz von Schönborn 1720. Vollständig ausgebaut war die Residenz erst 1780.

Medientipp:
Einen Rundgang durch die wichtigsten Räume der Würzburger Residenz findest du unter **31062-51**.

[1] Siehe dazu auch S. 144f., 152f. und 160f.
[2] Zu Versailles siehe S. 148f.
[3] **Gulden**: Währungseinheit; ein Arbeiter verdiente damals etwa einen Gulden in der Woche.

INFO 1 Fürsten als Bauherren

Noch heute zeugen die zahlreichen Schlösser in Deutschland von der großen Bau- und Ordnungslust, die die Fürsten im Reich nach dem Chaos des Dreißigjährigen Krieges erfasst hatte. Schnurgerade Achsen, geschnittene Bäume, gelenkte Blicke. Breite Fassaden, weite Höfe, endlose Raumfluchten, Marmor-, Stuck- und Spiegelsäle. Das barocke Schloss[1] diente **Monarchen** und **Aristokraten** während des **Absolutismus** als Sitz ihrer Regierung (Residenz). Es war eine Bühne der Macht, auf der sich die Fürsten darstellen konnten. Tatsächlich steckte hinter der theatralischen Geste aber noch mehr: die Selbstdarstellung des Fürsten. Sie war zum gesellschaftlichen Zwang und politischen Mittel geworden. Dabei wurden diese Maßstäbe, die der französische „Sonnenkönig" Ludwig XIV. in Versailles[2] gesetzt hatte, vielen Adligen zum Verhängnis, denn der finanzielle Aufwand für eine standesgemäße Hofhaltung trieb sie oft in den Ruin.
Anna Elisabeth Albrecht

INFO 2 Eine Residenz wie keine andere

Die Fürstbischöfe von Würzburg, geistliche und weltliche Regenten, hatten da mehr Glück. 1719 beschloss *Johann Philipp Franz von Schönborn*, die Hofhaltung von der Festung Marienberg in die Stadt zu verlegen und eine neue Residenz zu errichten. Kurz vor Baubeginn flog ein Bestechungsskandal auf und die veruntreuten Gelder in Höhe von 640 000 Gulden[3] flossen zurück in die Staatskasse. Das reichte, um den Bauingenieur *Johann Balthasar Neumann* zu berufen und mit dem Bau des Schlosses zu beginnen. Neumann übernahm die Bauleitung und arbeitete mit bedeutenden Architekten aus Wien, Paris und Mainz zusammen. Ziel war es von Anfang an, eine Residenz zu errichten, die keiner in „ganz Teuschland ... gleich komme". Die Bautätigkeit der Würzburger Fürstbischöfe umfasste aber nicht nur das Schloss, sondern auch andere öffentliche Gebäude und Anlagen der Stadt.
Anna Elisabeth Albrecht

M 2 Über die Baulust der Schönborns
Der Kunsthistoriker Bernhard Schütz behauptet:
Im Bauen repräsentierten die Schönborns sich selbst, ihren neuen Stand [als Fürstbischöfe] und ihre reichsunmittelbare Herrschaft, ähnlich wie es die anderen Reichsfürsten, die Reichsstifte, die Landklöster, der städtische Adel usw. auch taten, nur überstieg die schönbornsche Baulust alles bis dahin Vorstellbare. Sie eröffnete für das Bauwesen solcher relativ kleinen Reichsfürstentümer, wie es Würzburg oder Bamberg waren, ganz neue Dimensionen. Bis ins letzte wurden die Finanzen angestrengt und die Untertanen herangezogen, z. B. die Müßiggänger und Landstreicher, die man zwangsverpflichtete. Die Schönborns waren zu ihrer Zeit alles andere als beliebt.
Bernhard Schütz, Balthasar Neumann, Freiburg 1986, S. 11

Absolutismus Aristokratie Monarchie

Die Würzburger Residenz – Palast der fränkischen „Sonnenkönige"

INFO 3 **Die Treppe als Bühne**

Zu den eindrucksvollsten Mitteln barocker Herrschaftsarchitektur gehörte die Treppe. Hier wurde der Gast beim Eintritt ins Schloss „eingestuft", hier erhielt er seinen Platz im Kräftespiel der Hofgemeinschaft. Wie? Mit der Sprache des Zeremoniells. Das war eine mehr oder weniger festgeschriebene Regieanweisung, die das Zusammenleben der Höflinge regelte. Wer wurde von wem, auf welcher Stufe, mit welchem Gefolge empfangen? Gehen, Stehen, Schreiten, Sitzen: Das alles bestimmte Nähe und Ferne zum Schlossherrn, Rang und Einfluss des Gastes. Ein feinsinniges Spiel der Gesten, das jeder verstand. Als 1745 die Kaiserin *Maria Theresia* auf dem Weg von Wien nach Frankfurt in Würzburg Halt machte, empfingen Domkapitel[1] und Fürstbischof ihre achtspännige Kutsche schon unten an der Treppe – ein Hinweis höchster Gunst!

Anna Elisabeth Albrecht

M 3 Ein Empfang nach Maß!

Ein kursächsischer Gesandter beschreibt in einem Brief vom 29. September 1749 das Zeremoniell seines Empfangs in der Würzburger Residenz:

Beim Einfahren in die Residenz trat die Wache ans Gewehr, präsentierte und salutierte unter Trommelwirbel die gesenkte Fahne. Vor der Haupttreppe stand ein Offizier mit weiteren Wachen. Sie begrüßten mich ebenfalls. Beim Aussteigen aus der Kutsche in der Vorhalle wurde ich von etlichen vornehmen Herren, oben auf den Treppenstufen aber vom Hofmarschall[2], Baron von Hutten, empfangen, und in das erste Vorzimmer geführt. Hier nahm mich der Oberhof-Marschall[3] in Empfang und führte mich zum nächsten Vorzimmer, wo die übrigen Minister und vornehmen Herren versammelt waren, um mich sodann „bey Ihro fürstlichen Gnaden" zu melden. Worauf sich das fürstliche Audienzzimmer öffnete und „Ihro fürstlichen Gnaden" mir bis unter die Türe entgegentrat und beim Hineingehen die rechte Hand gab.

Paul Reinhard Beierlein, Das Würzburger Hofzeremoniell nach zwei kursächsisch-polnischen Gesandtenberichten (1749), in: Mainfränkisches Jahrbuch für Geschichte und Kunst 4 (1952), S. 344 – 359, hier S. 347 (vereinfacht)

M 4 Das Treppenhaus der Würzburger Residenz
Foto von 1998

Das riesige Gewölbe des Treppenhauses wurde von *Giovanni Tiepolo* und seinen Söhnen ausgemalt. Ihr Kunstwerk zeigt die vier Kontinente Afrika, Amerika, Asien und Europa und stellt die Herrschaft des Fürstbischofs *Greiffenclau* als neues Goldenes Zeitalter des Sonnengottes *Apoll* dar. Mit 30 x 18 m ist es das größte zusammenhängende Deckengemälde der Welt.

---

[1] **Domkapitel**: die kirchliche Gemeinschaft der Männer, die den Bischof bei der Leitung seines Bistums unterstützt
[2] **Hofmarschall**: hier der Hofbeamte, der die Empfänge und Audienzen organisierte
[3] **Oberhof-Marschall**: der Hofbeamte, der an der Spitze der Verwaltung des fürstlichen Hofes stand. An großen Höfen teilten sich verschiedene Hofmarschälle die Aufgaben.

---

1. Beschreibe die Würzburger Residenz (M1 und M4). Nenne die zentralen Unterschiede zur Aachener Pfalz (siehe S. 172, M1). (F)
2. Bauen ist auch wirtschaftlich bedeutsam. Erläutere die Aussage mithilfe von INFO 2 und M2. (F)
3. Erkläre die Funktion der Würzburger Residenz (INFO 1 bis 3). Verwende dabei die Grundlegenden Begriffe „Absolutismus", „Monarchie" und „Aristokratie".
4. Stellt die Empfänge des kursächsischen Gesandten sowie der Kaiserin in der Würzburger Residenz im Treppenhaus eurer Schule nach. Besprecht die Unterschiede (INFO 3 und M3).

7 Bauwerke als Ausdruck politischen Denkens

Der Berliner Reichstag – ein alter Bau mit neuer Bedeutung

M 1 Der Berliner Reichstag
Foto kurz nach der Fertigstellung des Gebäudes, um 1895

Internettipps:
Zur Geschichte des Reichstages siehe **31062-52**.

INFO 1 „Dem deutschen Volke"

Das gewählte Parlament des 1871 gegründeten Deutschen Kaiserreiches bekam 1894 ein neues Gebäude, den Reichstag. Die Planungen waren nicht einfach: Ein passender Bauplatz musste ge-
5 funden werden, ein passender Architekt und vor allen Dingen eine passende architektonische Form. Als der Frankfurter Architekt *Paul Wallot* 1884 diese Aufgabe übernahm, konnte er nicht ahnen, dass sich die Bauarbeiten zehn Jahre hinziehen würden.
10 Die Baugeschichte geriet zu einer aufreibenden Angelegenheit im Spiel der Kräfte: die Baukommission einerseits, der Kaiser andererseits und mittendrin der Architekt auf der Suche nach einer Form, die allen 25 Bundesstaaten gerecht werden sollte. Das
15 Ergebnis ist oft belächelt worden. Wallot hatte – was damals üblich war – Stilmittel der Renaissance mit der Barockarchitektur kombiniert. Zu altmodisch, zu kaiserlich-wilhelminisch, zu pompös, hagelte es Kritik. Zu schnell vergessen waren Wallots
20 Neuerungen: die Kuppel aus Kupfer und Glas, die Haustechnik, die Belüftung, die Elektronik und die Küchentechnik – das war alles auf dem neuesten Stand.

Erst zwanzig Jahre später, mitten im
25 kalten Kriegswinter 1916, ließ der Kaiser am Giebel des Gebäudes die Widmung „Dem deutschen Volke" anbringen. Zu der Zeit interessierten sich nur noch wenige Menschen für
30 das Parlament, das nur eine beschränkte Mitwirkung an der Gesetzgebung hatte. Es konnte weder den Reichskanzler noch die Minister wählen oder abwählen. Die entschei-
35 dende Macht hatten damals der Kaiser und die Fürsten des Reiches.

Anna Elisabeth Albrecht

M 2 Der Reichstag: ein parlamentarischer Bau?

Die Architekturhistorikerin Barbara Kündiger schreibt über das Berliner Reichstagsgebäude:

Ecktürme, ein hohes Sockelgeschoss, Kolossalsäulen, Portiken[1], Wappen der Länder, Figuren sind neben der Kuppel die herausragenden Gestaltungselemente der Fassade. Es hat den An-
5 schein, als sollte die pompöse Fassade die geringe Macht des Parlaments kompensieren. [...] Es sollte ein Ausdruck der Reichseinheit und zugleich ein Monument des damaligen Parlamentarismus sein [...].

Barbara Kündiger, Fassaden der Macht. Architektur der Herrschenden, Leipzig 2001, S. 60

---

❶ *Beschreibe den Reichstag (INFO 1, M1 und M2). Nutze dazu auch die Methode „Schritt für Schritt" (siehe S. 173). Benenne und begründe die Ähnlichkeiten zu einem anderen Bauwerk dieses Kapitels.* Ⓗ

❷ *Kaiser und Architekt stritten um Gestalt, Material und Anbringung der Reichstagskuppel. Wallot wollte sie über den Sitzungssaal des Reichstages setzen, der Kaiser über die Eingangshalle. Erläutere mögliche Gründe für die unterschiedlichen Standpunkte.*

---

[1] **Portikus:** der von Säulen oder Pfeilern getragene Vorbau eines Gebäudes

Der Berliner Reichstag – ein alter Bau mit neuer Bedeutung

INFO 2 Die demokratische Verwandlung

Im Juni 1991 hatten die Abgeordneten des wiedervereinten Deutschland beschlossen, den Regierungssitz von Bonn nach Berlin zu verlegen und das Reichstagsgebäude für den Bundestag zu nutzen. Nach langen Debatten erhielt der britische Architekt *Sir Norman Foster* den Zuschlag der Baukommission des Deutschen Bundestages für den Umbau. Er begann 1995.

Foster ließ die äußeren Mauern des Reichstages stehen und die inneren Spuren der Baugeschichte freilegen. Der neue Plenarsaal wurde in die Mitte des Gebäudes versetzt und mit einer großen und begehbaren Glaskuppel versehen, die Foster zunächst gar nicht geplant hatte. Heute sind Dachterrasse und Kuppel der Öffentlichkeit frei zugänglich – und alle Besucher können von oben in das Zentrum der **Demokratie** blicken: in den Plenarsaal.

Anna Elisabeth Albrecht

M 4 Giebel und Kuppel des umgebauten Berliner Reichstages
Foto von 2011

M 3 Symbol für Offenheit und Demokratie
Der britische Architekt Sir Norman Foster über das neue Reichstagsgebäude:

Die öffentlich begehbare Kuppel des Reichstages ist ein architektonisches Symbol für Transparenz und Demokratie. Ein Parlament soll offen und zugänglich sein, zugewandt den Bürgern, denen es verpflichtet ist. Die Dachterrasse und die Kuppel sind das Ergebnis dieser Sichtweise. Wenn die Lichtverhältnisse es zulassen, kann man von der Dachterrasse und Presselobby aus das Geschehen im Plenarsaal einsehen. Dies ist das Ergebnis unserer Bemühungen, Geist und Mauerwerk des alten Reichstages neu zu beleben.

Norman Foster, Der neue Reichstag, hrsg. von David Jenkins, Leipzig – Mannheim 2000, S. 13 (übersetzt von Gaile & Partner)

M 5 Über die politische Funktion der neuen Kuppel
Die kroatisch-deutsche Schriftstellerin Jagoda Marinić schreibt in einem Zeitungsbeitrag vom Mai 2018:

Die Kuppel des Deutschen Bundestags ist 23 Meter hoch und 40 Meter breit. Der Architekt Sir Norman Foster setzte sich 1995 mit Stahl und Glas gegen alle anderen Entwürfe durch. So eine Glaskuppel auf dem Regierungsgebäude eines demokratischen Staates weckt naturgemäß unzählige Assoziationen. Gehen Menschen auf dem Reichstag spazieren, sieht es aus, als würden sie über den Plenarsaal wachen. Manchmal gehen sie wie Schlafwandler oder blicken nur ins Weite. Die Generaldebatte im Bundestag diese Woche zeigt, wie unentbehrlich künftig der aufmerksame, kontrollierende Blick durch die Glaskuppel sein wird.[1] [...]

Die Kuppel wurde nicht auf den Reichstag gebaut, damit Demokratinnen und Demokraten tatenlos zusehen, wie sie [von rechtsradikalen Politikern] bespuckt wird. Es wurde uns Demokraten eine Glaskuppel gebaut, damit wir sehen, wann unsere Werte angegriffen werden und wann es Zeit ist, sie zu verteidigen.

Jagoda Marinić, Es ist Zeit, in: Süddeutsche Zeitung Nr. 114 vom 19./20./21. Mai 2018

Internettipps:
Zur Architektur des Reichstages siehe **31062-53**.

❸ *Beurteile die Glaskuppel des Reichstages als Ausdruck demokratischen Denkens. Nutze dazu INFO 2, M3 bis M5. Berücksichtige dabei die Wirkung von Form, Material, Standort und Kommunikation.* **F**

[1] In der Debatte fielen menschenfeindliche Äußerungen.

- 1884: Grundsteinlegung für das Reichstagsgebäude — Deutsches Kaiserreich
- 1916: Während des Ersten Weltkrieges wird die Inschrift „Dem deutschen Volke" über dem Hauptportal angebracht
- 8. September 1999: Erste reguläre Sitzung der Abgeordneten im neuen Reichstag — Es bestehen zwei deutsche Staaten; sie werden 1990 wiedervereint

Das weiß ich – das kann ich!

M 1 Die Kirche San Vitale in Ravenna
Undatiertes Foto
Blick in den spätrömisch-byzantinischen Kirchenraum, 6. Jh.

Auf einen Blick: Bauwerke als Ausdruck politischen Denkens

Die **Demokratie** in der **Blütezeit Athens im 5. Jh. v. Chr.** war geprägt von Öffentlichkeit und Meinungsaustausch. Dazu lieferte das antike Theater der **Polis** den freien und luftigen Rahmen. Hier
5 wurde nicht nur der Gott Dionysos gebührend gefeiert, sondern Tragödien und Komödien boten ausreichend Anlass, um über grundlegende Fragen der Religion, Moral und Politik zu diskutieren.
Über Jahrtausende hinweg blieben Religion und
10 Politik enge Verbündete. Nur so erklärt sich der Ausbau der Aachener Pfalz, den **Karl der Große** noch vor seiner Kaiserkrönung im Jahr **800** in Angriff genommen hatte. Nach spätantiken und früh- christlichen Vorbildern ließ er eine Königshalle (*Au-*
15 *la regia*) und eine Kapelle (*Marienkirche*) in seiner Pfalz errichten. Die Kuppel der Kirche wurde zum weithin sichtbaren Zeichen seiner christlichen Herrschaft.
Die **Könige** und **Kaiser** der folgenden Jahrhunder-
20 te verstanden ihre weltliche Herrschaft als gottgewollt. Höhepunkt dieser Entwicklung in Europa war die Zeit des **Absolutismus**. Die europäische **Aristokratie** folgte damals dem französischen Vorbild Versailles. Architektur und höfisches Zere-
25 moniell wurden mehr als jemals zuvor zum geeigneten Mittel der Machtausübung. Kaum ein Aristokrat ohne Schloss und Gartenanlage! Das traf auch auf die Fürstbischöfe in Würzburg zu. Aber ihre ab 1720 von *Johann Balthasar Neumann* er-
30 richtete Schlossanlage erlangte ein Ausmaß, das in keiner Weise ihrer politischen Bedeutung in Europa entsprach.
Erst als die **Monarchie** ihre Macht schrittweise an die Bürger abgeben musste und der Verfassungs-
35 staat entstand, wurden Bauwerke zu rein politischen Zwecken errichtet. Dabei orientierte sich der von *Paul Wallot* für das deutsche Parlament errichtete Reichstag (1884-1894) in Berlin an einer barocken Schlossanlage. Das hatte Folgen: Der Bau des
40 machtlosen Parlaments wurde als kaiserlich-wilhelminisch verlacht, obwohl er dem Schloss des Kaisers den Rücken zuwandte und die kaiserliche Kuppel deutlich an Höhe übertrumpfte.
Bezeichnenderweise war es ein britischer Archi-
45 tekt, *Sir Norman Foster*, der im Auftrag der deutschen Abgeordneten dem Reichstag mit dem 1995 begonnenen Umbau eine neue politische Bedeutung gab: als Sitz des Deutschen Bundestages. Die begehbare gläserne Kuppel auf dem Reichstag er-
50 möglicht heute allen Bürgern einen freien Blick über ihre Hauptstadt und einen direkten Blick in den Plenarsaal, wo ihre frei gewählten Abgeordneten ihre Interessen vertreten. Demokratischer geht eine architektonische Geste kaum – oder?
Anna Elisabeth Albrecht

Das weiß ich – das kann ich!

M 2 Grundriss des ersten Obergeschosses der Würzburger Residenz, um 1744

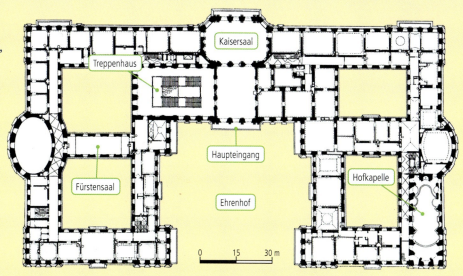

M 3 Gibt es eine demokratische Architektur?
Der italienische Architekt und Architekturtheoretiker Vittorio M. Lampugnani stellt 1986 fest:
Eine demokratische Architektur kann es genauso wenig geben wie eine demokratische Suppe.

<small>Vittorio Magnago Lampugnani, Die Diskussion um die Chimäre Bauen in der Demokratie und „demokratisches Bauen", in: Architektur als Kultur. Die Ideen und die Formen. Aufsätze 1970-1985, Köln 1986, S. 258-266, hier S. 258</small>

M 4 „Macht und Pracht"
2017 steht der „Tag des Offenen Denkmals" unter dem Motto „Macht und Pracht". Die Bundesbauministerin Barbara Hendricks eröffnet die Veranstaltung mit folgenden Worten:
Macht und Pracht – das diesjährige Motto macht deutlich, dass die Architektur aller repräsentativen Bauten politisch ist. Sie ist immer ein Herrschaftszeichen, egal ob sich diese Herrschaft von
5 Gottes Gnaden, einer vermeintlichen Berufung oder aus dem demokratischen Willen des Volkes ableitet.

<small>Zitiert nach: www.bmub.bund.de/pressemitteilung/hendricks-eroeffnet-tag-des-offenen-denkmals (Zugriff: 15.12.2017)</small>

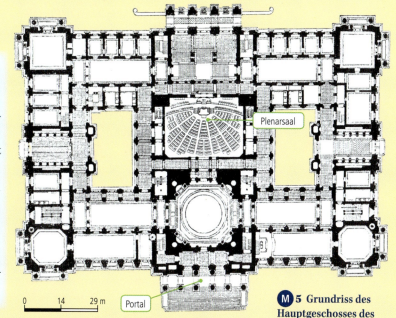

M 5 Grundriss des Hauptgeschosses des Reichstages, 1894

---

1 Ergänze die folgende Tabelle:

Bauwerk	Epoche	Herrschaftsform
Theater, Athen	?	?
San Vitale, Ravenna	Spätantike	?
Pfalzkapelle, Aachen	?	?
Residenz, Würzburg	?	?
Reichstag, Berlin	Zeitgeschichte	?

2 Diskutiert die Zitate M3 und M4. Beziehet in die Diskussion die Würzburger Residenz und das umgebaute Reichstagsgebäude ein.

3 Vergleicht die Grundrisse M2 und M5 mit Versailles (siehe S. 149, M6). Erläutert, was der Vergleich zeigt.

4 Diskutiert mögliche Motive, warum das Künstlerehepaar Christo und Jeanne-Claude nicht die Aachener Pfalzkapelle (S. 173, M3) oder die Würzburger Residenz (S. 174, M1), sondern den Reichstag in Berlin (S. 166-167, M1) verhüllen ließen. Berücksichtigt dabei die Grundlegenden Begriffe „Absolutismus", „Demokratie" und „Monarchie".

Zur Selbsteinschätzung:
Einen Test, mit dem du überprüfen kannst, was du kannst und was du noch üben solltest, findest du unter **31062-54**.

Grundlegende Daten und Begriffe

Die hervorgehobenen **Daten, Begriffe und Namen** gehören zur 7. Jahrgangsstufe.

ab ca. 3000 v. Chr.	Hochkultur in Ägypten
753 v. Chr.	Mythische (der Sage nach) Gründung Roms
5. Jh. v. Chr.	Blütezeit Athens
1. Jh. v. Chr.	Übergang von der ▸*Republik* zum Prinzipat (Kaiserzeit)
um Christi Geburt	Zeitalter des Augustus
um 500	Reichsbildung der Franken. Die fränkischen Stämme vereinigten sich und bildeten ein stabiles, christlich (▸*Christentum*) geprägtes fränkisches Reich, in dem sich germanische und römische Elemente verbanden.
800	Krönung ▸*Karls des Großen* zum ▸*Kaiser* in Rom
962	Krönung Ottos des Großen zum ▸*Kaiser* in Rom
um 1200	Kulturelle Blüte zur Zeit der Staufer
1453	Eroberung Konstantinopels durch die Osmanen und dadurch Ende des Oströmischen Reiches
1492	„Entdeckung" Amerikas durch Kolumbus
1517	Beginn der ▸*Reformation*
1618 – 1648	Dreißigjähriger Krieg
17./18. Jh.	▸*Absolutismus* in Europa

Absolutismus	Herrschaftsform in Europa im 17. und 18. Jh., in der die ▸*Könige* bzw. Fürsten ihre Herrschaft von Gott ableiteten und den Anspruch erhoben, völlig uneingeschränkt zu regieren.
Adel	Im ▸*Mittelalter* und bis ins 19. Jh. herrschender Stand (▸*Stände*), der sich durch Abstammung, Besitz, Vorrechte und eigene Lebensformen von der übrigen Gesellschaft abhob. In Deutschland wurde der Adel 1919 abgeschafft, doch kann der Adelstitel auch weiterhin im Namen geführt werden.
Altsteinzeit	Ältester Zeitabschnitt der Menschheitsgeschichte (vor ca. 2 Mio. Jahren bis ca. 10 000 v. Chr.), in dem die Menschen als Jäger und Sammler umherzogen und ihre Werkzeuge und Waffen meist aus Stein herstellten.
Antike	Griechisch-römisches Altertum, also der Zeitraum, in dem die Griechen und Römer den Mittelmeerraum beherrschten bzw. kulturell prägten (ca. 1000 v. Chr. bis 500 n. Chr.).
Aristokratie	Herrschaftsform, bei der der ▸*Adel*, also die einflussreichsten Familien, die Macht besitzt.
Bürger	Im ▸*Mittelalter* die Einwohner einer Stadt, die das Bürgerrecht besaßen und damit politisches Mitspracherecht hatten (z. B. Wahl des Stadtrates). Heute bezeichnet der Begriff überwiegend Bewohner eines Staates, welche die Staatsbürgerschaft besitzen.

Grundlegende Daten und Begriffe

Caesar	Gaius Julius Caesar war ein römischer Staatsmann, Feldherr und Autor, der sich 44 v. Chr. zum ▸Diktator auf Lebenszeit ernennen ließ und so das Ende der Römischen ▸Republik und den Beginn der Kaiserzeit einleitete.
Christentum	Die auf Jesus Christus, sein Leben und sein Wirken begründete monotheistische Religion (= Glaube an einen Gott), deren heilige Schrift die Bibel ist.
Demokratie	Herrschaftsform, in der das Volk über die Politik bestimmt. *Die ursprüngliche Form entstand in der ▸Polis Athen im 6. und 5. Jh. v. Chr. In ihr konnten alle männlichen Bürger in der Volksversammlung direkt über Sachfragen abstimmen (direkte Demokratie). Frauen, Fremde und Sklaven besaßen keine politischen Rechte.* *Im Gegensatz dazu basiert der moderne Demokratiebegriff auf den für alle geltenden Menschenrechten wie Freiheit und Gleichheit. Zudem werden in den meisten modernen Demokratien im Unterschied zur direkten Demokratie in der ▸Antike in der Regel Volksvertreter (Abgeordnete) in Parlamente gewählt, die dort stellvertretend für alle Bürgerinnen und Bürger beraten und entscheiden (repräsentative Demokratie).*
Diktator	Befehlshaber mit uneingeschränkter Befehlsgewalt; in der Römischen ▸Republik außerordentliches Amt, nur in Notzeiten für sechs Monate bestimmt.
Ghetto	Von der übrigen Stadt oft durch Mauern und Tore abgetrenntes Wohngebiet der jüdischen Gemeinschaft. *Der Begriff „Ghetto" bezieht sich auf das „Geto novo" genannte Wohnviertel der Juden in Venedig, das Anfang des 16. Jhs. auf dem Gebiet einer Gießerei (ital. „geto") ausgewiesen wurde. Heute bezeichnet „Ghetto" meist abwertend ein Viertel, dessen Bewohner nur wenige Beziehungen zur städtischen Umgebung pflegen.*
Grundherrschaft	Herrschaftsform, bei der Grundherren (beispielsweise Herzöge, Grafen, Bischöfe, Äbte und Äbtissinnen) Land an unfreie Bauern vergaben. Diese bewirtschafteten es, zahlten Abgaben und leisteten Frondienste, im Gegenzug bekamen sie insbesondere Schutz und Sicherheit.
Hegemonie	Vormachtstellung eines Staates in einer bestimmten Region.
Investiturstreit	Machtkampf zwischen römisch-deutschem Königtum (▸König, ▸Kaiser) und Papsttum im 11. und 12. Jh. um die Vorherrschaft. Ausgangspunkt für den Streit war die Frage, wer die Investitur vornehmen, also Bischöfe einsetzen durfte. *Höhepunkt des Investiturstreites war der Gang König Heinrichs IV. nach Canossa (1077). Die Auseinandersetzung endete mit dem Wormser Konkordat (1122) in einem Kompromiss.*
Islam	Vom Propheten Mohammed im 7. Jh. begründete monotheistische Religion (= Glaube an einen Gott), deren Anhänger (Muslime) zu Allah beten. Die Glaubensgrundlage des Islam ist der Koran.
Judentum	Älteste monotheistische Religion (= Glaube an einen Gott) und zugleich Gemeinschaft aller Juden. Der Kern der jüdischen Religion ist in der Thora grundgelegt.
Jungsteinzeit	Zeitabschnitt ca. 10 000 v. Chr. bis ca. 2000 v. Chr., in dem die Menschen sesshaft wurden und dank des wärmeren Klimas zu Ackerbau und Viehzucht übergingen.

Anhang

Kaiser	Höchster Herrschertitel, der im ▶ *Mittelalter* an die Tradition des Römischen Kaiserreiches anknüpfte. Der Kaiser wurde im Mittelalter vom Papst gekrönt und verstand sich als Schutzherr der Christenheit (▶ *Christentum*). Zudem erhob er Anspruch auf die oberste weltliche Herrschaft über alle Christen.
Karl der Große	▶ *König* des Fränkischen Reiches, der 800 als erster westeuropäischer Herrscher vom Papst zum ▶ *Kaiser* gekrönt wurde und damit die Grundlage für das mittelalterliche Kaisertum (▶ *Mittelalter*) legte.
Kloster	Eine oft aus mehreren Gebäuden bestehende Anlage, in der Nonnen oder Mönche sich dauerhaft, gemeinschaftlich und meist auf Grundlage bestimmter Ordensregeln auf die Ausübung ihres christlichen Glaubens (▶ *Christentum*) konzentrierten. Im ▶ *Mittelalter* waren die Klöster wichtige Träger und Bewahrer von Wissenschaft, Kunst und Kultur.
König	Meist aus dem ▶ *Adel* stammender Herrscher eines Landes, der durch Wahl (z. B. im Heiligen Römischen Reich Deutscher Nation) oder Erbrecht (z. B. in England, Frankreich) bestimmt wird.
Kreuzzug	Vom 11. bis zum 13. Jh. stattfindende Kriegszüge in den Nahen Osten u. a. mit dem Ziel, die muslimische Herrschaft (▶ *Islam*) über die Heiligen Stätten der Christen (▶ *Christentum*) zu beenden und den christlichen Glauben zu verbreiten.
Kurfürsten	Die meist sieben zur Königswahl (▶ *König*) berechtigten geistlichen und weltlichen Fürsten im Heiligen Römischen Reich Deutscher Nation. Das Wahlverfahren sowie die Zahl der Kurfürsten bildeten sich vor allem im 13. und 14. Jh. heraus.
Lehnswesen	Auf gegenseitiger Treue beruhende Herrschaftsform des ▶ *Mittelalters*. Ein adliger (▶ *Adel*) Leh(e)nsherr verlieh Land und/oder Ämter bzw. Rechte an einen adligen Leh(e)nsmann (Vasallen) auf Lebenszeit, der dafür Kriegs- und Amtsdienste leisten musste. Mit der Zeit wurden die Lehen erblich. *So wurde Otto von Wittelsbach 1180 durch Kaiser Friedrich I. Barbarossa mit dem Herzogtum Bayern belehnt. Seine Nachkommen, die Wittelsbacher, regierten Bayern bis 1918 als Herzöge, ▶ Kurfürsten und ▶ Könige.*
Limes	Befestigte römische Reichsgrenze, u. a. der obergermanisch-raetische Limes zwischen Rhein und Donau.
Luther	Martin Luther, Mönch und Theologe, der mit seiner Kritik an kirchlichen Missständen und mit seinen 95 Thesen die ▶ *Reformation* auslöste.
Migration	Dauerhafter Wohnortwechsel von Menschen, der unterschiedliche Ursachen haben kann, z. B. die Flucht vor politischer Verfolgung, vor Folter, Krieg und Hunger, die Suche nach besseren Lebensumständen oder neue berufliche Möglichkeiten.
Mittelalter	Zeit zwischen ca. 500 und ca. 1500, also zwischen der ▶ *Antike* und der ▶ *Neuzeit*.
Monarchie	Herrschaftsform, in der ein ▶ *König* und/oder eine Königin an der Spitze des Staates steht.
Neuzeit	Bezeichnung für die Zeit nach dem ▶ *Mittelalter* (ab ca. 1500) bis hin zur Gegenwart.
Pharao	(Plural: *Pharaonen*) Oberster Herrscher oder oberste Herrscherin im alten Ägypten, der bzw. die zugleich als ▶ *König* bzw. Königin und als Gott bzw. Göttin verehrt wurde.

Grundlegende Daten und Begriffe

Polis	(Plural: *Poleis*) Griechischer Stadtstaat in der ▸*Antike*, der aus einer Stadt und deren Umland bestand und politisch sowie wirtschaftlich selbstständig war.
(römische) Provinz	Ein unter römischer Herrschaft und Verwaltung stehendes erobertes Gebiet außerhalb Italiens.
Pyramide	Grabanlage einer hochgestellten Persönlichkeit (z. B. eines ▸*Pharaos*) im alten Ägypten, meist mit quadratischem Grundriss und nach oben spitz zulaufend.
Quellen	Texte, Gegenstände, Bilder aus der Vergangenheit, die entweder zufällig erhalten geblieben sind (Überreste) oder absichtlich überliefert wurden (Überlieferungen), sowie Zeitzeugenaussagen.
Reformation	Eine von ▸*Luther* ausgelöste kirchliche Erneuerungsbewegung, die zur Spaltung des westlichen ▸*Christentums* durch die Entstehung der evangelischen Kirche führte. Die Reformation veränderte auch die politische Ordnung Europas.
Renaissance	Frz.: Wiedergeburt. Kulturgeschichtliche Epoche vom 14. bis zum 16. Jh., die auf einer Wiederentdeckung der ▸*Antike* (Wissen, Kunst und Kultur) beruhte und den umfassend gebildeten Menschen in den Mittelpunkt stellte (Humanismus).
Republik	Der lateinische Begriff „res publica" fasst den Staat als „öffentliche Angelegenheit" auf, die alle freien Bürger betrifft. Heute bezeichnet „Republik" eine Staatsform, in der kein Monarch (▸*Monarchie*) an der Spitze steht, sondern das Staatsoberhaupt gewählt ist und in der grundsätzlich die Staatsgewalt vom Volk ausgeht.
Romanisierung	Übernahme u. a. der römischen (lateinischen) Sprache, Kultur durch Bevölkerungsgruppen in einigen der von Römern eroberten Gebiete.
Senat	Oberstes Beratungsorgan der Römischen ▸*Republik*, dessen Mitglieder aus den einflussreichsten Familien (▸*Adel* bzw. der ▸*Aristokratie*) stammten und vorher wichtige Ämter ausgeübt hatten.
Stadtrecht	Besondere Rechte (Privilegien) von Städten, z. B. Münz-, Markt-, Zoll- und Befestigungsrecht.
Stände	Durch Geburt definierte Großgruppen in der mittelalterlichen Gesellschaft (▸*Mittelalter*): Klerus (Erster Stand), ▸*Adel* (Zweiter Stand), Bauern und ▸*Bürger* (Dritter Stand). Die drei Stände hatten unterschiedliche Rechte und Pflichten.
Verfassung	Grundlegendes Gesetz, das die politische Ordnung eines Staates festlegt (z. B. Staatsform, Rechte und Pflichten der ▸*Bürger*).
Westfälischer Friede	Friedensverträge nach dem Dreißigjährigen Krieg im Jahr 1648, die die Gleichberechtigung der christlichen Konfessionen (▸*Christentum*, ▸*Reformation*) festschrieben und den deutschen Landesfürsten eine weitgehende Unabhängigkeit vom ▸*Kaiser* gewährten. *Im Westfälischen Frieden wurde auch der Augsburger Religionsfriede von 1555 bestätigt, der das Reformationsrecht der Landesfürsten beinhaltete: Der Grundsatz „cuius regio, eius religio" besagte, dass der Landesfürst im Prinzip über die Konfession seiner Untertanen bestimmen durfte.*

Nach: www.historisches-forum.bayern.de/fileadmin/user_upload/historisches_forum/GDB_Geschichte_LPP_07.12.2018.pdf (Zugriff: 22. 03. 2019; Definitionen alphabetisch geordnet, mit Verweisen versehen und geringfügig modifiziert)

Arbeitsmethoden für das Fach Geschichte

Schritt für Schritt:
Quellen von Darstellungen unterscheiden

Die Vergangenheit hinterlässt Überreste und Spuren: Sie sind die Grundlage für die Erforschung der Geschichte. Wir nennen sie Quellen. Archäologen und Geschichtswissenschaftler untersuchen und deuten Quellen. Sie versuchen damit, sich ein Bild von der Vergangenheit zu machen. Ihre Ergebnisse fassen sie in Texten zusammen, die wir Darstellungen nennen. Um herauszufinden, ob es sich um eine Quelle oder eine Darstellung handelt, gehe so vor:
1. Untersuche die Angaben zu den Abbildungen und Texten.
2. Beantworte mit deren Hilfe folgende Frage: Stammt der Text oder der Gegenstand aus der Zeit, über die wir etwas wissen möchten?
   → ja: **Quelle**
   → nein, er stammt aus einer späteren Zeit: **Darstellung**

Schritt für Schritt:
Informationen aus schriftlichen Darstellungen entnehmen

Darstellungen enthalten Informationen. Sie geben die Kenntnisse und die Vorstellungen wieder, die ein Autor von etwas hat. Folgende Fragen und Tipps helfen dir, Informationen aus einer Darstellung zu entnehmen:
1. Stelle fest, worum es im Text insgesamt geht. Berücksichtige dabei die Überschrift.
2. Schreibe die wichtigsten Begriffe (Stichworte) in dein Heft. Wenn du einen Begriff nicht kennst, sieh in einem Wörterbuch, einem Lexikon oder im Internet nach. *Zur Arbeit mit dem Internet siehe auch die allgemeine Arbeitstechnik* Im Internet surfen.
3. Fasse anhand der Stichworte den Inhalt des Textes zusammen.

Schritt für Schritt:
Textquellen verstehen, einordnen und deuten

Textquellen sind die wichtigsten geschichtlichen Zeugnisse. Im Schulbuch findest du in der Regel nur Quellenauszüge. Um ihren Inhalt zu erfassen, solltest du so vorgehen:

Erster Schritt: die Textquelle verstehen
- Lies den Text sorgfältig durch. Oft erschließt sich sein Sinn beim zweiten Lesen schon besser.
- Notiere dir unbekannte Namen und Begriffe. Kläre sie mithilfe eines Wörterbuches oder eines Lexikons. Du kannst auch das Internet nutzen. *Lies dazu die allgemeine Arbeitstechnik* Im Internet surfen.

Zweiter Schritt: die Textquelle einordnen
- Wann und wo entstand der Text?
- Wer hat ihn verfasst? Suche nach Informationen über den Verfasser (z. B. Lebenszeit, Herkunft, Beruf usw.).
- Informiere dich über die Textsorte. Handelt es sich um einen öffentlichen Beitrag wie ein Gesetz, ein Buchauszug oder eine Rede oder um einen privaten Text wie einen Brief?

Dritter Schritt: die Textquelle deuten
- Nenne die wichtigsten Aussagen des Textes.
- Werden Wertungen vorgenommen?
- Stelle fest, was der Verfasser wohl damit bewirken wollte.
- Beurteile, ob die Informationen richtig oder falsch bzw. subjektiv oder objektiv dargestellt sind.

Arbeitsmethoden für das Fach Geschichte

Schritt für Schritt:
Diagramme erstellen und deuten

Diagramme sind auch eine Form der Darstellung historischer Inhalte.
Wir unterscheiden drei wichtige Formen von Diagrammen:
Das *Kreisdiagramm* zeigt Anteile an einer Gesamtmenge in Prozenten und gibt den Zustand zu einer bestimmten Zeit an. Wollen wir Veränderungen erkennen, benötigen wir für jeden Zeitpunkt, den wir mit einem anderen vergleichen wollen, ein weiteres Kreisdiagramm.

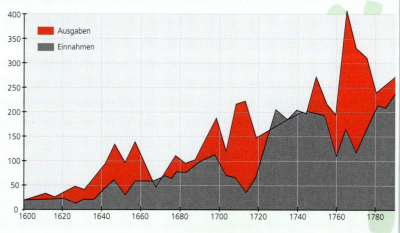

Linien- oder Kurvendiagramm
Um längere Entwicklungen zu zeigen, brauchen wir Daten in regelmäßigen Zeitabständen. Wir tragen die Messgrößen (y-Achse) und Zeiten (x-Achse) in ein Koordinatensystem ein und verbinden die Zahlenwerte zu einer Kurve. Wir können auch mehrere Kurven in einem Diagramm abbilden, um sie miteinander zu vergleichen.

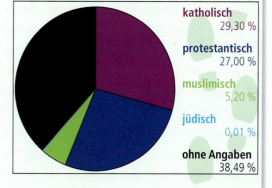

Säulen- oder Balkendiagramm
Wenn Zahlen nur in unregelmäßigen Jahresabständen vorliegen, empfiehlt sich das Säulen- oder Balkendiagramm: Wir wandeln die Zahlenwerte in entsprechend große Säulen oder Balken um.

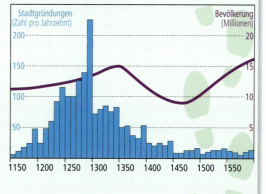

Diagramme beschreiben und deuten
Zunächst solltest du das Diagramm beschreiben. Dabei helfen dir folgende Fragen:
1. Wie und worüber informiert das Diagramm?
2. Welche Entwicklung ist zu erkennen (hohe und niedrige Werte beachten, Trends, Zusammenhänge)?

Wenn du die Diagramme beschrieben hast, kannst du versuchen, sie auszuwerten, deine Beschreibungen zu erklären und Schlussfolgerungen aus ihnen zu ziehen. Dazu benötigst du weitere Informationen. So lassen sich Gründe für die in den Diagrammen bezifferten Zustände und Entwicklungen benennen und Zusammenhänge verdeutlichen.

Anhang

Schritt für Schritt:
Bauwerke beschreiben und untersuchen

Bauwerke sind Quellen* der Geschichte. Ihre Architektur ist auch Ausdruck politischen Denkens der Epoche, in der sie entstanden sind oder verändert wurden. Folgende Fragen helfen dir, sie als Zeichen der Kultur- und Ideengeschichte zu erkennen und zu untersuchen:
- Wie sieht das Bauwerk aus (Größe, Baukörper, Fassaden, Höfe, Materialien)?
- Steht es für sich alleine oder gehört es zu einer Gruppe von Bauten (Lage)?
- Wer ließ es wann errichten (Entstehungszeit, Bauherr, Herrschaftsform)?
- Gab es Vorbilder für das Bauwerk?
- Was ist die Funktion des Bauwerks (ursprünglich und gegenwärtig)?

Schritt für Schritt:
Flugblätter und -schriften untersuchen

Folgende Fragen sind für eine Untersuchung dieser Quellen* nützlich:
1. Wann und wo wurde die Flugschrift bzw. das Flugblatt veröffentlicht? Sind Verfasser und / oder Zeichner bekannt?
2. In welchem Zusammenhang steht die Veröffentlichung?
3. Um welches Thema geht es?
4. Was wird auf dem Titelbild dargestellt? Was bedeuten die Bildelemente?
5. Welche Absichten werden verfolgt? Was soll erreicht werden?

Schritt für Schritt:
Mittelalterliche Buchmalereien verstehen

Illustrierte mittelalterliche Handschriften sagen viel über den damaligen Glauben aus – und über diejenigen, die sie in Auftrag gegeben haben. Die meist von Mönchen oder Nonnen gemalten Bilder benutzen Symbole wie eine Zeichensprache: die himmlische Hand für Gott, die Engel- und Tierfiguren für die Evangelisten usw. Darüber hinaus ist die Anordnung der Figuren nie zufällig.
Folgende Fragen helfen dir, diese besonderen Bilder besser zu verstehen:
- Wer hat die Handschrift in Auftrag gegeben?
- Welche Figur ist die wichtigste im Bild? Woran kannst du das erkennen?
- Welche anderen Figuren erkennst du? Wie sind sie zur Hauptfigur angeordnet?
- Welche Gegenstände sind den Personen zugeordnet?
- Woran erkennst du, dass hier keine wirkliche Handlung abgebildet ist? Was zeigt das Bild dann?

Schritt für Schritt:
Gemälde und Statuen verstehen

Kunstwerke wie Gemälde und Statuen bilden die Wirklichkeit nicht ab; sie sind aber keine reine Erfindung einer Künstlerin oder eines Künstlers. Die Wahl des Themas und die Art der Darstellung spiegeln das Denken der Zeit ihrer Entstehung. Sie sind deshalb geschichtliche Quellen*. Um sie zu verstehen, gilt es, folgenden Fragen nachzugehen:
1. Wer war der Künstler / die Künstlerin?
2. Hatte sie / er einen Auftrag?
3. Aus welchem Anlass entstand das Kunstwerk? Für welchen Zweck?
4. Wo wurde bzw. wird es gezeigt?
5. Welche Informationen liefert der Bildtitel?
6. Ist das Kunstwerk auffallend groß oder klein?
7. Sind die dargestellten Personen bekannt?
8. Werden Symbole oder Gegenstände gezeigt? Was bedeuten sie?
9. Wofür wurden welche Farben oder Materialien verwendet?

Beachte, dass der Künstler / die Künstlerin bzw. der Auftraggeber / die Auftraggeberin mit dem Gemälde oder der Statue eine bestimmte Wirkung erreichen wollte.

Arbeitsmethoden für das Fach Geschichte

Schritt für Schritt:
Herrscherbilder untersuchen und deuten

1. Beschreiben
Wer ist abgebildet? Wo steht die Person, wie steht sie da (*Gestik*), welchen Gesichtsausdruck hat sie (*Mimik*)? Welche Kleidung trägt sie? Welche Gegenstände und Symbole sind zu erkennen?

2. Untersuchen
Wie ist das Bild aufgebaut? Was ist im Vordergrund, was im Hintergrund abgebildet? Welche Bedeutung haben die Gegenstände und Symbole? Welche besonderen Farben werden verwendet? Wie groß ist das Gemälde?

3. Informieren und recherchieren
Wer war der Maler bzw. die Malerin? Wann und in welchem Auftrag wurde das Porträt gemalt? Was weiß ich über die porträtierte Person, über die Bedeutung der Kleidung und der abgebildeten Gegenstände (z. B. über die Herrschaftszeichen)? Was ist mir über die Entstehungszeit bekannt? Wo hing das Gemälde und wo befindet es sich heute?

4. Deuten
Welche Wirkung soll das Bild auf die Betrachter entfalten? Wie will die porträtierte Person gesehen werden?

Schritt für Schritt:
Parkanlagen erforschen

Folgende Fragen helfen dir, historische Parkanlagen zu verstehen:
- Wer gab den Auftrag und wer plante die Anlage?
- Welchen Zweck hatte die Anlage?
- Wohin fällt der Blick des Schlossbewohners bzw. -besuchers zuerst?]
- Aus welchen Teilen besteht die Anlage?
- Wie sind die Wege, Hecken und Wasserläufe angeordnet? Mit welcher Absicht?

Schritt für Schritt:
Karten untersuchen, auswerten und deuten

Geschichtskarten verbinden geografische und historische Angaben. Sie enthalten nur ausgewählte und stark vereinfachte Informationen. Folgende Tipps helfen dir, eine Geschichtskarte zu lesen:
1. Stelle das Thema der Karte fest. Beziehe den Titel und die Zeichen der Legende mit ein.
2. Auf welchen Raum und auf welche Zeit bezieht sich die Karte?
3. Welche historischen Informationen enthält sie?
4. Zeigt die Karte einen bestimmten Zustand oder eine Entwicklung?

Geschichtskarten können auch ausgewählte Informationen über Güter enthalten, die die Bewohner eines Gebietes zum Lebensunterhalt und für den Handel zu einer bestimmten Zeit nutzten. Folgende Tipps helfen dir, sie auszuwerten:
1. Welche wirtschaftlichen Informationen enthält sie?
2. Welche Zeichen sind besonders häufig, wie sind sie verteilt?

Um die in einer Karte dargestellten Sachverhalte zu deuten, musst du Folgendes erklären können:
1. Was weißt du über den Raum und die Zeit, auf die sich die Karte bezieht?
2. Welche politischen oder wirtschaftlichen Ereignisse oder Veränderungen zeigt sie?
3. Welche Informationen liefert die Legende?

Anhang

Schritt für Schritt:
Perspektiven erkennen

Darstellungen von Ereignissen und Personen können voneinander abweichen oder sich sogar widersprechen. Die Frage ist, wie geht man damit um? Neben der bereits vorgestellten Methode „Schritt für Schritt: Textquellen verstehen, einordnen und deuten" helfen folgende Fragen und Tipps:
- Von wem stammt der Text? An wen richtet er sich?
- Schreibe die Wörter heraus, die du nicht verstehst. Kläre sie mithilfe eines Nachschlagewerkes oder des Internets.
- Was wird erwähnt und was weggelassen?
- Nimmt der Autor Wertungen vor?

Schritt für Schritt:
Statistiken untersuchen

Statistiken zeigen Zustände oder Entwicklungen auf. Bei der Auswertung gilt zu beachten, dass bis ins 20. Jh. Statistiken auf Schätzungen beruhen, da bis dahin Daten nicht systematisch gesammelt wurden. Zur Veranschaulichung werden statistische Daten als Tabellen oder als Diagramme dargestellt. Um Statistiken zu verstehen und Veränderungen zu erkennen, gilt es, folgenden Fragen nachzugehen:
- Was ist das Thema der Statistik?
- Welcher geografische Raum wird erfasst?
- Auf welche Zeiträume bezieht sich die Statistik?
- Wird ein Zustand oder eine Entwicklung (Anstieg, Rückgang etc.) dargestellt?
- Welche Aussageabsicht hat die Statistik?

Schritt für Schritt:
Schaubilder verstehen und deuten

Schaubilder vereinfachen komplizierte Zusammenhänge grafisch. Um sie verstehen zu können, muss man die Beziehungen zwischen den einzelnen Bestandteilen eines Schaubildes erläutern. Manchmal ist auch die Form der Grafik wichtig für die Deutung. Mögliche Arbeitsfragen für ein Schaubild sind:
1. Wer steht an der Basis und wer an der Spitze der Gesellschaft?
2. Wer hat welche Aufgaben, Rechte und Pflichten?

An ein *Verfassungsschema* kannst du folgende Fragen stellen:
1. Welche Ämter, Einrichtungen und Gruppen der Bevölkerung werden erwähnt?
2. Wer hat welche Aufgaben, Rechte oder Pflichten?
3. Wer arbeitet mit wem zusammen?
4. Wer hat wie viel Macht? Ist jemand von der Macht ausgeschlossen?

Bevor du mit deiner Deutung beginnst, musst du dich entscheiden, an welcher Stelle des Schaubildes du beginnen willst und in welcher Reihenfolge du fortfährst.

Allgemeine Arbeitstechniken

Schritt für Schritt:
Bücher finden

Wenn du ein Thema gründlich erarbeiten willst, benötigst du Fachliteratur. In der Schul- oder Stadtbücherei sind Bücher alphabetisch in einem Verfasser- und in einem Sachkatalog aufgelistet. Auf einer Karteikarte oder auf einem Bildschirm erhältst du Angaben über Verfasser, Erscheinungsort und -jahr sowie die Signatur: eine Folge von Zahlen und Buchstaben, mit denen das Werk in der Bibliothek zu finden ist.
Entdeckst du zu deinem Thema mehr Bücher, als du auswerten kannst, musst du einige auswählen. Prüfe auf jeden Fall anhand des Inhaltsverzeichnisses, ob das Buch für dich ergiebig sein könnte.
Informationen, die du für ein Referat oder eine Präsentation nutzt, sind nachzuweisen, damit sie überprüft werden können. Gib dazu den Autor des Buches, den Titel, Ort und Jahr der Veröffentlichung und die Seitenzahlen an, z. B. so:

Vorname und Name des Verfassers	Titel	Verlagsort und Jahr der Veröffentlichung	bei Zitaten Seitenangaben
Peter Frankopan	Die Seidenstraßen. Eine Weltgeschichte für Kinder	Reinbek 2018	S. 125

Schritt für Schritt:
Jugendbücher untersuchen

In historischen Romanen wird „Geschichte erzählt". Die Handlungen und Personen sind in der Regel frei erfunden. Insofern sind die Geschichten keine Quellen*. Die Schriftstellerinnen und Schriftsteller bemühen sich aber, die Zeitumstände sowie die handelnden Personen glaubhaft zu gestalten. Ihre historischen Aussagen sind aber trotzdem immer zu prüfen. Beim Umgang mit einem Roman oder Ausschnitten daraus, helfen dir Antworten auf folgende Fragen:
- Wovon handelt die Geschichte? Welche Ereignisse sind besonders wichtig?
- Welche Personen stehen im Mittelpunkt? Stehen sie für eine bestimmte Gruppe oder Schicht?
- Vertreten die handelnden Personen bestimmte Vorstellungen oder Weltanschauungen?
- Wie verhalten sich die Personen?
- Wie verknüpft die Autorin / der Autor die Handlung mit den historischen Umständen und Ereignissen? Basiert die Handlung auf bestimmten Quellen?
- Gelingt es der Autorin/dem Autor, ein anschauliches und glaubhaftes Bild der Zeit zu vermitteln?

Anhang

Schritt für Schritt:
Exkursionen in ein Museum durchführen

Museen sammeln und stellen aus, was Menschen früherer Zeiten hinterlassen haben. Mithilfe dieser ausgewählten Überreste vermitteln sie historisches Wissen über Gesellschaft, Wirtschaft, Herrschaft und Religion früherer Zeiten. Manche Museen zeigen nicht nur Ausstellungsstücke (Exponate), sondern sie bieten ihren Besuchern auch die Möglichkeit auszuprobieren, wie früher getöpfert, geschneidert, gewebt oder gekocht wurde. Mit folgenden Tipps könnt ihr eine Exkursion planen:

Erster Schritt: Informiert euch
Recherchiert auf der Homepage des jeweiligen Museums folgende Informationen:
- Was wird ausgestellt?
- Gibt es spezielle Angebote für Klassen (z. B. Führungen, Workshops, Materialien etc.)?
- Ist das Museum leicht zu erreichen? (Verkehrsmittel? Anfahrtszeit? Kosten?)
- Wie sind die Öffnungszeiten und Preise?

Zweiter Schritt: Legt das Ziel fest und bereitet die Exkursion vor
- Stellt eure Rechercheergebnisse in der Klasse vor und einigt euch auf ein Exkursionsziel.
- Überlegt, ob ihr ein Angebot des Museums wahrnehmen oder lieber „auf eigene Faust" Erkundungen durchführen wollt.
- Legt in Absprache mit der Lehrkraft den Termin fest und organisiert die Anfahrt bzw. das Museumsangebot.
- Lasst Expertenteams aus eurer Klasse kurze Referate zu Themen des Museums vorbereiten.
- Überlegt euch Fragen, die ihr vor Ort Fachleuten stellen wollt.
- Verteilt vorab bestimmte Aufgaben wie Skizzen anfertigen, Notizen machen, Interviews führen, Fotos bzw. ein Video machen etc.

Dritter Schritt: Führt die Exkursion durch
- Verschafft euch vor Ort gemeinsam einen Überblick.
- Erledigt dann eure jeweiligen Aufgaben. Seid aber auch offen für Neues, denn ihr werdet wahrscheinlich vor Ort auf spannende Fragen, Ausstellungsstücke und Erkenntnisse stoßen, die ihr bei euren Planungen nicht berücksichtigt habt.

Vierter Schritt: Wertet eure Exkursion aus und dokumentiert sie
- Stellt eure Ergebnisse der Klasse vor, besprecht sie und klärt offene Fragen.
- Dokumentiert eure Exkursion, z. B. mit einem Wandposter, einem kleinen Reiseführer, einem Informationsfaltblatt, einem Artikel für die Schülerzeitung oder einem kleinen Video.

Schritt für Schritt:
Diskussionen führen

In einer Diskussion werden verschiedene Meinungen zu einem Thema ausgetauscht.
So lässt sich eine sachliches Gespräch führen:
1. Ihr verständigt euch über das genaue Thema oder die Streitfrage.
2. Sodann wird entschieden, ob eine kleine Gruppe oder die gesamte Klasse diskutieren soll.
3. Anschließend wird eine Diskussionsleitung bestimmt und die Diskussionsdauer festgelegt.
4. Die Diskussionsleitung eröffnet mit einer einleitenden Aussage (Statement) die Diskussion, stellt Fragen und erteilt das Wort.
5. Die Teilnehmer überlegen sich im Vorfeld Argumente und Beispiele zum Thema.
6. Alle Argumente und Beispiele werden sachlich vorgetragen.
7. Zum Abschluss der Diskussion wird das Ergebnis gemeinsam zusammengefasst.

Allgemeine Arbeitstechniken

Schritt für Schritt:
Im Internet surfen

Das Internet ist ein weltweites Netz (*www: World Wide Web*), das Millionen von Computern verbindet. Es enthält Daten aller Art: Texte, Grafiken, Bilder, Filme oder Tonaufnahmen. Da grundsätzlich jeder Nutzer Informationen ins Netz stellen kann, fällt es schwer, zwischen zuverlässigen und unzuverlässigen Informationen zu unterscheiden. Außerdem: Die allermeisten Informationen sind gar nicht für junge Leser geschrieben worden. Sie sind deshalb oft kompliziert und umfangreich.

Suchmaschinen helfen, Informationen zu finden. Dazu tippt man Stichwörter des gesuchten Themas in das Suchfeld ein. Je genauer die Angaben sind, desto nützlicher und übersichtlicher sind die Treffer. Folgende Fragen solltest du beim Surfen im Internet beachten:

1. Enthält die aufgerufene Seite tatsächlich die gesuchten Informationen oder wird eher geschäftliches Interesse verfolgt? (Dies trifft häufig auf die ersten Treffer zu!)
2. Ist nachgewiesen, woher die Informationen stammen? Gibt es einen Autor oder Quellenangaben?
3. Kann ich mich an die Verfasser wenden, wenn ich Fragen habe (E-Mail-Adresse)?
4. Ist die Website aktuell (letztes Update)?

Fremde Informationen, die du für deine Arbeit nutzt, sind nachzuweisen, damit sie überprüft werden können. Das gilt für Bücher ebenso wie für eine Website. Nenne auch immer das Zugriffsdatum, da sich die Angaben im Netz ständig ändern können.

Beispiel: *Zitiert nach: www.gesetze-im-internet.de/gg/art_1.html (Zugriff: 12.12.2018)*
Internettipps findest du auf vielen Seiten des Buches.

Schritt für Schritt:
Einen Kurzführer für Bauwerke erstellen

Zu vielen hier gezeigten Bauwerken gibt es Kunstführer. Sie dienen zum besseren Verständnis der Gebäude. Für die im Buch abgebildeten barocken oder für andere Bauwerke könnt ihr selbst Kurzführer erstellen, wenn ihr in Gruppenarbeit folgende Fragen schriftlich beantwortet und entsprechend bebildert:

- Wie heißt das Gebäude? Besteht es aus einem oder mehreren Teilen?
- Wo befindet es sich genau?
- Wer ließ es errichten?
- Wer waren die Baumeister / Architekten? Woher kamen sie?
- In welchem Jahr wurde mit dem Bau begonnen, in welchem wurde er abgeschlossen?
- Gab es einen bestimmten Anlass für die Errichtung?
- Welche Aufgabe erfüllte das Gebäude, wie wurde es genutzt?
- Enthält es ganz besondere Räume oder Kunstwerke?
- Welche Künstler waren an der Ausstattung der Räume beteiligt? Woher kamen sie?
- Wurde das Gebäude seit seiner Entstehung verändert?
- Wie wird es heute genutzt?
- Wer besitzt es heute?

Anhang

Schritt für Schritt:
Lernplakate präsentieren – PowerPoint-Präsentationen erstellen

Hast du dich mit einem Thema gründlich beschäftigt, kannst du dein Arbeitsergebnis anschaulich als Lernplakat oder als PowerPoint mit Texten, Abbildungen und Grafiken präsentieren.

1. Der Umfang bzw. Platz sowie die zur Verfügung stehende Zeit sind begrenzt. Darauf musst du dich einstellen.
2. Ordne deine Ergebnisse wie in einer kurzen Zeitungsmeldung nach Wichtigkeit.
3. Formuliere klar, genau und verständlich in kurzen, einfachen Sätzen wie in einer Inhaltsangabe.
4. Verdeutliche wichtige Aussagen mit großen Abbildungen, Schaubildern oder Karten.
5. Gib dem Poster oder der PowerPoint-Präsentation einen Titel, der motiviert und informiert.
6. Wähle eine einheitliche Schrift in angemessener Größe, sodass sie einwandfrei lesbar ist. Kurze Abschnitte mit knappen Überschriften machen den Text übersichtlich.
7. Gestalte dein Poster bzw. die PowerPoint-Präsentation vielfältig und übersichtlich. Achte darauf, dass der Text- den Bildanteil nicht übertrifft.
8. Vergiss nicht, die Quellen deiner Informationen, Texte und Bilder anzugeben.

Lernplakate und PowerPoint-Präsentationen kann man auch in Gruppen bearbeiten.

Schritt für Schritt:
Ein Cluster oder eine Mindmap erstellen

Das englische Wort „Cluster" steht für das Sammeln von Gedanken zu einem Begriff oder Satz. Hierfür wird der Begriff oder der Satz in die Mitte eines Blattes geschrieben. Angeregt von diesem Wort oder Satz schreibst du spontan weitere Wörter darum herum, die dir dazu einfallen. Diese Arbeitsmethode hilft, Ideen zu sammeln und Gedanken zu ordnen.

Aus einem Cluster wird eine Mindmap (Gedanken-Landkarte) wenn du deine Ideen nach Oberbegriffen gliederst und zwischen den Begriffen Verbindungslinien ziehst. Sie machen dann die Beziehungen der Begriffe zueinander deutlich. Eine Mindmap setzt schon genauere Kenntnisse über den Begriff oder den Satz voraus, zu dem du Ideen sammeln willst. Eine Mindmap hilft dir, ein Thema zu vertiefen und übersichtlich darzustellen.

Cluster und Mindmap können besonders ertragreich sein, wenn sie in Partner- oder Gruppenarbeit erstellt werden.

Gewusst wie?
Tipps und Anregungen für die Aufgaben

Kapitel 1: König und Reich: Herrschaft im Mittelalter

S. 13 (H) Bearbeite die Aufgaben schrittweise und fasse die Aussagen zusammen.
Hinweise zur Gestaltung:
a) Formuliere möglichst knapp und präzise (Nominalstil), schreibe nicht zu klein, setze Farbe, Unterstreichungen etc. so ein, dass sie die Information hervorheben.
b) Wähle eine übersichtliche und ansprechende Form für deine Darstellung wie z. B.
- eine Mindmap (siehe dazu auch „Schritt für Schritt: Ein Cluster oder eine Mindmap erstellen" auf S. 192) oder
- eine bildliche Gestaltung (z. B. Stufen, auf denen Ottos Thron steht als Symbol für Argumente, auf denen seine Herrschaft ruht; Zeitstrahl, der die zeitliche Reihenfolge der Schritte seiner Rechtfertigung deutlich machen; eine Krone, deren Edelsteine oder Zacken für Argumente stehen, die Ottos Herrschaft rechtfertigen ...).

Hinweise zum Inhalt:
Arbeite heraus, a) auf welche Leistungen und Erfolge, b) auf wessen Zustimmung, Unterstützung etc. Otto der Große verweisen konnte.

S. 15, 4 (F) Formuliere zunächst Fragen wie z. B. „Wer setzt wen in sein Amt ein?", „Wer hat den höheren Rang?", „Wer hat welchen Herrschaftsbereich?", „Wer hat welche Aufgaben?" ... und stelle anschließend die Antworten einander (z. B. in einer Tabelle) gegenüber.

S. 17, 3 (H) Berücksichtige „Schritt für Schritt: Im Internet surfen" auf S. 191.

S. 19, 5 (H) Du kannst in folgenden Schritten vorgehen:
a) Sammle Beobachtungen zur Frage: Von welchen Problemen, Konflikten, Auseinandersetzungen ... ist in diesem Teilkapitel die Rede?
b) Entscheide, ob diese Probleme, Konflikte, Auseinandersetzungen ... etwas, nur am Rande oder nichts mit der Frage der „Investitur" von hohen Geistlichen zu tun haben.
c) Ziehe in einem oder zwei Sätzen eine Bilanz deiner Beobachtungen, in der du beurteilst, ob die Bezeichnung „Investiturstreit" zutrifft.

S. 21 (H) Berücksichtigt „Schritt für Schritt: Diskussionen führen" auf S. 190.

S. 21, 3 (H) Berücksichtigt in M2, warum Personengruppen grafisch zusammengefasst werden und welche Bedeutung die Pfeile haben.

S. 21, 5 (F) *Tipps für ein Rollenspiel:*
- Spielregeln festlegen, Spielleiter und Spielfläche bestimmen
- Thema und Situation besprechen
  Worum geht es?
  Welche Vorgaben sind zu beachten?
- Rollen verteilen und erarbeiten
  Wer ist beteiligt?
- Beobachtungsaufträge an die Zuschauer verteilen
- Spiel
- Die Spieler tauschen ihre Erfahrungen aus.
- Die Zuschauer teilen ihre Beobachtungen mit.

Anhang

S. 23, 1 (H) Berücksichtige vor allem die untere Bildhälfte. Siehe dazu nochmals M1 auf S. 14. Erläutere den Rang, den das Herzogspaar für sich beanspruchte. Beachte die Bildlegende.

S. 23, 3 (H) Berücksichtige dazu auch die Grundlegenden Begriffe (S. 180 ff.).

S. 23, 4 (H) Erkläre in dem Zusammenhang, was die verschieden gefärbten Flächen innerhalb der Reichsgrenzen über die Machtverhältnisse aussagen. Berücksichtige auch „Schritt für Schritt: Karten untersuchen, auswerten und deuten" auf S. 187.

S. 23, 5 (H) Zwei Gruppen können Argumente für folgende Fragen suchen:
 a) Gruppe 1: Welchen Vorteil hat es für uns Fürsten, einen schwachen König zu haben? Welche Schwierigkeiten könnte uns ein starker König machen?
 b) Gruppe 2: Welchen Vorteil hat es für uns Fürsten, einen starken König zu haben? Welche Gefahr droht uns, wenn der König zu schwach ist?
Berücksichtige auch „Schritt für Schritt: Diskussionen führen" im Anhang.

S. 23, 6 (H) Beispiel für die Tabelle:

	Herrschaft der römisch-deutschen Könige	antike Monarchie (Auswahl)
Gibt es eine Hauptstadt?		
Wie kommt der Herrscher ins Amt?		
Wer hilft ihm beim Regieren?		
In welchem Verhältnis steht er zu Gott / zu den Göttern?		
Gibt es mächtige Fürsten neben ihm?		
…	…	…

S. 25 (H) Berücksichtige schrittweise die Ergebnisse der Arbeitsvorschläge.

S. 25, 1 (H) Denke bei der Anlage der Tabelle an die W-Fragen (Warum? Wer? Wo?).

S. 25, 5 (H) Arbeite aus INFO 1 heraus, welche Probleme es im Zusammenhang mit der Königswahl vor der „Goldenen Bulle" gab, und erstelle eine Liste. Lies anschließend INFO 2 und ordne die Bestimmungen der „Goldenen Bulle" dem Problem zu, das sie lösen sollen. Auch kurze Referate benötigen eine Einleitung und einen Schluss: Einen Gedanken, mit dem du den Vortrag einleiten könntest, findest du z. B. in den ersten Zeilen von INFO 1; einen Gedanken für den Schluss z. B. in den Ergebnissen zum 3. oder 4. Arbeitsvorschlag.

Kapitel 2: Leben und Kultur im Mittelalter

S. 35, 2 (H) Nimm die Tabelle (*siehe den 1. Arbeitsvorschlag*) als Grundlage und überprüfe der Reihe nach, welche der Informationen wo und in welcher Weise im Holzschnitt bildlich dargestellt werden.
Interessant ist es auch, abschließend festzustellen, welche Informationen der Holzschnitt nicht oder zusätzlich bildlich darstellt.

S. 37, 2 (H) Du kannst die Mindmap entweder nach den wichtigsten Begriffen in der Aufgabenstellung (Lebensverhältnisse, Arbeitsverhältnisse) gliedern oder mithilfe von W-Fragen (*Was? Wie?, Wo?, Welche Folgen?* …). Ordne die einzelnen Informationen aus M1 und INFO 1 dementsprechend zu. Berücksichtige auch „Schritt für Schritt: Ein Cluster oder eine Mindmap erstellen" auf S. 192.

S. 37, 5 (H) Entscheide zunächst, welche Form des Diagramms sinnvoll ist (Balken-, Säulen-, Linien- oder Tortendiagramm). Siehe dazu „Schritt für Schritt: Diagramme erstellen und deuten" auf S. 185.

Gewusst wie? Tipps und Anregungen für die Aufgaben

S. 39, 4 (F) Überlege zunächst (oder recherchiere), was zu „Kultur" gehört oder was man unter „kultiviert" versteht. Erinnere dich auch daran, was die Hochkultur der alten Ägypter ausmachte.

S. 41, 1 (H) Sieh dir den virtuellen Rundgang mindestens zweimal an. Nach dem ersten Mal kannst du die Informationen z. B. danach gliedern, was du Neues über die Burg und über das Leben auf einer Burg erfahren hast, was dich besonders interessiert hat, worüber du gerne noch mehr wissen möchtest usw. Antworten auf folgende Fragen wären von Interesse:
- Wann wurde die Burg errichtet?
- Wer lebte auf der Burg. Was bedeutet das Wappen?
- Was hat die Burg mit der Kultur zur Zeit der Staufer zu tun?

S. 41, 3 (H) Die in INFO1, M2 und M3 genannten Eigenschaften kannst du zunächst untereinander auflisten und anschließend nach übergeordneten Begriffen (z. B.: äußeres Erscheinungsbild, Tätigkeiten, Verhalten, Aufgaben …) gliedern. Berücksichtige „Schritt für Schritt: Ein Cluster oder eine Mindmap erstellen" auf S. 192.

S. 43, 4 (F) Diskutiert zunächst in der Klasse, was ihr unter einer „besonderen kulturellen Leistung" versteht, und wendet die gefundenen Kennzeichen auf den Bau einer Kirche im Hochmittelalter an.

S. 45, 3 (H) Beachtet bei der Formulierung der INFO-Texte, dass das Schaubild M4 einen Zustand darstellt, während die Grafik M5 eine Entwicklung wiedergibt.

S. 47, 6 (H) Erstelle zunächst eine Tabelle, in der du die Kennzeichen von Arbeiten und Wirtschaften in Stadt und Land einander gegenüberstellst, bevor du mit der Formulierung deines Textes beginnst.

S. 51 (H) Lest die Hinweise zum 6. Arbeitsvorschlag auf S. 13. Eure Präsentation wirkt besser, wenn ihr eure Informationen mit entsprechenden Bildern (Stadtplan, Abbildungen von Gebäuden, Plätzen usw.) veranschaulicht. Siehe auch „Schritt für Schritt: Lernplakate präsentieren – PowerPoint-Präsentationen erstellen" auf S. 192.

S. 53, 3 (H) Überlege, welche Form die Veränderung besonders deutlich macht. Beachte dazu auch „Schritt für Schritt: Diagramme erstellen und deuten" auf S. 185.

Kapitel 3: Neue räumliche und geistige Horizonte

S. 62, 3 (H) Legt dazu am besten eine Tabelle an, schreibt in die eine Spalte die Fragen und in die andere Zitate aus M2.

S. 63, 4 (H) Zur Veranschaulichung bzw. zum Vergleich können digitale Karten aus verschiedenen Apps wie Google Maps, Apple Karten oder *maps.me* herangezogen werden.

S. 65, 2 (H) Beachte dazu „Schritt für Schritt: Textquellen verstehen, einordnen und deuten" auf S. 184.

S. 66, 2 (H) Mithilfe der folgenden Tabelle kannst du die Lehnwörter zuordnen:

Wissenschaft und Technik	Früchte und Pflanzen	Gewürze	Getränke	Bekleidung	Möbel und Haushalt	Musik
…	…	…	…	…	…	…

S. 67, 4b (F) Beachtet dabei, was die Vorlage mit einer modernen Karte gemeinsam hat und zu welchem Zweck sie erstellt worden ist.

S. 69, 4 (H) Beachte „Schritt für Schritt: Textquellen verstehen, einordnen und deuten" auf S. 184.

Anhang

S. 71, 5 (H) Berücksichtige „Schritt für Schritt: Im Internet surfen" und „Schritt für Schritt: Lernplakate präsentieren – PowerPoint-Präsentationen erstellen" auf S. 192.

S. 73, 5 (F) Definiere zuerst den Begriff „Humanist". Suche Beispiele aus unserer Zeit – das können Berufe sein, die zu dieser Definition passen.

S. 75, 3 (H) Berücksichtige „Schritt für Schritt: Im Internet surfen" und „Schritt für Schritt: Lernplakate präsentieren – PowerPoint-Präsentationen erstellen" auf S. 192.

S. 79, 1 (F) Vergleiche die Arbeitsweise auch mit den Methoden, wie ihr in „Natur und Technik" vorgeht.

S. 81, 3 (H)

Zeit	Seefahrer/Entdecker	Ort

S. 83, 3 (H) Beachte, dass der Kupferstich mehrere Etappen der Ankunft zusammenfasst.

S. 83, 4 (H) Es ist am besten, wenn sich jeder erst einmal den Text durchliest. Sucht dann gemeinsam die Textstellen, in denen ihr Aussagen zu den Fragen a-c findet. Notiert eure Ergebnisse.

S. 85, 4 (H) Denke z. B. an die Menschen, die heute in Lateinamerika leben. Wer waren ihre Vorfahren? Welche Sprache sprechen sie?

S. 87, 3 (H) Berücksichtige auch „Schritt für Schritt: Perspektiven erkennen" auf S. 188.

S. 87, 4 (H) Beachtet besonders die Haltung der Personen, die abgebildeten Gegenstände sowie die Farbgebung. Berücksichtigt auch „Schritt für Schritt: Gemälde und Statuen verstehen" im Anhang.

S. 88, 1 (H) Berücksichtige „Schritt für Schritt: Karten untersuchen, auswerten und deuten" auf S. 187.

S. 89, 3 (H) Da über den Atlantik zwischen den drei Kontinenten Handel getrieben wird, nennt man das „Dreieckshandel". Beachte die Pfeile in der Karte: Sie geben an, was im 16. und 17. Jh. zwischen den Kontinenten gehandelt wurde.

S. 93, 2 (H) Legt vorab fest, welche europäischen und amerikanischen Staaten besondere Gründe für eine Erinnerung an Kolumbus haben könnten. M4 und M6 nennen Stichwörter für eine Internetrecherche. Berücksichtigt „Schritt für Schritt: Im Internet surfen" und „Schritt für Schritt: Diskussionen führen" auf S. 191 und S. 190.

Kapitel 4: Wirtschaft und Handel – gestern und heute

S. 99, 2 (H) Beantwortet u. a. folgende Fragen: Welche Zeit deckt die Karte ab? Welche Gebiete trennte der Limes? Welche Anlagen gab es entlang des Limes?

S. 103, 4 (H) Beachte nicht nur die Grundrisse, sondern auch die Informationen in den Begleittexten.

S. 105, 5 (H) Berücksichtige bei der Antwort das Kapitel „Die Europäisierung der Welt beginnt" (siehe S. 88 f.).

S. 109, 4 (H) Berücksichtige „Schritt für Schritt: Lernplakate präsentieren – PowerPoint-Präsentationen erstellen" auf S. 192.

S. 114, 5 (H) Lest dazu nochmals den INFO-Text auf S. 112. Berücksichtigt auch „Schritt für Schritt: Informationen aus schriftlichen Darstellungen entnehmen" auf S. 184.

S. 114, 6 (F) Überlege dir zudem, warum viele Zeitgenossen das Vorgehen der Fugger aus religiösen Motiven ablehnten. Nimm Stellung dazu.

S. 116, 1 (H) „Grundlegende Daten und Begriffe" (S. 180 ff.) sowie die Arbeitsmethode „Schritt für Schritt: Ein Cluster und eine Mindmap erstellen" (S. 192) können dir dabei helfen.

Gewusst wie? Tipps und Anregungen für die Aufgaben

Kapitel 5: Das konfessionelle Zeitalter

S. 120 (H) Den Aufgaben kannst du die Titel der PowerPoint-Folien entnehmen. Berücksichtige „Schritt für Schritt: Lernplakate präsentieren – PowerPoint-Präsentationen erstellen" auf S. 192.

S. 121, 3 (H) Beachte die Religionen, die du in den bisherigen Kapiteln kennengelernt hast.

S. 123, 2 (H) Es haben sich grammatische Formen und die Schreibweise mancher Wörter verändert. Suche deshalb nach einer sinngemäßen Übersetzung des Inhalts und wähle einen Satzbau, der dir sinnvoll erscheint.

S. 127 (H) Berücksichtige dazu „Schritt für Schritt: Lernplakate präsentieren – PowerPoint-Präsentationen erstellen" auf S. 192.

S. 127, 1 (H) Im Internet findet ihr weitere Holzschnitte aus der Zeit (Begriffe für die Recherche: Holzschnitte + Reformation) für eure Plakate.

S. 127, 3 (F) Erstelle dafür Tabellen und suche nach anschaulichen Beispielen:

Social Media	
Vorteile	Nachteile
• spontaner Austausch von privaten Erlebnissen • …	• …

Microblog	
Vorteile	Nachteile
• …	• zu kurze Informationen sind manchmal missverständlich • …

S. 129, 2 (H) Berücksichtige alle Informationen, die du in diesem Kapitel über Martin Luther gewonnen hast. Erstelle dazu eine Tabelle.

Ideen und Forderungen Luthers	„Zwölf Artikel"
• Anhänger Luthers wählen ihre Geistlichen selbst." (INFO 3, S. 124) • …	• „Jede Gemeinde soll ihren Pfarrer selbst wählen." • …

S. 129, 3 (F) Erarbeite die Positionen Luthers und Müntzers, indem du Fragen an den Text stellst: *Ist Luther für oder gegen die Bauern? Warum nimmt er diese Haltung ein? Hat er mit seinem Urteil Recht?* usw.

S. 133, 1 (H) Siehe „Schritt für Schritt: Ein Cluster oder eine Mindmap erstellen" auf S. 192.

S. 133, 2 (H) Nutze dazu eine aktuelle Karte der Bundesrepublik Deutschland.

Kapitel 6: Absolutismus und Barock

S. 147 (H) Beachte „Schritt für Schritt: Diskussionen führen" auf S. 190.

S. 147, 2 (H) Prüft die Textquelle M2 mithilfe der Methode „Schritt für Schritt: Textquellen verstehen, einordnen und deuten" auf S. 184.

S. 147, 3 (H) Schreibe die Textstellen heraus, in denen Bodin auf die Souveränität des Herrschers eingeht. Überprüfe anschließend, inwiefern die Herrschaftsweise, die Ludwig XIV. für sich beanspruchte, diesen Kennzeichen entsprach.
Beachte auch, wann Bodin sein Buch veröffentlicht hat und wann Ludwig XIV. regierte.

Anhang

S. 147, 6 (H) Berücksichtige „Schritt für Schritt: Schaubilder verstehen und deuten" im Anhang.

S. 149, 1 (H) Beachte vor allem die Räume des Monarchen. Ansichten der Innenräume findest du unter dem angegebenen Mediencode. Berücksichtige auch „Schritt für Schritt: Bauwerke beschreiben und untersuchen" im Anhang.

S. 149, 4 (H) Beachte, dass die Formulierung „Versailles war die Bühne des Sonnenkönigs" einen Zusammenhang herstellt zwischen dem Hofleben (Hofzeremoniell) und dem Theater. Damit eine Theateraufführung „über die Bühne gehen" kann, benötigt man jemanden, der festlegt, welche Stücke gespielt werden, einen Autor, der die Handlung erfindet und vorgibt, Haupt- und Nebendarsteller, einen Regisseur, der die Rollen verteilt und den Schauspielern vorschreibt, wie sie ihre Rollen spielen sollen, Bühnen- und Kostümbildner, die für den äußeren Rahmen sorgen, Zuschauer, die applaudieren ... Suche dazu entsprechende Stichwörter im INFO-Text und in den Materialien M2 bis M4 und entwickle daraus eine Mindmap. Siehe auch „Schritt für Schritt: Ein Cluster oder eine Mindmap erstellen" auf S. 184.

S. 150, 1 (H) Zur Bedeutung der Herrschaftsinsignien: Hier hilft ein Vergleich mit den Reichskleinodien (*siehe besonders S. 16 f.*).

S. 150, 2 (H) Nützliche Sätze für die Bearbeitung der Aufgabe:
- *Bei der porträtierten Person handelt es sich um ...*
- *Das Gemälde wurde von ... in Auftrag gegeben.*
- *Das Gemälde stammt aus der Zeit ... – Damals regierte / passierte ...*
- *Auf dem Bild sind folgende Herrschaftszeichen ... zu erkennen, sie stehen für / bedeuten / sind Zeichen für ...*

S. 153, 5 (H) Hilfreich für die Recherche sind die Medientipps (*siehe Mediencode* **31062-48**). Bei der Erstellung der kurzen Parkführer könnt ihr euch an den Fragen des Methodentipps „Schritt für Schritt: Parkanlagen erforschen" orientieren. Jeder Park hat aber auch seine besondere Bedeutung oder speziellen „Highlights", die ihr nicht vergessen solltet. Hilfreich ist auch „Schritt für Schritt: Einen Kurzführer für Bauwerke erstellen" auf S. 191.

S. 155, 5 (H) Um den Erfolg der Wirtschaftspolitik beurteilen zu können, ist es hilfreich, noch einmal zu überlegen, welche Ziele sie verfolgte, um dann zu überlegen, ob bzw. in welchem Umfang diese Ziele erreicht wurden. Vertiefen könnt ihr euer Vorgehen, indem ihr untersucht,
- welche Maßnahmen Erfolg oder Misserfolg hatten,
- wem die Wirtschaftspolitik genützt und wem sie geschadet hat.

S. 157, 5 (F) Bearbeite die Materialien schrittweise, zunächst M2 und M5, sodann M4. Zuletzt kommt deine Meinung / dein Urteil.

S. 165, 4 (H) Berücksichtige „Schritt für Schritt: Herrscherbilder untersuchen und deuten" auf S. 187.

Kapitel 7: Bauwerke als Ausdruck politischen Denkens

S. 167, 1 (H) Für die Beantwortung dieser Frage kannst du dich zum Beispiel auf der Internetseite des Deutschen Bundestages informieren; *siehe den Medientipp auf S. 176*.

S. 169, 1 (H) Seht euch die Fotos genau an und lest die Bildlegenden. Berücksichtigt dann die Fragen in „Schritt für Schritt: Bauwerke beschreiben und untersuchen" auf S. 186. Nennt zuletzt die auffälligen Gemeinsamkeiten und Unterschiede.

Gewusst wie? Tipps und Anregungen für die Aufgaben

S. 169, 2 (H) Du kannst dich dazu z. B. auf der Website der UNESCO informieren. *Achtung:* Das Dionysos-Theater zählt zur Akropolis.

S. 171, 3 (F) Löse diese Aufgabe in mehreren Schritten und stelle dir nach der Lektüre der Bildlegenden folgende Fragen: *Wer ging ins Theater? Welche Veranstaltungen wurden dort abgehalten? Wie verhielten sich die Zuschauer?*

S. 171, 5 (F) Vergleiche in dem Zusammenhang das griechische Theater mit dem Sitzungssaal der Abgeordneten im Bundestag.

S. 172, 1 (F) Beachte die Rekonstruktionszeichnung (M1). Der Film liefert dir eine Art Rundgang mit Einblicken in die beiden wichtigsten Gebäude der Pfalz. Nenne Vor- und Nachteile der Zeichnung und des Films.

S. 173, 3 (H) Grundlage für die Präsentation können sein: der Filmtipp (*siehe Mediencode* **31062-50**) oder Rekonstruktionszeichnung und Fotos (*siehe S. 168, M2, S. 172, M1 und S. 173, M3*). Halte die Informationen schriftlich fest, die der Film gibt, die die Fotos aber nicht zeigen können.

S. 173, 4 (H) Hinweise dazu liefert der Titel des Kaisers; er bezieht sich auf das alte und das neue Kaisertum. Siehe dazu auch „Grundlegende Daten und Begriffe" (S. 180 ff.).

S. 175, 1 (F) Folgende Tabelle kann dabei hilfreich sein:

	Aachener Pfalz	Würzburger Residenz
Wer (Architekt)		
Wann (Entstehungszeitraum)		
Wozu (Funktion)		
Erster Eindruck Nutze dazu Begriffe wie: schwer, leicht, verspielt, streng, monumental, zurückhaltend, dynamisch, symmetrisch usw.		
Materialien und Farben Holz, Glas, Stein, Marmor, Gold usw.		
Baukörper/Fassaden/Fenster/Türme/Höfe Nutze dazu Begriffe wie: Gliederung, Symmetrie, Horizontale, Vertikale usw.		
Einbindung in den städtebaulichen Kontext Platzgestaltung, Blickführung, Wegführung		

S. 175, 2 (F) Bedenke in dem Zusammenhang, was für eine Großbaustelle alles gebraucht wurde, wer die Bauaufträge ausführte und wer von den Arbeiten Nutzen hatte.

S. 176, 1 (H) Siehe die Würzburger Residenz, S. 174, M1.

S. 177, 3 (F) Beachte dazu auch den auf der Seite angegebenen Medientipp. Berücksichtige bei deiner Argumentation auch, dass der Architekt Sir Norman Foster sich in seinem ersten Entwurf ausdrücklich gegen eine Kuppel ausgesprochen hat.

Sachregister

Die hervorgehobenen **Seitenzahlen** verweisen auf Erklärungen.

Aachener Pfalz   13, 16, 168, 172-173, 178
Ablass   62, **64**, 76, 112, 120, 122-123, 126, 130, 138-139
Ablasshandel   112, 122-123, 138
Absolutismus   144, 146-151, 154-160, 162-163, 165, 174, 178, **180**
Adel (▸*Aristokratie*)   10, 20-22, 24-27, 34-35, 39, 40-41, 54, 127, 144, 146, 148-149, 155, 162, 174, **180**
Afrika   67, 70, 80, 86-87, 90, 104-106, 117, 156, 175
Al Andalus   66
Algebra   66
Allmende   36-37, 128
Alt-Amerika   84-85
Altsteinzeit   **180**
Amerika   60, 80, 82, 84, 87, 90, 93, 175
Amnestie   **135**
Antike   11, 39, 42, 70, 72-74, 90, 96, 98, 102, 104-105, 116, 168, 170-171, 178, **180**
Antiochia   64
Apostel, apostolisch   15, 28, **131**
Architektur   42-43, 74-75, 88, 90, 108, 109, 144, 149, 152-153, 160-161, 168, 171, 172-179
Aristokratie, Aristokraten (▸*Adel*)   66, 151, 174, 178, **180**
Armut   54, 116, 122, 155
Artes liberales   **73**
Asien   52, 60, 67, 69-70, 80, 82, 88-90, 92, 97, 104, 106-107, 112, 114, 175
Astronomie   39, 73, 79, 90
Atlantischer Dreieckshandel   88-89
Augsburger Religionsfriede   130, 138-139, 183
Außenpolitik   134, 146, 156-157, 159, 162

Balance of power   156-157, 159, 162
Bamberger Dom   28, 55
Barock   **144**, 145, 152-153, 158-163, 169, 174-175, 176, 178
Bauern, -haus   33, 34-35, 36-37, 40, 54, 56
Bauernaufstände, -krieg   128-129, 138-139
Bergbau   112-113
Berliner Reichstag   167, 169, 176-179
Bevölkerung, Bevölkerungsentwicklung, -wachstum   37, 44, 45, 51-53, 84-85, 96, 99, 102, 116, 122, 126, 128, 133, 136, 138-139, 141, 154, 155
Bibel (▸*Heilige Schrift*)   14, 38-39, 52, 66, 76-77, 79, **124**, 127, 181
Bibliothek   38, 39, 54, 77, 160
Bischof   11, 12, 18, 20-21, 44, 51, 54, 64, 76, 79, 103, 122-124, 126
Bodenschätze   20, 112
Broderie   **153**
Buchdruck   60, 76-77, 80, 89, 102, 120, 122, 126-127, 138, 140
Buchmalerei   14-15, 19, 22, 28-29, 186
Bürger, -recht, -tum   32, 34, 44, 54, 75, 102, 103, 108-109, 112-113, 115-116, 139, 146, 158, 162-163, 170-171, 177-178, **180**
Burg   20, 22-23, 32-33, 40-41, 50, 53-54, 69, 103, 120, 132
Byzanz, Byzantinisches Reich   11, 15, 62-64, 68-70

Chang'an   102-103
China   76, 80, 82, 89, 96-97, 102-107, 116-117
Christen, Christenheit, -tum   12, 15, 17-18, 24, 38-39, 52, 60, 62-64, 66-67, 69-70, 83, 85, 90, 99, 101, 115, 124-125, 138-139, 157, 172, **181**

Codex   40, 84, 86

Demokratie   151, 167-168, 170-171, 176-178, **181**
„Deutsches Reich" ▸*Heiliges Römisches Reich Deutscher Nation*
Deutsches Kaiserreich   143, 176
Diakon   **131**
Digitalisierung   126
Diktator   **181**
Dictatus papae   19
Dionysos-Theater in Athen   168, 170-171
Domkapitel   **175**
Dreifelderwirtschaft   36-37, 54
Dreißigjähriger Krieg   119-121, 132-133, 138, 141, **180**
Drei-Stände-Modell   34, 55
Dynastien   102, 104-105

Edessa   64
Entdeckungsreisen   59-61, 80-81, 105, 180
Erbfolgekriege   156-157, 159, 162
Erbmonarchie   146
Erfindungen   60, 73, 102
Eroberung   59, 84, 62, 64-67, 82, 93, 96, 105, 156, 157
Eroberung Konstantinopels   60, 68-71, 80, 90, 92, 180
Etikette   **148**
Europa   11, 26-27, 36-37, 39, 42, 44, 52-53, 60, 64, 66-67, 69-71, 74-76, 80, 83-84, 86-92, 96-97, 101-109, 112, 114, 116, 122, 126, 130, 132, 134, 136, 138, 144-145, 148, 155-156, 158-160, 162, 175, 178, 180
Europäische Expansion   88-89, 108, 116
Europäisierung der Welt   60, 88-89
Evangeliar   14, 28
Evangelien, Evangelisten   14, 28, 124, 131
Evangelische ▸*Protestanten*

Sachregister

Flugblatt, -schrift 125, **126**-127, 139-140
Franken 62, **65**
Frauen 32, 35, 39, 41, 45-46, 52, 65, 67, 76, 83, 85, 125, 136-137, 170
Freie Reichsstadt ▸ *Reichsstadt*
Friede, Friedensverhandlungen, -vertrag 17-18, 20, 45, 98, 120-121, 130, 134-135, 138, 141, 143, 147, 151, 157, 165, 183
Frondienst 35, 37, 44, 54, 128, 181
Frühkapitalismus **112**, 114, 116
Fürstbischof 174-175, 178
Fürsten 11-13, 19, 21-23, 26, 34, 44, 52, 54, 64-65, 70, 74-76, 90, 98, 112, 116, 120, 124, 127-130, 132, 134-135, 138, 141, 143-147, 156, 158, 160, 162-164, 174, 176, 180
Fuggerei 112, 115-116

Galata 68
„Gang nach Canossa" 18-19
Gegenreformation 130
Geißler **52**-53
Generalstände 146
„Gesetz zugunsten der Fürsten" 23
Ghetto 48-49, 54, **181**
Gilden 48-49, 56
Glaube 14, 17-18, 20, 35, 54, 62-66, 80, 82-83, 88, 105, 110, 115, 120, 122-125, 130-131, 136, 138-139, 146, 150, 160, 181
Glaubensbekenntnisse ▸ *Konfessionen*
„Goldene Bulle" 24-26
Gotik **42**-43, 54
Gottesgnadentum 16, 128, 146, 179
Grafen 12, 20-21, 35, 40, 44, 52
Grenzen 20, 27, 98-99, 105, 111, 116, 156-157
Grundgesetz ▸ *Verfassung*
Grundherren, Grundherrschaft 22, 34-35, 37, 39-40, 44, 46, 54, 128, **181**

Häretiker 64
Hagia Sophia 69, 92
Handel 48-49, 51, 54, 60-61, 64, 66, 72-73, 88-89, 94-98, 100-104, 106-114, 116-117, 146, 154, 162
Handelsreisen, -routen, -wege 61, 80, 98, 100, 103-105, 113
Handschriften 11, 14, 21-22, 28, 39-40, 76, 182
Handwerk, Handwerker 31, 44-47, 48, 51, 54, 60, 74, 77, 86, 96, 99, 103, 115-116, 128-129, 135
Hanse 96, 193, **108**-111, 116-117
Hegemonie 156, 159, 162, **181**
Heilige Schrift (▸*Bibel*) 48, 73, 124-125, 138, 181
Heiliges Römisches Reich Deutscher Nation 13, 15, 18-20, 24, 26, 45, 121, 132-133, 135-136, 138, 146, 182
Herrschaftsformen 151, 165
Herrschaftszeichen 16-17, 25, 150, 179
Herrscherbilder 150, 165, 187
Herzog 12, 18, 20-21, 22, 25-26, 35, 40, 41, 45, 52, 103, 132, 134, 174
Hexen, -verfolgung 136-137
Höfische Kultur 40-41, 54, 57
Hörige 35, 37, 39, 54
Hofkapelle 20, 149, 179
Hofmarschall **175**
Hoftage 20, 34
Hugenotten 130
Humanismus, Humanisten **72**, 73, 74, 183
Hunger, Hungersnot 36, 53-54, 85, 116, 122, 133, 139

Imam 65
Imperium Romanum 97-99, 173
Intendanten **146**, 157
Investitur, -streit 18-19, 26-27, 29, **181**
Islam 62-64, 66-69, 71, 80, 82, 92, 104, **1781**
Istanbul **68**-71, 92, 102

Jerusalem 62-65, 69, 91
Juden, Judentum 44-45, 52-54, 57, 64-66, 69-70, 90, **181**
Jugendbuch 77, 98, 100-101
Jungsteinzeit 96, **181**

Kaiser, -krönung 10, 11, 13-16, 18, 22, 24-25, 26-27, 34, 48, 51, 54-55, 62, 68-71, 75, 86, 101, 103-105, 112, 114, 120, 124-125, 127, 129-130, 132, 134-135, 138, 151, 156, 159, 172-173, 176, 178, **182**
Kardinal 72, **124**, 140, 146
Kastell 98, 100-101
Katastrophen 32, 52-54, 138
Katholiken, römisch-katholische Kirche 62, 64, 70, 82, 84, 120-121, 123-124, 130-132, 134-136, 138-139, 185
Kaufleute 44-46, 48, 66, 80, 97, 103, 105, 108-109, 110, 112-113, 116, 135, 155
Ketzer 124, 127
Kirchenbann **18**-19, 124-125, 138
Kirchenreform 18, 130
Kleinasien 62, 70, 91
Klimawandel 37, 116, 132, 136, 181
Kloster, -regel 32, 33, 35-36, 38-39, 54, 55, **182**
König 10, 12-13, 16, 18-19, 20-21, 22-23, 24-27, 40, 44, 54, 64, 66, 70, 74, 80, 82, 86, 87, 114, 132, 143, 146-151, 154-155, 159, 162, 164, 172, 178, **182**
Königsboten 20
Königswahl 24-25
Koggen 95, 108
Kolonialreich, Kolonien 70, **84**, 86, 88, 154, 156
Kolumbus-Tag 93
Kompass 80, 102, 105
Konfessionen 120, 122-131, 135, 138-139
Konkordat 18
Konquistadoren **84**, 93

Anhang

Konstantinopel 60, 64, 68-71, 80, 90, 92, 102, 180
Konzil 48, **125**, 130, 138
Koran 64, 179
Kredite 100, 108, 112
Kreuzzug 44, 49, 61, 62-67, 80, 82, 90-91, 104-105, **182**
Krieg, Krieger 18, 20-22, 25, 34, 40, 53, 60, 62-65, 70, 81, 84, 96, 105, 107-108, 116, 120, 128-129, 132-135, 141, 144, 147, 151, 154, 156-157, 159, 162, 165, 170
Krönung 15, 16-17
Kulturkontakte 60, 66, 91, 96, 100-101
Kummet 37
Kurfürsten 10, 24-27, 29, 125, 132, 134-135, 151, 158-159, 162, 165, **182**

Landesherr 22, 23, 26, 112, 114, 124, 128-129, 138
Landwirtschaft 36-37, 46
Latein, lateinische Sprache 39, 54, 66, 72-73, 101, 122, 172, 183
Lateinamerika 84-85
Lehen, Lehnswesen 11, 20-21, 26, 28, 34-35, 40, **182**
Leibeigenschaft 35, 128
Lesefähigkeit 76, 126
Lettern 76, 102
Levante 114
Limes 96-101, 116-117, **182**
Lübeck 96, 102-103, 108-111, 113

Mäzene 74
Mainzer Hoffest 43
Manufakturen 154
Marken, Markgrafen 12, 19, 20, 23, 25-26, 41
Markt 9, 20-23, 44-46
Mathematik 39, 66, 79
Medien, -revolution 120, 126-127
Menschenbild 60, 72-73, 75, 90
Menschenopfer 84, 93
Merkantilismus 154-155
Migration 89, 96, 98, 116, **182**
Ministeriale 40, 45

Minne, -dienst, -lieder **40**
Missernten 53, 122
Missionare 84, 87, 90
Mitgift **110**
Mittelalter 10, 16, 24, 26, 31-32, 34, 36, 39-40, 42-43, 48, 50, 53, 57, 60-61, 67, 72, 78, 80, 90-91, 95-97, 102, 104, 108, 109, 111, 113-116, 138, **182**
Mittelamerika 82, 84, 90, 106
Mitteleuropa 36, 37, 44, 64, 66, 101, 132
Monarchie 10, 25, 26, 144, 146, 148, 150-151, 158, 168, 174, 178, **182**
Montangewerbe **114**
Mühlen 37, 38
Münchener Residenz 158
Münzrecht 20, 21, 22, 44
Muslime 49, 60, 62-67, 69-70, 82, 90, 92, 181

Neuzeit 60, 90-91, 96-97, 101, 105, 114, 116, 122, 134, 136, **182**
Nibelungenlied 40
Nordamerika 80, 106

Orden 39
Orient 66-67, 70, 73, 76, 90, 110
Osmanisches Reich 68-70, 81, 130
Ostfränkisches Reich 12-13, 15, 26

Papier, -geld 76, 80, 102, 104-105
Papst 11, **15**, 18-19, 23-27, 34, 43, 62-64, 70, 72, 74, 81, 90, 105, 112, 114, 116, 120-126, 130, 136, 138, 160
Parkanlagen 144-145, 152-153, 162, 187
Parlament 176-178, 180
Parterres **152**
Patrizier 44-45, 54, 108
Peinliche Halsgerichtsordnung 136
Pest 49, 52-53, 57, 139
Pfalz, -graf, -kapelle 13, 16, 20, 25, 29, **172**-173, 178

Pflug 36-37
Pharao 151, **182**
Pilger 38, 62, 65-66
Plantagen **86**, 88, 96
Plenarsaal 177-179
Polis 151, 170-171, 178, **183**
Politik **22**, 92, 96-97, 108, 126, 128, 132, 134, 170, 178, 181
Prager Fenstersturz 132, 139
Privilegien 24, 34, 54, 109, 183
Protestanten 121, **130**, 132, 134, 139
Provinz (römische) 98-101, 116, **183**
Psalmen 39
Publizistik 127
Pyramide **183**

Quellen 13, 32, 50, 127, 136, 148-149, 171, 172-173, **183**

Rathaus 33, 50, 54
Reformation 119, 120, 122-131, 138-139, **183**
Reformierte 130, 134-136
Regalien 21
Reich ▶ *Heiliges Römisches Reich Deutscher Nation*
Reichsacht **124**, 138
Reichsinsignien ▶ *Herrschaftszeichen*
Reichskammergericht 134
Reichskirchensystem 18
Reichsstadt 44, 51, 74, 103, 124, 126, 130, 134
Reichsstände 128, **130**, 132, 134-135, 137
Reichstag 20, 34, 44, 70, 134
Reichstag zu Augsburg 124-125
Reichstag zu Speyer 130
Reichstag zu Worms 124-125, 128
Reisekönigtum 20, 26
Religionsfreiheit 71, 132, 135
Religionsfriede 121, 130, 133, 135, 138-139, 183
Religionskrieg 132, 134, 141
Reliquien 16-17, **122**
Renaissance 72-76, 78, 90, 122, 160, 176, **183**
Republik 151, 180, **183**

Sachregister

Residenz 145, 158, 160, 169, 174-175, 179
Rhetorik **41**, 73
Ritter, -spiele, -turniere 13, 31, 40-41, 54, 63-65
Römisch-katholische Kirche
  ▶ *Katholiken*
Romanik **42**-43, 54
Romanisierung 98, 116, **183**

Sachsenspiegel 11, 21, 28
San Vitale, Ravenna 173, 178
Schlacht am Weißen Berg 132
Schlacht auf dem Lechfeld 12
Schlacht bei Höchstädt 159, 162
Seidenstraße 61, 81, 103-105, 107
Selbstverwaltung 37, 54
Senat 151, **183**
Sklaven 83, 84, 86-88, 93, 98, 147, 171, 181
Skriptorium 38, 39, 54
Söldner, -heer **132**, 133, 138
„Sonnenkönig" 148-149, 162-163, 174
Souveränität 134, 141, **147**
Spanischer Erbfolgekrieg 156, 158-159
Stadt, -entwicklung, -mauer, -recht, -regierung 20-23, 32-34, 36, 40, 44-45, 46-47, 50-51, 54, 103, 108, 116, **183**
Stände 32, 34-35, 40, 54, 55, 62-63, 132, 135, 146, 158, **162**, **183**
Statistiken 106, 188
Südamerika 70, 82, 84, 88, 96, 106, 112-113
Sünden 52-54, 62-63, 122-123, 129, 139
Sultan **64**, 68-69, 104
Synagoge 48

Tagelöhner 45, 115
Talmud **48**
Territorien, Territorialstaat 21-23, 26-27, 29, 120, 124, 130, 138, 157, 159
Teuerung 36, 122
Theater 144, 148, 160-161, 170-171, 178, 179
Thesen 120-121, **122**-124, 138-139, 140, 182

Thora **48**
Treppen, -haus 149, 172, 175, 179
Tripolis 64
Türkenkriege 70

Versailler Schloss 143-144, 148-149, 152, 162-163, 174, 178
Vasall 21, 22, 41, 182
Verfassung 10, 134, 138, 178, **183**
Verleger, Verlagswesen **114**

Wahlkönigtum, -monarchie 24-25, 26, 34, 146
Wallfahrer **62**, 64, 122
Wappen, -schild 21, 25, 126
Wartburg 32, 120, 124
Weltbild 60, 72, 78-79, 81, 88, 91, 152
Welterbe 32, 92, 109, 117, 143, 169
Welthandel, -wirtschaft 88, 95, 97, 106
„Wendekopf" 127, 140-141
Westeuropa 64-66
Westfälischer Friede 121, 134-135, 138-139, 141, **183**
Weströmisches Kaisertum 12, 15, 26
„Winterkönig" 132
Wirtschaft 46-47, 56-57, 80, 84, 88, 96-116, 126, 136, 144, 146, 154-155, 158, 162
Wissenschaft 60, 66-67, 73, 78, 80, 92, 126, 144, 148, 182
Wormser Konkordat 18-19
Würzburger Residenz 145, 174-175, 179
Wüstungen 53

Zauberei 136-137
Zeremonie, Zeremoniell 16, 40, 148, 163, 175, 178
Zölibat 130
Zoll 20, 22, 44-45, 54, 99, 107, 154
Zünfte 45-47, 56, 135
„Zwölf Artikel" der Bauern 128-129

Namensregister

Die hervorgehobenen **Seitenzahlen** verweisen auf Erklärungen.

Adalbert von Prag
Adelheid 15
al-Idrisi 67
Amerigo Vespucci 82
Ansary, Tamim 71
Apoll **149**, 175
Aschikpaschazade 68-69
Auer, Margit 100-101
Augustus 151, 180
Azteken 61, 84-85, 87, 90

Balduin I. von Jerusalem 91
Behaim, Martin 60
Behringer, Wolfgang 136
Benedikt von Nursia 40-41
Bodin, Jean 147
Bora, Katharina 124
Bräu d. J., Jörg 56
Bry, Theodor de 83
Buck, Martin 57
Bush, George 93

Caboto, Giovanni 80
Caesar **181**
Calixt II. 19
Calvin, Johannes 130-131
Carmargo, Diego M. 86
Cellarius 79
Christo und Jean-Claude 167
Christus 15-16, 28, 34, 38, 53, 62-62, 65, 70, 122, 124, 131, 181
Colbert, Jean-Baptiste 154
Cortez, Hernán 84, 86
Cranach d. Ä., Lucas 123-124
Czepko, Daniel 141

David 74
Delvaux de Fenffe, Gregor 109
Demandt, Alexander 93
Diaz, Bartolomeu 80-81
Dionysos 170, 178
Dürer, Albrecht 59, 74

Ehen von Wolfhagen, Tileman 52
Einhard 173
Elias, Norbert 149
Emerson, Ralph Waldo 96
Engelberg, Meinrad von 148, 152

Faber, Johann Adam 141
Fénelon 147
Ferdinand II. 132
Flammarions, Camille 90
Foster, Sir Norman 177
Franck, Hans Ulrich 133
Frie, Ewald 103
Friedrich I. (Barbarossa) 22, 29, 41, 182
Friedrich II. 23
Friedrich V. von der Pfalz 132
Friedrich der Weise 124
Friedrich von Logau 141
Fugger 96, 97, 112-116
Fugger, Georg 115
Fugger, Hans 112
Fugger, Jakob d. R. 112, 114-115
Fugger, Ulrich 115
Fulcher von Chartres 67

Gensfleisch ▸ *Gutenberg*
Gentz, Friedrich 165
Gerhard I. 34
Giselbert von Mons 41
Gottfried von Straßburg 41
Gregor VII. 18-19
Greiffenclau 175
Gries, Jean de 37
Gründer, Horst 89
Gustav Adolf von Schweden 132
Gutenberg, Johannes 76-77, 126

Habsburger **70**, 112-114, 132, 138, 156, 159
Hagendorf, Peter 133
Heinrich I. 12-13, 26
Heinrich II. 28
Heinrich IV. 18, 181
Heinrich V. 19
Heinrich VII. 48
Heinrich der Löwe 22, 29
Hendricks, Barbara 179
Hesse, Hans 34
Holl, Elias 74

Ibn al-Atir 65
Ibn Battuta 104

Ignatius von Loyola 130-131
Indios 82, 84-87, 90-91, 93
Inka 61, 81, 84, 90
Innozenz III. 72
Innozenz VIII. 136

Jacobsen, Werner 172

Karl der Große 12, 13, 15, 26, 151, 172-173, 178, **182**
Karl IV. 9, 24
Karl V. 86, 112, 124-125, 130, 136, 138-139
Karolinger 12, 13, 26-27
Kaufmann, Thomas 127
Kleinschmidt, Christian 106
Knipp, Kersten 92
Kolb, Peter 98
Kolumbus, Christoph 80-84, 90-91, 93, 105, 109, 180
Konrad II. 17
Konrad von Zähringen 45
Kopernikus, Nikolaus 79
Kritobulos von Imbros 69
Kündiger, Barbara 176
Kunigunde 28

Lampugnani, Vittorio M. 179
Las Casas, Bartolomé de 85, 87
Laudage, Johannes 15
Le Nain, Louis 155
Le Notre, André 152
Leo X. 126
Leonardo da Vinci 73-74, 78
Lothar von Segni 72
Lotzer, Sebastian 128
Lünig, Johann Christian 163
Ludwig XIII. 148
Ludwig XIV. 144, 146-165, 174
Luther, Martin 119-130, 132, 138-140, **182**

Manetti, Gianozzo 73
Maria Theresia 175
Marinić, Jagoda 177
Martin, Jean-Baptiste 148
Mathilde von England 22
Max II. Emanuel 158-159, 162, 165

Namensregister

Maximilian I. 132, 158
Maya 61, 81, 84, 90
Mazarin, Jules 146
Mehmed II. 68
Meier, Christian 170
Mélac, Ezéchiel de 157
Melanchthon, Philipp 130
Mercator, Gerhard 97
Michelangelo 72, 74
Mielants, Eric 102
Mohammed 65, 68, 70, 180
Moraw, Susanne 170
Müller, Bodo 99
Münkler, Herfried 132
Müntzer, Thomas 129

Neumann, Johann Balthasar 174, 178
Nikolaus V. 43

Osman I. 68
Osmanen 60, 68-70, 90, 180
Otto I. (der Große) 12-13, 14-18, 20, 26-27, 151, 180
Otto III. 14, 19
Otto von Wittelsbach 29, 182

Parra, Felix 87
Pauwel, Ferdinand 120
Philipp von Hessen 125
Piccolomini, Enea Silvio 70
Polo, Marco 105

Rabelais, François 73
Rademacher, Cay 110
Rigaud, Hyacinthe 150
Ristow, Sebastian 172
Rolevinck, Werner 77
Rudolph II. 132
Runciman, Steven 71

Schallmayer, Egon 99, 117
Schilling, Heinz 114
Schmid, Kaspar von 164
Schönborn, Johann Philipp Franz von 174
Schütte, Christian 109
Schütz, Bernhard 174
Schwarz, Matthäus 114
Sepúlveda, Ginés de 87
Spanheim, Ezechiel 148
Spee, Friedrich von Langenfeld 137
Staufer 23, **40**-41, 54-55, 180

Sterzl, Kunigunde 137
Süß von Kulmbach, Hans 122

Tetzel, Johann 122
Thackeray, William Makepeace 164
Thadden, Wiebke von 77
Tiepolo, Giovanni 175
Toscanelli, Paolo 82
Türken 63, 68, 70-71, 133, 159
Turmair, Johannes 52
Tutanchamun 151

Urban II. 62-63

Vasco da Gama 80-81, 88
Vauban 155
Veckingchusen, Hildebrand 110
Vespucci, Amerigo 80, 82
Vivien, Joseph 165
Vorscherau, Henning 111

Wallot, Paul 176, 178
Welser 86, 114-115
Wendt, Reinhard 89
Widukind von Corvey 13, 17
Wikinger 82
Wittelsbacher 29, 158-159, 162

Xi Jinping 107

Zheng He 105
Zwingli, Huldrych 130-131

Bildnachweis

AdobeStock / Javi Martin – S. 152, Vorsatz hinten; akg-images, Berlin – S. 11, 21, 28 (2), 47, 56, 62, 97, 115, 125, 140, 151, 157; - / Bibliotheque Nationale, Collection Magnard – S. 149; - / Bildarchiv Monheim – S. 42; - / British Library – S. 57; - / Peter Connolly – S. 171; - / Erich Lessing – S. 17, 66, 155; - / Simon Schwartz – S. 26; - / Science Source – S. 65, 68 - / Jean-Claude Varga – S. 148; Alamy Stock Photo / ART Collection – S. 131; - / Ian Dagnall – S. 75; - / Ian Dagnall Computing – S. 72; - / Dennis Hallinan – S. 73, 78; - / Hirarchivum Press – S. 37; - / History and Art Collection – S. 131; - / imageBROKER, Rainer Herzog – S. 121; - / imageBROKER, Martin Siepmann – S. 128; - / Melissa Jooste – S. 146; - / Benny Marty – S. 91; - / Werner Otto – S. 121; - / The Picture Art Collection – S. 165; - / World History Archive – S. 151; Alimdi.net / Raimund Kutter, Deisenhofen – S. 74; AP Photo / Associated Press, Antonio Calanni – S. 151; ArchaeoPlan-Ristow, Köln / Narmer, Architecture, Budapest – 2018 (Zsolt, Vasáros, Gábor Nagy, Sebastian Ristow) – S. 172; Bayerische Schlösserverwaltung, München – S. 160; - / Maria Custodis – S. 160; - / © Helicolor-Luftbild GmbH – S. 153; - / Foto: Philipp Mansmann – S. 161; - / Ulrich Pfeuffer – S. 160, 175; - / Toni Schneider, Lindau – S. 158; Bayerische Staatsbibliothek / Res_4 Polem. 7, Tbl, München – S. 126; Bischöfliches Dom- und Diözesanmuseum, Mainz – S. 18; bpk-Bildagentur, Berlin – S. 25, 47, 121, 136, 139; - / Hermann Buresch – S. 13; - / Kupferstichkabinett, Staatliche Museen zu Berlin, Jörg P. Anders – S. 52; - / Münzkabinett, SMB, Lübke & Wiedemann – S. 151; - / RMN-Grand Palais – S. 152; - / RMN-Grand Palais, Ayman Khoury – S. 151; - / Scala, Courtesy of the Ministero Beni e Att. Culturali – S. 171; - / Staatsbibliothek zu Berlin – S. 41, 176; - / The Trustees of the British Museum – S. 147; Bridgeman Images, Berlin – S. 162; Bundesministerium der Finanzen, Berlin / Abdruck mit Genehmigung Nachlass Bert Jäger, Freiburg – S. 138; Bundesregierung / Steffen Kugler – S. 10; Deutsche Bundesbank / Aase Thorsen, Neuberg – S. 141; Deutsches Theater, München / Christian Schieckel, Berlin – S. 170; Gerhard Dittrich, Bamberg – S. 161; dpa Infografik, Frankfurt – S. 105; dpa Infografik / Globus-Grafik, Frankfurt – S. 106; dpa Picture-Alliance / akg-images, Frankfurt – S. 19, 48, 79 (2), 83, 86, 90, 123, 131, 133, 179; - / Arco Images GmbH, W. Wirth – S. 160; - / dieKleinert.de, Martin Erl – S. 140; - / Robert Harding, Roberto Moiola – S. 145; - / Index, Heritage-Images – S. 91; - / Daniel Karmann – S. 58/59; - / Reuters, Jorge Silva – S. 93; - / Reuters, Sivaram V – S. 96; - / ullstein bild, Archiv Gerstenberg – S. 150; - / Westend61, Martin Siepmann – S. 69; - / Zentralbild, euroluftbild.de, bsf swissphoto – S. 169; - / Zentralbild, euroluftbild.de, Alfons Rath – S. 169; - / Zentralbild, Volkmar Heinz – S. 118/119; - / Zentralbild, Jens Kalaene – S. 177; Judith Drews, Berlin – S. 117; Emons Verlag GmbH, Köln – S. 100; Evangelischer Presse Dienst epd / Thomas Lohnes, Frankfurt – S. 120; © Fischer Kinder- und Jugendbuch Verlag, Frankfurt am Main 2019. Jörg Müller, Anita Siegfried, Jürg E. Schneider / Auf der Gasse und hinter dem Ofen. Eine Stadt im Spätmittelalter. Erstmals erschienen 1995 im Sauerländer Verlag – S. 44; Fotolia / mojolo – S. 174; Fränkisches Freilandmuseum, Bad Windsheim / Foto: Ute Rauschenbach – S. 33; Germanisches Nationalmuseum, Nürnberg – S. 60; Getty Images / COLIN Matthieu, hemis.fr – S. 144; Getty Images Plus / iStockphoto, bluejayphoto – S. 145; - / iStockphoto, coramueller – S. 121; - / iStockphoto, Surkov Dimitri – S. 145; - / iStockphoto, Explora_2005 – S. 92; - / iStockphoto, Katatonia82 – S. 109; - / iStockphoto, maniscule – S. 109; - / iStockphoto, taka4332 – S. 61; - / iStockphoto, Tatsuo115 – S. 48; Danny Gohlke, Rostock – S. 111; Gutenberg-Museum, Mainz – S. 76; Heimathaus der Stadt Lauingen / Foto: Müller – S. 159; © Informations-zentrum Nationalpark Altmühltal, Eichstätt – S. 98; Institut für Stadtgeschichte Frankfurt am Main / Privilegien 107, © Foto: Uwe Dettmar – S. 24; iStockphoto / JakeOlimb – S.97; © Kämmer Kartografie, Berlin – S. 70; KHM-Museumsverband, Wien – S. 16, 17 (2); Königliche Dänische Bibliothek, Kopenhagen – S. 39; LAIF / Christo and Jeanne-Claude Wrapped Reichstag, Berlin 1971-95, Germany, Photo Wolfgang Volz – S. 166/167; Landesbibliothek Coburg / Signatur Lu Ia 1520,23 – S. 124; Ingeborg Limmer, Bamberg – S. 49 (2); LWL-Museum für Kunst und Kultur (Westfälisches Landesmuseum Münster) / Sabine Ahlbrand-Dornseif, Leihgabe des Vereins für Geschichte und Altertumskunde Westfalens Abteilung Münster e. V. – S. 135; Mauritius Images - / Alamy Stock Photo, Art Collection 4 – S. 163; - / Alamy Stock Photo, George Atsametakis – S. 168; - / Alamy Stock Photo, Classic Image – S. 149; - / Alamy Stock Photo, Ian G. Dagnall – S. 74; - / Alamy Stock Photo, Hannes Gritzke – S. 84; - / Alamy Stock Photo, Bildarchiv Monheim GmbH – S. 18, 173, 178; - / Alamy Stock Photo, Prasit Rodphan – S. 142/143; - / Alamy Stock Photo, Quagga Media – S. 42; - / Alamy Stock Photo, Alex Segre – S. 85; - / Alamy Stock Photo, The History Art Collection – S. 132; - / Alamy Stock Photo, The Picture Art Collection – S. 112, 164; - / Alamy Stock Photo, The Protected Art Archive – S. 63; - / Walter Bibikow – S. 145; - / imageBROKER, Hans Blossey – S. 168; - / imageBROKER, Martin Moxter – S. 161; - / imageBROKER, Alexander Pöschel – S. 121; - /

Bildnachweis

Markus Lange – S. 40; - / RODRUN, Knöll – S. 145; - / Martin Siepmann – S. 10; - / Superstock – S. 77; - / United Archives – S. 22, 67, 87; Bodo Müller, Bartensleben – S. 36, 99; © Peter Palm, Berlin – S. 64, 98, 104, 129, 157; Panmacmillan / Kevin Maddison – S. 151; © Willi Pfitzinger, Rothenburg ob der Tauber – S. 46; © Peter Rückert, Stuttgart – S. 53; Sächsische Landesbibliothek / Staats- und Universitätsbibliothek Dresden, SLUB Dresden, Mscr. Dresd. R. 147 f. – S. 75; Foto Scheer / Schiffdorf, Bremerhaven – S. 94/95; Staats- und Stadtbibliothek, Augsburg / 2° Cod Aug 199 (Cim 21), Blatt 37r – S. 56; - / 2 Math 57, Blatt B1 recto – S. 55; © Stadt Hilpoltstein – S. 30/31; Stadtarchiv Worms / 04770– S. 127; Städtebund DIE HANSE – S. 111; Stiftsbibliothek St. Gallen / Horn, Born Klostermodell – S. 38; © Heinrich Stürzl / www.wikimedia.org, CC BY-SA 3.0 DE – S. 137; ullstein bild / CARO, Marius Schwarz, Berlin – S. 8/9; - / Imagestate – S. 82; Universitätsbibliothek Heidelberg – S. 40; www.sueddeutscher-barock.de / Pius Bieri, Rüti – S. 179; www.wikimedia.org / CC0 – S. 14, 29, 34, 67, 91, 110, 114; - / Simon Brixel Wbrix, CC BY-SA 2.0 – S. 121; - / Moritz Grenke, Quelle 360mix.de, CC BY-SA 3.0 – S. 32; - / Hajotthu, CC BY-SA 3.0 – S. 33; - / qwesy qwesy, CC BY-SA 3.0 – S. 51; - / Thomas Römer, OpenStreetMap, Thoroe, CC BY-SA 2.0 – S. 153; - / Tilman2007, CC BY-SA 4.0 – S. 57; - / Tkx, CC BY-SA 3.0 – S. 51; - / Berhold Werner, CC0 – Cover; S. 33, 55; - / Wolkenkratzer, CC BY-SA 4.0 – S. 50